ENSINAR
DIREITO CONSTITUCIONAL

JORGE BACELAR GOUVEIA
Professor da Faculdade de Direito
da Universidade Nova de Lisboa
Doutor e Mestre em Direito

ENSINAR DIREITO CONSTITUCIONAL

Relatório sobre os Programas, os Conteúdos e os Métodos de Ensino do Direito Constitucional apresentado no concurso para preenchimento de vaga de Professor Associado do 1º Grupo – Direito Público – da Faculdade de Direito da Universidade Nova de Lisboa

ALMEDINA

TÍTULO:	ENSINAR DIREITO CONSTITUCIONAL
AUTOR:	JORGE BACELAR GOUVEIA (jbg@mail.telepac.pt)
EDITOR:	LIVRARIA ALMEDINA – COIMBRA www.almedina.net
LIVRARIAS:	LIVRARIA ALMEDINA ARCO DE ALMEDINA, 15 TELEF.239 851900 FAX. 239 851901 3004-509 COIMBRA – PORTUGAL livraria@almedina.net LIVRARIA ALMEDINA ARRÁBIDA SHOPPING, LOJA 158 PRACETA HENRIQUE MOREIRA AFURADA 4400-475 V. N. GAIA – PORTUGAL arrabida@almedina.net LIVRARIA ALMEDINA – PORTO R. DE CEUTA, 79 TELEF. 22 2059773 FAX. 22 2039497 4050-191 PORTO – PORTUGAL porto@almedina.net EDIÇÕES GLOBO, LDA. RUA S. FILIPE NERY, 37-A (AO RATO) TELEF. 21 3857619 FAX: 21 3844661 1250-225 LISBOA – PORTUGAL globo@almedina.net LIVRARIA ALMEDINA ATRIUM SALDANHA LOJAS 71 A 74 PRAÇA DUQUE DE SALDANHA, 1 TELEF. 21 3712690 atrium@almedina.net LIVRARIA ALMEDINA – BRAGA CAMPUS DE GUALTAR UNIVERSIDADE DO MINHO 4700-320 BRAGA TELEF. 253 678 822 braga@almedina.net
EXECUÇÃO GRÁFICA:	G.C. – GRÁFICA DE COIMBRA, LDA. PALHEIRA – ASSAFARGE 3001-453 COIMBRA Email: producao@graficadecoimbra.pt NOVEMBRO, 2003
DEPÓSITO LEGAL:	193076/03
	Toda a reprodução desta obra, seja por fotocópia ou outro qualquer processo, sem prévia autorização escrita do Editor, é ilícita e passível de procedimento judicial contra o infractor

"Se segue a Universidade, pouco tenho que lhe advertir: deve seguir o método que lhe propus, internando-se bem na notícia de todas aquelas coisas e na antiga erudição, para saber explicar do melhor modo os textos, responder aos contrários, *etc...* Para isto quer-se notícia fundada da História e da Língua Latina e Grega, pois sem esta erudição, será sempre discípulo, que lê pelos outros, mas nunca mestre que descubra por si, ou entenda bem, os que descobriram o sentido das Leis. Deve escrever os tratados de Direito, como apontámos, e pôr-se em estado de ensinar, não só a especulação seca, mas a doutrina útil para a prática, que é o fim da Lei..."

Luís António Verney

NOTA PRÉVIA

O presente livro é o Relatório que apresentamos para concorrer ao preenchimento de vaga de Professor Associado do 1.º Grupo – Direito Público – da Faculdade de Direito da Universidade Nova de Lisboa, aberto segundo o Edital n.º 1565/2002 (2.ª série), publicado no *Diário da Republica*, II série, n.º 279, de 3 de Dezembro de 2002, p. 19 882, segundo o que é exigido pelo art. 44.º, n.º 2, do Estatuto da Carreira Docente Universitária.

Escolhemos o Direito Constitucional, nos dois semestres de leccionação introdutória, tal como tem sido prática naquele estabelecimento de ensino, na convicção profunda de que, não obstante o carácter documental desta prova, se pretende sobretudo apreciar os méritos científicos e pedagógicos de quem se abalança no ensino desse apaixonante ramo do Direito.

Oxalá este relatório possa ser, tão depressa quanto a nossa disponibilidade profissional o permita, algo mais do que uma mera proposta de opções fundamentais no tocante ao modo como concebemos o ensino do Direito Constitucional – um verdadeiro e vivo guião de futuras e pormenorizadas lições de Direito Constitucional.

Lisboa, 11 de Fevereiro de 2003.

Jorge Cláudio de Bacelar Gouveia

PLANO

INTRODUÇÃO

PARTE I – O ENSINO DO DIREITO CONSTITUCIONAL NUMA PERSPECTIVA HISTÓRICO-COMPARATÍSTICA

Capítulo I – **O Ensino do Direito Constitucional em Portugal**

Capítulo II – **O Ensino do Direito Constitucional no Estrangeiro**

Capítulo III – **O Ensino do Direito Constitucional na Faculdade de Direito da Universidade Nova de Lisboa**

PARTE II – OS PROGRAMAS, OS CONTEÚDOS E OS MÉTODOS DE ENSINO DO DIREITO CONSTITUCIONAL

Capítulo IV – **Os Programas de Direito Constitucional**

Capítulo V – **Os Conteúdos do Direito Constitucional**

Capítulo VI – **Os Métodos de Ensino do Direito Constitucional**

INTRODUÇÃO

§ 1.º O concurso para professor associado em Direito Público

1. A função de professor associado

I. A descoberta da plenitude do sentido do concurso para preenchimento de vaga de professor associado – o que naturalmente influenciará o relatório a ser redigido para o efeito – só pode ser convenientemente alcançada pela perspectiva do que se exige ao professor associado no âmbito do Estatuto da Carreira Docente Universitária (ECDU)[1].

De um modo geral, a actividade de professor associado não pode escapar da concepção que legalmente se assume quanto a todos os docentes universitários, independentemente da sua categoria profissional ou da sua habilitação académica.

São essencialmente três as missões que lhes estão cometidas[2]:

– prestar o serviço docente que lhes for atribuído;
– desenvolver, individualmente ou em grupo, a investigação científica; e
– contribuir para a gestão democrática da escola e participar nas tarefas de extensão universitária.

A importância destas actividades não é evidentemente toda equiparável, nem sequer elas podendo ser vistas alternativamente, mas antes cumulativamente.

---

[1] Aprovado pelo Decreto-Lei n.º 448/79, de 13 de Novembro, com as alterações introduzidas pela Lei n.º 19/80, de 16 de Julho.

[2] Cfr. o art. 4.º do ECDU.

II. Cumpre frisar como actividades necessárias dos docentes universitários as duas primeiras, que se afiguram, aliás, bem complementares entre si:
– a *leccionação*; e
– a *investigação*.

O sistema português de ensino universitário – mal ou bem, conforme as opiniões – assenta no paralelismo científico-pedagógico quanto à essência da função dos docentes universitários, a ponto de excluir dessa carreira aqueles em quem essas duas componentes não possam estar efectivas.

Neste contexto, o exercício de outras actividades – como as mencionadas de gestão ou de extensão universitária – só pode assumir um cariz acessório, não essencial, na construção do perfil do docente universitário português.

De resto, no caso específico da participação nos órgãos de gestão, há até efeitos bem perniciosos, que se manifestam na perpetuação das mesmas pessoas nos cargos académicos, com total prejuízo das suas carreiras, para o que também contribuiu – e em muito – a "politicização" da gestão universitária, ocorrida durante o período imediato ao da implantação da III República Democrática.

E isso tem ainda sido agravado graças a medidas de duvidosa aceitabilidade, como a título ilustrativo a da suspensão dos prazos de progressão na carreira para quem ocupa cargos directivos, com o resultado de certos docentes, hoje, serem verdadeiramente gestores, mas já não serem professores, num caso singular de autêntica "transmutação" profissional.

III. Mas o ECDU, para além da caracterização geral do docente universitário português, também tem o cuidado de, em razão de cada categoria profissional, melhor especificar as tarefas que lhes estão atribuídas, isso particularmente acontecendo para o professor associado.

Esta é uma matéria em que o ECDU toma até uma orientação expressa, referindo o seguinte: "Ao professor associado é atribuída a função de coadjuvar os professores catedráticos, competindo-lhe além disso, nomeadamente:
   a) Reger disciplinas dos cursos de licenciatura, disciplinas em cursos de pós-graduação, ou dirigir seminários;

b) Dirigir as respectivas aulas práticas ou teórico-práticas, bem como trabalhos de laboratório ou de campo, e, quando as necessidades de serviço o imponham, reger e acompanhar essas actividades;
c) Orientar e realizar trabalhos de investigação, segundo as linhas gerais previamente estabelecidas ao nível das respectivas disciplinas, grupo de disciplinas ou departamento;
d) Colaborar com os professores catedráticos do seu grupo na coordenação prevista na alínea d) do número anterior"[3].

Este preceito legal é depois complementado por um outro, em que se frisa a disponibilidade do professor associado para partilhar as incumbências que podem ser cometidas aos professores catedráticos, não podendo estes desenvolvê-las na íntegra: "Os conselhos científicos distribuirão o serviço docente por forma que todos os professores catedráticos tenham a seu cargo a regência de disciplinas dos cursos de licenciatura, de cursos de pós-graduação ou a direcção de seminários, devendo, sempre que possível, ser distribuído idêntico serviço aos professores associados e aos professores auxiliares"[4].

IV. As tarefas que são conferidas ao professor associado, sintetizando, distribuem-se por dois grandes grupos:
– tarefas de coadjuvação dos professores catedráticos, no que estes entendam solicitar a colaboração daqueles e nos casos expressamente previstos na legislação aplicável; e
– tarefas realizadas autonomamente, não só subsidiariamente e enquanto não sejam desenvolvidas pelos professores catedráticos como a título próprio na medida em que isso corresponda a um núcleo essencial de funções que abstractamente devem ser deferidas aos professores associados.

No leque das tarefas realizadas com autonomia, sobressaem estas três mais específicas:
– a regência de disciplinas nos diversos tipos de ensino, seja o da licenciatura, seja o de nível pós-graduado;
– a leccionação de aulas teóricas, práticas e teórico-práticas; e
– a orientação de trabalhos de investigação.

---

[3] Art. 5.º, n.º 2, do ECDU.
[4] Art. 6.º, n.º 3, do ECDU.

Por aqui se percebe que as funções do professor associado estão essencialmente relacionadas com as tarefas de regência e direcção do ensino, para além da investigação científica que lhes incumba fazer.

Ora, naturalmente isto pressupõe a capacidade para, com autonomia, ensinar tanto teoricamente como praticamente, quer ao nível mais elementar da licenciatura, quer também ao nível da pós-graduação.

2. O concurso público documental para professor associado

I. Só que o acesso à categoria profissional de professor associado, com o conteúdo funcional que tivemos ocasião de rapidamente observar, não é automático, antes pelo contrário se sujeitando a tramitação específica, que é a aprovação em concurso público documental.

O facto de o acesso não ser automático significa que a antiguidade fica arredada como critério de progressão na carreira, o que igualmente afasta a carreira académica de outras – talvez menos felizes – experiências do funcionalismo público, panorama que piora se pensarmos no funcionalismo português.

A este propósito, o próprio ECDU é bastante enfático, bem sublinhando o mérito como único critério de selecção dos candidatos, em cujo texto se pode ler o seguinte: "Os concursos para professores catedráticos e associados destinam-se a averiguar o mérito da obra científica dos candidatos, a sua capacidade de investigação e o valor da actividade pedagógica já desenvolvida"[5].

No caso particular do concurso para provimento de vaga para professor associado, o ECDU volta de novo a sublinhar essa ideia, ao erigir o mérito a critério de ordenação dos candidatos: "No concurso para professor associado, a ordenação dos candidatos fundamentar-se-á não apenas no mérito científico e pedagógico do *curriculum vitae* de cada um deles, mas também no valor pedagógico e científico do relatório referido no n.º 2 do artigo 44.º"[6].

II. Indo às peculiares exigências do concurso, importa dissociar entre exigências de natureza diferente, que podemos arrumar da seguinte forma:

---

[5] Art. 38.º do ECDU.
[6] Art. 49.º, n.º 2, do ECDU.

– exigências de ordem geral; e
– exigências de ordem específica.

As exigências de ordem geral englobam a necessidade de os candidatos possuírem o grau de doutor, no domínio científico-pedagógico a que se candidatam, bem como a circunstância de terem acumulado cinco anos de experiência docente, incluindo o tempo que tenham de docência anterior ao da obtenção do grau de doutor [7].

As exigências de ordem específica incluem uma adequação especial para efeitos de admissão a esse concurso, o que passa por vários aspectos:
– a abertura de concurso, com as concomitantes vagas;
– a vontade de concorrer, com o objectivo de atingir a categoria de professor associado;
– a apresentação de elementos curriculares apropriados no domínio do concurso;
– a apresentação de um relatório com o programa, os conteúdos e os métodos do ensino de uma disciplina abrangida pelo concurso [8].

III. Havendo este segundo grau na progressão da carreira docente universitária, o ECDU estabelece comos elementos materiais daquela decisão de mérito a apreciação substantiva de duas facetas fundamentais, sendo certo que as outras exigências não implicam uma qualquer avaliação autónoma:
– a apreciação do *curriculam vitae*, com aspectos científicos e pedagógicos; e
– a apreciação do *relatório sobre o ensino de uma disciplina*, igualmente visto sob uma dupla lógica, científica e pedagógica.

De acordo com o que se pode perceber a partir destas normas legais, esta escolha recai então sobre duas qualidades que o candidato deve evidenciar no âmbito daqueles documentos que entrega para efeitos de concurso [9]:

---

[7] Cfr. o art. 41.º do ECDU.
[8] Cfr. o art. 42.º do ECDU.
[9] Concordamos com o que VITAL MOREIRA escreve a este propósito (*Organização administrativa – programa, conteúdos e métodos de ensino*, Coimbra, 2001, p. 12): "Neste sentido, como sói dizer-se, o professor universitário é necessariamente o investigador que ensina o que investiga e o professor que investiga o que ensina. Enquanto que as provas académicas, conducentes aos diversos graus (nomeadamente o

– *capacidade científica*; e
– *capacidade pedagógica*.

A *capacidade científica* corresponde à demonstração de que o candidato domina as matérias jurídicas que pertençam à sua área de investigação, isso se comprovando pelos trabalhos que produziu e por quaisquer outras iniciativas que tenham essa mesma índole.

A *capacidade pedagógica* deve ser aferida em função da aptidão para o ensino de uma disciplina, que se expressa na sua sensibilidade para compreender os seus conteúdos e para os saber transmitir àqueles que serão os seus alunos.

3. A abertura de concurso nas disciplinas de Direito Público da Faculdade de Direito da Universidade Nova de Lisboa

I. O Conselho Científico da Faculdade de Direito da Universidade Nova de Lisboa, em 15 de Maio de 2002 [10], por maioria, mas com um voto contra [11], deliberou propor a abertura de concurso público para o provimento de vagas de professor associado nas disciplinas do 1.º Grupo – Direito Público.

O mesmo órgão, em 17 de Julho de 2002, viria ainda a indexar essas três vagas a áreas científicas específicas dentro do 1.º grupo mencionado: o Direito Constitucional, o Direito Administrativo, o Direito Internacional e o Direito Comunitário [12].

---

mestrado e o doutoramento) têm a ver estritamente com a dimensão do estudioso e do investigador, as provas da carreira docente (nomeadamente o concurso para professor associado) visam aferir não somente a sua prestação científica mas também a sua capacidade pedagógica".

[10] Cfr. a *Acta n.º 28 do Conselho Científico da Faculdade de Direito da Universidade Nova de Lisboa*, de 15 de Maio de 2002.

[11] Emitido por ANTÓNIO MANUEL BOTELHO HESPANHA, a que correspondeu a seguinte declaração de voto: "Votei contra, lamentando os eventuais inconvenientes daqui decorrentes para os eventuais concorrentes, por entender que, havendo normas gerais, estabelecidas ou anunciadas pelo Governo, quanto à preclusão da abertura de concursos externos, não se devem abrir excepções para qualquer instituição ou tipo de concurso, por razões de evidente justiça".

[12] Cfr. a *Acta n.º 30 do Conselho Científico da Faculdade de Direito da Universidade Nova de Lisboa*, de 17 de Julho de 2002.

Dando sequência a esse procedimento administrativo, decidiu-se, conforme o Edital n.º 1565/2002 (2.ª série), publicado no *Diário da Republica*, II Série, n.º 279, de 3 de Dezembro de 2002, p. 19 882, e rectificado pelo aviso publicado no *Diário da República*, II Série, n.º 297, de 24 de Dezembro de 2002, a abertura de concurso público documental para preenchimento de vaga de professor associado nas disciplinas do 1.º Grupo – Direito Público – da Faculdade de Direito da Universidade Nova de Lisboa.

II. Nestes termos, o signatário apresentou a sua candidatura em 15 de Janeiro de 2003, com os documentos exigidos e dentro do prazo legal estabelecido.

Foi depois notificado da sua admissão formal em 28 de Janeiro de 2003, de acordo com o despacho do Senhor Vice-Reitor, Doutor Adriano Duarte Rodrigues, datado de 22 de Janeiro de 2003.

Dispõe agora do prazo de 30 dias úteis para a entrega do relatório sobre o ensino de uma disciplina, de acordo com o preceituado no ECDU, segundo o qual "Os candidatos admitidos ao concurso para professor associado devem ainda, naquele prazo, apresentar quinze exemplares, impressos ou policopiados, de um relatório que inclua o programa, os conteúdos e os métodos de ensino teórico e prático das matérias da disciplina, ou de uma das disciplinas, do grupo a que respeita o concurso"[13].

III. Nesta sequência, o presente relatório é o texto que o signatário apresenta a concurso, com o objectivo de satisfazer tal exigência legal. Trata-se agora, nesta ocasião, de versar o programa, os conteúdos e os métodos de ensino de uma disciplina jurídica.

Porém, não obstante a autonomia formal deste relatório, ele deve ser lido em diálogo com o *curriculum vitae* já oportunamente apresentado [14], texto em que se sistematizam algumas actividades tão só aqui referenciadas ou, pura e simplesmente, omitidas, embora implicitamente também relevantes para as concepções aqui espelhadas.

Por outras palavras: no nosso entendimento, para este concurso, os elementos determinantes, todos de índole pedagógica e científica, são

---

[13] Art. 44.º, n.º 2, do ECDU.
[14] Cfr. JORGE BACELAR GOUVEIA, *Curriculum Vitae*, Lisboa, 2002.

ambivalentemente os constantes do *curriculum vitae* e deste relatório enquanto peças de avaliação autónoma na apreciação do mérito dos candidatos.

4. A escolha do Direito Constitucional no contexto das disciplinas de Direito Público

I. Olhando o conjunto das disciplinas da Faculdade de Direito da Universidade Nova de Lisboa, verificamos a existência de três grupos:
- Direito Público – 1.º grupo;
- Direito Privado – 2.º grupo; e
- Ciências Jurídicas Gerais e Afins – 3.º grupo [15].

Bem se compreende esta divisão temática: não seria lógico que, apesar de se tratar de uma mesma instituição universitária, todos os professores pudessem estar habilitados a ensinar tudo o que nela se ministra.

Contudo, não é menos certo que o acentuar da especialização não pode ser visto com rigidez, tendo-se também sublinhado, nos últimos anos, uma preocupação com a conveniência de alguma generalização, condenando-se uma especialização excessiva.

Podemos afirmar que irrompem hoje duas tendências contraditórias, mas que formam um equilíbrio fundamental na construção do perfil do professor universitário de Direito:
- uma tendência para a especialização, que se justifica pela multiplicação dos ramos do Direito e pelo aumento quase exponencial das suas normas, numa sociedade técnica que tudo normativiza e que insiste no seu intenso afã regulativo;
- uma tendência para a generalização, na medida em que o confinamento do jurista a certos domínios o vai tornando cada vez mais um mero técnico, assim perdendo a visão de conjunto, numa época em que igualmente se frisa uma concepção cada vez mais sistemática e unitária da Ordem Jurídica, ao arrepio de entendimentos exegéticos e positivistas manifestamente obsoletos.

---

[15] De acordo com o Despacho Reitoral n.º 11 329/97 (2.ª série), publicado no *Diário da República*, II série, n.º 267, de 18 de Novembro de 1997, p. 14 246, assim se estabeleceu a divisão entre grupos de disciplinas, contendo a estrutura orgânica do quadro de pessoal docente da Faculdade de Direito da Universidade Nova de Lisboa.

II. Evidentemente que a opção por um certo quadro de disciplinas de uma Faculdade de Direito não depende apenas de considerações de natureza científica, as quais dizem respeito à arrumação do Ordenamento Jurídico.

É preciso nela também fazer afluir considerações de natureza pedagógica, que estejam intimamente associadas ao modo específico de arquitectar certo estabelecimento de ensino superior.

Atendendo à Faculdade de Direito da Universidade Nova de Lisboa, verificamos que a mencionada divisão em três grupos de disciplinas, para além de não multiplicar em excesso as divisões estanques entre os professores, leva em linha de conta aquelas principais preocupações.

O caso das disciplinas jurídicas gerais e afins é bem o exemplo de como actualmente se torna inviável separar a discussão das grandes questões da Teoria do Direito, da Filosofia do Direito e da Metodologia do Direito.

Já quanto à divisão entre Direito Público e Direito Privado, é de salientar o desaparecimento das disciplinas de natureza económica, as quais não só poderão ser colocadas, no futuro, no sector das disciplinas afins como eventualmente não se mostram estritamente necessárias, dada a ligação e colaboração umbilicais desta Faculdade com a Faculdade de Economia da Universidade Nova de Lisboa.

III. O presente relatório escolhe a disciplina de **Direito Constitucional**, esta se integrando no 1.º Grupo – Direito Público, abrangido pelo Edital de abertura do concurso para professor associado [16].

A justificação para versar esta disciplina não suscita, assim, quaisquer específicos problemas de legalidade concursal, pois não está em causa disciplina que não exista ou que seja proposta em moldes diversos daqueles em que já funciona no curso da licenciatura.

Mas a alusão ao Direito Constitucional, dada a sua colocação curricular plúrima, significa que a nossa atenção se concentra nas duas primeiras disciplinas de Direito Constitucional que ali se oferecem: o **Direito Constitucional I** e o **Direito Constitucional II**.

---

[16] Cfr. o elenco das disciplinas incluídas no 1.º Grupo – Direito Público, tal como se estabelece na estrutura orgânica do quadro de pessoal docente da Faculdade de Direito da Universidade Nova de Lisboa.

Excluímos o **Direito Constitucional III**, outra disciplina que também se insere no plano de estudos da licenciatura, mas que foi apenas inaugurada no ano passado, apresentando-se como uma disciplina optativa, embora com um conteúdo em parcial sobreposição com o de Direito Constitucional II, atinente à justiça constitucional, numa economia lectiva que se nos afigura ser, de resto, discutível. Basta pensar no erro pedagógico consistente em leccionar o Direito Constitucional Processual, numa óptica mais especializada, numa altura em que os estudantes ainda não frequentaram, pelo menos, a disciplina de Direito Processual Civil I [17].

As duas disciplinas escolhidas são oferecidas no primeiro ano da licenciatura e são de frequência obrigatória, ao mesmo tempo que surgem como de aprovação recomendada para outras disciplinas de Direito Público, estando a funcionar desde o momento em que o curso viu a luz do dia em 1997.

É verdade que bastaria o estudo de uma delas, para se dar por preenchida a exigência legal. Só que essa opção revelar-se-ia sempre deficiente, em face da necessidade de genericamente enquadrar o ensino propedêutico do Direito Constitucional [18].

Por isso, optámos pelo seu tratamento conjunto, simplificando-se muitas vezes com a alusão genérica de Direito Constitucional, para além de ser uma oportunidade de se alargar mais o âmbito do nosso esforço, que certamente não levantará quaisquer objecções de cunho formal.

---

[17] Cfr. *infra*, mais desenvolvidamente, os capítulos IV e V deste Relatório.

[18] Confrontado com este problema, MARCELO REBELO DE SOUSA (*Direito Constitucional I – Relatório sobre o Ensino do Direito Constitucional*, Lisboa, 1986, p. 7) vai até mais longe, associando ao estudo do ensino de uma específica disciplina semestral os conteúdos programáticos de outra disciplina semestral, que logicamente se lhe segue: "No entanto, tendo presente a ligação entre as disciplinas de Direito Constitucional I e de Direito Constitucional II, consideramos ser de completar o Plano de Curso da primeira com a indicação das linhas fundamentais do Plano de Curso da segunda".

§ 2.º O Direito Constitucional como disciplina de escolha óbvia e apaixonada

5. A não leccionação do Direito Constitucional na Faculdade de Direito da Universidade Nova de Lisboa

I. Desde que passámos a integrar o corpo docente da Faculdade de Direito da Universidade Nova de Lisboa – logo no momento em que esta novel instituição de ensino abriu as suas portas, a partir de 1 de Outubro de 1997, assim com o confessado orgulho de fazer parte do seu corpo docente fundador – nunca foi possível até ao presente momento ensinar o Direito Constitucional no âmbito da licenciatura.

Poderia esta circunstância ser para alguns estranha – ou, mais drasticamente, até impeditiva – na decisão de se ter escolhido o Direito Constitucional no âmbito deste Relatório [19]: é que, sem essa experiência pedagógica, extremamente árduo seria defender uma concepção acerca do ensino dessa mesma disciplina [20].

É assim que importa sinteticamente mencionar as razões subjectivas que nos impeliram para esta escolha, sendo certo que as razões objectivas

---

[19] No caso de MARCELO REBELO DE SOUSA (*Direito Constitucional I – Relatório...*, p. 7), de entre outros autores, essa razão figura como determinante na escolha da disciplina: "...as matérias próprias da Ciência do Direito Constitucional foram aquelas que, quantitativa e qualitativamente, concitaram a nossa atenção principal ao longo de onze anos de actividade docente, sobre elas recaindo, como consequência, o maior número dos trabalhos que fomos elaborando e publicando".

[20] Na Faculdade de Direito da Universidade Nova de Lisboa, nos dois casos de concurso para professor associado já realizados, com MARIA TERESA PIZARRO BELEZA (*Direito Processual Penal – Relatório*, Lisboa, 2000, p. 13) deu-se a circunstância de esta docente se ter debruçado sobre disciplina não leccionada, não estando ainda a funcionar na Faculdade, por ter sido recentemente criada: "Por razões temporais, nenhuma destas disciplinas começou ainda a ser leccionada na Faculdade – ambas deverão entrar em funcionamento no ano lectivo 2001/2002...".

– atinentes ao que o Direito Constitucional significa na licenciatura e nas profissões jurídicas – não vale a pena frisar, dada a essencialidade deste ramo jurídico, e impondo-se por si mesmo [21].

II. Não temos, porém, este modo de ver a questão, embora evidentemente não possamos contestar aqueles que assim pensem: estão no seu direito, assim como o signatário tem o mesmíssimo direito de pensar o contrário.

E é até possível entender esta questão de outro prisma: a escolha do Direito Constitucional, apesar de nunca termos tido a regência dessa disciplina nos seis anos de contamos de docência na Faculdade de Direito da Universidade Nova de Lisboa, é um factor que nos beneficia, e que não diminui ou oblitera a nossa opção.

Por outro lado, o percurso que temos seguido no ensino de outras disciplinas da licenciatura na Faculdade de Direito da Universidade Nova de Lisboa, de acordo com as sucessivas deliberações do Conselho Científico que assim o determinaram, continuamente animaram a nossa vontade de, neste momento, escolhermos o Direito Constitucional como disciplina deste relatório para o preenchimento de vaga de professor associado [22].

III. Vamos até mais longe e julgamos que a ausência desta experiência lectiva nas disciplinas constitucionais no curso da licenciatura, longe de ser um *handicap*, verdadeiramente pode ser olhado como um aspecto desafiante a quem se propõe concorrer no âmbito de cadeira que nunca leccionou.

---

[21] Não vamos assim discretear, como fazem alguns outros professores, no exercício dos seus legítimos direitos, sobre a importância do ensino do Direito Constitucional, porquanto não cremos, no estádio actual da Ciência Jurídica, que essa discussão possa ser não ociosa, nem sequer discordamos da colocação que o Direito Constitucional I e II apresentam no plano de estudos da Faculdade de Direito da Universidade Nova de Lisboa.

[22] Como escreve PAULO OTERO (*Direito Administrativo – Relatório*, Lisboa, 1998, p. 24), referindo-se a aspecto até certo ponto idêntico, "...a circunstância de nunca termos exercidos funções de regência na disciplina de Direito Administrativo na Faculdade de Direito da Universidade de Lisboa, não constituindo qualquer obstáculo à feitura do presente relatório, permite até que ele não seja tido como um trabalho virado para o passado, antes traduza um verdadeiro projecto inovador proposto à comunidade científica...".

É verdade que tem havido uma certa tradição de fazer transpor para este relatório, quando é chegado o momento da candidatura a professor associado, uma experiência acumulada no ensino da disciplina de que se gosta e em que se trabalhou nos últimos anos.

Porém, não nos tendo sido dada essa oportunidade, isso não nos impede de, neste momento, avançar com um relatório a respeito do ensino do Direito Constitucional. E achamos mesmo que essa ausência de leccionação na Faculdade de Direito da Universidade Nova de Lisboa poderá ser mais um suplementar factor de avaliação, que esperamos superar: em vez de falarmos sobre aquilo que há muitos anos ensinamos, aventuramo-nos a falar sobre aquilo que, nos moldes específicos em que propomos, nunca experimentámos leccionar.

Diga-se ainda que esse factor não está vedado por lei, ponto em que o ECDU guarda uma rigorosa neutralidade: apenas refere a existência de disciplinas que sejam leccionadas, dentro da área para que é aberto o concurso.

IV. A afirmação geral de que até ao momento não nos foi dada a possibilidade de leccionar o Direito Constitucional no curso da licenciatura da Faculdade de Direito da Universidade Nova de Lisboa mantém-se inteiramente válida mesmo considerando o facto de, no programa de doutoramento e mestrado nessa instituição, já por dois anos consecutivos nos ter sido atribuída a coordenação dos seminários de Direito Constitucional: anos lectivos 2001/2002 [23] e 2002/2003 [24], em que escolhemos, respectivamente, como temas de trabalho, os direitos fundamentais em especial e as fontes do Direito.

Decerto que se trata de um esforço que é do mesmo modo académico e que surge enquadrado num aspecto que tem sido muito caro à Faculdade de Direito da Universidade Nova de Lisboa, isso também tendo sido por nós interpretado como sinal de confiança: a formação de novos mestres e doutores, com alguma rapidez, mas sem cair em facilitismos, num equilíbrio que é mais fácil formular do que praticar.

Todavia, não se trata propriamente de uma leccionação com as características específicas das que a licenciatura exige, sendo esta do nosso ponto de vista muito mais estimulante: é que ali avulta sobretudo um

---

[23] Cfr. o *Guia da Faculdade 2001/2002*, Lisboa, 2001, p. 62.
[24] Cfr. o *Guia da Faculdade 2002/2003*, Lisboa, 2002, p. 68.

diálogo cientificamente dirigido para certos temas e com um número reduzido de pessoas, pouco apetecível para alguém que, nesta fase da vida, quer usufruir de uma visão abrangente dos vários núcleos do Direito Constitucional e que quer perspectivá-lo como matéria jurídica de cunho introdutório.

6. Um percurso interno de leccionação por disciplinas com afinidades constitucionais

I. Agora já numa perspectiva afirmativa, um primeiro aspecto que importa considerar nas razões que nos impeliram à escolha do Direito Constitucional prende-se com a inequívoca ligação científico-pedagógica que as diversas disciplinas que temos leccionado mantêm com aquele ramo do Direito. De alguma sorte podemos dizer que a sua escolha, ainda que recaindo formalmente fora do Direito Constitucional, incidiu sempre sobre disciplinas do Direito Público "constitucionalmente relevantes".

A primeira delas foi a **História das Ideais Políticas,** no ano lectivo 1998/1999, numa altura em que, tendo já sido entregue a nossa dissertação de doutoramento, esperando-se a respectiva discussão em provas públicas, nos foi confiada essa regência, sob a coordenação de DIOGO FREITAS DO AMARAL.

Graças à sua ajuda e graças à irresistível atracção da simplicidade e da lucidez dos seus escritos, pudemos ter um contacto mais directo, no plano das ideias, com noções que são fundamentais para o Direito Constitucional.

É que este sector da Ordem Jurídica, embora fundado durante a Idade Contemporânea, jamais pôde desconsiderar contributos intelectuais e experiências políticas anteriores.

Nessa altura, tivemos ocasião de reger a disciplina de **História das Ideias Políticas**, de acordo com um programa elaborado por DIOGO FREITAS DO AMARAL, nos seguintes termos [25]:

– Introdução: Conceito de Política; Objecto, método e evolução da HIP;
– Antiguidade Clássica: Péricles, Xenofonte, Platão, Aristóteles e Cícero;

---

[25] Cfr. o *Guia da Faculdade 98/99*, Lisboa, 1998, p. 27.

- A Idade Média: Santo Agostinho e São Tomás de Aquino;
- A Idade Moderna: Maquiavel, Erasmo de Roterdão, São Tomás Morus e Thomas Hobbes;
- O Iluminismo: John Locke, Montesquieu, Jean-Jacques Rousseau;
- A Idade Contemporânea: Burke, Adam Smith, Marx e Engels, Bernstein, Leão XIII, Lenine, Mussolini e Hitler, Aron, Popper e Arendt.

II. Já depois de obtido o grau de doutor em Direito Público, no primeiro ano lectivo como professor auxiliar, o que viria a acontecer em parte no ano lectivo seguinte, foi-nos atribuída a regência de três disciplinas totalmente novas para nós, pois nunca tiveramos tido a oportunidade de as leccionar, tanto antes como depois do doutoramento, quer em estabelecimentos públicos quer em estabelecimentos não públicos de ensino:
- **Direito Financeiro** (anos lectivos 1999/2000, 2000/2001 e 2001//2002);
- **Direito Fiscal I** (anos lectivos 1999/2000, 2000/2001, 2001/2002 e 2002/2003); e
- **Direito da Igualdade Social** (anos lectivos 1999/2000 e 2000//2001).

Simplesmente, em qualquer uma delas é possível vislumbrar um fio condutor de pertinência das nossas preocupações científico-pedagógicas de fundo ao Direito Constitucional, que é preciso assumir neste momento e de que muito nos orgulhamos.

III. Relativamente ao **Direito Financeiro** e ao **Direito Fiscal I,** o esforço tornou-se duplicado por se tratar de duas disciplinas que nem sequer pertencem ao tradicional âmbito das Ciências Jurídico-Políticas, mas sim ao núcleo das disciplinas de Ciências Jurídico-Económicas.

Só que na Faculdade de Direito da Universidade Nova de Lisboa elas se inserem num único grupo, que é o grupo das disciplinas de Direito Público, sendo assim suposto que quem é nele professor esteja sempre habilitado a ministrar qualquer uma dessas disciplinas, inclusivamente estas de feição mais jurídico-económica.

A verdade, porém, é que de um receio inicial, por causa dessa dificuldade dupla (nunca terem sido por nós leccionadas e serem disciplinas extra-muros da nossa orientação científica de sempre), cedo se transitou para uma sensação de prazer intelectual pelas matérias tratadas e pela sua proximidade com o Direito Constitucional.

IV. O programa de **Direito Financeiro** viria a reflectir essa vizinhança com os aspectos jurídico-constitucionais, como se pode ver no conjunto de temas que foram escolhidos para o ano lectivo 2001/2002 [26], em que tivemos a oportunidade da respectiva regência pela última vez [27], e após três anos consecutivos [28]:

Introdução
1. As finanças públicas
2. O Direito Financeiro
3. A Ciência do Direito Financeiro

I – A organização financeira
4. Aspectos gerais
5. A Administração Central
6. O sector empresarial do Estado
7. A segurança social
8. As regiões autónomas
9. As autarquias locais

II – As instituições financeiras
10. A decisão financeira
11. O património público
12. O orçamento do Estado

---

[26] Não tendo tido possibilidade de elaborar textos de apoio às lições, metemos ombros não apenas à tarefa de melhor estruturar o programa e os respectivos sumários mais desenvolvidos como igualmente na publicação, já com duas edições, a última actualizada, de legislação de Direito Financeiro. Cfr. JORGE BACELAR GOUVEIA, *Legislação de Direito Financeiro*, 2.ª ed., Coimbra, 2002.

[27] Cfr. JORGE BACELAR GOUVEIA, *Direito Financeiro – elementos de estudo*, Lisboa, 2002, pp. 3 e 4, e o *Guia da Faculdade 2001/2002*, p. 42. Cfr. os anteriores anos lectivos, respectivamente, no *Guia da Faculdade 1999/2000*, Lisboa, 1999, p. 38, e no *Guia da Faculdade 2000/2001*, Lisboa 2000, p. 41.

[28] Num plano mais doutrinário, também tivemos ocasião de reflectir sobre um ponto específico do Direito Financeiro: JORGE BACELAR GOUVEIA, *A assunção de dívidas municipais pelo Governo Regional dos Açores e a Constituição Portuguesa*, in *Legislação – Cadernos de Ciência da Legislação*, n.º 25, Oeiras, Abril-Junho de 1999, pp. 134 e ss.

III – A actividade financeira

13. As despesas públicas
14. As receitas públicas
15. As políticas financeiras

IV – O controlo financeiro

16. O controlo parlamentar
17. O controlo administrativo
18. O controlo jurisdicional [29]

Tal preocupação fica bem expressa nos seguintes aspectos que foram aludidos neste programa:

- as finalidades do sistema financeiro, na sua ligação com os fins do Estado Social de Direito constitucionalmente definido;
- os diversos graus da descentralização e autonomia financeira, tendo em conta a forma do Estado e a sua posição quanto à descentralização administrativa;
- a concepção constitucional acerca da repartição de tarefas financeiras entre a Assembleia da República e o Governo, nomeadamente em matéria orçamental;
- a construção constitucional da jurisdição de contas, num claro propósito de a autonomizar e, por isso, de a tornar verdadeiramente efectiva.

V. O programa de **Direito Fiscal I**[30] igualmente se reclamaria de

---

[29] Programa dado praticamente na totalidade, apenas se registando a excepção da evolução histórica e dos aspectos relacionados com a Ciência do Direito Financeiro. Cfr. JORGE BACELAR GOUVEIA, *Direito Financeiro – sumários*, 1999/2000, 2000/2001 e 2001/2002.

[30] Tivémos nós a preocupação de produzir não apenas um guia de estudo (cfr. a nota seguinte), mas também alguns textos de cunho doutrinal: JORGE BACELAR GOUVEIA, *Os incentivos fiscais contratuais ao investimento estrangeiro no Direito Fiscal Português – regime jurídico e implicações constitucionais*, in AAVV, *A internacionalização da economia e a fiscalidade*, Lisboa, 1993, pp. 269 e ss.; *A evasão fiscal na interpretação e integração da lei fiscal*, in *Ciência e Técnica Fiscal*, n.º 373, Lisboa, Janeiro-Março de 1994, pp. 9 e ss.; *Considerações sobre as Constituições Fiscais na União Europeia*, in *Ciência e Técnica Fiscal*, n.º 381, Lisboa, Janeiro-Março de 1996, pp. 37 e ss.; *A irretroactividade da norma fiscal na Constituição Portuguesa*, in *Ciência e Técnica*

alguns influxos ao nível constitucional, tal como se pode observar no que está sendo adoptado no presente ano lectivo [31]:

Introdução

1. O imposto e a actividade fiscal
2. O Direito Fiscal
3. A Ciência do Direito Fiscal
4. Evolução histórica do Direito Fiscal

I – O Ordenamento Fiscal

5. As fontes normativas fiscais
6. A interpretação das leis fiscais e a integração das suas lacunas
7. A aplicação no tempo e no espaço das normas fiscais
8. A sistematicidade do Direito Fiscal

II – A Relação Jurídica Fiscal

9. Aspectos gerais
10. Os sujeitos tributários
11. O conteúdo e o objecto tributários
12. A dinâmica fiscal
13. As garantias fiscais
14. O procedimento tributário
15. Os direitos e as garantias dos contribuintes
16. As infracções fiscais

Fiscal, n.º 387, Lisboa, Julho-Setembro de 1997, pp. 51 e ss.; *Benefícios fiscais de organizações e funcionários internacionais no Direito Fiscal Português – alguns apontamentos*, in *Fiscália*, n.º 20, Lisboa, 1998, pp. 9 e ss.; *Acordos de colaboração entre instituições do ensino superior público e o imposto sobre o valor acrescentado*, in *THEMIS – Revista da Faculdade de Direito da Universidade Nova de Lisboa*, ano II, n.º 4, Lisboa, 2001, pp. 235 e ss.

Alguns destes textos foram posteriormente reunidos no nosso livro *Estudos de Direito Público*, I, Lisboa, 2000, integrando um capítulo especificamente dedicado ao Direito Fiscal.

[31] Cfr. JORGE BACELAR GOUVEIA, *Direito Fiscal – guia de estudo*, Lisboa, 2002, pp. 3 e 4, e *Guia da Faculdade 2002/2003*, pp. 51 e 52. Cfr. também nos anos lectivos anteriores de 1999/2000, 2000/2001 e 2001/2002, respectivamente, o *Guia da Faculdade 1999/2000*, p. 41, o *Guia da Faculdade 2000/2001*, p. 45, e o *Guia da Faculdade 2001//2002*, pp. 47 e 48.

III – O Sistema Fiscal

17. Enquadramento geral
18. Os impostos sobre o rendimento
19. Os impostos sobre o património
20. Os impostos sobre o consumo
21. Os benefícios fiscais [32]

As influências do Direito Constitucional no ensino do Direito Fiscal ficam bem patentes se nos lembrarmos dos seguintes tópicos:
- as limitações constitucionalmente impostas na hermenêutica jurídico-fiscal, nomeadamente na integração das lacunas das normas de Direito Fiscal;
- as opções constitucionais no tocante ao sistema fiscal português, em matéria de justiça tributária;
- a problemática das garantias dos contribuintes, em grande medida construídas segundo uma certa óptica pertença da dogmática dos direitos fundamentais;
- as opções constitucionais no que tange à específica modelação do sistema de impostos relativamente a algumas das suas categorias.

VI. O ensino do **Direito da Igualdade Social**, mais do que duplicado, correspondeu talvez a um esforço triplo:
- primeiro, pela novidade de nunca a disciplina ter sido ensinada;
- depois, por pressupor um tratamento metodológico pluralista, numa visão simultaneamente jurídica e sociológica;
- terceiro, porque em Portugal o ensino dessa disciplina far-se-ia na esteira do ensino do **Direito das Mulheres e da Igualdade Social**, disciplina ministrada no ano anterior na Faculdade de Direito das Universidade Nova de Lisboa, e que necessariamente obrigaria a uma intensa remodelação pedagógica não somente no nome, mas sobretudo nos planos temáticos e metodológicos.

Para uma maior pormenorização [33], aqui deixamos o programa que

---

[32] Programa dado quase na íntegra, com excepção da evolução histórica do Direito Fiscal. Cfr. JORGE BACELAR GOUVEIA, *Direito Fical I – sumários*, 1999/2000, 2000/2001 e 2001/2002.

[33] Também tivemos ocasião, para esta disciplina, de elaborar, além do guia de estudo, uma compilação de textos normativos, internos e internacionais – JORGE BACELAR GOUVEIA, *Direito da Igualdade Social – fontes normativas*, Lisboa, 2000 – e alguns

nos guiou na leccionação sucessiva nos anos lectivos de 1999/2000 e de 2000/2001 [34]:

Introdução

1. O Direito da Igualdade Social como disciplina científica
2. Da igualdade formal à igualdade social no Estado Contemporâneo

I – Direito da Igualdade Social – parte geral

3. Os fundamentos da igualdade social
4. Os factores que provocam a discriminação social
5. As providências de combate às desigualdades sociais
6. Os principiais textos normativos de defesa da igualdade social

II – Direito da Igualdade Social – parte especial

7. As minorias étnicas e o gozo da plenitude da cidadania política e cívica
8. As minorias religiosas e o exercício da liberdade de religião
9. As pessoas deficientes e a inserção na comunidade dos "normais"
10. As mulheres e o desfavorecimento das posições profissionais, familiares e políticas
11. Os pobres e o direito a idênticas oportunidades numa democracia de mercado
12. Os imigrantes e os estrangeiros e a integração numa sociedade aberta e tolerante [35]

---

artigos doutrinários: JORGE BACELAR GOUVEIA, *A importância da Lei n.º 134/99 no novo Direito Português da Igualdade Social*, in AAVV, *Actas do Seminário Técnico sobre a Aplicação da Lei Anti-Discriminação*, Lisboa, 2002, pp. 10 e ss., e *A importância dos direitos fundamentais no Estado Constitucional Contemporâneo*, in Revista da Faculdade de Direito da Universidade Agostinho Neto, n.º 2, Luanda, 2002, pp. 7 e ss.

[34] Cfr. JORGE BACELAR GOUVEIA, *Direito da Igualdade Social – guia de estudo*, Lisboa, 2000, p. 7, o *Guia da Faculdade 1999/2000*, p. 39, e o *Guia da Faculdade 2000/2001*, p. 41.

[35] Programa sempre dado na íntegra. Cfr. JORGE BACELAR GOUVEIA, *Direito da Igualdade Social – sumários*, anos 1999/2000 e 2000/2001.

Curiosamente, este desafio, de muito maior monta do que os dois primeiros de **Direito Financeiro** e de **Direito Fiscal I**, suscitou em nós um novo regresso ao Direito Constitucional, tendo sido mesmo este o paradigma da edificação de parte do programa que, inovatoriamente em Portugal, deu corpo à disciplina de **Direito da Igualdade Social**, com isso se congraçando diversos – e, sobretudo, bem difíceis – equilíbrios entre:

- o tratamento da igualdade social numa perspectiva jurídica e sociológica;
- o tratamento da igualdade social no tocante às mulheres, mas abrindo essas preocupações a outros grupos sociais [36], ultrapassando-se um acantonamento temático pouco fértil;
- o tratamento da igualdade social numa visão simultaneamente específica, buscando uma autonomia dogmática por detrás da já conquistada autonomia pedagógica, mas igualmente interdisciplinar com outros ramos do Direito [37].

Como se percebe, nalguns desses aspectos foi evidente uma proximidade com as matérias do Direito Constitucional, nomeadamente no tocante ao princípio da igualdade e aos direitos fundamentais em geral.

A esse propósito, assim tivemos oportunidade de escrever recentemente: "No plano do ordenamento jurídico português, sem qualquer margem para dúvidas que a Constituição de 1976 desempenhou um relevantíssimo papel não apenas na fundação de um verdadeiro Direito da

---

[36] Sendo neste aspecto de realçar os diversos temas que integram o Direito da Igualdade Social em especial. Cfr. JORGE BACELAR GOUVEIA, *Direito da Igualdade Social – guia...*, pp. 13 e ss.

[37] Isso mesmo tivemos ocasião de salientar em recente escrito atinente à anti-discriminação racial: "Eis um caso evidente em que se adopta uma *visão transversal do Direito*, num cruzamento muito interessante e que vale a título duplo: entre *diversos núcleos tradicionais do ordenamento jurídico*, porquanto há situações da vida que carecem de uma pluralidade de ramos jurídicos; entre uma *perspectiva jurídico-normativa* e outras *perspectivas não jurídicas, maxime* a sociológica, dado que só ela pode, em certos casos, fazer afluir ao Direito experiências e ensinamentos que dão ao jurista a verdadeira percepção da realidade à qual aquele pretende aplicar-se, com o maior êxito possível". Cfr. JORGE BACELAR GOUVEIA, *A lei da anti-discriminação racial no novo Direito Português da Igualdade Social: breves reflexões sobre o sentido e a estrutura da Lei n.º 134/99, de 28 de Agosto*, in *THEMIS – Revista da Faculdade de Direito da Universidade Nova de Lisboa*, ano III, n.º 5 de 2002, pp. 20 e 21.

Igualdade Social em Portugal como, sobretudo, na ampla protecção que posteriormente permitiu que se conferisse à anti-discriminação racial"[38].

VII. Uma outra experiência inovadora, das várias que já averbámos no nosso percurso universitário, ocorreu no ano lectivo de 2001/2002, e que depois se repetiria no ano lectivo de 2002/2003, com o ensino do **Direito Internacional Público I**[39], disciplina leccionada com base no seguinte programa[40], praticamente inalterado nos dois anos em que foi ministrado[41]:

Introdução

    1. O Direito Internacional Público na Enciclopédia Jurídica
    2. O Direito Internacional Público como Ciência Jurídica
    3. A evolução histórica do Direito Internacional Público
    4. A juridicidade e o fundamento do Direito Internacional Público

§ 1.º A ordem jurídica internacional

    5. As fontes do Direito Internacional Público em geral
    6. As convenções internacionais em especial
    7. Direito Internacional Público e Direito Estadual Interno

---

[38] JORGE BACELAR GOUVEIA, *A lei da anti-discriminação...*, p. 21.

[39] Cfr., respectivamente, o *Guia da Faculdade 2001/2002*, p. 32, e o *Guia da Faculdade 2002/2003*, p. 34. Cfr. também JORGE BACELAR GOUVEIA, *Direito Internacional Público I – elementos de estudo*, 2.ª ed., Lisboa, 2002, pp. 3 e 4.

[40] No âmbito desta disciplina, tivemos ocasião de publicar textos normativos, já por três vezes: JORGE BACELAR GOUVEIA, *Textos fundamentais de Direito Internacional*, 3.ª ed., Lisboa, 2002. Também editámos um livro com alguns textos constitucionais de organizações internacionais – *Organizações internacionais – textos fundamentais*, 2.ª ed., Coimbra, 1995 – e ainda uma compilação com os acordos de cooperação de Portugal com os Estados Africanos de Língua Portuguesa – *Acordos de Cooperação entre Portugal e os Estados Africanos Lusófonos*, 2.ª ed., Lisboa, 1998.

No plano doutrinal, também já produzimos alguns textos: JORGE BACELAR GOUVEIA, *O direito de passagem inofensiva no novo Direito Internacional do Mar*, Lisboa, 1993; *Portugal e o Direito do Mar* (com FAUSTO DE QUADROS e PAULO OTERO), Lisboa, 2001; *As relações externas de Portugal – aspectos jurídico-políticos* (com FAUSTO DE QUADROS), Lisboa, 2001; *A zona económica exclusiva*, in *Dicionário Jurídico da Administração Pública*, VII, Lisboa, 1996, pp. 611 e ss. Alguns deles foram posteriormente reunidos no livro *Estudos de Direito Público*, I, Lisboa, 2000.

[41] Programa dado na íntegra. Cfr. JORGE BACELAR GOUVEIA, *Direito Internacional Público I – sumários*, de 2001/2002 e de 2002/2003.

§ 2.º Os sujeitos internacionais

8. Os sujeitos internacionais em geral
9. Os Estados
10. As colectividades para-estaduais
11. As entidades inter-estaduais
12. As estruturas não estaduais
13. A pessoa humana

§ 3.º O domínio da sociedade internacional

14. Enquadramento geral
15. O domínio indirecto
16. O domínio directo

§ 4.º A garantia do Direito Internacional Público

17. Aspectos gerais sobre os conflitos internacionais
18. A solução pacífica dos conflitos internacionais
19. A solução não pacífica dos conflitos internacionais
20. Os tribunais internacionais: evolução e perspectivas
21. A responsabilidade internacional em particular

A sua observação atenta mostra zonas sensíveis de inter-relação com o Direito Constitucional, de acordo com os seguintes pontos [42]:
– o procedimento interno de conclusão das convenções internacionais;
– a incorporação do Direito Internacional no Direito Português;
– a posição hierárquica do Direito Internacional no Direito Português;
– a definição e a caracterização do Estado, bem como das respectivas vicissitudes, políticas e territoriais; e
– o domínio indirecto da sociedade internacional no que toca à definição do território estadual.

VIII. No presente ano lectivo de 2002/2003, como no ano lectivo passado, a distribuição de serviço docente aproximou-nos um pouco mais

---

[42] Alguns deles, de resto, desenvolvidos no guia de estudo de Direito Internacional Público I. Cfr. JORGE BACELAR GOUVEIA, *Direito Internacional...*, pp. 5 e ss.

do núcleo central das disciplinas jurídico-públicas, embora ainda não incluindo o Direito Constitucional, desta feita com a regência da disciplina de **Direito Administrativo I** [43].

Como se torna algo evidente, este é também um domínio da Ordem Jurídica com traços vizinhos do Direito Constitucional, isso tendo propiciado a reflexão sobre algumas das questões que naquele sector do Direito se suscitam.

O programa de **Direito Administrativo I** [44], que executámos, versou os seguintes assuntos [45]:

I – Introdução

1. A Administração Pública
2. O Direito Administrativo
3. A Ciência do Direito Administrativo

II – A ORGANIZAÇÃO ADMINISTRATIVA

4. Pessoas colectivas, órgãos, atribuições e competências
5. Modalidades de entidades administrativas
6. Os princípios aplicáveis
7. A Administração Directa
8. A Administração Indirecta
9. A Administração Autónoma
10. Outras entidades administrativas
11. Relações inter-orgânicas
12. Relações inter-subjectivas

III – O PODER ADMINISTRATIVO

13. A função administrativa

---

[43] No âmbito do ensino, muito recente, desta disciplina, no segundo volume dos nossos escritos de Direito Público, especificamente inserimos um capítulo com trabalhos de Direito Administrativo: JORGE BACELAR GOUVEIA, *Novos Estudos de Direito Público*, II, Lisboa, 2002, pp. 209 e ss.

[44] Cfr. o *Guia da Faculdade 2002/2003*, p. 34.

[45] Programa de Direito Administrativo I que seria dado quase na íntegra, apenas tendo faltado os dois últimos números, referentes ao contrato administrativo e à responsabilidade da Administração. Cfr. JORGE BACELAR GOUVEIA, *Direito Administrativo I – sumários de 2002//2003*.

14. Os princípios aplicáveis
15. O procedimento administrativo
16. O regulamento administrativo
17. O acto administrativo

Igualmente aqui se detectam – e até com mais facilidade em relação ao que pudemos fazer no programa de Direito Internacional Público I – vários pontos de intersecção com o Direito Constitucional, os quais se podem sintetizar no seguinte:
– na definição e na caracterização do Estado;
– na fontes do Direito Administrativo, constitucionalmente definidas e relevantes;
– nos princípios constitucionais sobre a organização administrativa;
– no elenco dos principais órgãos administrativos, do Estado e de outras entidades, bem como das respectivas pessoas colectivas, em muitos casos constitucionalmente relevantes;
– no elenco de alguns dos princípios constitucionais sobre a actividade administrativa, em parte de fonte constitucional.

IX. Em resumo: se inicialmente a atribuição de regências de disciplinas que não o Direito Constitucional não foi abraçada com grande entusiasmo, o certo é que essa experiência foi muito frutificante no nosso amadurecimento como juspublicista e professor de Direito Público.

Estamos em crer que assim alcançámos uma melhor formação académica comparativamente àquilo que nos aconteceria se estivéssemos anos a fio, translaticiamente, ensinando sempre o mesmo, numa enfadonha rotina, sem nunca ter tido a possibilidade de sair dos apertados horizontes que uma só disciplina forçosamente impõe.

É também por isso de aplaudir com ambas as mãos a regra que se pode ler nos *Princípios Orientadores da Faculdade de Direito da Universidade Nova de Lisboa*, segundo a qual, como se escreve no **Princípio n.º 16**, na atribuição dos encargos de regência de disciplinas na licenciatura se respeitará como orientação sagrada a rotatividade dos respectivos professores [46].

---

[46] Cfr. o Princípio Orientador n.º 16 dos *Princípios Orientadores da Faculdade de Direito da Universidade Nova de Lisboa*, aprovados pela Comissão Instaladora da Faculdade de Direito da Universidade Nova de Lisboa em 30 de Junho de 1997: "Na distribuição do serviço docente será, em regra, observado o princípio da rotatividade das regências".

7. Algumas experiências de leccionação de disciplinas constitucionais noutros estabelecimentos de ensino

I. Se estas foram as razões que justificaram a escolha do Direito Constitucional numa perspectiva estritamente associada ao nosso itinerário como professor auxiliar da Faculdade de Direito da Universidade Nova de Lisboa, outras razões também há, igualmente relacionadas com experiências pedagógicas, que podem apontar para essa mesma preferência.

O Direito Constitucional, mais ou menos intensamente, também nos tem acompanhado na leccionação universitária ao longo de uma carreira docente com cerca de 16 anos de actividade.

II. A experiência alcançada na Faculdade de Direito da Universidade de Lisboa – nas categorias de monitor (1987/1989), assistente estagiário (1989/1993) e assistente (1993/1997) – inseriu-se sempre no grupo das disciplinas de Ciências Jurídico-Políticas.

O desfiar dos anos, com excepção da disciplina de Direito da Economia no ano lectivo de 1988/1989, permitiu a colaboração em aulas práticas, e episodicamente nalgumas aulas teóricas, no âmbito das disciplinas de **Ciência Política e Direito Constitucional I**, **Direito Constitucional II**, **Direito Internacional Público I** e **Direito do Mar**, neste caso também com a respectiva regência [47].

Igualmente o ano lectivo em que prestámos serviço em cooperação na Faculdade de Direito da Universidade Eduardo Mondlane (ano lectivo 1993/1994), ao abrigo de protocolo celebrado entre esta Faculdade e a Faculdade de Direito da Universidade de Lisboa, possibilitou o ensino de duas disciplinas de inequívoco conteúdo constitucional: a **Ciência Política**, no primeiro semestre, e o **Direito Constitucional Geral**, no segundo semestre, ambas no 1.º ano do curso de Direito daquela Faculdade.

III. Mais recentemente, noutros estabelecimentos públicos ou privados de ensino, também tem sido possível equacionar a leccionação de disciplinas de Direito Público ou em domínios afins, como regente ou coordenador, certamente isso também contribuindo para a escolha empreendida [48]:

– a **Ciência Política** na Faculdade de Direito da Universidade do Porto, nos anos lectivos 2000/2001 e 2001/2002;

---

[47] Cfr. JORGE BACELAR GOUVEIA, *Curriculum...*, pp. 15 e 16.
[48] Cfr. JORGE BACELAR GOUVEIA, *Curriculum...*, pp. 16 e ss.

– o **Direito Constitucional** na Universidade Moderna, em Beja, no ano lectivo 1999/2000, e em Lisboa, nos anos lectivos 2000//2001, 2001/2002 e 2002/2003;
– o **Direito Administrativo** na Universidade Lusíada de Lisboa, no ano lectivo 2002/2003.

IV. No caso de **Ciência Política**, na Faculdade de Direito da Universidade do Porto, pudemos adoptar o seguinte programa [49], em que vislumbram as estreitas conexões com o Direito Constitucional:

PARTE I – INTRODUÇÃO À CIÊNCIA POLÍTICA

§ 1.º Âmbito e objecto da Ciência Política
§ 2.º Aspectos metodológicos da Ciência Política

PARTE II – HISTÓRIA DAS IDEIAS POLÍTICAS

§ 3.º Evolução das ideias políticas na História
§ 4.º Síntese dos principais contributos para a Ciência Política

PARTE III – TEORIA GERAL DO ESTADO

§ 5.º O Estado como entidade política
§ 6.º Evolução histórica do Estado
§ 7.º Os elementos do Estado
§ 8.º Formas de Estado
§ 9.º Fins, funções e órgãos do Estado

PARTE IV – AS ESTRUTURAS DO ESTADO-PODER

§ 10.º Formas institucionais de governo
§ 11.º Regimes políticos
§ 12.º Regimes económicos
§ 13.º Sistemas de governo

---

[49] Cfr. JORGE BACELAR GOUVEIA, *Ciência Política – guia de estudo*, Lisboa, 2002, pp. 3 e 4, *Faculdade de Direito da Universidade do Porto – Guia Pedagógico do ano lectivo 2000/2001*, Porto, 2000, p. 39, e *Faculdade de Direito da Universidade do Porto – Guia Pedagógico do ano lectivo 2001/2002*, Porto, 2001, p. 35.

PARTE V – AS ESTRUTURAS DO ESTADO-SOCIEDADE

§ 14.º A limitação jurídica do poder
§ 15.º A eleição política e os sistemas eleitorais
§ 16.º O referendo político
§ 17.º Os partidos políticos e os sistemas partidários
§ 18.º A opinião pública

Essa nem será uma demonstração custosa de se fazer, dada a larga coincidência de objectos científicos entre as duas disciplinas:
– na definição e composição do Estado, como sujeito primacial do Direito Constitucional;
– na qualificação dos regimes políticos e dos sistemas de governo, em grande parte determinados por opções jurídico-constitucionais positivas;
– na limitação do poder público enquanto esse fito deva igualmente apoiar-se em esteios jurídico-normativos fornecidos pela Constituição, naquilo que ela é, mas sobretudo naquilo que ela contém ao nível dos diversos mecanismos de defesa da ordem constitucional.

8. Uma preocupação constante pelo Direito Constitucional na investigação científica e no trabalho profissional não universitário

I. Não podemos ainda deixar de referir alguns motivos ligados às nossas preferências pessoais e ao deleite intelectual que sempre pudemos colher no estudo do Direito Constitucional.

Toda a nossa carreira científica se enquadrou – por razões que em parte são difíceis de explicar, mas que noutra parte se relacionam com os óptimos professores de que pudemos desfrutar no Direito Público (como foram decerto os casos de DIOGO FREITAS DO AMARAL, JORGE MIRANDA e MARCELO REBELO DE SOUSA) – na investigação de aspectos abrangidos pelo Direito Constitucional.

Esse foi um propósito assumido tanto formalmente nos graus académicos obtidos depois de concluída a licenciatura como informalmente em muitos outros momentos de investigação científica livre.

Isso ainda não é tudo: os temas constitucionais têm sido também frequentemente versados em muitos outros trabalhos profissionais, ao nível da consultoria jurídica, assim como surgem amiúde em artigos de opinião que, de quando em vez, damos à estampa.

Comprovemos melhor algumas destas nossas preocupações em torno do Direito Constitucional, pensando especificamente nos dois graus académicos alcançados depois de concluída a licenciatura.

II. O mestrado, embora na parte lectiva se tivesse estudado temas de Direito Constitucional, de Direito Administrativo e de Direito Internacional Público, incidiu na dissertação final apresentada num tema de Direito Constitucional "puro", no caso especificamente os direitos fundamentais [50].

O objectivo então expresso foi o de estudar o mecanismo consagrado na Constituição Portuguesa actual de abertura a novos direitos fundamentais não tipificados no seu articulado, tendo nós proposto a terminologia específica de direitos fundamentais "atípicos" [51].

Esse foi um esforço que não se limitou ao Direito Constitucional Português vigente, antes igualmente acolheu uma perspectiva histórica e uma perspectiva comparatística, para além da necessidade da adopção de uma óptica teorética [52].

E até chegámos a conclusões originais, a principal das quais foi a tese de que os direitos fundamentais atípicos, a receber pela cláusula aberta de direitos fundamentais, não seriam apenas direitos fundamentais com a força própria da fontes que os formularam inicialmente, mas que por isso mesmo poderiam ser alcandorados ao valor de direitos constitucionais, dando-se um fenómeno de recepção material [53].

III. O doutoramento seria também alcançado com a apresentação e discussão de uma dissertação num tema de Direito Constitucional, desta feita com o fito de se proceder a uma análise de temática mais transversal, que pudesse ao mesmo tempo cruzar algumas das mais significativas dimensões do Direito Constitucional, como obviamente o maior fôlego dessa prova exigiria: o estado de excepção constitucional [54].

---

[50] Cfr. JORGE BACELAR GOUVEIA, *Os direitos fundamentais atípicos*, Lisboa, 1995.
[51] Cfr. JORGE BACELAR GOUVEIA, *Os direitos...*, pp. 39 e ss.
[52] Cfr. JORGE BACELAR GOUVEIA, *Os direitos...*, pp. 81 e ss., pp. 175 e ss., e pp. 253 e ss.
[53] Cfr. JORGE BACELAR GOUVEIA, *Os direitos...*, pp. 313 e ss.
[54] JORGE BACELAR GOUVEIA, *O estado de excepção no Direito Constitucional –*

Ao longo das cerca de 1650 páginas impressas dessa obra, em dois volumes, tivemos ocasião de observar a consistência do estado de excepção constitucional numa tripla dimensão:
- uma dimensão histórico-comparatística, procurando as suas raízes e linhas de evolução, simultaneamente analisando como os Estados mais avançados nos respectivos Direitos Constitucionais encaram hoje esse problema [55];
- uma dimensão dogmático-positiva, na medida em que aí se proporcionaria encontrar respostas específicas para a regulação portuguesa do estado de excepção, entre a sua eficiência e a sua normatividade [56];
- uma dimensão teorético-construtiva, perguntando até que ponto o instituto se impõe com autonomia no confronto com outras realidades, e também questionando os limites que o correspondente poder de excepção deve sofrer [57].

---

entre a eficiência e a normatividade das estruturas de defesa extraordinária da Constituição, I e II, Coimbra, 1998.

[55] Cfr. JORGE BACELAR GOUVEIA, *O estado de excepção...*, I, pp. 109 e ss.
[56] Cfr. JORGE BACELAR GOUVEIA, *O estado de excepção...*, I, pp. 557 e ss.
[57] Cfr. JORGE BACELAR GOUVEIA, *O estado de excepção...*, II, pp. 1255 e ss.

§ 3.º O sentido do concurso para professor associado na evolução da carreira académica

9. As críticas dirigidas ao concurso para professor associado

I. Analisando agora o sentido geral que atribuímos a este concurso, para o qual o presente relatório é fundamental, interessa começar por reparar nas muitas críticas que lhe têm sido dirigidas, apesar de se registar o contributo de alguns, poucos, professores, que, indo directamente à essência do relatório, omitem qualquer alusão a este problema preliminar.

Até quase se pode dizer que é "praxe académica doutoral" – alguns pensando mesmo que ficaria mal assim não proceder – desferir as mais variadas objecções ao modo como o legislador de 1979 organizou este concurso para professor associado.

E essas críticas, em lugar de diminuírem com o passar dos anos, têm aumentado, em quantidade e em qualidade, chegando mesmo ao ponto de se inquirir a respectiva juridicidade, ao nível da sua conformidade com a Constituição: é o caso do exercício de PAULO OTERO, para quem esta prova seria inconstitucional, por causa da falta de referenda ministerial no ECDU, não fosse o mesmo ter sido novado ou sobre ele ter nascido um costume aplicativo [58].

---

[58] PAULO OTERO (*Direito...*, pp. 9 e ss.) chega ao ponto de duvidar da constitucionalidade do concurso e, em geral, do próprio ECDU, por não ter sido referendado pelo Governo. Mas, após esse exercício, acaba por concluir pela sua validade jurídico--constitucional, afirmando: "Qualquer que seja a solução adoptada, opte-se pela tese da novação ou da formação de um costume aplicativo do Decreto-Lei n.º 448/79, o certo é que se deve concluir pela não inconstitucionalidade do fundamento legal da categoria de professor associado e da exigência do presente concurso" (*Direito...*, p. 14).

II. Num plano material, podemos dizer que há críticas para todos os gostos, embora seja curioso verificar que ninguém deixou de concorrer por frontalmente discordar deste concurso, sendo assim possível separar entre duas espécies de críticas, numa lógica em muitos autores de tipo cumulativo:

– críticas substantivas; e
– críticas procedimentais.

No primeiro grupo, tem-se dito que o presente concurso não se adaptaria à realidade das Faculdades de Direito, que essencialmente vivem de lições escritas, pouco consentâneas com relatórios, concebidos para as ciência naturais: é o caso de ANTÓNIO MENEZES CORDEIRO e de JOSÉ MANUEL SÉRVULO CORREIA [59]. E outro professor vai mesmo mais além, assim bem secundando aquele primeiro docente, LUÍS MENEZES LEITÃO, num argumento muito particular, acrescentando que "...a prova ocorre após os candidatos terem obtido aprovação no doutoramento em Direito, ao qual a nossa Escola tem justamente colocado elevados requisitos de qualidade científica, o que torna descabido aparecer uma prova posterior pretendendo agora avaliar as capacidades pedagógicas do candidato, que na maior parte dos casos exerce há longos anos a sua actividade docente" [60].

No outro plano, a principal crítica diz respeito ao facto de este concurso não ser claro em relação aos seus critérios, uma vez que não diferenciaria a natureza que prefere, de concurso documental ou de concurso de mérito: como escreve ANTÓNIO MENEZES CORDEIRO, "...o concurso para professor associado acaba por não satisfazer nenhum dos dois modelos: complica o perfil do concurso documental com exigências que o transcendem e concede, para uma verdadeira apreciação de mérito, elementos escassos e pobres no seu conteúdo" [61]; ou como refere JORGE MIRANDA, verberando esta prova por ser "...um concurso sem provas públicas e de finalidade administrativa, sem real alcance para efeito de progressão na carreira académica" [62].

---

[59] Cfr. as críticas de ANTÓNIO MENEZES CORDEIRO, *Teoria Geral do Direito Civil – Relatório*, Lisboa, 1987, pp. 47 e 48, e de JOSÉ MANUEL SÉRVULO CORREIA, *Direito Administrativo II (Contencioso Administrativo)*, Lisboa, 1993, p. 8.

[60] LUÍS MENEZES LEITÃO, *O ensino do Direito das Obrigações*, Coimbra, 2001, pp. 7 e 8.

[61] ANTÓNIO MENEZES CORDEIRO, *Teoria Geral...*, p. 47.

[62] JORGE MIRANDA, *Parecer sobre o relatório do Doutor José Carlos Vieira de Andrade*, in *Revista da Faculdade de Direito da Universidade de Lisboa*, 1998, p. 413.

Por outro lado, também se tem dito que não beneficia a transparência, uma vez que os candidatos não têm possibilidade de esclarecer os membros do júri: como diz António Menezes Cordeiro, "A sua execução incorre em crítica frontal: contrariando toda a tradição universitária portuguesa, o dispositivo vigente não prevê a comparência do candidato perante o júri para, aí e em público, prestar os esclarecimentos que lhe sejam solicitados e sendo-lhe ainda dada a possibilidade de responder às críticas feitas"[63].

III. Nem tudo são duras críticas a este concurso para professor associado, pois que outros professores exprimem opiniões menos ácidas, aceitando a sua importância substantiva: é o caso de Vasco Pereira da Silva, para quem "...no que respeita à questão de fundo, da dignidade universitária de um trabalho de índole pedagógica e da sua conformidade com o ensino das ciências jurídicas, não se me afiguram correctas, salvo o devido respeito, as críticas formuladas"[64].

Por isso mesmo, não têm faltado as sugestões quanto à sua reformulação, como aquela feita por José Casalta Nabais, para quem – depois de criticar, por causa do seu carácter documental, este concurso por ser "...cientificamente asséptico e altamente formal(ista) e burocratizante"[65] – se deveria optar do seguinte modo: "Por isso, de duas, uma: ou é pura e simplesmente abolido por total inutilidade, ou se mantém, mas, então, deve ser repensado de molde a recuperar alguma utilidade"[66].

IV. Da nossa parte, não consideramos justas estas críticas dirigidas ao concurso para professor associado, que praticamente têm feito parte do intróito desses relatórios. E é muito interessante registar o seguinte: quem mais asperamente verbera o sentido e a razão de ser do concurso para

---

[63] António Menezes Cordeiro, *Teoria Geral...*, p. 47. Considerando ainda Paulo Otero (*Direito...*, p. 17) que "...o problema da inexistência de uma discussão oral e pública do relatório, permitindo ao candidato a professor associado a defesa das críticas e a prestação de esclarecimentos, deve colocar-se ao nível da própria garantia constitucional da participação dos interessados na formação das deliberações administrativas que lhes digam respeito...".

[64] Vasco Pereira da Silva, *Ensinar Direito (a Direito) Contencioso Administrativo*, Coimbra, 1999, p. 12.

[65] José Casalta Nabais, *Direito Fiscal – Relatório sobre o programa, os seus conteúdos e os seus métodos de ensino*, Coimbra, 2000, p. 4.

[66] José Casalta Nabais, *Direito Fiscal – Relatório...*, p. 4.

professor associado, é normalmente quem mais tempo e espaço lhe dedica, apresentando extensos relatórios. Os casos de ANTÓNIO MENEZES CORDEIRO, PAULO OTERO e LUÍS MENEZES LEITÃO não deixam margem para dúvidas.

É mesmo de perguntar: não será contraditório dedicar tanto esforço na realização de um relatório a apresentar no âmbito de um concurso inútil e prejudicial, indo além do que seria legalmente exigível, assim lhe dando ainda mais vida?

Consequentemente, não podemos deixar de concordar com a posição franca de FERNANDO ARAÚJO: "O autor do presente relatório simpatiza com essas críticas no seu conjunto, mas, sem sofisma nem menoscabo por elas, não agirá em conformidade, pois considera que um relatório desta natureza constitui uma *oportunidade* ímpar para reflectir sobre a sua própria vocação e as circunstâncias da carreira profissional que abraçou: acreditando que, finalizada a *suspensão crítica* de que o relatório é o fruto, a prática escolar pode retomar-se enriquecida por uma fundamentação teórica mais sólida do que aquela que a rotina académica, no seu esforço diuturno, parece reclamar e consentir"[67].

10. A conveniência do procedimento do concurso público documental

I. Não partilhando nós das objecções que deixámos enunciadas, tanto de natureza jurídica quanto sobretudo acerca da sua conveniência em matéria de política universitária, pensamos que este concurso público documental para o provimento de vaga de professor associado se apresenta correcto e satisfatório, não obstante alguns aperfeiçoamentos de que poderia eventualmente beneficiar.

Esta é uma conclusão que se mostra óbvia atendendo ao facto de estamos perante um concurso. Não se trata assim de fazer a progressão na carreira dentro de uma lógica de decurso de tempo, por mero efeito da antiguidade.

Mas igualmente nos mostramos favoráveis quanto às duas outras características que podemos encontrar no regime deste concurso para professor associado: o ser ele um concurso público e o ter ele uma feição documental.

---

[67] FERNANDO ARAÚJO, *O ensino da Economia Política nas Faculdades de Direito e algumas reflexões sobre pedagogia universitária*, Coimbra, 2001, pp. 11 e 12.

Como escreve VITAL MOREIRA, "Embora nos limites de um concurso documental, sem discussão pública e sem contraditório, estas provas, bem vistas as coisas, não deixam de ser particularmente representativas do cerne da função universitária, que conjugam necessariamente as actividades de investigação e de ensino"[68].

II. A regra fundamental de o acesso ao lugar de professor associado, passando-se assim à categoria de funcionário público, ser feito por concurso só pode ser de louvar.

Isso implica que a obtenção a essa categoria profissional se opera mediante a realização de uma avaliação, não decorrendo automaticamente do decurso de tempo, em que se eleva a antiguidade a supremo critério decisório.

A antiguidade como critério de acesso a uma categoria profissional só pode ser combatido: além de não estimular a inovação, é altamente injusto porque as qualidades e os atributos profissionais não estão associados à ordem dos nascimentos ou aos momentos mais ou menos burocráticos de ingresso nas categorias profissionais iniciais.

A existência de um concurso, ao contrário do que sucede com a antiguidade, permite posicionar os candidatos com igualdade e transparência, propiciando escolhas por mérito e paralelamente evitando-se o risco de escolhas pessoais, na base da politicização ideológica, do apadrinhamento académico ou do amiguismo pessoal.

O sentido essencial do concurso para professor associado, segundo nos é dado perceber, aliado às respectivas funções, é o de habilitar os candidatos que o superem ao ensino autónomo de disciplinas de um certo grupo, ao mais alto nível da regência de aulas teóricas e na elaboração de trabalhos de investigação.

Evidentemente que é correcta esta exigência na carreira universitária dos doutores, sendo certo que, no figurino actual, a contratação como professor auxiliar, depois do doutoramento, não pressupõe qualquer avaliação desta natureza:

— ou ela é automática, se o novel doutor já for docente na Faculdade há mais de cinco anos, antes exercendo trabalho prático como assistente ou noutra categoria equiparada [69];

---

[68] VITAL MOREIRA, *Organização...*, p. 12.
[69] Cfr. o art. 11.º, n.º 2, do ECDU.

– ou ela apenas depende de uma avaliação curricular feita pelo Conselho Científico que decide a contratação de um doutor, não se estabelecendo, do ponto de vista legal, qualquer outra formalidade específica.

Ora, o concurso para professor associado é a primeira exigência de nível pedagógico, a qual se expressa na elaboração de um relatório que possa espelhar a capacidade para, com autonomia, efectuar a regência de uma disciplina.

Na afirmação da excelência do princípio do concurso público, somos mesmo mais radicais, considerando que esse princípio deve ser alargado a todas as categorias do pessoal docente universitário, incluindo o recrutamento de assistentes e de professores auxiliares.

Nada justifica que essa contratação não seja feita segundo este mesmo princípio, não estando certamente em causa lugares de confiança pessoal ou política que afastem os critérios fundados no mérito.

Por outro lado, esta proposta igualmente se situa na preocupação, que hoje vai sendo maioritária na opinião pública, de desanexar a carreira científica da carreira académica: uma coisa é a atribuição de grau académicos; outra bem diversa é a entrada nas diferentes categorias da docência universitária.

III. Pode questionar-se a concretização deste princípio da necessidade de concurso público, no acesso à categoria de professor associado, por o mesmo, não obstante ser público, requerer o preenchimento de certos requisitos, como é o caso do grau de doutor e do exercício de cinco anos de docência.

Não havendo qualquer possibilidade de contestar o primeiro desses requisitos, o segundo para alguns mostrar-se-ia condenável, porquanto afastaria os candidatos que não dispusessem desse tempo, sendo um tempo demasiado prolongado para permitir a consumação da carreira.

Duvidamos da validade dessa crítica: a exigência de cinco anos afigura-se importante para o contacto com a experiência de ensino, sob a orientação de professores catedráticos e associados, atentas as tarefas que estão legalmente previstas para esta categoria profissional.

O problema é que, em face da crónica falta de um corpo docente doutorado em número considerado suficiente, foram os professores auxiliares sobrecarregados com o trabalho que deveria competir aos professores catedráticos e aos professores associados.

IV. A última característica que fica bem patente neste concurso é o facto de ele ter natureza documental, ou seja, não pressupor qualquer contacto pessoal entre os candidatos e o júri, nem consistir na realização de provas prestadas oralmente pelo candidato.

Sendo um concurso documental, implica ele, para além da junção de alguns documentos, a elaboração de um relatório contendo o programa, os conteúdos e os métodos de ensino de uma disciplina, de que o presente livro pretende ser um exemplo.

É irrecusável que quanto mais experiência pedagógica os professores tenham, mais isso se afigura relevante para o aumento da respectiva proficiência. Mas é também necessário, dado o lugar em causa, perceber as virtualidades que estão associadas à exigência deste relatório.

Estamos em crer que elas são grandes, não sendo excessivas, como porventura aconteceria se houvesse a prestação de provas públicas: a exigência da elaboração de um relatório força a que o candidato possa reunir os elementos indispensáveis ao ensino da disciplina, posicionando--se no futuro para a leccionar com autonomia.

Seria sempre cedo demais nesse momento requerer a prestação de provas públicas de índole pedagógica. E as provas públicas só sobre o relatório teriam importância escassa porque a pedagogia mais se pratica do que se discute.

§ 4.º As opções fundamentais do Relatório sobre o Ensino do Direito Constitucional

11. A ausência de uma tradição na Faculdade de Direito da Universidade Nova de Lisboa

I. Um primeiro aspecto que deve ser necessariamente levado em consideração na elaboração do relatório para professor associado, não sendo ele todavia determinante, é observar a tradição produzida em relatórios apresentados para idênticas provas, naturalmente anteriores ao que está agora em curso.

Essa observação permite identificar dois professores que, na Faculdade de Direito da Universidade Nova de Lisboa, já realizaram tais provas, tendo para o efeito apresentado os respectivos relatórios:
– João Caupers, com um relatório sobre o ensino da **Ciência da Administração** [70];
– Maria Teresa Pizarro Beleza, com um relatório sobre o ensino do **Direito Procesusual Penal** [71].

Embora nenhum destes relatórios tenha que ver com o Direito Constitucional – sendo o primeiro sobre uma disciplina extra-jurídica e o outro sobre uma disciplina jurídico-processual – é certamente proveitosa a sua análise para o efeito de fixar as opções fundamentais do nosso.

II. O relatório de João Caupers respeita a uma disciplina optativa, de feição não jurídica, ainda que sobre um objecto – a Administração Pública – que semelhantemente interessa a vários ramos do Direito e peculiarmente ao Direito Administrativo.

---

[70] João Caupers, *Ciência da Administração*, Lisboa, 1998.
[71] Maria Teresa Pizarro Beleza, *Direito Processual Penal – Relatório*, Lisboa, 2000.

Ao longo das suas 123 páginas, JOÃO CAUPERS adopta a seguinte sistematização quanto às matérias que inclui no seu trabalho [72]:
- Razão de ser;
- A Ciência da Administração nas universidades portuguesas;
- A Ciência da Administração na Faculdade de Direito da Universidade de Lisboa;
- A Administração Pública como objecto de estudo;
- História breve dos estudos sobre a Administração Pública;
- A Ciência da Administração: concepção e abordagem;
- Metodologia da Ciência da Administração;
- O ensino da Ciência da Administração;
- Programa proposto;
- Métodos de ensino e elementos de estudo;
- Bibliografia;
- Conteúdos das aulas teóricas.

Neste texto, como se pode perceber, cruzam-se diversos aspectos, todos focalizados para a pedagogia desta disciplina optativa:
- considerações de sabor histórico, inserindo a disciplina no lastro da evolução das ciências sociais e realçando os seus principais impulsionadores;
- considerações de cunho pedagógico, quanto ao seu ensino nas aulas teóricas e quanto à sua localização no plano curricular;
- considerações de feição científica, relativamente às diversas concepções produzidas a respeito desta disciplina, bem como a que é adoptada.

III. O relatório de MARIA TERESA PIZARRO BELEZA, com 121 páginas, perfilha a seguinte estrutura [73]:
- Objecto deste relatório;
- Programa;
- Justificação do programa;
- Métodos de ensino;
- Avaliação;
- Bibliografia (e outras indicações).

---

[72] Cfr. JOÃO CAUPERS, *Ciência...*, pp. 7 e ss.
[73] Cfr. MARIA TERESA PIZARRO BELEZA, *Direito Processual...*, pp. 13 e ss.

A leitura deste texto permite retirar diversas ilações:

- considerações de natureza pedagógica quanto aos diversos tópicos que devem integrar o programa da disciplina, bem como ao modo de ensinar nas aulas teóricas e práticas;
- considerações de natureza científica, na tentativa de aproximar o Direito Processual Penal do Direito Constitucional;
- considerações de natureza metodológica, frisando a necessidade – que também deveria sentir-se no Direito Processual Penal – da preocupação em torno do género, peculiarmente da posição das mulheres.

IV. Como se observa, não sendo muitas as experiências anteriores em matéria de relatórios para professor associado, não se pode dizer que haja já afirmada uma tradição académica nesta matéria.

Certamente que para alguns esse facto é visto com algum embaraço, pela falta de referências que isso acarreta, não se sabendo como outros fazem, naturalmente isso aumentando o campo de indefinição dos pontos de vista a reflectir na elaboração de um relatório para concorrer a professor associado.

Facto que contém em si perigo maior: pior do que não ter qualquer tradição, é ser-se convencido a seguir tradição alheia, sendo certo que em Portugal, nesta matéria, há duas firmes tradições, opostas sob certo ponto de vista: a Faculdade de Direito da Universidade de Coimbra e a Faculdade de Direito da Universidade de Lisboa.

Não ficamos "assustados" com o facto de na Faculdade de Direito da Universidade Nova de Lisboa não haver tradição quanto ao modo de elaborar estes relatórios, e muito menos nos atemoriza a possível influência que eventualmente recebamos de outras Faculdades.

Bem pelo contrário: essa falta de tradição deixa-nos mais libertos para seguir o caminho que, em consciência pedagógica e no uso de uma indeclinável liberdade académica, devemos preferir, sem a preocupação de copiar ou contrariar o modelo A ou o modelo B.

Noutra perspectiva, não existe qualquer anátema em escolhas que se possam aproximar da tradição de outras escolas se essa for a via que se considere ajustada na elaboração do relatório, não se escondendo até, no nosso caso, que muito daquilo que somos, no plano académico, como sucede com outros professores da Faculdade a que pertencemos, o devemos à nossa passagem pela Faculdade de Direito da Universidade de Lisboa e, em geral, à Escola de Direito Público de Lisboa [74].

12. Um relatório sobre o ensino, não um manual de uma disciplina ou uma monografia filosófico-metodológica

I. A elaboração de um relatório com estas características, com o objectivo de poder servir no concurso em que é apresentado, deve ser escrupulosamente fiel àquilo que legalmente se pede.

Consultando o ECDU, ficamos a saber que se exige a elaboração de "...um relatório que inclua o programa, os conteúdos e os métodos de ensino..."[75] de uma disciplina.

A natureza desse relatório, longe de legalmente indefinida, está indexada a essas exigências, que, aliás, consideramos inteiramente pertinentes.

II. A verdade, porém, é que quando olhamos para outros relatórios congéneres, sobretudo os realizados mais recentemente, verificamos que a sua enorme extensão implica o ter-se ido muito para além de um relatório com aquelas características.

Essa é uma análise que nos permite identificar três grandes eixos de indagação académica, o que tem feito disparar o número de páginas desses mesmos relatórios:

– uma indagação conteudística excessivamente pormenorizada, de tipo manualístico, quanto aos vários tópicos que integram o programa;
– uma indagação metodológica a respeito da evolução do ramo de Direito que é objecto da disciplina;
– uma indagação de cunho filosófico-histórico quanto ao ensino da disciplina.

---

[74] Como tivemos ocasião de escrever na Nota Prévia à dissertação de doutoramento, com alguma emoção, "Independentemente da instituição em que neste ou naquele momento preste serviço, sempre me considerarei – desculpai-me a imodéstia da afirmação – membro da Escola de Direito Público de Lisboa, que, na sua actual fase de pujança, tem vindo a irradiar para diferentes comunidades científicas, em Portugal e no estrangeiro" (JORGE BACELAR GOUVEIA, *O estado de excepção...*, I, p. 8).

[75] Art. 44.º, n.º 2, do ECDU.

III. Com todo o respeito que estas concepções nos merecem, nenhuma delas se afigura como sendo a perspectiva mais apropriada para dar cumprimento ao mencionado inciso legal.

O objecto do relatório a que se refere o ECDU respeita simplesmente ao ensino de uma disciplina, isso não incluindo aquelas assinaladas indagações, embora naturalmente elas só possam enriquecer a Ciência Jurídica, pelo que agiremos em conformidade.

Não se trata, em primeiro lugar, de fazer um manual sobre o ramo do Direito em causa, mas tão somente esboçar os respectivos conteúdos, mais ou menos aprofundadamente, dentro das exigências esquemáticas que surgem associadas à definição do programa de ensino de uma disciplina, bem como dos respectivos conteúdos pedagógicos [76].

Não se trata, por outro lado, de discretar sobre as concepções metodológicas que atravessam os diversos autores quanto ao seu modo de ver certo ramo do Direito: o seu lugar próprio é nas cadeiras de Metodologia do Direito e de História da Metodologia do Direito.

Não se trata, ainda, de elaborar um volume sobre a História de certo ramo do Direito, nem sequer de discutir concepções filosóficas, necessariamente mais gerais, que lhes estejam subjacentes, embora essa seja certamente uma incumbência fascinante.

IV. Daí que da nossa parte se afirme o propósito de circunscrever o âmbito do presente relatório àquilo que, de acordo com a nossa interpretação, se afigura legalmente exigível, no estrito contexto do ensino de uma disciplina, no caso o Direito Constitucional na Faculdade de Direito da Universidade Nova de Lisboa.

Isso não quer dizer, porém, que não devam ser feitas algumas incursões históricas ou metodológicas, mas na exacta medida em que elas possam estar ligadas aos diferentes projectos de ensino do Direito Constitucional que foram experimentados nos diversos estabelecimentos universitários analisados.

---

[76] Caem nessa tentação – a de fazer um mini ou um pré-manual – CRISTINA M. M. QUEIROZ, *Direitos Fundamentais (Teoria Geral)*, Porto, 2002, e CARLOS BLANCO DE MORAIS, *Direito Constitucional II – Relatório*, Lisboa, 2001, pp. 159 e ss. E no caso de CRISTINA QUEIROZ (*Direitos...*, p. 5), essa é até uma intenção expressamente assumida: "O estudo que se publica contitui parte do Relatório apresentado nos termos do Estatuto da Carreira Docente Universitária para o efeito de prestação de provas no concurso para professor associado na Universidade do Porto".

A grande extensão do presente relatório, assim sendo, não pode sofrer a crítica que genericamente dirigimos àqueles que, nesta ocasião, extravasaram do âmbito legalmente requerido, o que decerto seria incompreensível porque contraditório: essa extensão deve-se ao facto de a análise, no plano do ensino do Direito Constitucional, pretender ser exaustiva quanto aos estabelecimentos analisados, mas não entrando por onde não tem de entrar, ou seja, na redacção de um manual de Direito Constitucional, na apreciação metodológica da respectiva Ciência, na crítica da fundamentação filosófica deste ramo do Direito ou ainda no seu lastro histórico-evolutivo.

13. A sistematização adoptada

I. Afinado o nosso entendimento em relação à exigência concursal de elaborar um relatório sobre o programa, os conteúdos e os métodos de ensino de uma disciplina, importa agora justificar as principais opções que consideramos indispensáveis.

Somos de opinão que, no domínio do ensino do Direito Constitucional, há dois registos básicos, mas que surgem claramente diferenciados:

- analisar a forma como o Direito Constitucional tem sido ensinado, em Portugal e no estrangeiro, busca que, todavia, ficará condicionada pelo tempo e pelos meios disponíveis;
- propor a nossa perspectiva acerca do ensino do Direito Constitucional, numa visão que possa também enquadrar-se no esquema de ensino da Faculdade de Direito da Universdidade Nova de Lisboa.

Por aqui se percebe que o presente relatório integra duas partes que são fundamentais:

- uma primeira parte, descritiva do ensino do Direito Constitucional segundo outras experiências pedagógicas;
- uma segunda parte, reveladora do nosso entendimento acerca do que deve ser o ensino do Direito Constitucional no estabelecimento de ensino em que concorremos e a que actualmente pertencemos.

II. No que toca à primeira parte do presente relatório, coloca-se a questão de saber com que dimensão se deve observar a descrição dessas outras experiências pedagógicas.

A leitura de outros relatórios já produzidos, todos de grande qualidade, mostra que, a este propósito, se escolhem diferentes soluções, que podemos arrumar em três:

- nuns casos, os autores limitam-se a descrever o enquadramento geral da disciplina sobre que versa o relatório, não aludindo a qualquer outro contexto, na própria instituição ou, por maioria de razão, fora dela [77];
- noutros casos, os respectivos autores, indo um pouco mais além, descrevem, interpretando por vezes criticamente, o percurso do ensino da disciplina na sua própria instituição, num esforço tanto mais prolongado quanto maior seja a longevidade da escola em questão [78];
- noutros casos, ainda, verifica-se que os autores fazem uma extensa digressão por todas as restantes instituições, por vezes também estrangeiras, com o cuidado de observarem como tem sido efectuado o ensino nesses estabelecimentos [79].

---

[77] Com estes exemplos: CARLOS PAMPLONA CORTE-REAL, *Direito da Família e das Sucessões – Relatório*, Lisboa, 1995, pp. 19 e ss.; JOÃO CAUPERS, *Ciência...*, pp. 7 e ss.; VASCO PEREIRA DA SILVA, *Ensinar Direito...*, pp. 9 e ss.; EDUARDO PAZ FERREIRA, *União Económica e Monetária – um guia de estudo*, Lisboa, 1999; MARIA JOÃO ESTORNINHO, *Contratos da Administração Pública (esboço de autonomização curricular)*, Coimbra, 1999, pp. 9 e ss.; MARIA TERESA PIZARRO BELEZA, *Direito Processual...*, pp. 17 e ss.; LUÍS FILIPE COLAÇO ANTUNES, *Direito Urbanístico*, Coimbra, 2002, pp. 51 e ss.

[78] Cumpre referir os seguintes trabalhos: MARCELO REBELO DE SOUSA, tanto em Direito Constitucional I (MARCELO REBELO DE SOUSA, *Direito Constitucional I – Relatório...*, pp. 9 e ss.) como em Ciência Política (MARCELO REBELO DE SOUSA, *Ciência Política – conteúdos e métodos*, Lisboa, 1989, pp. 17 e ss.); FAUSTO DE QUADROS, *Direito Interncional Público I – Programa, conteúdos e métodos de ensino*, in Revista da Faculdade de Direito da Universidade de Lisboa, XXXII, Lisboa, 1991, pp. 369 e ss.; RABINDRANATH CAPELO DE SOUSA, *Direito da Família e das Sucessões*, Relatório, Coimbra, 1999, pp. 5 e ss.; PEDRO PAIS DE VASCONCELOS, *Teoria Geral do Direito Civil – Relatório*, Lisboa, 2000, pp. 73 e ss.; RUI MOURA RAMOS, *Direito Internacional Privado – Relatório*, Coimbra, 2000, pp. 7 e ss.

[79] Podemos enunciar os seguintes casos: MARTIM DE ALBUQUERQUE, *História das Instituições – Relatório*, in Revista da Faculdade de Direito da Universidade de Lisboa, ano XXV, Lisboa, 1984, pp. 111 e ss.; DIOGO FREITAS DO AMARAL, *Relatório sobre o programa, os conteúdos e os métodos de ensino de uma disciplina de Direito*

Pensamos ser de seguir esta terceira alternativa, digressão esta que se afigura profundamente útil, na medida em que o ensino do Direito Constitucional – como, de resto, o ensino de qualquer outra disciplina de Direito – deve sempre poder colher outros contributos e evitar tornar-se auto-suficiente.

Mas esta descrição, uma vez assumida com tanta amplitude, deve ser escrupulosamente apoiada em critérios objectivos, com o confesso propósito de pôr de lado quaisquer intuitos de discriminação entre estabelecimentos de ensino de primeira e de segunda. Incluiremos nesse esforço a análise do ensino do Direito Constitucional em todos os estabelecimentos portugueses de ensino, sem qualquer acepção entre ensino público e não público [80].

Do mesmo modo, embora a ausência de meios torne a tarefa mais árdua, ilustraremos o ensino do Direito Constituciuonal no estrangeiro, elegendo alguns manuais de autores emblemáticos, sem esquecer ainda o ensino desenvolvido em instituições universitárias dos Estados de língua portuguesa.

III. Relativamente à segunda parte que ficou mencionada, trata-se de apresentar a nossa visão acerca do ensino do Direito Constitucional na Faculdade de Direito da Universidade Nova de Lisboa.

Administrativo, in *Revista da Faculdade de Direito da Universidade de Lisboa*, XXVI, Lisboa, 1985, pp. 281 e ss.; JORGE MIRANDA, *Relatório com o programa, os conteúdos e os métodos de ensino de direitos fundamentais*, in *Revista da Faculdade de Direito da Universidade de Lisboa*, XXVI, Lisboa, 1985, pp. 393 e ss.; ANTÓNIO MENEZES CORDEIRO, *Teoria Geral...*, pp. 183 e ss.; MIGUEL TEIXEIRA DE SOUSA, *Aspectos metodológicos e didácticos do Direito Processual Civil*, in *Revista da Faculdade de Direito da Universidade de Lisboa*, XXXV, n.º 2 de 1994, pp. 375 e ss.; JOSÉ MANUEL SÉRVULO CORREIA, *Direito...*, pp. 45 e ss.; ANTÓNIO MARQUES DOS SANTOS, *Defesa e ilustração do Direito Internacional Privado*, Lisboa, 1998, pp. 9 e ss.; PEDRO ROMANO MARTÍNEZ, *Direito do Trabalho – Relatório*, Lisboa, 1998, pp. 13 e ss.; MARIA DA GLÓRIA DIAS GARCIA, *Direito do Urbanismo – Relatório*, Lisboa, 1999, pp. 7 e ss.; JOSÉ DUARTE NOGUEIRA, *Direito Romano – Relatório*, Lisboa, 1999, pp. 11 e ss.; CARLOS FERREIRA DE ALMEIDA, *Direito Comparado – ensino e método*, Lisboa, 2000, pp. 19 e ss.; JOSÉ ENGRÁCIA ANTUNES, *Direito das Sociedades – perspectivas do seu ensino*, Lisboa, 2000, pp 71 e ss.; VITAL MOREIRA, *Organização...*, pp. 27 e ss.; LUÍS MENEZES LEITÃO, *O ensino...*, pp. 27 e ss.; CARLOS BLANCO DE MORAIS, *Direito Constitucional II...*, pp. 27 e ss.; FERNANDO ARAÚJO, *O ensino...*, pp. 15 e ss.

[80] Não obstante uma ou outra excepção, a qual se ficou a dever à impossibilidade de obter todos os programas pretendidos.

O contexto geral que condicionará essa proposta – que é uma proposta concreta e não ideal ou abstracta – é formatado pela lógica pedagógica desta Faculdade de Direito, ela ao mesmo tempo funcionando como as respectivas coordenadas pedagógicas, com as quais genericamente se concorda.

O primeiro núcleo é correspondente à definição do programa de Direito Constitucional, devendo ser apresentando separadamente para o Direito Constitucional I e para o Direito Constitucional II, levando também em consideração os tempos lectivos disponíveis, em razão do calendário escolar adoptado.

O segundo núcleo alude aos conteúdos do ensino do Direito Constitucional I e do Direito Constitucional II, especificando-se os diversos tópicos preleccionados, mas sem uma pormenorização excessiva.

O terceiro núcleo respeita aos métodos de ensino do Direito Constitucional, numa visão unitária para o Direito Constitucional I e para o Direito Constitucional II, aí se discutindo as diversas opções que devem dar corpo ao ensino teórico e ao ensino prático que se propõe.

---

[81] Cfr. a Parte II do presente Relatório.

PARTE I

O ENSINO DO DIREITO CONSTITUCIONAL NUMA PERSPECTIVA HISTÓRICO-COMPARATÍSTICA

CAPÍTULO I

O ENSINO DO DIREITO CONSTITUCIONAL EM PORTUGAL

§ 5.º Evolução histórica do ensino do Direito Constitucional

14. Uma possível periodificação geral do ensino do Direito Constitucional

I. O estudo da evolução do ensino do Direito Constitucional só se torna verdadeiramente viável mediante uma prévia periodificação desse percurso, todo ele tão diferenciado, rico e multifacetado nas suas vicissitudes.

Por outra parte, importa não esquecer que o fenómeno do Direito Público em geral, bem como do Direito Constitucional em particular, se apresenta como uma realidade jurídico-normativa recente, trazida no contexto da Idade Contemporânea.

Note-se ainda que nessa evolução não se pode escamotear o sentido preciso de cada Ordem Constitucional e dos seus conteúdos relativamente ao enquadramento específico do ensino jurídico universitário.

II. Um dos maiores cultores portugueses do Direito Constitucional, JORGE MIRANDA, já teve ocasião de especificamente escrever sobre esta matéria, diferenciando quatro períodos no tocante ao ensino daquela disciplina em Portugal [82]:

---

[82] Cfr. JORGE MIRANDA, *L'enseignement du Droit Constitutionnel au Portugal*, in AAVV (ed. de JEAN-FRANÇOIS FLAUSS), *L'enseignement du Droit Constitutionnel*, Bruxelles,

- 1.º período: prévio ao movimento constitucionalista, querendo dizer prévio à Revolução Liberal (1820) e à estabilização constitucional (1834);
- 2.º período: de autonomização completa do Direito Constitucional (1879);
- 3.º período: entre 1879 e o aparecimento da Constituição de 1976;
- 4.º período: depois da aprovação da actual Constituição Portuguesa.

Aceitando genericamente a necessidade de se fazer uma periodificação, estamos em crer que é útil dissociar entre uma *periodificação de carácter geral* – que tenha em consideração aspectos relacionados com o sentido de cada ordenamento constitucional, a época histórica em que se insere e o papel das universidades nesse ensino – e uma *periodificação de carácter especial* – a qual seja privativa de cada estabelecimento de ensino e que, em cada um deles, permita observar, com minúcia, as opções programáticas, bem como os principais professores de Direito Constitucional.

Ora, parece que neste momento de frontispício à descrição das diversas opções quanto ao ensino do Direito Constitucional em Portugal, interessa apenas atender àquela primeira periodificação de carácter geral, remetendo para os parágrafos seguintes específicas periodificações que possam mostrar, com o rigor e o pormenor possíveis, a evolução do ensino do Direito Constitucional em cada uma dessas instituições.

III. Em nosso entender, embora concordando com a essência daquela tetrapartição, ousamos proceder a uma repartição um pouco mais analítica, ao mesmo tempo também mais adequada a diversos factores que também é preciso ponderar na explicação da evolução do ensino do Direito Constitucional em Portugal, como sejam:
- a existência ou não de Faculdades de Direito e, uma vez estas criadas, a criação de segundas ou terceiras Faculdades, ainda observando até que ponto tal se projecta nos respectivos planos de estudos e, em particular, quanto ao Direito Constitucional;

2000, p. 113, também publicado na *Revue Européenne de Droit Public*, vol. 12, n.º 1 da Primavera de 2000, n.º 35, pp. 159 e ss. Cfr. ainda JORGE MIRANDA, *Manual de Direito Constitucional*, I, 7.ª ed., Coimbra, 2003, pp. 21 e ss.

- as dimensões político-institucionais que necessariamente cada Ordem Constitucional refrange, quer em matéria de mudança de projectos constitucionais, quer no sentido da sua aplicação prática;
- as dimensões científico-metodológicas que se façam sentir a respeito do Direito em geral, posicionando-se nesse ponto o Direito Constitucional como capítulo do Direito normalmente muito mais sensível a tais questões.

IV. Com base no esquema apresentado por JORGE MIRANDA, versando a evolução do ensino do Direito Constitucional em Portugal, somos tentados a apresentar a seguinte periodificação:

- o período pré-constitucional;
- o período monárquico-constitucional;
- o período republicano-liberal;
- o período autoritário-corporativo; e
- o período democrático-social.

Embora estas designações possam dar a entender a importância dos regimes e das opções político-constitucionais, o certo é que os factores determinantes vão além disso: incluem também aspectos ligados aos estabelecimentos de ensino e às orientações pedagógicas presentes no ensino do Direito Constitucional.

15. O período pré-constitucional

I. O Direito Constitucional, assim como o que hoje se entende por Constituição, é um produto da Idade Contemporânea, que se iniciou em finais do século XVIII em associação com os movimentos políticos, económicos e sociais do Iluminismo e do Liberalismo.

É dessa altura a concepção de Constituição, na sua dupla acepção formal e material:

- formal como lei, contraposta ao costume, permitindo com maior segurança a definição do poder do Estado e dos direitos dos cidadãos, na base de uma supremacia hierárquico-normativa máxima, assim se posicionando no topo do conjunto das leis integrantes da Ordem Jurídica;

– material como feixe de princípios contrários ao Estado Absoluto, na afirmação dos direitos do homem, da democracia representativa, da separação de poderes e da concepção republicana de Estado.

E é assim que se progrediu até hoje, já ninguém actualmente questionando a importância da Constituição na construção do Estado de Direito.

II. O certo, porém, é que o texto constitucional, não obstante ter sido concebido nessa época, dentro de uma estratégia ideológica específica, já podia ser relevante antes do aparecimento dessas duas novas concepções de Constituição, ora como seu prenúncio, ora mais modestamente na chamada Constituição em sentido institucional.

Nesta segunda hipótese, as questões constitucionais institucionais até foram fazendo parte dos momentos mais críticos da nossa identidade nacional, como sucedeu com a Revolução de 1383-1385 ou com a Restauração da Independência em 1640, tendo sido elas, também, a seu modo, "revoluções constitucionais" *avant la lettre*.

III. Mas verdadeiramente, e apesar da eterna presença das preocupações constitucionais em diversos momentos da História de Portugal, como propõe JORGE MIRANDA, o Direito Constitucional só pode mergulhar as suas origens modernas até ao tempo da Reforma Universitária saída da pena de Marquês de Pombal[83], quando em 1772 se criou a disciplina *Direito Público Interno e Externo*[84], no âmbito da Faculdade de Leis da Universidade de Coimbra[85], tendo sido os seus principais

---

[83] Como se escreve no *Guia da Faculdade de Direito da Universidade de Coimbra* (Coimbra, 2001, p. 15), "A revolução introduzida pela reforma pombalina no ensino do Direito consistiu também na imposição de uma certa orientação doutrinal. Os Estatutos, qual mestre implacável, além de terem particularizado o programa das várias disciplinas, influíram decisivamente na eleição da escola de jurisprudência considerada preferível". Sobre o contexto geral envolvente do jusracionalismo, v., de entre outros, LUÍS MENEZES LEITÃO, *O ensino...*, pp. 29 e ss.

[84] Cfr. JORGE MIRANDA, *L'enseignement...*, p. 113; LUÍS MENEZES LEITÃO, *O ensino...*, p. 44.

[85] Para uma observação desses tempos, v. *Actas das Congregações da Faculdade de Leis (1772-1820)*: I, Coimbra, 1983, e II, Coimbra, 1984, publicação promovida pelo Arquivo da Universidade de Coimbra; REINALDO DE CARVALHO e PAULO FERREIRA DA CUNHA, *História da Faculdade de Direito de Coimbra*, I, Porto, 1990, pp. 76 e ss.

prelectores [86] PASCOAL JOSÉ DE MELO FREIRE DOS REIS, RICARDO RAIMUNDO NOGUEIRA e FRANCISCO COELHO DE SOUSA SAMPAIO [87].

PASCOAL JOSÉ DE MELO FREIRE DOS REIS, decerto o mais ilustre de todos, publicou relevante obra [88], em diversos ramos jurídicos, como o Direito Civil, o Direito Criminal e a História do Direito, incluindo também o Direito Público. Mas também ficaria celebrizado pelo *Projecto de Código de Direito Público* [89] que apresentou, inovador para a época, numa clara linha de antevisão relativamente ao sentido geral do constitucionalismo e da limitação do poder público que o século XIX definitivamente consagraria [90].

RICARDO RAIMUNDO NOGUEIRA igualmente se evidenciaria no Direito Público, dele tendo sido postumamente publicadas *Prelecções de Direito Público* (Coimbra, 1858), e também se lhe devendo a redacção do projecto de texto constitucional que viria a ser a Carta Constitucional de 1826 [91].

FRANCISCO COELHO DE SOUSA SAMPAIO foi professor da Faculdade de Leis em Coimbra na disciplina de Direito Pátrio, tendo tido o mérito de rapidamente preparar lições, dadas a conhecer por volta do ano de 1790, posteriormente publicadas sob o título *Prelecções de Direito Pátrio Público e Particular*, em três volumes, embora só os dois primeiros com interesse para o Direito Público Português [92].

---

[86] Cfr. JORGE MIRANDA, *L'enseignement*..., p. 113; PAULO OTERO, *Direito*..., pp. 36 e ss.

[87] Reforma de 1772 que viria a ser aperfeiçoada pela Reforma de 1805, aprovada pelo alvará de 16 de Janeiro de 1805, que todavia não boliria com a disciplina de Direito Pátrio, antes pelo contrário a multiplicando por três cadeiras. Cfr. PAULO OTERO, *Direito*..., p. 41; LUÍS MENEZES LEITÃO, *O ensino*..., p. 49.

[88] Sobre a importância e a obra deste jurisconsulto e professor, na época e na preparação do constitucionalismo, v., de entre outros, VÍTOR FAVEIRO, *Melo Freire e a formação do Direito Público Nacional*, Lisboa, 1968, pp. 29 e ss.; LUÍS MENEZES LEITÃO, *O ensino*..., pp. 52 e ss.

[89] Cfr. as reflexões de VÍTOR FAVEIRO, *Melo Freire*..., pp. 51 e ss.

[90] Cfr. *Actas das Congregações*..., I, p. 251.

[91] Cfr. *Actas das Congregações*..., I, pp. 254 e 255.

[92] Cfr. *Actas das Congregações*..., I, p. 255.

16. O período monárquico-constitucional

I. O segundo período que devemos considerar corresponde ao ensino do Direito Constitucional durante a monarquia constitucional portuguesa, desde a Revolução Liberal até à Implantação da República.

A verdadeira assunção da relevância pedagógica do Direito Constitucional só seria alcançada com a instalação do constitucionalismo português, depois de consumada a Revolução Liberal de 1820.

É a partir de então que, durante o século XIX, surgem três novos textos constitucionais, o segundo dos quais de vigência mais prolongada e sendo beneficiado por diversas revisões constitucionais:

– a Constituição de 1822, antecedida das Bases Constitucionais de 1821;
– a Carta Constitucional de 1826, bem como as suas revisões após 1842; e
– a Constituição de 1838.

II. Acompanhando o ritmo do aparecimento dos textos constitucionais, bem como a sua sucessão e revisão, apareceria a Faculdade de Direito da Universidade de Coimbra, assim se unificando o ensino do Direito, deixando de existir a Faculdade de Leis e a Faculdade dos Cânones.

Ao nível curricular, ainda que com oscilações, seria também neste período que surgiria o ensino autonomizado do Direito Constitucional, ainda que terminologicamente isso no imediato não sucedesse.

Foi também neste período que emergiram os principais cultores do Direito Constitucional moderno, os quais deixariam importante obra escrita, assim de alguma sorte podendo ombrear com os cultores do Direito Privado, também no século XIX em grande expansão científica, mercê das diversas codificações ocorridas na Europa.

III. Só que esse ensino era de índole essencialmente descritiva, cabendo ao lente exactamente a função que é impressivamente indiciada pela etimologia da palavra: ler os textos constitucionais e algumas, ligeiras, anotações que sobre o mesmo produzisse.

Esta concepção de ensino não estaria logicamente dissonante da concepção filosófico-jurídica então reinante, que era a do postivismo legalista, idolatrando a lei e reprimindo quaisquer outras orientações que pudessem fugir ao método exegético.

17. O período republicano-liberal

I. Contrastando com a evolução paulatina dos acontecimentos políticos e sociais que caracterizaram o século XIX, de timbre monárquico, o período republicano e liberal salientou-se pela sua efervescência político--ideológica.

Arrancando de uma revolução republicana, ocorrida em 5 de Outubro de 1910, este período ficaria assinalado pelos seus escassos 16 anos de duração, bem como pela instabilidade político-social que lhe ficaria indelevelmente associado.

Este período apenas veria a vigência de um único texto constitucional, revisto em dois momentos distintos, mas em que se salientaria ainda o interregno da ditadura de Sidónio Pais, em 1917-1918.

II. Do ponto de vista do ensino do Direito em Portugal, este foi o período em que se assistiu ao nascimento de uma segunda Faculdade Pública de Direito, a Faculdade de Direito da Universidade de Lisboa, durante algum tempo sob a designação Faculdade de Estudos Sociais e de Direito, criada em 1913.

Também neste período se viveu uma importante diversificação curricular do Direito Constitucional, que passou a contar com algumas disciplinas, todas autonomizadas entre si, o que foi ainda demonstrativo da sua crescente importância nos planos de estudos universitários.

Quanto ao professores de Direito Constitucional, em íntima ligação com o facto de ter sido criada a Faculdade de Direito da Universidade de Lisboa, este foi finalmente um período fértil de circulação de professores de Coimbra para Lisboa, e que também registou o aparecimento das primeiras obras gerais de Direito Constitucional.

III. No plano da metodologia seguida neste ramo do Direito, este período protagonizaria uma reacção ao positivismo legalista, que marcaria o século XIX, suscitando o aparecimento de preocupações de sabor mais sociológico.

O último quartel do século XIX assistira à afirmação de algumas ciências sociais, como sucedeu com a Sociologia, mas a sua repercussão no Direito apenas ocorreria já no século XX, com o aparecimento das tendências do positivismo sociológico, que marcariam não só o modo de ensinar mas também a elaboração dos planos de estudos nas licenciaturas em Direito.

A própria designação da nova Faculdade de Direito da Universidade de Lisboa, ao referir-se a "Estudos Sociais", seria uma comprovação irrefutável desta relevância de concepções de base sociológica, indo além de uma visão estritamente legalista-formalista.

18. O período autoritário-corporativo

I. O quarto período a considerar abrange a vigência do Estado Novo em Portugal. Essa não foi, porém, uma evolução inteiramente unívoca, na medida em que, olhando o texto constitucional, interessa diferenciar entre três momentos fundamentais:
– um primeiro momento, em que o regime viveria uma ditadura militar;
– um segundo momento, que corresponderia à aprovação da Constituição de 1933;
– vários momentos posteriores, correlacionados com a aprovação de diversas revisões constitucionais, sobretudo a última alterando bastante a feição do regime constitucional.

II. No estrito plano académico, havendo duas Faculdades de Direito, uma Coimbra e a outra em Lisboa, procedeu-se a uma uniformização curricular, sendo iguais os planos de estudos, isso também se projectando no Direito Constitucional.

Por outro lado, como consequência do próprio regime político instituído, a liberdade académica não era permitida, o que também implicou um afunilamento, qualitativo e quantitativo, no tocante à produção de literatura jurídico-constitucional.

Não deixa de ser curioso assinalar, porém, esta interessante contraposição: se é verdade que a redução dos cultores do Direito Constitucional também reduziu o número dos escritos e, em geral, o interesse por estas matérias, não é menos verdade que é neste período que o Direito Constitucional amadurece como Ciência, com o aparecimento de alguns manuais e monografias de elevada qualidade, num esforço que se deveu muito a MARCELLO CAETANO, em Lisboa.

III. Numa óptica mais metodológica, mercê da concepção de regime então vigente, é de assinalar a proeminência de concepções formalistas e conceptualistas do Direito, ainda que se assinalando diversas correntes. O autoritarismo vigente veria sempre com bons olhos concepções que apenas aceitassem uma limitação formal – e não material – do poder público.

O ambiente geral de um regime autoritário, com inspiração no fascismo italiano, mas ensaiando um caminho próprio de autoritarismo intelectual e assistencialista, não era assim obviamente favorável ao estudo do Direito Constitucional.

Como impressivamente refere JORGE MIRANDA, este período, no que ao Direito Constitucional diz respeito, correspondeu a uma verdadeira "obnubilação constitucional", derivada do facto de o contexto geral não permitir, com a liberdade necessária, levar muito longe as lucubrações jurídico-constitucionais.

19. O período democrático-social

I. Um quinto e último período, em que vivemos actualmente, acolhe o ensino do Direito Constitucional na vigência da actual Ordem Constitucional Democrática. O texto que a assinala é a Constituição de 1976, aprovada em 2 de Abril, e que entrou em vigor em 25 de Abril de 1976.

Mas é necessário neste momento também configurar as cinco revisões constitucionais que já sofreu, as quais de alguma sorte lhe modificariam várias importantes coordenadas:

– a revisão de 1982;
– a revisão de 1989;
– a revisão de 1992;
– a revisão de 1997; e
– a revisão de 2001.

II. Relativamente às instituições universitárias, este período tem sido muito frutífero nalgumas transformações ocorridas ao nível do conjunto de estabelecimentos que ministram a licenciatura em Direito e que, obviamente, versam o Direito Constitucional.

A rede pública alargou-se sensivelmente, sendo agora possível deparar com cinco Faculdades de Direito, todas já em velocidade de cruzeiro:

- a Faculdade de Direito da Universidade de Coimbra;
- a Faculdade de Direito da Universidade de Lisboa;
- a Escola de Direito da Universidade do Minho;
- a Faculdade de Direito da Universidade do Porto; e
- a Faculdade de Direito da Universidade Nova de Lisboa.

O mesmo fenómeno de expansão dos estabelecimentos de ensino do Direito igualmente aconteceria com a multiplicação dos estabelecimentos de ensino superior não público, depois de muitos anos de repressão e de controlo estatal [93].

No plano pedagógico, é também de assinalar a diversificação dos esquemas lectivos, com o aparecimento de pós-graduações e de cursos permanentes, para efeitos de reciclagem [94], para além de se terem flexibilizado os planos de estudo com a aceitação de variantes de especialização nos últimos anos, em que normalmente também se integram disciplinas de Direito Constitucional.

III. Ao nível dos aspectos metodológicos, para além da diversidade que a existência de mais pessoas e de mais conteúdos necessariamente implica, sobressaem discussões de feição substancialista, até por reacção ao período autoritário e formalista anterior, embora não seja fácil identificar correntes dominantes.

De outro prisma, a democratização do regime político trouxe a democratização do acesso à carreira docente e ao interesse pelas matérias de Direito Constitucional, com muitos efeitos benéficos, de entre eles se apontando a interligação, cada vez mais activa, com doutrinas constitucionais estrangeiras, de que se evidencia as doutrinas alemã, italiana e espanhola e, mais recentemente, a norte-americana.

A literatura jurídico-constitucional que, entretanto, se tem vindo a produzir é um claro sintoma da importância que o Direito Constitucional alcançou, depois do momento de "obscurantismo constitucional" por que atravessou na vigência do Estado Novo, podendo dizer-se, sem exagero, que vivemos, em Portugal, ainda uma "euforia constitucional".

---

[93] Cfr. a listagem disponibilizada por SANDRA DUARTE FERREIRA, *Licenciatura em Direito*, Braga, 2000, p. 8.

[94] Cfr. a exposição de JORGE MIRANDA, *L'enseignement*..., p. 116.

Como refere JORGE MIRANDA, para isso também terá sido decisivo o próprio sentido geral do novo texto constitucional: "A nova Constituição não é apenas unicamente uma Constituição normativa, quer dizer, uma Constituição que rege efectivamente o poder e a comunidade política, que se imponha à lei, à administração e aos tribunais, e que institua mecanismos complexos de controlo. Ela é também uma Constituição que integra um largo campo de matérias. Ela representa também, para cada ramo do Direito, uma verdadeira «tête de chapitre»"[95].

---

[95] JORGE MIRANDA, *L'enseignement...*, p. 115.

§ 6.º O ensino do Direito Constitucional na Faculdade de Direito da Universidade de Coimbra

20. O ensino do Direito Constitucional – das origens à actualidade

I. A análise da evolução do ensino do Direito Constitucional na Faculdade de Direito da Universidade de Coimbra, feita uma primeira aproximação geral a respeito da sua relevância pedagógico-científica desde os alvores do constitucionalismos até à actualidade, implica já uma apreciação atenta das realidades universitárias, naturalmente se começando por esta instituição, a primeira a ministrar a licenciatura em Direito.

Contudo, estamos perante uma tarefa espinhosa não só pela dispersão dos poucos materiais disponíveis como sobretudo pela ausência de muitos outros, ao que se juntará a manifesta incapacidade do signatário para ser historiador, mesmo do Direito Constitucional.

Não obstante essas dificuldades, ilustraremos, com brevidade, o percurso da leccionação do Direito Constitucional na Faculdade de Direito da Universidade de Coimbra, discernindo as seguintes fases:
- 1.ª fase: de afirmação curricular do Direito Constitucional;
- 2.ª fase: de autonomização curricular do Direito Constitucional;
- 3.ª fase: de independência curricular e terminológica do Direito Constitucional;
- 4.ª fase: de estabilização e empobrecimento do Direito Constitucional;
- 5.ª fase: de abertura e diversificação pedagógica e metodológica do Direito Constitucional.

São factores a considerar nesta periodificação a colocação curricular do Direito Constitucional, num primeiro momento sem sequer ostentar essa designação, mas também o trabalho na sua leccionação, bem como o contexto geral quanto às grandes coordenadas de cada ordenamento jurídico-constitucional.

II. A primeira fase, que pode ser concebida como tendo sido a ocasião para a afirmação curricular do Direito Constitucional, logo se iniciou aquando da criação da Faculdade de Direito da Universidade de Coimbra [96], desaparecendo as anteriores Faculdades de Leis e de Cânones [97], prolongando-se até ao último quartel do século XIX.

Este período não se pautou, no entanto, por uma total uniformidade, abrangendo estes vários momentos, um pouco ao sabor das modificações curriculares ocorridas no plano de estudos daquela instituição universitária:

- a Reforma de 1836 (Reforma Setembrista de Passos Manuel) – a consagração da disciplina de *Direito Público Português pela Constituição, Direito Administrativo Pátrio, Princípios de Política e do Direito dos Tratados de Portugal com os outros povos*, logo com a criação da Faculdade de Direito de Coimbra, localizando--se no 3.º ano como 6.ª cadeira [98];
- a Reforma de 1844 (a Reforma Cabralista) [99] – a manutenção da disciplina de *Direito Público Português*, omitindo-se a alusão à Constituição, mas, em contrapartida, prevendo-se a sua passagem para o 2.º ano e a autonomização da disciplina de *Direito Administrativo*, àquela assim se concedendo mais tempo lectivo [100];
- a Reforma de 1853 [101] – a manutenção no 2.º ano dessa disciplina, mas com a simplificação do nome, passando a ser apenas *Direito Público* [102].

---

[96] Pela Reforma de Passos Manuel, consubstanciada no Decreto de 5 de Dezembro de 1936.

[97] Cfr. PAULO MERÊA, *Esboço de uma História da Faculdade de Direito*, I, in *Boletim da Faculdade de Direito da Universidade de Coimbra*, XXVIII (1952), Coimbra, pp. 101 e ss.; *Guia da Faculdade de Direito da Universidade de Coimbra 2001/2002*, p. 16; LUÍS MENEZES LEITÃO, *O ensino...*, p. 61.

[98] Cfr. PAULO MERÊA, *Esboço...*, I, p. 103; LUÍS MENEZES LEITÃO, *O ensino...*, p. 61. E como afirma este professor, "O objectivo desta reforma era manifestamente o de reduzir o estudo do Direito Romano e Canónico e ampliar o estudo do Direito Civil, bem como desenvolver o ensino da Ciência Política e do Direito Público interno e internacional" (LUÍS MENEZES LEITÃO, *O ensino...*, p. 62).

[99] Aprovada pelo Decreto Ditatorial de 20 de Setembro de 1844.

[100] Cfr. PAULO MERÊA, *Esboço...*, I, p. 108; LUÍS MENEZES LEITÃO, *O ensino...*, p. 64.

[101] Aprovada pela Carta de Lei de 13 de Agosto de 1853.

[102] Cfr. PAULO MERÊA, *Esboço...*, I, p. 112; LUÍS MENEZES LEITÃO, *O ensino...*, p. 66.

Do ponto de vista dos prelectores que assinalariam esta fase do ensino do Direito Constitucional, ainda algo indiferenciado no conjunto de diversas perspectivas jurídico-científicas [103], mas também já delas fazendo parte, é de frisar o nome de SILVESTRE PINHEIRO FERREIRA. Mas podemos ainda indicar outros dois nomes [104]: BASÍLIO ALBERTO DE SOUSA PINTO e JOÃO MAGALHÃES MEXIA SALEMA.

Não obstante ter uma propensão mais filosófica do que constitucionalística [105], SILVESTRE PINHEIRO FERREIRA teria tido a oportunidade de publicar importante obra escrita, associada ao tempo da sua estadia em Coimbra, embora também tivesse vivido em França.

Do conjunto da sua obra, evidencia-se o *Cours de Droit Public Interne et Externe*, publicado em Paris em 1930 [106], obra em que o autor, de entre outros contributos, pôs em relevo a importância do poder eleitoral, manifestando-se amargurado por não ser autonomamente reconhecido ao lado dos outros poderes do Estado: "Nenhuma parte do Direito Constitucional é mais importante do que aquela destinada a fixar os princípios deste poder, base fundamental para todos os outros" [107].

Posteriormente, o mesmo SILVESTRE PINHEIRO FERREIRA publicaria outra importante obra, o *Manual do Cidadão em um Governo Representativo ou Princípios de Direito Constitucional, Administrativo e das Gentes*, que "corresponde à versão popular, em forma de diálogo" [108]. daquela primeira obra.

III. A segunda fase correspondeu à autonomização curricular do Direito Constitucional *qua tale*, ainda que de feição parcelar, a qual se atingiu anos mais tarde, aquando de duas outras reformas, autonomia

---

[103] Como escreve PAULO MERÊA (*Esboço*..., I, p. 137), "Além da cadeira de Direito Público universal, havia a princípio a cadeira autónoma de Direito Público português, a qual abrangia o direito constitucional, o direito administrativo, os princípios de política e o direito dos tratados de Portugal com outros países".

[104] Cfr. PAULO MERÊA, *Esboço*..., I, pp. 137 e 138.

[105] Como afirma JORGE MIRANDA, *L'enseignement*..., p. 114.

[106] SILVESTRE PINHEIRO FERREIRA, *Cours de Droit Public Interne et Externe*, I e II, Paris, 1830. Cfr. também, depois, *Précis d' un Cours de Droit Public, Administratif et des Gens*, Lisboa, 1845.

[107] SILVESTRE PINHEIRO FERREIRA, *Cours*..., II, p. 355.

[108] ANTÓNIO PAIM, *Introdução* à obra de SILVESTRE PINHEIRO FERREIRA, *Manual do Cidadão em um Governo Representativo*, I, I, publicada em Brasília, em 1998, numa edição do Senado Federal, p. III.

curricular, no entanto, apenas paulatinamente alcançada, num período de 1865 até ao constitucionalismo republicano [109]:

- a Reforma de 1865[110] – que consagrou, no 1.º ano, a disciplina de *Filosofia do Direito e História do Direito Público Constitucional Português*, e no 2.º ano, a disciplina de *Princípios Gerais de Direito Público, Interno e Externo, e Instituições de Direito Constitucional Português* [111]; e
- a Reforma de 1901 [112]: a mais importante de todas porque estabeleceu, com total autonomia, o *Direito Constitucional*, prevendo-se a disciplina de *Ciência Política e Direito Constitucional* [113] no 2.º ano, aparecendo como 7.ª cadeira no curso geral da Faculdade de Direito.

Foram vários os nomes que ficariam indiscutivelmente fazendo parte desta fase do ensino do Direito Constitucional: JOSÉ JOAQUIM LOPES PRAÇA, JOSÉ FREDERICO LARANJO, JOSÉ MARNOCO e SOUSA e ALBERTO DOS REIS [114].

O nome maior da autonomização curricular do Direito Constitucional, na então única Faculdade de Direito, talvez tenha sido JOSÉ JOAQUIM LOPES PRAÇA[115]. A sua obra fundamental foi a edição dos *Estudos sobre a Carta Constitucional de 1826 e o Acto Adicional de 1852* [116],

---

[109] Sobre este período em geral na Faculdade de Direito da Universidade de Coimbra, v. PAULO MERÊA, *Esboço de uma História da Faculdade de Direito*, II, in *Boletim da Faculdade de Direito da Universidade de Coimbra*, XXIX, 1953, pp. 23 e ss.

[110] Aprovado pela Congregação em 2 de Outubro de 1965. Cfr. PAULO MERÊA, *Esboço...*, II, p. 35; LUÍS MENEZES LEITÃO, *O ensino...*, p. 83.

[111] Já de alguma sorte prenunciada pela Reforma de 1859/1860, em que se previa, no 2.º ano, a disciplina de Direito Público Universal e Português. Cfr. LUÍS MENEZES LEITÃO, *O ensino...*, p. 70.

[112] Aprovada pelo Decreto n.º 4, de 24 de Dezembro de 1901.

[113] Cfr. REINALDO DE CARVALHO e PAULO FERREIRA DA CUNHA, *História...*, I, p. 117, e *História da Faculdade de Direito de Coimbra*, II, Porto, 1990, p. 55; LUÍS MENEZES LEITÃO, *O ensino...*, p. 96.

[114] Sobre o ensino do Direito Constitucional neste período, v. PAULO MERÊA, *Esboço...*, II, pp. 108 e ss.

[115] Cfr. JORGE MIRANDA, *L'enseignement...*, p. 114.

[116] JOSÉ JOAQUIM LOPES PRAÇA, *Estudos sobre a Carta Constitucional de 1826 e o Acto Adicional de 1852*, Coimbra, os três volumes publicados, respectivamente, em 1878, 1879 e 1880. Esta obra foi recentemente republicada como *Direito Constitucional Portuguez*, Coimbra, 1997, incluindo-se na colecção *Classici Lusitani – I*, com uma introdução de JOSÉ JOAQUIM GOMES CANOTILHO.

distribuindo-se por três importantes temáticas: a monarquia portuguesa e os direitos dos cidadãos no 1.º volume; os poderes legislativo e judicial no 2.º volume; e os poderes executivo e moderador no 3.º volume [117].

É ainda de mencionar uma compilação de textos, com o nome *Colecção de Leis e subsídios para o estudo do Direito Constitucional Português* [118].

Outro autor que também não se afiguraria legítimo olvidar é JOSÉ FREDERICO LARANJO, que também leccionaria a disciplina de Direito Público entre 1893 e 1904, inclusivamente publicando lições [119]: *Princípios de Direito Político e Direito Constitucional Português* [120].

Não podemos ainda pôr de parte MARNOCO E SOUZA, que de alguma sorte se posicionou na viragem da fase monárquica para a fase republicana no ensino do Direito Constitucional, com importante obra publicada: as *Lições de Direito Político* [121], referentes ao ano de 1899/1900, o *Direito Político – poderes do Estado* [122] e a *Constituição Política da República Portuguesa – comentário* [123].

A segunda destas três obras notabiliza-se pela sua erudição, sendo feita com base no constitucionalismo monárquico, e assim versando importantes temas do Direito Constitucional Organizatório, dentro das suas quatro partes:

– Parte I – *Bases da organização dos poderes*;
– Parte II – *Poder legislativo*;
– Parte III – *Poder executivo*;
– Parte IV – *Poder judicial*.

---

[117] Autor que também publicaria vários estudos de Direito Civil. Cfr. a notícia dos mesmos em LUÍS MENEZES LEITÃO, *O ensino...*, p. 92.

[118] JOSÉ JOAQUIM LOPES PRAÇA, *Colecção de leis e subsídios para o estudo do Direito Constitucional Português*, I e II, respectivamente, 1893 e 1894.

[119] Merecendo a MARNOCO E SOUSA e ALBERTO DOS REIS (*A Faculdade de Direito e o seu ensino*, Coimbra, 1907, pp. 26 e 27) o seguinte comentário: "Infelizmente, dessa obra unicamente se publicaram alguns fascículos, que ainda são suficientes para mostrar o predomínio que para o autor tem a história na ciência política, sendo as grandes transformações políticas determinadas pelas grandes transformações sociais...".

[120] JOSÉ FREDERICO LARANJO, *Princípios de Direito Político e Direito Constitucional Português*, Coimbra, 1898.

[121] MARNOCO E SOUSA, *Lições de Direito Político*, Coimbra, 1900.

[122] MARNOCO E SOUSA, *Direito Político – poderes do Estado*, Coimbra, 1910.

[123] MARNOCO E SOUSA, *Constituição Política da República Portuguesa – comentário*, Coimbra, 1913.

Embora com uma raiz acentuadamente processualista, é de referir finalmente o contributo de ALBERTO DOS REIS, tanto no seu curso *Ciência Política e Direito Constitucional* [124] como na sua *Organização Judicial*, aqui especificamente se debruçando sobre importantes aspectos do Direito Constitucional, nomeadamente sobre a questão mais central da separação de poderes [125].

IV. A terceira fase, de independência curricular, mas também com uma inequívoca dimensão terminológica, seria sinalizada pelo espírito subjacente à I República e prolongar-se-ia até aos primeiros anos do constitucionalismo autoritário, a qual se repercutiria sobretudo no plano de estudos da Faculdade de Direito da Universidade de Coimbra, nela importando evidenciar as seguintes reformas:

– a Reforma de 1911 [126]: nela se prevendo a cadeira de *Direito Político* no 1.º ano e o curso de *Direito Constitucional Comparado* no 2.º ano [127];
– a Reforma de 1923 [128]: que manteve o *Direito Político* no 1.º ano, mas suprimiria o curso de *Direito Constitucional Comparado* [129];
– a Reforma de 1928 [130]: que adoptou a terminologia de *Direito Constitucional*, em disciplina dada ao primeiro ano [131], totalmente dedicada a este ramo jurídico.

Esta fase do ensino do Direito Constitucional também se identificaria pela unificação com o plano de estudos da Faculdade de Direito da

---

[124] JOSÉ ALBERTO DOS REIS, *Ciência Política e Direito Constitucional*, Coimbra, 1908.

[125] Cfr. JOSÉ ALBERTO DOS REIS, *Organização Judicial*, Coimbra, 1909, pp. 5 e ss.

[126] Aprovada pelo Decreto de 18 de Abril de 1911.

[127] Cfr. a *Acta do Conselho da Faculdade de Direito da Universidade de Coimbra de 27 de Março de 1911*, in MANUEL AUGUSTO RODRIGUES, *A Universidade de Coimbra no Século XX – Actas da Faculdade de Direito*, I, Coimbra, 1991, p. 46. Cfr. também REINALDO DE CARVALHO e PAULO FERREIRA DA CUNHA, *História...*, II, p. 91; LUÍS MENEZES LEITÃO, *O ensino...*, p. 98.

[128] Aprovada pela Lei n.º 1370, de 21 de Setembro de 1922, e executada pelo Governo, através do Decreto n.º 8 578, de 8 de Janeiro de 1923.

[129] Cfr. LUÍS MENEZES LEITÃO, *O ensino...*, pp. 100 e 101.

[130] Aprovada pelo Decreto n.º 16 044, de 16 de Outubro de 1928. Cfr. LUÍS MENEZES LEITÃO, *O ensino...*, p. 135.

[131] Cfr. LUÍS MENEZES LEITÃO, *O ensino...*, p. 136.

Universidade de Lisboa e pela multiplicação dos cultores desta disciplina, ainda numa visão liberal, claramente sob a influência do positivismo sociológico [132].

Cumpre mencionar os seguintes nomes, agora considerando o período da sua estada em Coimbra: LOBO D'ÁVILA DE LIMA, ALBERTO DA CUNHA ROCHA SARAIVA, JOÃO MARIA MAGALHÃES COLLAÇO e DOMINGOS FEZAS VITAL.

ALBERTO DA CUNHA ROCHA SARAIVA, que leccionaria em Coimbra até 1915, notabilizou-se essencialmente pelo seu livro *Construção Jurídica do Estado*, numa indagação teorética e filosófica, respectivamente, sobre a consistência do Estado e os limites ao respectivo poder [133].

JOÃO MAGALHÃES COLLAÇO, que infelizmente cedo a morte o arrebataria aos louros de grande constitucionalista que poderia ter sido, ensinaria em Coimbra até 1922; singularizar-se-ia pela publicação do livro, sintético mas fecundo, *Ensaio sobre a Inconstitucionalidade das Leis no Direito Português*, em que pioneiramente traçou o percurso da fiscalização política da constitucionalidade do liberalismo, com interessantes alusões ao período pré-constitucional, e depois ainda analisando as significativas novidades trazidas nessa matéria pela Constituição de 1911 [134].

Contudo, de todos eles, sem dúvida o mais profícuo em obra publicada foi DOMINGOS FEZAS VITAL, leccionando em Coimbra tanto *Direito Político* como *Direito Constitucional* de 1915 até 1933, altura em que viria para Lisboa, tendo publicado, de entre outros títulos, as *Lições de Direito Político* [135], nas quais teve ocasião de versar muitos importantes temas do Direito Constitucional:

---

[132] Facto já devidamente previsto por MARNOCO E SOUSA e JOSÉ ALBERTO DOS REIS (*A Faculdade de Direito...*, pp. 1 e 2): "O ensino das ciências sociais ocupa um lugar cada vez mais importante no quadro das disciplinas destas Faculdades, em virtude dos graves problemas que a vida das sociedades modernas suscita e da impossibilidade de compreender a própria legislação sem o estudo de tais ciências".

[133] ALBERTO DA CUNHA ROCHA SARAIVA, *Construção Jurídica do Estado*, Coimbra, 1912.

[134] JOÃO MARIA TELLO DE MAGALHÃES COLLAÇO, *Ensaio sobre a Inconstitucionalidade das Leis no Direito Português*, Coimbra, 1916.

[135] DOMINGOS FEZAS VITAL, *Lições de Direito Político*, 2.ª ed., Coimbra, 1928, e *Direito Constitucional*, Coimbra, 1945-1946.

- o fundamento do poder político;
- o conceito de Constituição Política;
- as Constituições Portuguesas numa perspectiva histórica;
- o estudo descritivo da Constituição de 1911;
- a contrução jurídica do Estado;
- a submissão do Estado ao Direito;
- os elementos do Estado;
- as funções do Estado; e
- os órgãos do Estado.

V. A quarta fase, equivalendo *grosso modo* ao constitucionalismo autoritário, seria definida pela subsistência do ensino do Direito Constitucional, numa linha marcada pela uniformização curricular entre Coimbra e Lisboa, sob a pressão dominante do constitucionalismo formalista, com pouca projecção sobre a produção jurídico-constitucional, por este período ter sido essencialmente protagonizado pela Faculdade de Direito da Universidade de Lisboa, dada a acentuada migração para esta de altos nomes da Escola Coimbrã, com um consequente empobrecimento quantitativo do ensino do Direito Constitucional nesta instituição.

Dentro desta fase de evolução do Direito Constitucional, ocorreriam duas Reformas curriculares, mas que por razões diversas não se reflectiriam, influenciando-o, no ensino do Direito Constitucional:

- a Reforma de 1945 [136]: que conservou a disciplina de *Direito Constitucional* no 1.º ano [137], pelo que, na prática, nenhuma transformação trouxe ao ensino desta disciplina;
- a Reforma de 1972 (a Reforma Veiga Simão) [138]: que semestralizaria o ensino do Direito, passando a prever duas disciplinas semestrais, de *Ciência Política e Direito Constitucional I* e de *Ciência Política e Direito Constitucional II*, esta com efeitos radicais, mas que vigoraria pouquíssimo tempo, dada a superveniência da Revolução de 25 de Abril de 1974.

Os contributos escritos do ponto de vista de obras de Direito Constitucional não foram muitos, mas interessa aludir a nomes que merecem

---

[136] Aprovada pelo Decreto-Lei n.º 34 850, de 21 de Agosto de 1945.

[137] Cfr. MARCELLO CAETANO, *Apontamentos para a História da Faculdade de Direito de Lisboa*, Lisboa, 1961, p. 155; LUÍS MENEZES LEITÃO, *O ensino...*, p. 161.

[138] Aprovada pelo Decreto n.º 364/72, de 28 de Setembro.

evidência na afirmação desse ramo do Direito na Escola Coimbrã: JOSÉ CARLOS MOREIRA e ROGÉRIO SOARES. Noutro plano, é ainda de referir os nomes de FRANCISCO LUCAS PIRES e JOSÉ MANUEL CARDOSO DA COSTA.

De JOSÉ CARLOS MOREIRA, regente de Direito Constitucional durante bastante tempo, entre 1933 e 1965 [139], viriam a ser publicadas algumas obras, policopiadas, de entre elas se contando as seguintes:

- *Direito Constitucional*, com duas partes, a primeira sobre as fontes do Direito em geral e a fonte lei em especial, e uma segunda, sobre as várias Constituições Portuguesas [140];
- *Organização Política do Estado Português*, com uma análise sequencial e algo exegética do texto da Constituição de 1933 [141];
- *Técnica de Direito Público*, texto com uma apreciação teórica quanto à natureza do direito subjectivo e dos actos jurídicos [142].

ROGÉRIO EHRHARDT SOARES, não obstante o seu maior pendor de jusadministrativista, que se pode comprovar por obras como *Interesse público, legalidade e mérito* [143] ou *Direito Administrativo* [144], também faria digressões pedagógicas no Direito Constitucional, regendo-o entre 1970 e 1974 [145] e editando alguns importantes escritos, de que importa realçar *Direito Constitucional* [146] e *Direito Público e Sociedade Técnica* [147].

Outros contributos foram ainda dados por FRANCISO LUCAS PIRES e JOSÉ MANUEL CARDOSO DA COSTA, leccionando o Direito Constitucional no

---

[139] Informação que se pode obter pela consulta dos livros de sumários, embora alguns – os dos anos de 1937/1938 e de 1945/1946 – estejam em branco.

[140] Cfr. JOSÉ CARLOS MOREIRA, *Direito Constitucional* (apontamentos de Machado Gonçalves e Graciano Alves), Coimbra, 1951-1952.

[141] Cfr. JOSÉ CARLOS MOREIRA, *Organização Política do Estado Português* (apontamentos segundo Machado Gonçalves), Coimbra, 1952.

[142] Cfr. JOSÉ CARLOS MOREIRA, *Técnica de Direito Público* (apontamentos segundo Machado Gonçalves e Graciano Alves), Coimbra, 1952.

[143] ROGÉRIO EHRHARDT SOARES, *Interesse público, legalidade e mérito*, Coimbra, 1955.

[144] ROGÉRIO EHRHARDT SOARES, *Direito Administrativo*, Coimbra, 1978.

[145] Informação que se pode colher nos correspondentes livros de sumários.

[146] ROGÉRIO EHRHARDT SOARES, *Lições de Direito Constitucional*, Coimbra, 1971, e *Direito Constitucional: introdução, o ser e a ordenação jurídica do Estado*, publicado em AAVV, *Instituições de Direito* (org. de PAULO FERREIRA DA CUNHA), II, Coimbra, 2000, pp. 29 e ss.

[147] ROGÉRIO EHRHARDT SOARES, *Direito Público e Sociedade Técnica*, Coimbra, 1969.

final da década de sessenta [148], o primeiro deles, infelizmente prematuramente desaparecido, enveredando depois pelo Direito Comunitário, embora apresentando-se a provas de doutoramento com uma dissertação crítica sobre a Constituição de 1976 [149].

VI. A quinta fase, desde a instauração da Democracia, com a Revolução de 25 de Abril de 1974, até aos nossos dias, viria a transformar radicalmente o ensino do Direito Constitucional na Faculdade de Direito da Universidade de Coimbra, numa senda de diversificação e multiplicidade pedagógicas, perante as várias mudanças curriculares e os novos docentes encarregados da respectiva regência.

Na sequência da proposta apresentada logo nos primeiros anos após aquele momento revolucionário, o curso de Direito seria diferenciado entre um ciclo básico (os 3 primeiros anos) e um ciclo complementar (os dois últimos anos), segundo a ideia de que haveria um tronco comum, ao qual depois se juntaria uma camada de especialização.

Assim, de acordo com a Reforma de 1977/1978, o *Direito Constitucional* localizou-se no 1.º ano do Ciclo Básico, sendo a *Ciência Política* uma disciplina semestral do 2.º semestre daquele mesmo 1.º ano. No ciclo complementar, o *Direito Constitucional* seria incluído no núcleo obrigatório da vertente das Ciências Jurídico-Políticas.

Porém, essa reforma não duraria muito tempo porque logo depois, em 1979/1980, se adoptaria outro plano de estudos, agora reduzindo o curso complementar para o último ano: o 5.º ano. Dentro desse esquema, manteve-se o *Direito Constitucional* no 1.º ano como disciplina anual, sendo a *Ciência Política* semestral desse 1.º ano, a leccionar no 2.º semestre. No 5.º ano, conservar-se-ia o *Direito Constitucional* como disciplina anual dentro das Ciências Jurídico-Políticas.

A Reforma de 1989, a que está em vigor [150], introduziria ainda algumas alterações, também se projectando no Direito Constitucional: no 1.º ano, passou a prever-se uma única disciplina designada por *Direito Constitucional e Ciência Política*, mantendo-se no 5.º ano, na variante Jurídico-Publicista, a disciplina anual de *Direito Constitucional*.

---

[148] Conforme se pode ver nos respectivos livros de sumários.

[149] Cfr. Francisco Lucas Pires, *Teoria da Constituição de 1976 – a transição dualista*, Coimbra, 1988.

[150] Aprovada pela Portaria n.º 914/89, de 17 de Outubro.

Neste período, tem cabido a JOSÉ JOAQUIM GOMES CANOTILHO a liderança do ensino do Direito Constitucional [151], embora outros nomes tenham vindo igualmente a surgir, numa geração mais nova, como são os casos de JOSÉ CARLOS VIEIRA DE ANDRADE, que dele seria também regente alguns anos [152], e de VITAL MARTINS MOREIRA, que tem regido nos últimos tempos o Direito Constitucional e Ciência Política [153]. É ainda de referir o nome de JOSÉ MANUEL CARDOSO DA COSTA [154].

De um modo geral, pode afirmar-se, com segurança, que este tem sido um momento de democratização do Direito Constitucional, dado o crescente interesse que o mesmo tem concitado, para além da diversificação das metodologias de tratamento do mesmo.

21. As disciplinas de Direito Constitucional na Faculdade de Direito da Universidade de Coimbra

I. O ensino actual do Direito Constitucional na Faculdade de Direito da Universidade de Coimbra, em vigor desde 1988/1989, desdobra-se, pois, em dois tipos de tratamento [155]:

– como disciplina obrigatória, de duração anual, de cunho introdutório e de natureza geral – **Direito Constitucional e Ciência Política**; e

---

[151] Como se pode ver da consulta dos livros de sumários, tendo sido quase ininterruptamente o regente de Direito Constitucional e Ciência Política desde 1975 até à actualidade, apenas com o interregno de 1997/1998, embora nos últimos anos partilhando o ensino com outro regente, dado o desdobramento do 1.º ano em duas turmas.

[152] Como sucedeu, lendo os livros de sumários, em 1980/1981 com o Direito Constitucional do 1.º ano, e mais vezes no Direito Constitucional no curso complementar do 5.º ano, como nos anos de 1977 a 1979.

[153] É presentemente o caso da 1.ª turma de Direito Constitucional e Ciência Política no 1.º ano.

[154] Que leccionou, como se pode ver nos livros de sumários, o Direito Constitucional do 5.º ano praticamente sem interrupções desde 1979 até à actualidade, com excepção do ano de 1992/1993, em que foi regente JOSÉ CASALTA NABAIS.

[155] Para uma visão panorâmica acerca dos programas das diversas disciplinas do curso de Direito da Faculdade de Direito da Universidade de Coimbra, cfr. o *Guia da Faculdade de Direito da Universidade de Coimbra 2001/2002*, pp. 110 e ss.

– como disciplina obrigatória, dentro da Opção B – Jurídico-Publicista, com uma duração anual, assumindo um cunho de especialização – **Direito Constitucional** (turma única).

II. A opção estrutural que foi aqui assumida confere a estas duas disciplinas uma duração anual, assim também se simplificando – para evitar duplicações desnecessárias – a realização de provas e de exames.

Quer isto dizer que o Direito Constitucional, neste estabelecimento de ensino, adquire uma feição dualista:

– de um lado, uma disciplina introdutória, geral e obrigatória, a ser ministrada no ano de entrada dos estudantes;
– do outro lado, uma disciplina de especialização, a ser dada no último ano do curso, integrada numa opção restrita das Ciências Jurídico-Publicista.

Este dualismo assenta na justificação de que ao Direito Constitucional são deferidas duas relevantes dimensões:

– uma dimensão formativa, a ser recebida por todos numa fase inicial;
– uma dimensão técnica, sendo escolhida por quem pretenda abraçar os meandros do Direito Público, com tudo quanto isso implica de específico, de acordo com os dois principais temas do Direito Constitucional em especial: os Direitos Fundamentais e a Justiça Constitucional.

III. Todavia, esta opção também tem aspectos que podem merecer um saudável reparo, dentro da economia da licenciatura em Direito nesta ilustre Faculdade coimbrã.

A crítica mais óbvia refere-se ao facto de não haver, com autonomia pedagógica, a disciplina de Ciência Política, a qual assim é necessariamente integrada no Direito Constitucional, mas que com ele metodologicamente não se deve misturar.

Outra observação respeita à escassez lectiva do Direito Constitucional, que no actual plano de estudos desta Faculdade apenas acolhe quatro semestres, num total que se destina a repartir com a Ciência Política e com dois temas constitucionais específicos. Ora, sabe-se como este é um tempo muito limitado para a multiplicidade de tópicos do Direito Constitucional, que assim não podem ter um tão amplo e justificado desenvolvimento.

22. O Direito Constitucional e Ciência Política

I. Relativamente à disciplina de **Direito Constitucional e Ciência Política**, a ensinar no 1.º ano, vista numa lógica obrigatória, introdutória e geral, registamos o contributo essencial de José Joaquim Gomes Canotilho, que tem sido quase ininterruptamente encarregado dessa regência.

No entanto, essa disciplina divide-se por duas turmas, que têm sido atribuídas a diferentes regentes. No presente ano lectivo, a 1.ª turma foi atribuída a Vital Martins Moreira e a 2.ª turma a J. J. Gomes Canotilho.

II. No que respeita à 1.ª turma, regida por Vital Moreira, optou-se, no presente ano lectivo, pelo seguinte programa [156]:

I PARTE – ELEMENTOS DE CIÊNCIA POLÍTICA

Capítulo I – Noção e objecto da Ciência Política

1.1. Noção
1.2. Ciência Política e disciplinas próximas
   a) Ciência Política e doutrinas políticas
   b) Ciência Política e Sociologia política
   c) Ciência Política e Direito Constitucional
1.3. O objecto da Ciência Política
   1.3.1. As diferentes perspectivas
   1.3.2. A Ciência Política como Ciência do Estado
   1.3.3. A Ciência Política como Ciência do poder político
   1.3.4. A Ciência Política como Ciência do sistema político
1.4. Teoria e metodologia da ciência política

Capítulo II – Origem e transformações do Estado moderno

2.1. Da Idade média ao Estado absoluto (século XV-XVIII)
2.2. A revolução liberal e o Estado liberal (fins do século XVIII-XIX)
2.3. As transformações do Estado liberal (séculos XIX-XX)
   a) Do liberalismo económico e social ao Estado social
   b) O crescimento do governo e a da complexidade da organização administrativa

---

[156] Estando em curso de publicação umas importantes lições da sua autoria: Vital Moreira, *Elementos de Ciência Política*, Coimbra, 2002.

c) *Da contraposição Estado-indivíduo à tríade Estado-grupos-indivíduos*
d) *Do governo simplesmente representativo à democracia representativa*
e) *Do Estado monoclassista ao Estado pluriclassista*
f) *O aprofundamento do Estado de direito*
g) *A secularização do Estado numa sociedade de pluralismo religioso*
h) *A descentralização político-administrativa do Estado*

Capítulo III – Os agentes políticos

3.1. Os cidadãos
3.2. Os grupos de interesses
3.3. Os partidos políticos
   3.3.1. Definição
   3.3.2. A origem dos partidos políticos
      a) *Partidos de origem eleitoral e parlamentar*
      b) *Partidos de origem exterior à vida parlamentar*
   3.3.3. A estrutura do poder dentro dos partidos
   3.3.4. Tipologia dos partidos políticos
      a) *Partidos de notáveis (ou de quadros)*
      b) *Partidos de massas*
      c) *Partidos "de integração"*
   3.3.5. Sistemas de partidos
   3.3.6. Os factores dos sistemas de partidos. As "leis de Duverger"
   3.3.7. Os partidos políticos em Portugal

Capítulo IV – Formas de expressão política

4.1. Sistemas eleitorais
   4.1.1. Introdução
   4.1.2. O sufrágio
   4.1.3. Os tipos básicos de sistema eleitoral
      I – Sistemas maioritários
      II – Sistemas proporcionais
      III – Sistemas eleitorais mistos
      IV – Sistemas proporcionais personalizados
   4.1.4. Lógica e consequências dos sistemas eleitorais
   4.1.5. O sistema eleitoral português
4.2. Referendo
   4.2.1. Noção
   4.2.2. Referendo e democracia representativa

4.2.3. História do referendo
4.2.4. Tipologia do referendo
   a) Referendo popular e referendo orgânico
   b) Referendo decisório, referendo vinculativo e referendo consultivo
   c) Referendos obrigatórios e referendos facultativos
4.2.5. Iniciativa do referendo
4.2.6. Matérias referendáveis
4.2.7. Modo de decisão
4.2.8. O referendo em Portugal
4.3. Participação política

Capítulo V – As formas políticas

5.1. As grandes tipologias
5.2. Os dois grandes critérios
5.3. A democracia representativa
5.4. Os regimes políticos contemporâneos
5.5. Democratização e transição democrática
   5.5.1. A "terceira vaga"
   5.5.2. Vias e problemas da democratização e da consolidação democrática
   5.5.3. A transição e consolidação democrática em Portugal

Capítulo VI – Formas de governo

6.1. A separação de poderes
6.2. As formas de governo das democracias liberais
   I – Forma de governo presidencial
   II – Forma de governo parlamentar
   III – As formas de governo compósitas
   IV – Sistema de governo directorial
6.3. O sistema de governo da antiga União Soviética e regimes afins

Capítulo VII – Formas de Estado

7.1. A organização territorial dos Estados
7.2. Estado unitário e Estado federal
7.3. A descentralização política do Estado unitário
7.4. A descentralização administrativa territorial
7.5. A desconcentração da administração estadual
7.6. A associação e integração internacional dos Estados

Capítulo VIII – Estruturas orgânicas do Estado

8.1. O chefe do Estado
8.2. A assembleia representativa
    8.2.1. Tipos de assembleias
    8.2.2. Funções das assembleias
    8.2.3. Relações entre a assembleia e o governo
    8.2.4. Organização e funcionamento da assembleias
        8.2.4.1. A segunda câmara
        8.2.4.2. As comissões parlamentares
        8.2.4.3. Os deputados
        8.2.4.4. Os grupos parlamentares
        8.2.4.5. Duração das assembleias
    8.2.5. O "declínio" das assembleias
8.3. O Governo
    8.3.1. Estrutura
    8.3.2. Estabilidade governamental
8.4. A administração pública
    8.4.1. O "Estado administrativo"
    8.4.2. Governo e administração
    8.4.3. Controlo da administração
    8.4.4. Recrutamento e estatuto dos funcionários
8.5. As forças armadas
    8.5.1. A especificidade das instituições militares
    8.5.2. A intervenção militar na vida política
    8.5.3. O caso português
8.6. Os Tribunais
    8.6.1. Os tribunais como poder do Estado
    8.6.2. Estrutura dos tribunais
    8.6.3. Estatuto dos juízes
    8.6.4. A independência dos juízes e a questão do autogoverno das magistraturas
    8.6.5. A participação popular na justiça

II PARTE – DIREITO CONSTITUCIONAL [157]

1. Definição, objecto e fontes do Direito Constitucional (DC)

1.1. O Direito Constitucional como ramo do direito

---

[157] Cfr. VITAL MOREIRA, *Guião de Direito Constitucional*, Coimbra, 2002.

1.2. Objecto do Direito Constitucional
1.3. Fontes do Direito Constitucional
1.4. Divisões e ramos do DC
1.5. O Direito Constitucional como direito público
1.6. O Direito Constitucional e outros ramos do Direito
1.7. Especificidades do Direito Constitucional
1.8. A ciência do Direito Constitucional

2. Definição, origem e sentido da Constituição

2.1. Os vários sentidos da constituição
2.2. "Estatuto" da colectividade política
2.3. Constituição e constitucionalismo. Constituição e Estado constitucional (art. 16.º da Declaração dos Direitos do Homem e do Cidadão, de 1789)
2.4. Constituição formal e constituição material
2.5. As características da constituição
2.6. Classificação das constituições
2.7. O âmbito das constituições. Da "constituição política" à "constituição económica e social". A constituição como lei fundamental da colectividade.
2.8. "Reserva de constituição" e "essência constitucional"
2.9. A constituição como norma fundamental. A garantia judicial da Constituição. A constitucionalização da ordem jurídica
2.10. Normas e princípios constitucionais

3. Formação, modificação e fim das Constituições

3.1. O poder constituinte. Limites do poder constituinte
3.2. O procedimento constituinte
3.3. Modificação das constituições. Limites do poder de revisão constitucional
3.4. Fim das constituições
3.5. Revolução e descontinuidade constitucional

4. História constitucional comparada

4.1. Grã-Bretanha
4.2. Estados Unidos da América
4.3. França
4.4. Alemanha
4.5. Espanha
4.6. Brasil

4.7. Outros países lusófonos
4.8. As grandes constituições históricas

5. História constitucional portuguesa

5.1. Traços gerais do constitucionalismo português
5.2. A Constituição de 1822
5.3. A Carta Constitucional de 1826
5.4. A Constituição de 1838
5.5. A Constituição de 1911
5.6. A Constituição de 1933

6. A Constituição de 1976

6.1. Origem e transformação
6.2. Traços característicos da CRP
6.3. A CRP como lei fundamental

7. Os princípios fundamentais da CRP

7.1. A República Portuguesa como protagonista constitucional País--República-Estado
7.2. Território, cidadania e soberania
7.3. Princípio da independência nacional
7.4. Princípio democrático
7.5. Princípio do Estado de direito
7.6. Princípio do Estado social
7.7. Princípio da unidade do Estado
7.8. Princípio republicano
7.9. Os fins do Estado

8. Direitos fundamentais

8.1. Constitucionalismo e direitos fundamentais
8.2. História dos direitos fundamentais: "gerações" e tipos de direitos fundamentais; os instrumentos e mecanismos internacionais de protecção dos direitos fundamentais
8.3. Direitos fundamentais e garantias institucionais
8.4. As classificações constitucionais dos direitos fundamentais
8.5. Direitos fundamentais extraconstitucionais
8.6. Titulares dos direitos fundamentais: princípio da universalidade, os portugueses residentes fora do território nacional, os

estrangeiros residentes em Portugal, a "cidadania europeia", a "cidadania lusófona", as pessoas colectivas, as entidades públicas

8.7. O princípio da igualdade. As diversas dimensões do princípio da igualdade. A "igualdade perante e lei". A igualdade de oportunidades. As "discriminações positivas"

8.8. O regime específico dos "direitos, liberdades e garantias". Âmbito de aplicação do regime. Traços do regime. Restrição dos direitos, liberdades e garantias: reserva de lei, princípio da proporcionalidade, garantia do "núcleo essencial"

8.9. Os "direitos sociais". Diversidade dos direitos económicos, sociais e culturais. Conteúdo constitucional. Garantias constitucionais

8.10. Tutela constitucional dos direitos fundamentais. Tutela judicial: acesso aos tribunais, processo equitativo, justiça administrativa, justiça constitucional. Meios administrativos "graciosos" (reclamações e recursos). Direito de petição. Direito de acção popular. Provedor de Justiça. Autoridades públicas independentes. Protecção internacional dos direitos fundamentais. A Convenção Europeia de Direitos Humanos (CEDH) e o Tribunal Europeu dos Direitos Humanos (TEDH)

8.11. Os deveres fundamentais. Tipologia constitucional. Problemas constitucionais

8.12. Os direitos fundamentais da especialidade: os direitos políticos (definição, elenco, direito de sufrágio, direito de acesso a cargos políticos, partidos políticos, etc.)

9. A "constituição económica" da CRP

9.1. Economia de mercado e intervenção estadual (Estado liberal, Estado intervencionista, Estado "regulador")
9.2. A ordem económica nas constituições
9.3. A transformação da "constituição económica" da CRP
9.4. Princípios gerais da "constituição económica"
9.5. Os direitos económicos fundamentais
   9.5.1. Direito de propriedade, liberdade de profissão, liberdade de empresa, liberdade de trabalho
   9.5.2. Os direitos dos trabalhadores
   9.5.3. Outros direitos relevantes para a Constituição económica
9.6. Sectores de propriedade. Sistema de planeamento
9.7. A "constituição fiscal"
9.8. A "constituição financeira"

10. A organização do poder político: I – Princípios gerais

10.1. Colectividades territoriais e entidades públicas territoriais (Estado, regiões autónomas e autarquias locais)
10.2. Órgãos e titulares de cargos políticos. Mandatos, substituição, prorrogação. Responsabilidade dos titulares de cargos políticos
10.3. Atribuições, funções e competência
10.4. Actos constitucionais (actos políticos, legislativos, jurisdicionais, etc.)
10.5. Eleições e referendos. Procedimentos eleitorais. Procedimento referendário

11. A organização do poder político: II – Os órgãos do Estado

11.1. "Órgãos de soberania" e órgãos auxiliares. Órgãos políticos e tribunais. O princípio da separação e interdependência dos órgãos do poder.
11.2. O sistema de governo
11.3. O Presidente da República
11.4. A Assembleia da República
11.5. O Governo
11.6. O Tribunal Constitucional
11.7. Os demais tribunais
11.8. Órgãos auxiliares
11.9. A Administração Pública
11.10. As forças armadas

12. A organização do poder político: III – As estruturas territoriais infra-estaduais

12.1. A descentralização territorial
12.2. As regiões autónomas
12.3. As autarquias locais

13. A Constituição e as fontes de Direito

13.1. O elenco constitucional da fontes de direito: as normas de direito internacional; o direito comunitário europeu; as leis; os decretos-leis, os decretos legislativos regionais; os regulamentos; os regulamentos das autarquias locais e demais regulamentos autónomos. Hierarquia e prevalência entre as fontes de direito

13.2. Os actos legislativos em especial. As leis da Assembleia da República. Os decretos-leis do Governo. Os decretos legislativos regionais. As leis reforçadas
13.3. O procedimento legislativo
13.4. As relações entre o referendo e o poder legislativo

14. As situações de excepção constitucional

14.1. Estado de necessidade constitucional. Estado de sítio e estado de emergência
14.2. Procedimento
14.3. As medidas de excepção constitucional

15. Fiscalização da constitucionalidade

15.1. Princípio da constitucionalidade e fiscalização da constitucionalidade
15.2. Os sistemas de fiscalização da constitucionalidade
15.3. O sistema português
15.4. Tipos de inconstitucionalidade
15.5. Tipos de fiscalização. Órgãos de fiscalização. Objecto da fiscalização
15.6. Efeitos da fiscalização
15.7. Fiscalização das leis reforçadas

16. A revisão da Constituição

16.1. Constituições "rígidas" e constituições "flexíveis"
16.2. O poder de revisão constitucional. Características do sistema de revisão
16.3. O processo de revisão
16.4. Os limites materiais da revisão
16.5. A inconstitucionalidade das leis de revisão

III. Neste mesmo ano lectivo, a 2.ª turma é leccionada por JOSÉ JOAQUIM GOMES CANOTILHO, com base no seguinte programa [158]:

---

[158] Cfr. o *Guia da Faculdade de Direito da Universidade de Coimbra 2001/2002*, pp. 134 e ss.

CAPÍTULO INTRODUTÓRIO
O ENSINO E A TEORIA

I. O ensino e a teoria
II. Como se ensina e o que se ensina
III. Os estudantes chegam carregados de "memórias constitucionais"
IV. Visão global da literatura sobre direito constitucional

PARTE I – CONSTITUIÇÃO E CONSTITUCIONALISMO

Capítulo 1 – Constitucionalismo antigo e constitucionalismo moderno

A. Constituição e constitucionalismo
  I. Movimentos constitucionais e constitucionalismo
  II. Constituição moderna e constituição histórica
B. Modelos de compreensão
  I. Modelo historicista: o tempo longo dos "jura et libertares"
  II. Modelo individualista: os momentos fractais da Revolução
  III. "Nós, o povo" e os usos da história: a técnica americana da liberdade

Capítulo 2 – Modernidade constitucional e poder constituinte

A. Aproximação à problemática do poder constituinte
B. A dimensão genética: revelar, dizer ou criar uma lei fundamental
  I. Problemática do poder constituinte e experiências constituintes
  II. Revelar, dizer e criar a Constituição
C. A dimensão teorético-constitucional: as teorias sobre o poder constituinte
D. O titular do poder constituinte
E. O procedimento constituinte
F. Fenomenologia do procedimento constituinte
G. Vinculação jurídica do poder constituinte

Capítulo 3 – O Estado constitucional

A. A Constituição e o seu referente: Estado? Sociedade?
  I. O referente da constituição
  II. Que coisa é o Estado?
B. O Estado constitucional
  I. Estado de direito
  II. Estado de direito democrático-constitucional

PARTE II – O CONSTITUCIONALISMO PORTUGUÊS

Capítulo 1 – Problemas fundamentais na história/memória do constitucionalismo

   I. Constitucionalismo e construtivismo nacionalista
  II. Constitucionalismo e liberalismo
 III. Constitucionalismo, individualismo e direitos do homem
  IV. Constitucionalismo, soberania e legitimidade e legitimação
   V. Constitucionalismo e representação política
  VI. Constitucionalismo e divisão de poderes
 VII. Constitucionalismo e parlamentarismo
VIII. Constitucionalismo e direito eleitoral
  IX. Constitucionalismo e "Invenção do território"
   X. Constitucionalismo e modificação
  XI. Constitucionalismo e partidarismo
 XII. Constitucionalismo e administração pública

Capítulo 2 – Forma constitucional e constituição

A. O movimento pré-constitucional
B. O constitucionalismo vintista
   I. Poder constituinte e modelos constitucionais
  II. Estrutura da Constituição de 1822
C. O constitucionalismo da restauração
   I. Constitucionalismo histórico, constitucionalismo romântico e cartismo
  II. Estrutura e significado da Carta Constitucional de 1826
D. O constitucionalismo setembrista
   I. O constitucionalismo setembrista
  II. Estrutura da Constituição de 1838
 III. A dinâmica ideológico-partidária liberal
E. O constitucionalismo republicano
   I. Visão global dos princípios republicanos
  II. Estrutura da Constituição de 1911
 III. As características dominantes do regime republicano e as deformações político-institucionais
F. O constitucionalismo corporativo
   I. A ideologia constitucional do "Estado Novo"
  II. Estrutura e princípios da Constituição de 1933

PARTE III – PADRÕES ESTRUTURAIS DO DIREITO CONSTITUCIONAL VIGENTE

Título 1 – Constituição, república e Estado na ordem jurídico-constitucional de 1976

Capítulo 1 – Notas gerais sobre a Constituição da República de 1976

A. A Constituição de 1976 e as continuidades e descontinuidades constitucionais
   I. Descontinuidades
   II. Continuidades
B. A Constituição e as matrizes estrangeiras
C. O procedimento constituinte de 1976
   I. Justiça procedimental imperfeita
   II. Os momentos constitucionais
D. A constituição e as revisões da constituição. De quantas "constituições" é composta a "constituição"?
E. Características formais da Constituição de 1976

Capítulo 2 – A república portuguesa

A. O que é que constitui a República Portuguesa?
B. A forma republicana de governo
C. O Estado de direito democrático

Título 2 – A república portuguesa e os seus princípios estruturantes

Capítulo 1 – O princípio do Estado de Direito

A. Dimensões formais e materiais do princípio do Estado de direito
B. O princípio do Estado de direito democrático na Constituição de 1976
C. O princípio do Estado de direito e os subprincípios concretizadores
   I. O princípio da legalidade da administração
   II. Os princípios da segurança jurídica e da protecção da confiança dos cidadãos
   III. O princípio da proibição do excesso
   IV. O princípio da protecção jurídica e das garantias processuais

Capítulo 2 – O princípio democrático

A. Caracterização constitucional do princípio democrático

B. A concretização constitucional do princípio democrático
   I. O princípio da soberania popular
   II. O princípio da representação popular
   III. O princípio da democracia semidirecta
   IV. Traços fundamentais do regime jurídico-constitucional do referendo
   V. O princípio de participação
C. Princípio democrático e direito de sufrágio
   I. Os princípios materiais do sufrágio
D. Princípio democrático e sistema eleitoral
   I. Sistema proporcional e sistema majoritário
   II. O sistema eleitoral na Constituição
E. Princípio democrático e sistema partidário
   I. Concepção constitucional
   II. As dimensões constitucionais do sistema partidário
   III. O direito à oposição
   IV. Oposição e desobediência civil – O princípio democrático e os seus limites
F. Princípio democrático e princípio majoritário
   I. Fundamento
   II. Limites
   III. Consagração constitucional

Capítulo 3 – O princípio da socialidade

A. "Decisão socialista" e "abertura" económica, social e cultural
   I. A "decisão socialista" no texto originário da Constituição
   II. A abertura económico-social operada pelas leis de revisão
B. Significado jurídico-constitucional do princípio da democracia económica e social
C. A concretização constitucional do princípio da democracia económica e social

Capítulo 4 – O princípio da unidade do Estado

   I. O Estado unitário na Constituição
   II. O regime autonómico insular
   III. O princípio da autonomia das autarquias locais
   IV. O princípio da subsidariedade

Título 3 – Os direitos e deveres fundamentais

Capítulo 1 – Sentido e forma dos direitos fundamentais

A. Constitucionalização e fundamentalização
B. História e memória

Capítulo 2 – Sistema, estrutura e função dos direitos fundamentais

A. O sistema dos direitos fundamentais
  I. Classificações doutrinais e históricas
  II. O sistema do direito constitucional positivo
B. Funções dos direitos fundamentais
  I. Função de defesa ou de liberdade
  II. Função de prestação social
  III. Função de protecção perante terceiros
  IV. Função de não discriminação

Capítulo 3 – Regime geral dos direitos fundamentais

A. Regime geral de direitos fundamentais e regime específico dos direitos, liberdades e garantias
B. O regime geral dos direitos fundamentais
  I. Âmbito da titularidade de direitos fundamentais
  II. O princípio da igualdade
  III. O princípio de acesso ao direito e aos tribunais

Capítulo 4 – Regime específico dos direitos, liberdades e garantias

A. Visão global do regime específico de direitos, liberdades e garantias
B. Análise do regime específico dos direitos, liberdades e garantias
  I. A aplicabilidade directa (artigo 18.º/1, segmento 1)
  II. A vinculação de entidades públicas e privadas (artigo 18.º/1, segmento 2)
  III. O regime das leis restritivas (artigo 18.º/2/3)
C. Casos especiais de restrição

Capítulo 5 – O regime dos direitos económicos, sociais e culturais

A. Pressupostos dos direitos económicos, sociais e culturais
  I. Pressupostos
  II. Elementos estruturais

B. Modelos de positivação
C. Dimensões subjectiva e objectiva
   I. Dimensão subjectiva
   II. Dimensão objectiva
D. A problemática dos direitos a prestações
   I. Direitos originários
   II. Direitos derivados
E. Dimensões constitutivas
   I. Liberdade igual
   II. Conteúdo determinado a nível constitucional
   III. Garantias relativas à organização e procedimento
F. Eficácia nas relações jurídico-privadas

Capítulo 6 – A protecção dos direitos fundamentais

A. Meios de defesa jurisdicionais
   I. A garantia de acesso aos tribunais
   II. Protecção através de um processo justo (*due process*)
   III. O direito à tutela jurisdicional
   IV. Dimensões jurídico-constitucionais do direito ao processo equitativo
   V. Direito de acesso à justiça administrativa
   VI. Direito a processos céleres e prioritários
   VII. Direito de suscitar a "questão" da inconstitucionalidade ou de ilegalidade
      Acção de responsabilidade
   VIII. Direito de Acção Popular
B. Meios de defesa não jurisdicionais
   I. Direito de resistência
   II. Direito de petição
   III. Direito a um procedimento justo
   IV. Direito à autodeterminação informativa
   V. Direito ao arquivo aberto
   VI. Garantias impugnatórias no procedimento administrativo
C. Problemas específicos na protecção dos direitos económicos, sociais e culturais
   I. Garantia do núcleo essencial
   II. Política de solidariedade social
   III. Concretização legislativa das imposições constitucionais
   IV. Controlo judicial da realização dos direitos sociais
D. Protecção internacional

Capítulo 7 – Deveres fundamentais

A. Compreensão
    I. Não correspectividade entre direitos e deveres fundamentais
    II. Deveres autónomos e deveres conexos com direitos
B. Tipologia
    I. Deveres cívico-políticos e deveres de carácter económico-social
    II. "Deveres constitucionais formais" e "deveres constitucionais materiais"
C. Estrutura

Título 4 – Estruturas organizatórias e funcionais

Capítulo 1 – Os conceitos operatórios

A. Sentido da compreensão material das normas organizatórias
B. Os conceitos operatórios: competência, função, tarefa, responsabilidade, procedimento e controlo
    I. Caracterização sumária
    II. Competência
    III. Função
    IV. Responsabilidade
C. O Princípio da separação e interdependência dos órgãos de soberania
    I. Dimensões materiais do princípio
    II. Manifestações modernas do princípio
    III. Princípio da separação e forma de governo

Capítulo 2 – Padrão básico e formas de governo

A. As variáveis fundamentais do padrão básico
    I. Conceitos nucleares
    II. Modelos
B. A variável portuguesa do padrão básico – regime misto parlamentar-presidencial
    I. Interdependências
    II. Elementos caracterizadores
    III. Interdependência institucional
    IV. A intervenção "estratégica" do regime misto parlamentar-presidencial português
C. A recepção do regime misto nos Países de Língua Oficial Portuguesa (CPLP)

Capítulo 3 – Estrutura e função dos órgãos de soberania portugueses politicamente conformadores

A. O Presidente da República (PR)
   I. Posição jurídico-constitucional
   II. Os poderes do Presidente da República
B. A Assembleia da República (AR)
   I. Posição jurídico-constitucional
   II. Competências e funções
   III. Funções
C. O Governo
   I. Conceito orgânico-institucional de governo e posição jurídico--constitucional
   II. A responsabilidade política do governo
   III. As funções do Governo
D. O Conselho de Estado

Capítulo 4 – Estrutura e função dos tribunais

A. Os tribunais na constituição
   I. Os tribunais como órgãos de soberania
   II. Os tribunais e o Estado de direito
   III. O poder judicial e o ordenamento judiciário
B. Os princípios estruturantes do poder judiciário
   I. Princípio da unidade e princípio da pluralidade de jurisdições
   II. Princípio da polaridade individual do poder judiciário
   III. Princípios jurídico-estatutários
   IV. Princípios jurídico-organizatórios e funcionais
   V. A reserva da função de julgar
C. Estrutura orgânica
D. Tribunal Constitucional
   I. Posição jurídico-constitucional
   II. Tribunal
   III. Competência e funções
E. O Ministério Público
   I. Órgãos do poder judicial
   II. Funções
F. Conselhos Superiores

Título 5 – As fontes de direito e as estruturas normativas

Capítulo 1 – A Constituição e o sistema das fontes de direito

    A. Fontes de direito e constituição
        I. Relevo da constituição no âmbito das fontes de direito
        II. A constituição e o "cosmos" normativo
        III. Os princípios estruturantes dos esquemas relacionais entre as fontes de direito
    B. A regulação jurídica no Estado constitucional pluralista
    C. Painéis ilustrativos do pluricentrismo e da pluralidade legislativos

Capítulo 2 – A lei

    A. História, memória e teorias
        I. A lei na teoria do Estado
        II. A estrutura da lei
    B. O sentido da lei na Constituição Portuguesa de 1976
    C. Os princípios da prevalência e da reserva de lei
        I. Princípio da prevalência da lei
        II. Princípio da reserva de lei
        III. Problemas actuais da reserva de lei
        IV. Limites da reserva da lei

Capítulo 3 – Individualização e análise de algumas categorias de leis

    A. Leis constitucionais
    B. Leis orgânicas
        I. Sentido jurídico e político-constitucional
        II. Características jurídico-constitucionais
    C. Lei de bases ou de princípios
        I. As leis de base na apologia das leis
        II. As leis de base na Constituição de 1976
    D. Leis de autorização legislativa
    E. As leis estatutárias
        I. O momento estatutário: relevância jurídico-constitucional
        II. Os estatutos como leis formais da AR
    F. Leis reforçadas
    G. Leis de enquadramento

Capítulo 4 – O decreto-lei

    A. Os decretos-leis na experiência constitucional portuguesa

  I. Constitucionalismo monárquico
  II. Constitucionalismo republicano
 B. Os decretos-leis na Constituição de 1976
  I. Competência legislativa do Governo e tipos de decretos-leis
  II. O Governo como titular de competência legislativa
  III. A apreciação parlamentar dos actos legislativos

Capítulo 5 – Os decretos legislativos regionais

 A. Configuração do poder legislativo regional
  I. Os poderes legislativos como manifestação típica da autonomia regional
  II. Os tipos de poderes legislativos regionais
 B. Visão global do sistema normativo-regional

Capítulo 6 – O direito internacional e o direito supranacional

 A. Normas de direito internacional
  I. Direito internacional geral ou comum
  II. Direito internacional particular
 B. Direito supranacional comunitário
 Enquadramento jurídico-constitucional
  II. O problema do controlo

Capítulo 7 – Os regulamentos

 A. Fundamento constitucional do poder regulamentar
 B. Regime constitucional dos regulamentos
  I. Relações entre as leis e os regulamentos
  II. Os regulamentos dos entes autónomos

Capítulo 8 – Os decretos

 A. O sentido do termo decreto. Antecedentes históricos
 B. Os decretos na actual constituição

Capítulo 9 – Actos normativos atípicos

 A. Regimentos de assembleias
  I. Natureza jurídica
  II. Controlo da constitucionalidade e da ilegalidade
 B. Resoluções

I. As resoluções na Constituição de 1976
  II. O problema do controlo das resoluções
 C. Normas constitucionais consuetudinárias
  I. A perspectiva político-constitucional do costume como fonte de direito
  II. A relevância constitucional do costume
  III. Costume, convenções constitucionais, praxes constitucionais e precedentes judiciais
 D. Referendo

Capítulo 10 – O procedimento legislativo

 A. Conceito
 B. Fases e Actos do Procedimento Legislativo
  I. Fase de iniciativa
  I. Fase instrutória
  III. Fase constitutiva
  IV. Fase de controlo
  V. Fase de integração de eficácia

Título 6 – Garantia e controlo da Constituição

Capítulo 1 – Sentido da garantia e controlo da constituição

 A. A compreensão constitucional das estruturas de garantia e de controlo
  I. Garantia e controlo
  II. Meios e institutos de defesa da Constituição
 B. A fiscalização judicial como instituto de garantia e de controlo da constituição
  I. Pressupostos do controlo judicial da constituição
 C. Os Modelos de "Justiça Constitucional"
  I. Quem controla: os sujeitos do controlo
  II. Como se controla: o modo do controlo
  II. Quando se controla: o tempo do controlo
  III. Quem pede o controlo: a legitimidade activa
  IV. Os efeitos do controlo

Capítulo 2 – O sistema de controlo da constitucionalidade na Constituição de 1976

 A. Memória e história
  I. Constitucionalismo monárquico

II. Constituição de 1911
III. Constituição de 1933
IV. Regime pré-constitucional
V. Sistema originário da Constituição de 1976
VI. O sistema de fiscalização depois das revisões de 1982 a 1989
B. Caracterização Global do Sistema Português Vigente
   I. Sistema misto complexo
C. O parâmetro de controlo ou determinação do "bloco da constitucionalidade"
D. Objecto de controlo: actos normativos
E. As sanções de controlo
   I. A construção clássica da inconstitucionalidade
   II. A inconstitucionalidade no direito constitucional vigente
   III. O problema das "situações constitucionais imperfeitas"
   IV. Os vícios geradores de inconstitucionalidade

Capítulo 3 – Sentido do processo no âmbito constitucional

A. Procedimento e processo no direito constitucional
B. O Processo constitucional
   I. Problemas gerais do processo constitucional
   II. Os princípios gerais do direito processual constitucional

Capítulo 4 – Os processos de fiscalização da inconstitucionalidade e da ilegalidade

A. Individualização
B. Processo de fiscalização difuso, concreto e incidental
   I. Sentido geral da fiscalização concreta
   II. Requisitos processuais
   III. Recurso para o Tribunal Constitucional
C. O processo de Fiscalização Abstracta
   I. Requisitos processuais
   II. Princípios de processo
   III. Efeitos das decisões do TC
D. Processo de declaração da inconstitucionalidade com base em controlo concreto
E. Processo de fiscalização abstracta preventiva (= controlo prévio da inconstitucionalidade)
   I. Controlo preventivo e controlo sucessivo
   II. Requisitos processuais
   III. Efeitos
   IV. O processo de fiscalização preventiva abstracta de leis orgânicas

F. Processo de fiscalização da inconstitucionalidade por omissão
  I. Conceito de omissão
  II. Requisitos processuais
  III. Efeitos
G. Processos de fiscalização da ilegalidade
  I. Fiscalização abstracta da legalidade
H. Processo de verificação da contrariedade de uma norma legislativa com uma convenção internacional

Título 7 – Revisão da Constituição

Capítulo 1 – Garantia da constituição e revisão constitucional

A. Rigidez constitucional e garantia da constituição
  I. Rigidez constitucional e garantia da constituição
  II. Poder constituinte e poder de revisão
B. O limites da revisão da constituição
  I. Os limites formais
  II. Os limites materiais
  III. Revisão expressa e revisão tácita
  IV. Revisão total e revisão parcial
  V. Revisão e desenvolvimento constitucional
  VI. Revisão e revisionismo
C. Revisão constitucional e inconstitucionalidade
  I. Inexistência das leis de revisão
  II. Nulidade das leis de revisão
D. As rupturas constitucionais

Título 8 – Estados de necessidade constitucional e suspensão do exercício de direitos fundamentais

Capítulo 1 – A incorporação constitucional do direito de necessidade

A. A "incorporação constitucional" do direito de necessidade
  I. A "incorporação constitucional" do direito de necessidade
  II. O direito de necessidade na história constitucional
B. As técnicas de juridicização constitucional dos estados de excepção

Capítulo 2 – O direito de necessidade constitucional na Constituição portuguesa de 1976

A. A tipologia de "estados de necessidade" na Constituição de 1976
   I. Estado de necessidade externo
   II. Estado de necessidade interno
B. O problema da suspensão individual dos direitos, liberdades e garantias
C. A disciplina constitucional dos estados de necessidade constitucional
   I. A competência para a declaração do estado de sítio e do estado de emergência
   II. As medidas do estado de sítio ou de estado de emergência
   III. As restrições aos direitos fundamentais
   IV. O controlo parlamentar da declaração do estado de necessidade
   V. A intervenção governamental na declaração do estado de sítio ou de emergência
   VI. O controlo jurisdicional da declaração do estado de sítio ou de emergência
   VII. Responsabilidade política

PARTE IV – METÓDICA CONSTITUCIONAL

Título 1 – Metódica constitucional geral

Capítulo 1 – Sentido da metódica constitucional

A. Considerações gerais
   I. Base teórica – a metódica estruturante
   II. Dificuldades metódicas
B. Veja-se um caso
   I. Tipologia do caso
   II. Painel: os caminhos da razão pública
C. Metódica constitucional e metodologias regionais
D. Objectos de investigação e procedimento metódico (gráficos)

Capítulo 2 – Constituição e ordenamento jurídico

A. Os usos da constituição, o corpus constitucional e os seus candidatos
   I. Compreender os usos da constituição
   II. A constituição normativa
B. O "Corpus" Constitucional e os seus candidatos
C. O "Corpus" Constitucional e os seus conteúdos

D. O cosmos normativo
  I. Tópicos gerais
  II. Navegar no cosmos normativo
  III. A Constituição como norma superior do ordenamento jurídico

Capítulo 3 – A Constituição como sistema aberto de regras e princípios

A. O ponto de partida: sistema aberto de regras e princípios
  I. O acesso ao ponto de partida
  II. Princípios e regras no direito constitucional
  III. Sistema de princípios e sistema de regras
B. Tipologia de princípios e de regras
  I. Tipologia de princípios
  II. Tipologias de regras
C. O sistema interno de normas e princípios
D. Textura aberta e positividade constitucional
  I. O direito constitucional como direito positivo
  II. O sentido das normas pragmáticas
  III. Aplicabilidade directa
  IV. Densidade e abertura das normas constitucionais
  V. Unidade da constituição e antinomias e tensões entre princípios constitucionais
  VI. Sentido global dos princípios estruturantes

Capítulo 4 – Interpretação, aplicação e concretização do direito constitucional

A. Os contextos teorético-político da interpretação constitucional
  I. "Interpretativismo" e "não interpretativismo" na ciência do direito constitucional norte-americano
  II. "Método jurídico" e "método científico-espiritual" nas disputas teoréticas alemãs
B. O ponto de partida: a abertura para uma metódica estruturante
C. Sentido e conceitos básicos
D. Métodos de interpretação
  I. Os métodos da interpretação da constituição
  II. Interpretação e dimensões jurídico-funcionais
E. Regras básicas de concretização
  I. Ponto de partida jurídico-constitucional: postulado normativo da constitucionalidade
  II. Segunda ideia fundamental: o programa normativo não resulta apenas de mediação semântica dos enunciados linguísticos do texto
  III. Norma jurídica

F. O "catálogo-tópico" dos princípios de interpretação constitucional
   I. Princípios de interpretação da constituição
   II. O princípio da interpretação da leis em conformidade com a constituição
   III. Princípio da interpretação do direito interno em conformidade com o direito comunitário
G. Limites de interpretação
   I. Nos limites da interpretação constitucional
   II. A complementação da lei constitucional
H. Ponderação de bens

Título 2 – Metódica constitucional em âmbitos particulares

Capítulo 1 – Metódica de direitos fundamentais

A. Os direitos fundamentais como categoria dogmática
   I. Normas garantidoras de direitos subjectivos e normas impositivas de deveres objectivos
   II. Regras e princípios
   III. Dimensão subjectiva e dimensão objectiva
   IV. Fundamentação subjectiva e fundamentação objectiva das normas consagradoras de direitos fundamentais
   V. Os direitos fundamentais como direitos subjectivos
B. Conformação e concretização dos direitos fundamentais
C. Colisão e concorrência de direitos
   I. Concorrência de direitos
   II. Colisão de direitos
D. Metódica da restrição de direitos, liberdades e garantias
   I. A determinação do âmbito de protecção
   II. Restrição de direitos
   III. Estrutura das normas restritivas
   IV. Estrutura dos limites imanentes
   V. Visão metódica do procedimento jurídico-constitucional de restrição de direitos
E. O problema metódico da aplicação dos direitos fundamentais nas Relações Jurídicas Privadas
   I. Casos e hipóteses
   II. Enunciado do problema
   III. Sentido da "eficácia externa"
   IV. Tendências actuais
   V. Metódica da diferenciação
   VI. Direitos subjectivos públicos e direitos subjectivos privados

F. Metódica do "controlo" do princípio da igualdade
  I. Esquema básico
  II. Perguntas de controlo
  III. Princípio da proporcionalidade
  IV. Concretização jurisprudencial

Capítulo 2 – Problemas metódicos no âmbito da jurisdição constitucional

A. Dimensões das sentenças do Tribunal Constitucional
B. Limites da jurisdição constitucional quanto ao objecto de controlo
  I. Conhecimento do direito pré-constitucional
C. Princípios funcionalmente limitativos
  I. O princípio da autolimitação judicial e a doutrina das questões políticas
  II. O princípio da interpretação em conformidade com a constituição
  III. Princípio da interpretação adequadora
  IV. Princípio da não controlabilidade do âmbito de prognose legislativa
  V. Princípio da congruência
  VI. Princípio da fundamentação
D. Tarefas metódicas dos tribunais em sede de direitos fundamentais

PARTE V – TEORIA DA CONSTITUIÇÃO

Título 1 – O estado da arte: situação da teoria da constituição

Capítulo 1 – O lugar teórico da teoria da constituição

A. O "lugar teórico" da teoria da constituição
  I. Inexistência de uma situação clássica
  II. "Lugar teórico" da teoria da constituição
  III. Origens da teoria da constituição
B. Tendências Teoréticas Fundamentais
  I. Compreensão formal-processual da constituição
  II. Compreensão material da constituição

Capítulo 2 – Problemas fundamentais da teoria da constituição

A. Teoria da constituição e direito constitucional
B. Problemas Básicos da Teoria da Constituição
C. A dissolução de teoria da constituição

I. Considerações gerais
II. Teoria da constituição e teoria da administração
III. Teoria da constituição e teoria da justiça

Título 2 – Teoria da constituição e espaços normativos

Capítulo 1 – Teoria da constituição, globalização internacional e integração europeia

A. Constitucionalismo nacional e constitucionalismo global
  I. Os pontos de partida do constitucionalismo global
  II. As sugestões do constitucionalismo global
B. Constitucionalismo estadual e constitucionalismo europeu
  I. Duas pré-compreensões: a "posição nacionalista" e a "posição europeísta"
  II. Resposta aos reducionismos
  III. A teoria da constituição e as comunidades jurídicas supranacionais e multiculturais

Capítulo 2 – Teoria da constituição e sistema político

A. As duas gerações sistemáticas
  I. O sistemismo cibernético
  II. O sistemismo auto-organizativo
B. A constituição e o sistema
  I. Gerações sistémicas e paradigmas do direito
  II. As novas sugestões de constituição: suavidade, responsabilidade, reflexividade e processualização

Título 3 – A teoria da constituição como rede de teorias

Capítulo 1 – Teoria da constituição e teorias dos direitos fundamentais

A. As deslocações compreensivas das teorias de direitos fundamentais
  I. Teorias e "viragem" dogmática
  II. As teorias dos direitos fundamentais
B. Das teorias à multifuncionalidade dos direitos fundamentais
C. Os direitos fundamentais dentro da teoria da constituição através da teoria do agir comunicativo e da teoria da justiça
  I. A "fundação" dos direitos fundamentais sobre uma teoria da discussão
  II. A "Constituição e as liberdades básicas"

Capítulo 2 – Teoria da constituição e teorias da democracia

A. As teorias da democracia
    I. A teoria democrático-pluralista
    II. A teoria elitista da democracia
    III. A teoria da democracia do "ordo-liberalismo"
B. As teorias normativas da democracia
    I. Teoria liberal
    II. Concepção republicana
    III. Democracia deliberativa
    IV. Democracia discursiva
    V. Democracia corporativa
C. Concepção minimalista de democracia

Título 4 – Dimensões actuais da teoria da constituição

Capítulo 1 – Funções clássicas da constituição

A. A constituição como ordem
    I. Constituição como ordem-aberta
    II. Constituição como ordem-quadro
B. As funções básicas da constituição

Capítulo 2 – A revisão das funções da constituição

A. A Função de autovinculação
    I. A ideia de autovinculação
    II. Constituição e função de autocorrecção
B. A função de inclusividade multicultural
C. A Constituição e a *autopoiesis*
D. Controlo débil e difuso

23. O Direito Constitucional

I. No tocante ao **Direito Constitucional**, disciplina optativa que se integra no 5.º ano, pertencendo à Opção B – Jurídico-Publicista, ele é leccionada em turma única.

Mas o seu duplo conteúdo permite encarar, com algum formalismo, a separação material entre cada um dos semestres que integram o presente

ano lectivo da seguinte forma, em ambos os casos sob a regência JOSÉ MANUEL CARDOSO DA COSTA:
– **Direitos Fundamentais** – 1.º semestre;
– **Justiça Constitucional** – 2.º semestre.

II. Quanto ao primeiro semestre, na parte de **Direitos Fundamentais**, oferece-se o seguinte programa[159]:

I – A ideia matriz de "direitos fundamentais" e o seu pressuposto antropológico. A concretização histórico-positiva e o desenvolvimento e evolução desta categoria jurídica.

II – Os direitos fundamentais no contexto da actual Constituição da República Portuguesa: problemas gerais de delimitação e enquadramento da matéria. A «remissão» para outras fontes.

III – A interpretação das normas relativas aos direitos fundamentais: um problema específico?

IV – A categoria jurídica "direitos fundamentais": natureza jurídica; estrutura e tipos de direitos (basicamente: "direitos, liberdades e garantias" e direitos "sociais"); correspondentes regimes e eficácia (ou vinculação) jurídica.

V – A problemática dos "limites" dos direitos fundamentais e da sua "restrição".

VI – A tutela dos direitos fundamentais:
A) No âmbito interno.
B) No âmbito da Convenção Europeia dos Direitos do Homem.

III. Relativamente ao segundo semestre, designado por **Justiça Constitucional**[160], regista-se o seguinte programa:

I – A justiça constitucional em geral: enquadramento na temática geral da "garantia" da Constituição; caracterização; âmbito ou domínios típicos; modalidades; justificação político-constitucional

---

[159] Cfr. o *Guia da Faculdade de Direito da Universidade de Coimbra 2001/2002*, p. 275. De FERNANDO ALVES CORREIA, embora com o desenvolvimento próprio de um curso de mestrado, tem ainda particular interesse, sobre este mesmo tema do ensino da Justiça Constitucional, o seu livro *Direito Constitucional – a Justiça Constitucional*, Coimbra, 2001.

[160] Cfr. o *Guia da Faculdade de Direito da Universidade de Coimbra 2001/2002*, p. 276.

II – A justiça constitucional em Portugal: perspectiva histórica; a Constituição de 1976 e a Revisão Constitucional de 1982; o Tribunal Constitucional português – composição e natureza, competência e funcionamento

III – O controlo normativo (em particular, o controlo da constitucionalidade) – principal domínio típico da justiça constitucional – em geral:
A) Pressupostos (jurídico-constitucional e político-constitucional)
B) As "modalidades" e os "modelos" de controlo

IV – O controlo normativo (*maxime*, o controlo da constitucionaldiade) em Portugal:
A) A evolução histórica e o sistema de controlo em vigor
B) O âmbito da competência de controlo do Tribunal Constitucional
C) Os processos de controlo normativo

V – Sentido e limites do controlo jurisdicional da constitucionalidade

24. O ensino de JOSÉ JOAQUIM GOMES CANOTILHO

I. Expostos os tópicos dos programas das duas disciplinas de Direito Constitucional na Faculdade de Direito da Universidade de Coimbra, é altura de analisarmos as coordenadas que especificamente presidem ao ensino de JOSÉ JOAQUIM GOMES CANOTILHO, que tem sido a grande figura do Direito Constitucional nesta Faculdade e, além disso, um dos maiores constitucionalistas de sempre em Portugal.

Não quer isto dizer que, no contexto da Faculdade de Direito da Universidade de Coimbra, não existam outros excelentes professores, que igualmente se têm dedicado ao ensino do Direito Constitucional, de que cumpre evidenciar[161]:

– FERNANDO ALVES CORREIA, que já especificamente versou o Direito Constitucional dado em pós-graduação, tendo para o efeito publicado o seu relatório de agregação[162];

---

[161] FRANCISCO LUCAS PIRES, tristemente falecido, é também decerto um desses nomes grandes dos constitucionalistas de Coimbra, tendo precisamente apresentado como dissertação de doutoramento, tal como oportunamente referimos, um original trabalho crítico relativamente às opções gerais da Constituição Portuguesa.

[162] FERNANDO ALVES CORREIA, *A justiça constitucional*, Coimbra, 2002, para além

– José Carlos Vieira de Andrade, que recentemente reeditou o melhor manual português de direitos fundamentais[163]; ou
– Vital Martins Moreira, leccionando actualmente Direito Constitucional, mas já dispondo de lições policopiadas e tendo participado, em co-autoria com José Joaquim Gomes Canotilho, tanto na explicitação dos *Fundamentos da Constituição*[164] como na mais completa e desenvolvida anotação que se conhece ao texto da Constituição Portuguesa[165], de que está iminente a 4.ª edição[166].

Na impossibilidade de todos analisar, e esperando ninguém melindrar, a escolha de José Joaquim Gomes Canotilho justifica-se essencialmente não apenas pelo seu percurso académico como pelos seus escritos científico-pedagógicos, em que sempre sobressaiu uma atenção quase exclusivamente virada para o Direito Constitucional, muitíssimo enriquecendo a doutrina constitucional portuguesa, que pode legitimamente orgulhar-se de o ter entre os seus grandes nomes.

II. A atenção que José Joaquim Gomes Canotilho confere ao Direito Constitucional foi sempre uma constante do seu percurso universitário.

No âmbito da realização do Curso Complementar de Ciências Político-Económicas, concluído no ano lectivo de 1970/1971, apresentou uma dissertação intitulada *O problema da responsabilidade do Estado por actos lícitos* [167], nela enfrentando questões difíceis e pouco ou nada estudadas de Direito Constitucional, Direito Administrativo e Direito Civil.

Mais tarde, a sua dissertação de doutoramento significaria a continuação do estudo em temas de Direito Constitucional, desta feita

---

do seu importante trabalho enquanto ocupou as funções de juiz conselheiro do Tribunal Constitucional.

[163] José Carlos Vieira de Andrade, *Os direitos fundamentais na Constituição Portuguesa de 1976*, 2.ª ed., Coimbra, 2001.

[164] José Joaquim Gomes Canotilho e Vital Martins Moreira, *Fundamentos da Constituição*, Coimbra, 1991.

[165] José Joaquim Gomes Canotilho e Vital Moreira, *Constituição da República Portuguesa anotada*, 3.ª ed., Coimbra, 1993.

[166] Há muito ansiosamente esperada, aliás, pelo público interessado nestas importantes questões.

[167] José Joaquim Gomes Canotilho, *O problema da responsabilidade do Estado por actos lícitos*, Coimbra, 1974.

apresentando uma dissertação com o título *Constituição dirigente e vinculação do legislador – contributo para a compreensão das normas constitucionais programáticas* [168], de que cumpre recordar a necessidade do reconhecimento da eficácia irradiante do Direito Constitucional para o Direito Infra-Constitucional, sob pena da total subversão da função do texto constitucional, topicamente se frisando certas situações peculiarmente problemáticas, como a das omissões legislativas e a dos direitos fundamentais sociais.

III. Onde verdadeiramente mais se sentiria a excelência científico-pedagógica de JOSÉ JOAQUIM GOMES CANOTILHO seria nos seus manuais dedicados sempre ao Direito Constitucional, sendo de distinguir duas fases, que se interligam:
- a redacção do *Direito Constitucional*, que contou com seis edições, de 1978 até 1993;
- a elaboração do *Direito Constitucional e Teoria da Constituição*, iniciada posteriormente e que também já tem, neste momento, seis edições.

O *Direito Constitucional*[169] representou um esforço de compreensão original e profunda deste ramo do Direito, distribuindo-se pelos seguintes núcleos fundamentais:
- Parte I – *Teoria da Constituição: a Constituição como estatuto jurídico do político*
- Parte II – *A Ciência do Direito Constitucional*
- Parte III – *O processo de estruturação do Constitucionalismo português*
- Parte IV – *Padrões estruturais do Direito Constitucional Vigente*

O *Direito Constitucional e Teoria da Constituição* [170] assume uma outra natureza, com a preocupação de diferenciar entre uma dimensão

---

[168] JOSÉ JOAQUIM GOMES CANOTILHO, *Constituição dirigente e vinculação do legislador – contributo para a compreensão das normas constitucionais programáticas*, Coimbra, 1982. Há uma segunda edição, com um prefácio: Coimbra, 2001.

[169] JOSÉ JOAQUIM GOMES CANOTILHO, *Direito Constitucional*, 6.ª ed., Coimbra, 1993.

[170] JOSÉ JOAQUIM GOMES CANOTILHO, *Direito Constitucional e Teoria da Constituição*, 6.ª ed., Coimbra, 2002.

dogmático-positiva e uma dimensão teorético-especulativa, compreendendo os seguintes temas:
- Capítulo Introdutório
- Parte I – *Constituição e Constitucionalismo*
- Parte II – *O Constitucionalismo português*
- Parte III – *Padrões estruturais do Direito Constitucional Vigente*
- Parte IV – *Metódica Constitucional*
- Parte V – *Teoria da Constituição*

IV. Se nada mais houvesse para dizer, estes trabalhos já seriam mais do que superabundantes para alcandorar JOSÉ JOAQUIM GOMES CANOTILHO na galeria dos grandes constitucionalistas portugueses.

Só que importa ainda evidenciar alguns contributos científicos mais específicos, no momento em que fazemos esta breve alusão à sua obra, assim decisivamente contribuindo para o desenvolvimento da Ciência do Direito Constitucional em Portugal, contributos esses essencialmente trazidos pela via do ensino, dos quais nos permitimos sublinhar os seguintes, na certeza de que muito mais se poderia dizer:

- o empenho no enriquecimento internacional da discussão constitucional portuguesa, manifestando o acolhimento de outras doutrinas, numa primeira fase da alemã e, mais tarde, também da norte-americana, sem dúvida duas doutrinas liderantes no panorama internacional;
- a culturalização das questões constitucionais, colocando-se acima de um patamar técnico-jurídico "saturante", assim elevadas a grandes questões de cidadania e de regime;
- a constante colocação de temas novos na dinâmica constitucional portuguesa, quer no Direito Constitucional Organizatório (como as leis-medida ou as leis reforçadas), quer no Direito Constitucional Material (com todo o importantíssimo esforço na aplicação e na restrição dos direitos fundamentais, bem como na respectiva hermenêutica), quer ainda na Metódica Constitucional, definitivamente situando o Direito Constitucional na centralidade dos debates da Metodologia do Direito;
- uma perspectiva sistematicamente unitária do Direito Constitucional, frisando a importância dos princípios constitucionais na percepção do texto constitucional, dentro das mais modernas e melhores tendências metodológicas de cunho sistémico.

§ 7.º O ensino do Direito Constitucional na Faculdade de Direito da Universidade de Lisboa

25. O ensino do Direito Constitucional – dos primórdios à actualidade

I. Criada em 1913[171], a Faculdade de Estudos Sociais e de Direito e, posteriormente, apenas Faculdade de Direito da Universidade de Lisboa, sempre dedicaria, no seu plano de estudos, um lugar de realce ao Direito Constitucional[172].

Nesse apreciável percurso, com mais de 89 anos, o mais difícil é separar os anos e as décadas, numa evidente conexão com os diversos factores determinantes:
- as mutações mais ou menos profundas nas opções tomadas no Direito Constitucional Positivo;
- a personalidade e as concepções dos professores ao longo dos diversos anos;
- as ambiências académicas mais ou menos favoráveis ao pluralismo ou à rigidez das opções de ensino.

De acordo com a proposta de MARCELO REBELO DE SOUSA, a evolução do ensino do Direito Constitucional na Faculdade de Direito da Universidade de Lisboa espraiou-se por quatro diferentes fases:
- 1.ª fase: de 1913 a 1952;

---

[171] Cfr. a Lei Orçamental do Ministério do Interior de 30 de Junho de 1913. Cfr. MARCELLO CAETANO, *Apontamentos...*, pp. 8 e 9.

[172] Quanto à criação e evolução da Faculdade de Direito da Universidade de Lisboa, apesar dos anos e das vicissitudes entretanto ocorridas, continua sendo essencial a obra de MARCELLO CAETANO, *Apontamentos...*, *passim*. Cfr. também PEDRO SOARES MARTÍNEZ, *A Faculdade de Direito de Lisboa – do restabelecimento, em 1913, à consolidação, em 1928*, in *Revista da Faculdade de Direito da Universidade de Lisboa*, XXXVIII, n.º 1 de 1997, pp. 267 e ss., e PAULO OTERO, *Direito...*, pp. 81 e ss.

– 2.ª fase: de 1952 a 1975;
– 3.ª fase: o interregno de 1975 a 1977;
– 4.ª fase: a partir de 1977[173].

Da nossa parte, concordando com a essência da periodificação sugerida por MARCELO REBELO DE SOUSA, cremos que se justifica apresentar semelhantemente quatro fases quanto à evolução do ensino do Direito Constitucional na Faculdade de Direito da Universidade de Lisboa, mas diferentemente distribuídas:

– 1.ª fase: de fundação e independência curricular do Direito Constitucional;
– 2.ª fase: de dependência pedagógica do Direito Constitucional;
– 3.ª fase: de consolidação da individualidade pedagógica do Direito Constitucional;
– 4.ª fase: de abertura e de crescimento do Direito Constitucional.

Vejamos, pois, os elementos fundamentais que marcam o ensino do Direito Constitucional em cada uma dessas fases, sendo certo que se assinalam os contributos materiais – e não tanto formais – na sua construção.

II. A primeira fase – que compreendeu o período entre 1913 e 1928 – pôde singelamente ser caracterizada pela fundação e independência curricular do Direito Constitucional.

Desde o início e até 1928, na prática durante a I República, as matérias constitucionais, no entanto, foram apenas incluídas numa cadeira denominada *Direito Político*, de cariz obrigatório e ensinada no 1.º ano[174], pertença do grupo de Ciências Políticas, para além da existência de um curso de *Direito Constitucional Comparado*, de feição semestral, a ministrar no 2.º ano, em paralelismo, de resto, com a Faculdade de Direito da Universidade de Coimbra.

---

[173] Cfr. MARCELO REBELO DE SOUSA, *Direito Constitucional I – Relatório...*, pp. 9 e ss.

[174] Num quadro de disciplinas definido pelo Decreto n.º 118, de 4 de Setembro de 1913, operando também uma harmonização dos planos de estudos entre as Faculdades de Coimbra e de Lisboa. Cfr. MARCELLO CAETANO, *Apontamentos...*, pp. 11 e 13.

Outras reformas curriculares manteriam este figurino no tocante ao Direito Constitucional: a Reforma de 1918[175], a Reforma de 1923[176], embora esta tivesse eliminado o *Direito Constitucional Comparado*, a Reforma de 1926[177] e a Reforma de 1927[178].

Só tempos mais tarde, com a Reforma de 1928, é que se procederia à substituição da disciplina de *Direito Político* pela disciplina de *Direito Constitucional*[179], que formal e terminologicamente apareceu no plano de estudos, assim se conservando na vigência de outras reformas[180] (como sucederia com a Reforma de 1945, que não tocaria nesse esquema[181]).

Como se compreende, este não foi um momento fácil porque não só o Direito Constitucional, no plano curricular, dava os primeiros passos em Portugal como, por outro lado, se tratava de afirmar uma nova instituição universitária no ensino do Direito.

De um modo geral, podemos dizer, na esteira de MARCELO REBELO DE SOUSA[182], que o ensino ministrado, por aquilo que se pode perceber dos sumários das prelecções, bem como dos manuais então publicitados, compreendia três núcleos fundamentais:
- um núcleo conceptual, intimamente associado à definição do Estado, às respectivas funções e aos seus fins gerais;
- um núcleo filosófico, peculiarmente atinente à Constituição e ao poder político; e
- um núcleo descritivo da organização constitucional portuguesa, numa apreciação de índole exegética dos jovens textos constitucionais.

III. A segunda fase, de 1928 a 1951, abrangeu um tempo que não é fácil de definir, mas em que se regista, por um lado, a maior importância

---

[175] Aprovada pelo Decreto n.º 4 874, de 5 de Outubro de 1918.
[176] Aprovada pelo Decreto n.º 8 578, de 8 de Janeiro de 1923.
[177] Aprovada pelo Decreto n.º 12 707, de 17 de Novembro de 1926.
[178] Aprovada pelo Decreto n.º 14 496, de 27 de Outubro de 1927.
[179] Reforma de 1928 aprovada pelo Decreto-Lei n.º 16 044, de 13 de Outubro de 1928. Cfr. MARCELLO CAETANO, *Apontamentos...*, p. 99; MARCELO REBELO DE SOUSA, *Direito Constitucional I – Relatório...*, p. 9; REINALDO DE CARVALHO e PAULO FERREIRA DA CUNHA, *História...*, II, p. 318.
[180] Cfr. MARCELO REBELO DE SOUSA, *Direito Constitucional I – Relatório...*, p. 9.
[181] Cfr. MARCELLO CAETANO, *Apontamentos...*, p. 155.
[182] Cfr. MARCELO REBELO DE SOUSA, *Direito Constitucional I – Relatório...*, p. 9.

conferida ao Direito Constitucional, simultaneamente que se pressente, da parte da Faculdade de Direito da Universidade de Lisboa, a procura de uma identidade pedagógica própria, idos os primeiros anos, sempre dramáticos, de nascimento institucional.

Essa segunda fase, que se situa num plano intermédio entre o momento da independência curricular terminológica do Direito Constitucional, obtida com a Reforma de 1928, e o aparecimento do ensino de Marcello Caetano, assistiu ainda à manutenção de algumas das concepções do positivismo sociológico, enquanto que também espreitavam, afirmando-se no futuro, certas concepções formalistas.

Relativamente aos professores que marcariam esta fase algo intercalar, evidencia-se a projecção do ensino de alguns insignes mestres que foram executando o ensino do Direito Constitucional, alguns deles tendo emigrado de Coimbra, numa certa "colonização coimbrã", influência que igualmente cobriu parte da fase precedente: Alberto da Cunha Rocha Saraiva, entre 1916 e 1936; Martinho Nobre de Melo[183], de 1921 a 1924; João Magalhães Collaço, a partir de 1921; Domingos Fezas Vital, entre 1937 e 1950.

Note-se que o significado que atribuímos a estes autores, peculiarmente aqueles que infelizmente cedo faleceriam, vai além do exercício específico da sua função pedagógica, projectando-se por mais algum tempo a força dos seus escritos, como decerto terá sucedido com João Magalhães Collaço.

Por outro lado, não obstante a amplitude da segunda Reforma do Estado Novo de 1945[184], o *Direito Constitucional* manter-se-ia curricularmente firme e esse facto, tal como de resto sucedeu em Coimbra, não se repercutiria sensivelmente no percurso do ensino desta disciplina.

IV. A terceira fase, de 1951 a 1975, caracterizou-se, doutrinariamente, pela junção da Ciência Política com o Direito Constitucional, no plano do ensino, conquanto não no plano curricular, bem como pela emancipação da Escola de Lisboa relativamente a Coimbra e a concomitante afirmação, em contrapartida, da personalidade académica de Marcello Caetano[185].

---

[183] Martinho Nobre de Melo, *Direito Político*, Lisboa, 1921-1922, e *Direito Constitucional*, Lisboa, 1957.

[184] Aprovada pelo Decreto-Lei n.º 34 850, de 21 de Agosto de 1945.

[185] Marcello Caetano seria chamado à regência de Direito Constitucional, substituindo Domingos Fezas Vital, que entretanto ficara doente. Cfr. Marcello Caetano, *Apontamentos...*, pp. 171 e 172.

Em termos substanciais, esta fase ficou assinalada pela integração da Ciência Política no ensino do Direito Constitucional, ainda que numa óptica bastante normativista e claramente limitada do ponto de vista político, o que poderia fazer questionar, até um certo ponto[186], a intenção de lhe conferir um verdadeiro estatuto científico[187].

Contudo, talvez o principal sinal desta fase, mais do que aquela "absorção pedagógica", tenha sido a omnipresença do ensino de MARCELLO CAETANO, paralelamente que se densifica o labor doutrinário ao redor do Direito Constitucional, embora também aumentando o respectivo condicionamento político[188].

Como refere MARCELO REBELO DE SOUSA, "...o essencial da experiência da regência da cadeira traduzir-se-ia no «Manual de Ciência Política e Direito Constitucional» do Professor Marcello Caetano, que conheceria seis edições de 1952 até 1972, e serviria de matriz informativa e formativa para um grupo de docentes da Faculdade[189] e mesmo de outras escolas

---

[186] Basta lembrar o singelo facto de MARCELLO CAETANO (*Manual de Ciência Política e Direito Constitucional*, I, 6.ª ed., Coimbra, 1989, pp. 45 e ss.) sempre se ter recusado a estudar, no âmbito das experiências constitucionais comparadas, de que tanto gostava e que tanto sucesso faziam nas suas aulas, a experiência constitucional soviética, politologicamente original e interessante.

[187] De certa sorte, caberia a ARMANDO M. MARQUES GUEDES repor um equilíbrio científico-pedagógico perdido, quando passou a ser o autor que mais desenvolvidamente em Portugal se debruçou sobre o estudo do constitucionalismo soviético, publicando lições sobre a matéria. Cfr. ARMANDO M. MARQUES GUEDES, *Introdução ao Estudo do Direito Político*, Lisboa, 1969, pp. 250 e ss.

[188] Como se pode perceber pela consulta dos sumários, MARCELLO CAETANO leccionou ininterruptamente desde 1952 até à sua ida para o Governo, em 1968, com excepção dos anos de 1955/1956 a 1957/1958, em que foi MARTINHO NOBRE DE MELO o regente, e dos anos de 1958/1959 a 1962/1963, em que foi regente ARMANDO M. MARQUES GUEDES.

[189] Grupo de docentes a que posteriormente se chamaria a Escola de Direito Público de Lisboa, todos reunidos em torno do Mestre MARCELLO CAETANO.

Esses mesmos discípulos não enjeitariam o epíteto ao publicarem, nas vésperas da Revolução de 25 de Abril de 1974, um livro de homenagem a MARCELLO CAETANO, por ocasião do 40.º aniversário do seu exercício de funções como Professor da Faculdade de Direito da Universidade de Lisboa: AAVV, *Estudos de Direito Público em honra do Professor Marcello Caetano*, Lisboa, 1973.

São eles: Diogo Freitas do Amaral, José Robin de Andrade, Augusto de Ataíde, José Manuel Sérvulo Correia, Armando Marques Guedes, Rui Chancerelle de Machete, Jorge Miranda, André Gonçalves Pereira, Nuno Espinosa Gomes da Silva e Miguel Galvão Teles.

Como se pode ler no respectivo prefácio, "Todos os signatários foram assistentes

superiores, universitárias ou não, como o actual ISCSP, o Instituto de Serviço Social e o Instituto de Estudos Sociais"[190].

Refira-se ainda que neste período vigoraria a Reforma de 1972[191], que semestralizaria o ensino do Direito, forçando no caso à divisão da disciplina de Direito Constitucional em duas disciplinas semestrais[192]: a *Ciência Política e Direito Constitucional I* e a *Ciência Política e Direito Constitucional II*[193]. Por outro lado, admitia-se que no 4.º ano, no respectivo segundo semestre, houvesse disciplinas de opção, prevendo-se a disciplina de *Direito Constitucional Comparado II*[194]. Mas o seu carácter efémero torna-a, para o efeito da nossa análise, totalmente irrelevante[195].

---

do Professor Marcello Caetano no exercício de funções docentes, ou prepararam sob a sua orientação as suas dissertações para actos académicos; alguns tiveram a pesada honra de lhe suceder no ensino universitário; todos pensam que, na sobriedade destas linhas, cabe o sentimento de que, com esta publicação, não é apenas o Mestre que justamente se homenageia – é também o Amigo que afectuosamente se saúda".

[190] MARCELO REBELO DE SOUSA, *Direito Constitucional I – Relatório...*, p. 10.

[191] Aprovada pelo Decreto n.º 364/72, de 28 de Setembro.

[192] Cfr. o Mapa Anexo ao Decreto n.º 364/72, de 28 de Setembro. Cfr. também REINALDO DE CARVALHO e PAULO FERREIRA DA CUNHA, *História...*, II, p. 367; LUÍS MENEZES LEITÃO, *O ensino...*, p. 194.

[193] MARCELO REBELO DE SOUSA (*Direito Constitucional I – Relatório...*, p. 11) não deixa de veementemente verberar esta Reforma, que duraria pouco: "Por um lado, tentava-se, desde modo, institucionalizar, deformando-a, a prática do ensino do Professor Marcello Caetano nos vintes anos precedentes. Por outro lado, e um pouco na linha da opção por disciplinas semestrais, própria do ensino em cursos de Ciências Experimentais e Exactas, cortava-se cerce com a experiência longa e frutuosa das disciplinas anuais na Faculdade de Direito da Universidade de Lisboa".

[194] A razão de ser desta reforma, como se explana no preâmbulo daquele diploma, assentava na ideia de que seria "...de toda a conveniência dar aos cursos ministrados nas Faculdades maior flexibilidade, que permita, eventualmente, o ensino de novas matérias e o aprofundamento de outras com plena utilização dos recursos do corpo docente". Cfr. o 3.º parágrafo do preâmbulo do Decreto n.º 364/72, de 28 de Setembro.

[195] Isso sem esquecer a forte reacção negativa das Faculdades de Direito, em especial da de Lisboa, conforme se explica no *Relatório da Comissão de Reestruturação da Faculdade de Direito de Lisboa*, de 21 de Março de 1977 (in *Revista da Faculdade de Direito da Universidade de Lisboa*, XXXIII, Lisboa, 1992, p. 670): "A reforma de 1972 não foi de um modo geral bem acolhida na Faculdade de Direito de Lisboa. Contribuiu para isso o ambiente geral de resistência que então predominava no meio estudantil. Noutros pontos, porém, o descontentamento teve causas diferentes – no que diz respeito ao currículo, avultou a inserção do Direito Penal, disciplina de forte grau de dificuldades, no 2.º ano do curso".

O empenho de MARCELLO CAETANO no ensino do Direito Constitucional pode ser confirmado pelos importantes escritos que lhe dedicaria, para além do *Manual de Ciência Política e Direito Constitucional*, como *A Constituição de 1933 – estudo de Direito Político*, com duas edições[196], e as *Constituições Portuguesas*, com quatro edições[197].

A principal atenção vai para o *Manual de Ciência Política e Direito Constitucional*, que contou com seis edições. A primeira edição viria a lume em 1951, sob o título *Lições de Direito Constitucional e Ciência Política*[198], invertendo-se a ordem dos substantivos na 2.ª edição, publicada em 1955, sob o título *Ciência Política e Direito Constitucional*[199]. Mas só na 3.ª edição, que seria publicada em 1959[200], MARCELLO CAETANO adicionaria a parte relativa ao Direito Constitucional Português positivo, depois de essa parte ter sido autonomamente publicada em estudo especificamente descritivo da Constituição de 1933, assim incorporada neste *Manual*.

Olhando a última edição, atentemos na sua estrutura, em que claramente se diferencia uma perspectiva teorética, de aplicação geral, e uma perspectiva exegética, quanto ao Direito Constitucional Positivo.

Relativamente ao 1.º volume, que contém a Parte I e a Parte II do *Manual de Ciência Política e Direito Constitucional*[201], além da introdução, respectivamente com o estudo descritivo de algumas experiências constitucionais estrangeiras e com a Teoria Geral do Estado, os temas incluídos abrangem os seguintes tópicos:

– na Introdução, observa-se a definição do facto político e as diversas disciplinas que o estudam, naturalmente sobressaindo o Direito Político[202];

---

[196] MARCELLO CAETANO, *A Constituição de 1933 – estudo de Direito Político*, 2.ª ed., Coimbra, 1957.
[197] MARCELLO CAETANO, *Constituições Portuguesas*, 4.ª ed., Lisboa/São Paulo, 1978.
[198] MARCELLO CAETANO, *Lições de Direito Constitucional e de Ciência Política*, 1.ª ed., Coimbra, 1952.
[199] MARCELLO CAETANO, *Ciência Política e Direito Constitucional*, 2.ª ed., Coimbra, 1955.
[200] MARCELLO CAETANO, *Curso de Ciência Política e Direito Constitucional*, 3.ª ed., I, Coimbra, 1959, e II, Coimbra, 1961.
[201] MARCELLO CAETANO, *Manual de Ciência Política e Direito Constitucional*, I, 6.ª ed., Coimbra, 1989 (reimpressão da edição de 1972).
[202] Cfr. MARCELLO CAETANO, *Manual...*, I, 6.ª ed., p. 1.

– na Parte I, faz-se o estudo descritivo de três experiências constitucionais: do Reino Unido, dos Estados Unidos da América e da França[203];
– na Parte II, procede-se a uma apresentação de timbre conceptual de vários temas, como os elementos, formas, fins e funções do Estado, os órgãos e os poderes do Estado, os órgãos governativos e os governantes, o problema da limitação jurídica do poder político e as formas políticas[204].

Quanto ao 2.º volume, que correspondente à parte III do *Manual de Ciência Política e Direito Constitucional*[205], sobre o Direito Constitucional Português, cumpre evidenciar as seguintes matérias:
– dentro do título I, a respeito dos antecedentes históricos, anota-se um percurso histórico-constitucional, de grande interesse político-factual, em que bem se espelha a veia de historiador que MARCELLO CAETANO sempre inequivocamente ostentou[206];
– dentro do título II, sobre a Constituição de 1933, num tom mais simplificado e literal, observa-se a descrição dos diversos aspectos da Constituição, numa tónica mais organizatória do que material[207].

Não obstante a proeminência do ensino de MARCELLO CAETANO, este seria ainda um período que viveria com outros contributos pedagógicos no Direito Constitucional, cumprindo recordar os nomes de ARMANDO M. MARQUES GUEDES, MIGUEL GALVÃO TELES, JORGE MIRANDA e RUI MACHETE, tendo estes últimos leccionado desde 1966 até ao fim desta fase[208].

ARMANDO M. MARQUES GUEDES publicaria o livro *Introdução ao Estudo do Direito Político*[209], bem como algumas lições policopiadas, de que se evidencia o *Direito Constitucional*[210] e a *Teoria Geral do Estado*[211],

---

[203] Cfr. MARCELLO CAETANO, *Manual...*, I, 6.ª ed., pp. 45 e ss.
[204] Cfr. MARCELLO CAETANO, *Manual...*, I, 6.ª ed., pp. 121 e ss.
[205] MARCELLO CAETANO, *Manual de Ciência Política e Direito Constitucional*, II, 6.ª ed., Lisboa, 1972.
[206] Cfr. MARCELLO CAETANO, *Manual...*, II, 6.ª ed., pp. 409 e ss.
[207] Cfr. MARCELLO CAETANO, *Manual...*, II, 6.ª ed., pp. 486 e ss.
[208] Deixaremos para momento posterior a apreciação do empenho pedagógico de JORGE MIRANDA, hoje um dos grandes constitucionalistas portugueses.
[209] Cfr. ARMANDO M. MARQUES GUEDES, *Introdução ao Estudo...*, passim.
[210] Cfr. ARMANDO M. MARQUES GUEDES, *Direito Constitucional*, I, Lisboa, 1961.
[211] Cfr. ARMANDO M. MARQUES GUEDES, *Teoria Geral do Estado*, II, Lisboa, 1963.

numa maior abertura à Sociologia Política e sem os preconceitos de MARCELLO CAETANO, por exemplo incluindo, naquele primeiro livro, a experiência constitucional soviética, que MARCELLO CAETANO sempre considerara herética. No caso de *Direito Constitucional*, elaborado enquanto teve regência na Faculdade de Direito da Universidade de Lisboa, ARMANDO M. MARQUES GUEDES frisaria os seguintes pontos, para além da importante Introdução:

– Parte I – *As grandes experiências constitucionais contemporâneas*;
– Parte II – *Teoria Geral do Estado*;
– Parte III – *Direito Constitucional Português*.

MIGUEL GALVÃO TELES é outro nome importante a registar, tendo tido ocasião de publicar sumários das suas prelecções com o título *Direito Constitucional – sumários desenvolvidos* [212], em complemento do que não podia ser actualizado no *Manual* de MARCELLO CAETANO na pendência das funções governativas deste. Este docente leccionou de 1966 a 1971.

V. A quarta fase cobre os anos seguintes à Revolução de 25 de Abril de 1974, culminando nos nossos dias, evolução do ensino do Direito Constitucional que, a despeito de uma tendência comum de abertura e de democratização pedagógica e metodológica, pode incluir diversos sub-momentos bem diferenciados.

O primeiro deles ocorreu logo nos anos seguintes à implantação da III República, entre 1975 e 1977, numa altura em que o sistema de ensino efectivo da Faculdade de Direito da Universidade de Lisboa ficou praticamente paralisado. Foi então aprovada uma nova reforma curricular[213], separando definitivamente as disciplinas de *Ciência Política* e *Direito Constitucional*: aquela localizando-se no 1.º ano e esta integrando-se no 2.º ano[214].

O ensino ministrado, com as características próprias da turbulência que então dominava o momento político português, padeceu dos efeitos negativos e muitos injustos dos saneamentos arbitrariamente perpetrados pelo Ministério da Educação, afastando quase todos os docentes habilitados para a docência, e fazendo resvalar o ensino do Direito Constitucional

---

[212] MIGUEL GALVÃO TELES, *Direito Constitucional Português Vigente – Sumários*, Lisboa, 1970.

[213] Reforma de 1975 que seria aprovada pelo Ministro da Educação, mas o respectivo despacho nunca viria a ser publicado. Cfr. LUÍS MENEZES LEITÃO, *O ensino...*, p. 197.

[214] Cfr. LUÍS MENEZES LEITÃO, *O ensino...*, p. 197.

para uma óptica marcadamente marxista-leninista[215], tudo dentro de um contexto geral pouco dignificante para um sério ensino superior[216].

Logo de seguida, em 1977, iniciar-se-ia a reestruturação da Faculdade, em cuja congeminação foi importantíssima a Comissão de Reestruturação da Faculdade de Direito de Lisboa[217], assim se definitivamente rumando à estabilização e ao crescimento do Direito Constitucional, sob a orientação de dois grandes constitucionalistas portugueses: JORGE MIRANDA e MARCELO REBELO DE SOUSA.

JORGE MIRANDA começaria a publicação do seu *Manual de Direito Constitucional* em 1978 e o ensino do Direito Constitucional tornar-se-ia mais técnico-jurídico, com uma propensão acentuada para a Teoria da Constituição[218]. MARCELO REBELO DE SOUSA, igualmente encarregado da sua regência, publicaria em 1979 o seu *Direito Constitucional I – Introdução à Teoria da Constituição*, numa visão mais global do Direito Constitucional, e com significativas "pontes" relativamente à Ciência Política[219].

Mas esta foi – e é – uma fase da vida da Faculdade de Direito da Universidade de Lisboa em que também vai despontando uma nova geração de professores, com grandes entusiasmos pelo Direito Constitucional, de um modo geral também acompanhando a "euforia constitucional" que passou a viver-se logo após a aprovação da Constituição de 1976.

A leccionação do Direito Constitucional, não obstante essa tendência estabilizadora e autonomizadora, pôde ainda corresponder a vários ajustamentos, que foram sendo produzidos ao longo dos anos:

– o da Reforma de 1977: a *Ciência Política* no 2.º semestre do 1.º ano e uma cadeira anual de *Direito Constitucional* no 2.º ano, todas elas obrigatórias[220];

---

[215] Cfr. MARCELO REBELO DE SOUSA, *Direito Constitucional I – Relatório...*, p. 12.

[216] São bem elucidativas estas palavras de FERNANDO ARAÚJO, pessoa que viveu por dentro esses acontecimentos (*O ensino...*, pp. 173 e 174): "Tal como aconteceu já em anteriores relatórios, aqui não se citarão nomes: aqui o dever historiográfico do autor cede perante um dever de caridade para com pessoas de quem perdeu o rasto, e que podem ter tido já a ocasião de se redimirem desse momento de euforia fanática, no qual, arvorados muito para lá do horizonte dos seus talentos, mas não das suas ambições militantes, se julgaram capazes de prostituir Minerva".

[217] Cfr. o respectivo *Relatório...*, pp. 637 e ss.

[218] Cfr. MARCELO REBELO DE SOUSA, *Direito Constitucional I – Relatório...*, p. 13.

[219] Para mais completas referências em relação a outros prelectores neste período, MARCELO REBELO DE SOUSA, *Direito Constitucional I – Relatório...*, pp. 12 e ss.

[220] Cfr. o *Relatório da Comissão...*, p. 680.

- o da Reforma de 1983[221]: a manutenção da *Ciência Política* no 1.º semestre do 1.º ano, a criação do *Direito Constitucional I* no 2.º semestre do 1.º ano e a criação do *Direito Constitucional II* no 1.º semestre do 2.º ano;
- o da Reforma de 1986[222]: a fusão da *Ciência Política e do Direito Constitucional I* como disciplina única, anual e obrigatória do 1.º ano;
- o da Reforma de 2001: a junção do *Direito Constitucional II* com o *Direito Internacional Público I* numa disciplina única, anual e obrigatória do 2.º ano[223].

Assim, o plano de estudos da Faculdade de Direito da Universidade de Lisboa que vigora directamente se inspira na Reforma de 1983. No entanto, por deliberações internas, cumpre ainda referir que, nos últimos anos, foram admitidas novas disciplinas de especialização, incluindo matérias jurídico-constitucionais.

26. As disciplinas de Direito Constitucional na Faculdade de Direito da Universidade de Lisboa

I. O actual plano de estudos da Faculdade de Direito da Universidade de Lisboa assenta no facto de as disciplinas constitucionais terem sido agrupadas, disso resultando as seguintes soluções algo híbridas[224]:

a) Disciplinas obrigatórias:
- **Ciência Política e Direito Constitucional**, anual do 1.º ano;
- **Direito Constitucional II e Direito Internacional Público I**, anual do 2.º ano.

---

[221] Cfr. a Portaria n.º 911/83, de 3 de Outubro.
[222] Cfr. a Portaria n.º 772/86, de 30 de Dezembro.
[223] Junção esta que mereceria a CARLOS BLANCO DE MORAIS (*Direito Constitucional II...*, p. 5) ferozes críticas, dizendo que se tratou de "...uma união de facto contra natura que, sem prejuízo de permitir aumentar ligeiramente o tempo lectivo disponível e precludir a realização de exames intercalares a meio do ano, ostenta desvantagens muito expressivas, no plano científico e pedagógico".
[224] Para uma visão quase completa acerca do curso de Direito, v. a publicação, organizada por JORGE MIRANDA, *Curso de Licenciatura – programas das disciplinas*, Lisboa, 1993.

b) Disciplinas optativas:
- **Direito Constitucional III**, semestral na Opção C do 4.º ano, na menção de Ciências Jurídico-Políticas;
- **Direitos Fundamentais**, semestral da Opção C ou E do 5.º ano, respectivamente atinentes às menções de Ciências Jurídico--Políticas ou de Ciências Internacionais e Comunitárias.

II. Uma das vantagens que podemos atribuir ao sistema do ensino desta Faculdade, sobretudo depois da última reforma de unificação das disciplinas semestrais para efeito de avaliação, foi o pretender construir-se uma unidade, com todos os benefícios que lhe são inerentes.

É também de realçar a boa colocação do Direito Constitucional logo no primeiro ano e o seu prolongamento, numa feição mais técnico--jurídica, para o 2.º ano, com o Direito Constitucional II.

Diga-se ainda que parece ser de aplaudir, dentro da lógica de especialização científica a partir do 4.º ano da licenciatura, que o Direito Constitucional volte a sobressair, desta feita com a importância atribuída à disciplina de **Direitos Fundamentais** do 5.º ano, mas agora também se alargando essas preocupações a outros domínios, como o Direito Parlamentar, o Direito Eleitoral e o Direito Constitucional da Integração Europeia, a leccionar no **Direito Constitucional III** do 4.º ano.

III. Mas também este sistema pode ser alvo de crítica quanto a algumas das opções feitas, sobretudo em relação às disciplinas obrigatórias de **Ciência Política e Direito Constitucional** e de **Direito Constitucional II**.

No que diz respeito à primeira, cumpre dizer que assenta numa dificuldade metodológica de tomo, a saber: como congraçar, numa mesma unidade pedagógica, metodologias científicas distintas, como são a Ciência Política e a Ciência do Direito Constitucional?

E a questão não toca apenas na metodologia da abordagem das questões como atinge a própria distribuição das matérias, com a inevitável derrota da Ciência Política, assim se favorecendo o Direito Constitucional: perante o desejo de privilegiar o Direito Constitucional, aspecto normalíssimo num curso de Direito, que não é um curso de Ciência Política, esta fica necessariamente reduzida.

Relativamente à outra, a dificuldade é ainda maior, pois que não surge cientificamente apoiada, já que se tratou de uma mera junção de conveniência avaliativa. Não obstante as ligações que existem entre o

Direito Constitucional e o Direito Internacional Público, o seu ensino só pode ser concebido separadamente.

Marcelo Rebelo de Sousa, que alertou para este problema de uma estranha divisão curricular entre o 1.º e o 2.º anos do curso da licenciatura, não lhe poupa os vícios evidentes de que vai padecer: "...a divisão artificial da mesma matéria por duas disciplinas autónomas; a natureza semestral de ambas, agravada pela sua separação em dois anos diversos; a inexistência do sistema de precedência da Ciência Política quanto a Direito Constitucional I e de Direito Constitucional I quanto a Direito Constitucional II"[225].

E de algum modo premonitório seria Marcelo Rebelo de Sousa, ao ter igualmente previsto que a unificação na avaliação dos conhecimentos, que agora também abrange o Direito Constitucional II e o Direito Internacional Público I, nunca seria propriamente uma solução porque "...nenhum dos paliativos apontados corrige o defeito básico, que entronca no plano de estudos e perdurará enquanto não for possível proceder à sua revisão"[226]. Importa, assim, esperar por uma nova revisão curricular, já muito tentada, mas, até à data, nunca obtida.

27. A Ciência Política e Direito Constitucional I

I. No tocante ao ano lectivo de 2002/2003, verificamos que o ensino da **Ciência Política e Direito Constitucional I** se encontra distribuído por três turmas, cada uma delas com o seu regente e, consequentemente, o seu distinto programa.

As turmas A e da noite encontram-se atribuídas a Paulo Otero, que oferece o seguinte programa:

PARTE I – TEORIA GERAL DO ESTADO

Capítulo I – Estado: realidade histórico-jurídica

§ 1.º – O "político": o Estado entre o Direito e os factos
      1.1. Sociedade e Direito

---

[225] Marcelo Rebelo de Sousa, *Direito Constitucional I – Relatório...*, p. 14.
[226] Marcelo Rebelo de Sousa, *Direito Constitucional I – Relatório...*, pp. 14 e 15.

1.2. Sociedade e Estado
1.3. Direito e Estado
1.4. Ciência do Direito Constitucional e Ciência Política
1.5. A regulação normativa do "político"
   a) A tensão entre a normatividade "oficial" e a normatividade "não oficial"
   b) O Direito Constitucional "oficial" e o Direito Constitucional "não oficial"

§ 2.º – Evolução dos modelos de Estado
2.1. Estado pré-liberal
2.2. Estado liberal
2.3. Estado antiliberal
2.4. Estado post-liberal

§ 3.º – Fragmentação do Estado
3.1. Acepções jurídicas do termo "Estado"
3.2. Internacionalização: a erosão do "domínio reservado" dos Estados
3.3. Integração europeia: a soberania partilhada
3.4. Neofeudalização interna

Capítulo II – Estrutura do Estado

§ 4.º – Elementos do Estado
4.1. Povo
4.2. Território
4.3. Poder político
4.4. Elementos formais

§ 5.º – Formas de Estado
5.1. Tipologia das formas de Estado
5.2. Estado unitário
5.3. Estado federal
5.4. Estado regional

Capítulo III – Exercício do poder do Estado

§ 6.º – Fins, funções e poderes do Estado
6.1. Fins do Estado
6.2. Funções do Estado
6.3. Poderes do Estado: concentração e divisão de poderes

§ 7.º – Órgão do Estado
7.1. Teoria geral dos órgãos
7.2. Tipologia dos órgãos

7.3. Modos de designação dos titulares
7.4. Legitimidade dos decisores
§ 8.º – Actividade decisória do Estado
8.1. Princípios gerais
8.2. Formas de exercício
8.3. Direito regulador
8.4. Formas de decisão
§ 9.º – Limites ao poder do Estado
9.1. Enquadramento histórico-teórico
9.2. Direito suprapositivo: heterolimite?
9.3. Constituição
9.4. Legalidade ordinária de fonte interna
9.5. Direito Internacional e Direito Comunitário: autolimite ou heterolimite?
9.6. Limitações não jurídicas
§ 10.º – Mecanismos de controlo do poder do Estado
10.1. Tipologia
10.2. Mecanismos intra-orgânicos de controlo
10.3. Mecanismos interorgânicos de controlo político
a) Mecanismos internos
b) Mecanismos internacionais
10.4. Mecanismos interorgânicos de controlo jurídico
a) Mecanismos internos
b) Mecanismos internacionais
10.5. Mecanismos extra-orgânicos de controlo

Capítulo IV – Instituições e sistemas políticos do Estado

§ 11.º – Matrizes da ideologia política do Estado ocidental
11.1. Liberalismo
11.2. Conservadorismo
11.3. Socialismo
§ 12.º – Modelos político-constitucionais do Estado
12.1. Modelo pluralista
a) Características gerais
b) Tipos de democracia pluralista
c) Os inimigos da democracia
d) A defesa da democracia
12.2. Modelo totalitário
a) Características gerais
b) Regimes

12.3. Impregnação totalitária da democracia
§ 13.º – Sistemas político-governativos do Estado
    13.1. Sistema parlamentar
        a) Conceito, evolução e espécies
        b) Parlamentarismo monista: (i) Sistema parlamentar de gabinete
        c) Idem: (ii) Sistema parlamentar de assembleia
        d) Idem: (iii) Sistema parlamentar racionalizado
        e) Parlamentarismo dualista: (i) Sistema orleanista
        f) Idem: (ii) Sistema semipresidencial
    13.2. Sistema presidencial
        a) Conceito, evolução e espécies
        b) Presidencialismo norte-americano
        c) Presidencialismo adulterado
        d) Hiperpresidencialismo
    13.3. Sistema directorial
    13.4. Sistema convencional
        a) Conceito e espécies
        b) Sistema jacobino
        c) Sistema soviético
    13.5. Sistemas de raiz pré-liberal
        a) Monarquia limitada
        b) Cesarismo
        c) Governo de chanceler
        d) Ditadura militar

PARTE II – HISTÓRIA CONSTITUCIONAL PORTUGUESA

Capítulo I – História pré-constitucional

§ 14.º – Principais momentos político-constitucionais
§ 15.º – Ordenamento jurídico
    15.1. Fontes constitucionais
    15.2. Princípios gerais de Direito Público
§ 16.º – Instituições jurídico-constitucionais

Capítulo II – História constitucional

§ 17.º – Perspectiva geral
    17.1. Periodificação histórico-constitucional
    17.2. História de continuidades ou de roturas?
    17.3. Principais classificações das Constituições

§ 18.º – Constituições liberais
    18.1. Constituição de 1822
    18.2. Carta Constitucional de 1826
    18.3. Constituição de 1938
    18.4. Constituição de 1911
§ 19.º – Constituição de 1933
    19.1. Da "Ditadura Militar" à Constituição
    19.2. Modelo institucional
    19.3. Revisões e desenvolvimento constitucionais
    19.4. Revolução de 1974 e vigência da Constituição
§ 20.º – Constituição de 1976
    20.1. Fontes e projectos
    20.2. Modelo jurídico-político originário
    20.3. Revisões constitucionais
    20.4. Projecção externa da Constituição: uma matriz constitucional portuguesa?

PARTE III – CONSTITUIÇÃO DE 1976

Capítulo I – Princípios fundamentais

§ 21.º – Princípio da dignidade da pessoa humana
§ 22.º – Princípio da soberania
    22.1. Manifestações
    22.2. Limitações
§ 23.º – Princípio do Estado de Direito democrático
    23.1. Origem do Estado social em Portugal
    23.2. Princípio pluralista
    23.3. Princípio da juridicidade
    23.4. Princípio do bem-estar
§ 24.º – Princípio da unidade do Estado
    24.1. Unidade, forma de Estado e princípio da constitucionalidade
    24.2. Unidade, interesse nacional e prevalência do Direito do Estado
    24.3. Unidade e supletividade do Direito do Estado
    24.4. Unidade e subsidiariedade
    24.5. Unidade e descentralização

Capítulo II – Organização do poder político

Título 1.º – Estruturas organizativas

§ 25.º – Órgãos de soberania

25.1. Presidente da República
   a) Estatuto e eleição
   b) Competência
   c) *Idem:* promulgação e veto
25.2. Assembleia da República
   a) Estatuto
   b) Competência
   c) *Idem:* fiscalização política
   d) *Idem:* competência legislativa
25.3. Governo
   a) Composição e formação
   b) Responsabilidade
   c) Competência
25.4. Tribunais
§ 26.º – Entidades territoriais infra-estaduais
   26.1. Regiões autónomas
      a) Estrutura orgânica
      b) Atribuições
   26.2. Autarquias locais
§ 27.º – Outros órgãos constitucionais

Título 2.º – Sistema de governo

§ 28.º – Sistema de governo da República
   28.1. Sistema de governo e "Constituição oficial"
   28.2. Sistema de governo e "Constituição não oficial"
§ 29.º – Sistema de governo das regiões autónomas
§ 30.º – Sistema de governo das autarquias locais: a vertente política do "poder local"

Capítulo III – Estruturas normativas

Título 1.º – Actos legislativos

§ 31.º – Teoria geral dos actos legislativos
   31.1. Sentido e forma de lei
   31.2. Conteúdo e forma de lei
   31.3. Tipologia das relações inter-legislativas
§ 32.º – Lei e decreto-lei
   32.1. Principais tipos de leis da Assembleia da República e a questão do seu valor reforçado
   32.2. Processo legislativo parlamentar

32.3. Força jurídica dos decretos-leis e a temática do primado do parlamento
§ 33.º – Decreto legislativo regional e lei da República
33.1. Poder legislativo regional
33.2. Relações entre lei regional e lei da República

Título 2.º – Outros actos normativos

§ 34.º – Costume
§ 35.º – Direito Internacional Público
§ 36.º – Direito Comunitário
§ 37.º – Regulamentos
§ 38.º – Actos com força afim da força de lei

II. A turma B de **Ciência Política e Direito Constitucional** está atribuída a MARIA JOÃO ESTORNINHO, com o seguinte programa:

I – Objecto e método da Ciência Política e do Direito Constitucional

II – Breve périplo pela história das ideias políticas

III – Sistemas político-constitucionais comparados

IV – Teoria Geral do Estado

a) O Estado: origem e evolução histórica
b) Elementos do Estado (em especial, regime da nacionalidade)
c) Formas de Estado (em especial, o caso português)
d) Sistemas políticos, regimes políticos e sistemas de governo
e) Funções do Estado, órgãos e actos
f) Eleições e sistemas eleitorais
g) Partidos políticos e sistemas de partidos
h) Sistemas eleitorais, sistemas de partidos e sistemas de governo

IV – A experiência político-constitucional portuguesa

a) A história constitucional portuguesa
b) A Constituição de 1976

V – Funções do Estado, órgãos e actos na Constituição de 1976

28. O Direito Constitucional II e Direito Internacional Público I

I. No 2.º ano da licenciatura, o **Direito Constitucional II e Direito Internacional Público I**, só considerando a primeira das duas partes insertas no conteúdo desta disciplina unificada, referente ao primeiro semestre, está entregue a dois diferentes regentes.

Para a turma A, cuja regência se encontra atribuída a ANA MARTINS, pensou-se no seguinte programa:

I – ACTOS LEGISLATIVOS DO ESTADO

Capítulo I – A lei em geral

1. Forma de lei e competência legislativa
2. Reserva constitucional e força de lei

Capítulo II – As leis da Assembleia da República

1. A competência legislativa da AR
2. O processo ou procedimento legislativo

Capítulo III – Autorizações legislativas e ratificações legislativas

1. Autorizações legislativas
2. Ratificações legislativas

Capítulo IV – Relações entre actos legislativos

1. Leis reforçadas em sentido amplo e sentido restrito
2. Leis gerais da República e decretos legislativos regionais

II – INCONSTITUCIONALIDADE E GARANTIA DA CONSTITUIÇÃO

Capítulo I – Inconstitucionalidade e garantia em geral

1. Inconstitucionalidade em geral
2. Garantia e fiscalização
3. As decisões de fiscalização
4. Consequências da inconstitucionalidade

Capítulo II – Sistemas de fiscalização da constitucionalidade

1. No Direito Comparado
2. Em Portugal

Capítulo III – Regime actual de fiscalização da constitucionalidade no Direito português

1. Questões gerais
2. A fiscalização concreta
3. A fiscalização abstracta da inconstitucionalidade por acção
4. A fiscalização da inconstitucionalidade por omissão

II. As turmas B e da Noite, entregues a CARLOS BLANCO DE MORAIS[227], têm o seguinte e comum programa:

PARTE I – GARANTIA DA CONSTITUIÇÃO E JUSTIÇA CONSTITUCIONAL

Capítulo I – Os institutos de garantia da Constituição

1. Introdução ao poder constituinte
2. Rigidez constitucional
3. Revisão da Constituição
4. Estados de Excepção
5. Proibição de partidos políticos contrários à Constituição
6. Fiscalização da constitucionalidade dos actos do poder
7. Desobediência civil

Capítulo II – A garantia da Constituição como meio de defesa de uma ordem jurídica e política de domínio

Secção I – *Fundamentos elementares da garantia da Constituição no Estado de Direito Democrático*

1. A necessidade de conservação identitária da legitimidade e do estatuto normativo da ordem política e social do Estado
2. O imperativo da protecção da ordem constitucional contra os seus adversários
3. A exigência de "poderes" que limitem o Poder
4. A indispensabilidade de mecanismos de reacção do ordenamento jurídico contra condutas dos poderes públicos que violem as suas metanormas fundacionais

---

[227] Do ponto de vista de elementos de estudo, é de registar o seguinte contributo parcial: CARLOS BLANCO DE MORAIS, *Justiça Constitucional*, I, Coimbra, 2002.

Secção II – *Sinopse descritiva dos institutos garantísticos da Constituição*

1. A rigidez constitucional como garantia e como pressuposto de outros institutos garantísticos
2. A revisão constitucional como garantia dinâmica da Constituição
   2.1. A revisão constitucional como uma modalidade de vicissitude constitucional
   2.2. Os limites à revisão constitucional na ordem jurídica portuguesa vigente
   2.3. O processo de revisão constitucional
3. Estados de Excepção como meio de defesa da Constituição em cenários de "necessidade pública"
4. O controlo da constitucionalidade como instituto-guardião da observância permanente da Constituição pelos actos dos poderes públicos

Capítulo III – A inconstitucionalidade e o desvalor jurídico do acto inconstitucional

Secção I – *Significado e alcance do "princípio da constitucionalidade" dos actos jurídico-públicos*

1. Ordenamento jurídico estadual e sistema normativo
2. A Constituição como decisão jurídico-política supra-ordenadora e fundacional de um ordenamento estadual soberano
3. O Princípio da constitucionalidade como critério de supremacia hierárquica-normativa da Constituição sobre os actos jurídico-públicos do ordenamento do Estado-Colectividade
4. O valor jurídico positivo do acto conforme à Constituição

Secção II – *A inconstitucionalidade dos actos jurídico-públicos*

1. Inconstitucionalidade como desconformidade dos actos jurídico-públicos com o parâmetro constitucional a que se encontram submetidos
2. Tipologia da inconstitucionalidade

Secção III – *O valor negativo do acto normativo inconstitucional*

1. Noção conceptual de "desvalor": a depreciação jurídica sofrida pelo acto inconstitucional
2. Vício, valor negativo e sanção do acto inconstitucional
3. Tipologia dos valores negativos
   3.1. A inexistência jurídica
   3.2. A invalidade
   3.3. A irregularidade

Capítulo IV – Sistemas de controlo da constitucionalidade

Secção I – *Critério da natureza dos órgãos competentes para o exercício do controlo*

1. Sistema de controlo político
2. Sistemas de controlo jurisdicional: o termo das "imunidades da lei"
   2.1. O Sistema fiscalização jurisdicional difusa: o modelo norte--americano
   2.2. O Sistema jurisdicional concentrado: o modelo austro-germânico
   2.3. Modelos mistos de caracter jurisdicional: da procedência dos sistemas português como "tertium genus"

Capítulo V – A fiscalização da constitucionalidade das normas e da legalidade das leis na ordem constitucional portuguesa

Secção I – *Evolução histórica*

1. Fiscalização política por via parlamentar: o constitucionalismo monárquico
2. A introdução nominal da fiscalização jurisdicional difusa: a Constituição de 1911
3. A fiscalização mista (política e jurisdicional) da constitucionalidade das normas
   3.1. A Constituição de 1933
   3.2. O texto originário da Constituição de 1976
4. A fiscalização jurisdicional
   4.1. Características gerais do modelo instituído pela revisão de 1982
   4.2. Apontamento sobre alguns aspectos da evolução do modelo instituído: as revisões constitucionais de 1989 e 1997

Secção II – *Âmbito e objecto do sistema vigente de fiscalização da constitucionalidade das normas e da legalidade das leis*

1. Âmbito da fiscalização: o controlo da constitucionalidade e da legalidade
2. Objecto da fiscalização: controlo de normas jurídicas

Secção III – *Processos de fiscalização da constitucionalidade por acção na ordem constitucional vigente*

Subsecção I – *Regime constitucional dos processos preventivo e sucessivo de fiscalização abstracta*

1. Fiscalização preventiva
2. Fiscalização sucessiva

3. A tramitação contenciosa dos processos de fiscalização abstracta no Direito processual constitucional

Subsecção II – *O processo de fiscalização sucessiva concreta na Constituição e na lei*

SubSecção III – *Processo de fiscalização da inconstitucionalidade por omissão*

PARTE II – OS DIREITOS FUNDAMENTAIS NA ORDEM CONSTITUCIONAL PORTUGUESA

Capítulo I – Conceito, evolução e natureza jurídica dos direitos fundamentais

Secção I – *Noção*

Secção II – *Génese histórica*

Secção III – *Características do desenvolvimento jurídico dos direitos fundamentais no tempo presente*

Capítulo II – Figuras afins e tipologia dos direitos fundamentais

Capítulo III – O sistema de direitos fundamentais no ordenamento jurídico português vigente

Secção I – *Os pilares de uma concepção sistémica de direitos fundamentais*

Secção II – *Alguns princípios estruturantes do sistema de direitos fundamentais*

1. O princípio do primado dos direitos liberdades e garantias sobre os direitos económicos sociais e culturais: Estado de Direito Democrático, regime aplicativo e critério da essencialidade dos bens tutelados
2. Princípio da igualdade
3. Princípio da proporcionalidade
4. Princípio da protecção da confiança
5. Princípio da responsabilidade civil do Estado e demais entes públicos
6. Princípio da interpretação e integração conforme à Declaração Universal dos Direitos do Homem
7. Princípio da cláusula aberta dos direitos fundamentais

Secção III – *O regime dos direitos, liberdades e garantias*

1. Critérios estruturantes

2. A restrição dos direitos liberdades e garantias
3. Elementos fundamentais do regime de suspensão de direitos, liberdades e garantias

Capítulo IV – O regime jurídico de alguns direitos fundamentais em especial

1. A liberdade de expressão do pensamento e liberdade de comunicação social
2. Direito à reserva de intimidade da vida privada e familiar

29. O Direito Constitucional III e os Direitos Fundamentais

I. Nos 4.º e 5.º anos, encontramos as disciplinas optativas de **Direito Constitucional III** e de **Direitos Fundamentais**.

A disciplina de **Direito Constitucional III**, atribuída a JORGE MIRANDA, oferece o seguinte programa[228]:

PARTE I – DIREITO CONSTITUCIONAL DA INTEGRAÇÃO EUROPEIA

Introdução

1. Direito Constitucional Europeu: a dupla acepção do termo
2. Localização no âmbito das grandes transformações constitucionais actuais
3. Direito Constitucional e Direito Comunitário – remissão para as cadeiras de Direito Comunitário

Capítulo I – A evolução do tratamento constitucional da integração europeia

1. Antes e depois de 1976
2. O debate sobre a compatibilidade entre a Constituição e a adesão às Comunidades Europeias
3. A revisão constitucional de 1982
4. A revisão de 1989
5. A revisão de 1992

---

[228] Tendo JORGE MIRANDA a preocupação de preparar elementos de estudo adequados: JORGE MIRANDA, *Direito Constitucional III – Integração Europeia, Direito Eleitoral, Direito Parlamentar*, Lisboa, 2001.

6. A revisão de 1997
7. A revisão de 2001
8. Perspectivas de futuro: integração europeia e poder constituinte

Capítulo II – As implicações da integração europeia na organização do poder político

1. Nos órgãos políticos de soberania
    a) A obnubilação do Presidente da República
    b) O "acompanhamento" pela Assembleia da República
    c) O papel dominante do Governo
    d) Consequências no sistema político geral
2. Nos órgãos das regiões autónomas
3. No Conselho Económico e Social

PARTE II – DIREITO ELEITORAL

Introdução
1. Eleição e Direito Eleitoral
2. O Direito Eleitoral Político
    a) Âmbito
    b) Fontes
    c) Características
    d) Integração no Direito Constitucional
3. O Direito Eleitoral português
    a) História
    b) Princípios constitucionais

Título I – Os sujeitos

Capítulo I – Os cidadãos eleitores

1. A capacidade eleitoral
    a) Capacidade activa
    b) Capacidade passiva
2. O recenseamento ou alistamento

Capítulo II – As candidaturas

1. As candidaturas e os sistemas eleitorais
    a) As candidaturas em geral
    b) Os sistemas eleitorais

2. Os partidos
   a) A estrutura dos partidos
   b) As eleições dos órgãos partidários
   c) A designação dos candidatos
3. Os grupos de cidadãos
4. As campanhas eleitorais

Capítulo III – A Administração eleitoral

1. Os órgãos de base
   a) Comissões recenseadoras
   b) Mesa das assembleias de voto
   c) Assembleias de apuramento
2. Os tribunais
3. A Comissão Nacional de Eleições
4. Os órgãos auxiliares
   a) Os presidentes de câmara municipal
   b) Os governadores civis e os Ministros da República
   c) Os tribunais judiciais

Título II – Os procedimentos

1. Os procedimentos preparatórios
   a) A marcação de eleições
   b) A apresentação das candidaturas
   c) A constituição das mesas da assembleia de voto
2. A votação
3. O apuramento

Título III – O contencioso eleitoral

1. O contencioso eleitoral em geral
   a) Os sistemas de contencioso eleitoral
   b) O sistema português
2. As modalidades de contencioso
   a) Do recenseamento
   b) De apresentação das candidaturas
   c) De votação
   d) De apuramento
   e) Dos actos da Comissão Nacional de Eleições
   f) Das eleições partidárias
3. O recurso contencioso eleitoral

PARTE III – DIREITO PARLAMENTAR

Introdução

1. Parlamento e Direito Parlamentar
2. O princípio da representação política como fundamento comum ao Direito eleitoral e ao Direito parlamentar
3. O Direito Parlamentar
   a) Âmbito
   b) Fontes
   c) Características
   d) Integração no Direito Constitucional
4. O Direito Parlamentar Português
   a) História
   b) Princípios constitucionais

Título I – Os sujeitos da vida parlamentar

1. Os Deputados
   a) O mandato
   b) Incompatibilidades
   c) Vicissitudes
   d) Imunidades e regalias
2. Os grupos parlamentares e os partidos
3. Os órgãos exteriores ao Parlamento
   a) O Presidente da República
   b) O Governo
   c) As assembleias legislativas regionais
4. Os cidadãos
   a) O direito de petição
   b) A iniciativa e a pré-iniciativa popular
   c) O contacto entre eleitores e Deputados

Título II – Organização e funcionamento

1. O Plenário
2. A Comissão Permanente
3. As comissões
4. O Presidente
5. A Conferência dos Grupos Parlamentares
6. As deputações

Título III – Os procedimentos

1. Os procedimentos parlamentares em geral

2. Os procedimentos e as votações
3. Tipos de procedimentos
4. As garantias

II. No 5.º ano, é ministrada a disciplina de **Direitos Fundamentais**, sob a regência de José Manuel Sérvulo Correia, com o seguinte programa[229]:

§ 1.º A génese da figura dos direitos fundamentais e as etapas da sua evolução
   I. As origens jusnaturalistas.
   II. O iluminismo e as declarações de direitos norte-americanas e francesas.
   III. O constitucionalismo liberal e o Estado de Direito social.
   IV. A internacionalização do estatuto fundamental da pessoa humana.
   V. A geração pós-modernista de direitos fundamentais.

§ 2.º Âmbito, natureza e funções dos direitos fundamentais
   I. O âmbito dos direitos fundamentais no sistema constitucional.
   II. Sistema constitucional e sistema de direitos fundamentais.
   III. Natureza subjectiva e objectiva dos direitos fundamentais.
   IV. Reconhecimento e garantia de bens jurídicos inerentes à dignidade da pessoa humana.
   V. As funções objectivas dos direitos fundamentais: normas de competência negativa e parâmetros para a interpretação e aplicação do Direito.
   VI. Direitos fundamentais e deveres fundamentais.

§ 3.º Categorias e regimes de direitos fundamentais
   I. A diversidade dos direitos fundamentais.
   II. Direitos, liberdades e garantias e direitos sociais, económicos e culturais.
   III. O regime dos direitos, liberdades e garantias.
   IV. O regime dos direitos fundamentais sociais.

§ 4.º Sujeitos e destinatários dos direitos fundamentais
   I. Os titulares de direitos fundamentais.
   II. Os destinatários de direitos fundamentais.
   III. A titularidade de direitos fundamentais por pessoas colectivas.
   IV. Os direitos fundamentais e a nacionalidade.
   V. Os direitos fundamentais no âmbito das relações entre particulares.

---

[229] Havendo da parte deste professor a preocupação de fornecer elementos de estudo: José Manuel Sérvulo Correia, *Lições de Direitos Fundamentais*, Lisboa, 2002.

§ 5.º A natureza limitada dos direitos fundamentais
   I. Os limites imanentes.
   II. As restrições legislativas.
   III. A autolimitação.
   IV. A colisão de direitos fundamentais.

§ 6.º A tutela dos direitos fundamentais
   I. A protecção indirecta dos direitos fundamentais.
   II. A protecção administrativa dos direitos fundamentais.
   III. A tutela jurisdicional interna dos direitos fundamentais.
   IV. A tutela jurisdicional internacional dos direitos fundamentais.

30. O ensino de JORGE MIRANDA

I. Não obstante o facto de, no presente ano lectivo, a regência das disciplinas de **Ciência Política e Direito Constitucional** e de **Direito Constitucional II e Direito Internacional Público I** não ter sido atribuída a JORGE MIRANDA, seria no mínimo estulto não lhe reconhecer, na apreciação que levamos a cabo, um papel matricial no ensino do Direito Constitucional na Faculdade de Direito da Universidade de Lisboa.

É verdade que, com o passar do tempo, novos docentes têm surgido, e com provas de doutoramento concluídas, e até incumbidos de tarefas pedagógicas no seio do Direito Constitucional. Contudo, é decerto incontornável a referência que o ensino de JORGE MIRANDA representa neste estabelecimento de ensino, sendo mesmo a sua "imagem de marca", de resto largamente influenciando o ensino do Direito Constitucional protagonizado pelas novas gerações. Daí que estudar o seu ensino é automaticamente estudar o ensino das novas gerações, tal como tivemos ocasião de observar através da exposição dos respectivos programas.

Se houvesse quaisquer dúvidas, bastaria atentar na produção científico-pedagógica de JORGE MIRANDA para se ficar totalmente esclarecido: tem, em Portugal, um manual completo e actualizado de Direito Constitucional, a fazer inveja a muitos professores de Direito.

Há ainda que adicionar uma razão subjectiva, que não temos rebuço de aqui assumir: fomos alunos de JORGE MIRANDA, pelo que nunca poderíamos desperdiçar uma ocasião como esta para revisitarmos algo que também é nosso e que, sobretudo, nos faz sentir em casa!

II. A dedicação a temas pertencentes ao Direito Constitucional, segundo o seu percurso académico, é uma constante em JORGE MIRANDA, tendo estado presente em todos os respectivos passos.

Logo no momento da conclusão do Curso Complementar de Ciências Político-Económicas, no ano lectivo de 1963/1964, JORGE MIRANDA tratou de questões relacionadas com a garantia da Constituição e da fiscalização da constitucionalidade, em obra publicada sob o título *Contributo para uma teoria da inconstitucionalidade* [230], dela cumprindo frisar os seguintes avanços científicos:

– o estudo de um tema praticamente "proibido", não só em geral pela quase total obnubilação a que se sujeitou o Direito Constitucional na vigência do Estado Novo como, peculiarmente, pela escolha de assunto que colocava o dedo numa das maiores "feridas" do regime autoritário;
– a preocupação na fixação do lastro do princípio da constitucionalidade na evolução da história constitucional portuguesa, bem como os benefícios recebidos de outras paragens doutrinais;
– a busca de um sentido de efectividade para o princípio da constitucionalidade num Estado de Constituição nominal, assim também pondo a nu as contradições do sistema vigente;
– o reforço teorético e dogmático da doutrina portuguesa de Direito Constitucional, então muito presa a concepções exegéticas e pouco dada a apreciações de orientação sistemática.

As provas de doutoramento, realizadas em 1979, consistiram na discussão de uma monografia sobre a recentíssima Constituição de 1976, intitulada *A Constituição de 1976 – formação, estrutura, princípios fundamentais*[231], numa altura em que começaram a despontar os estudos do Direito Constitucional Democrático, dela se evidenciando:

– uma concepção compreensiva da Constituição Portuguesa de 1976, nela vem vislumbrando bem o seu carácter compromissório, numa perspectiva justamente laudatória, não obstante as críticas que então foram dirigidas ao sistema constitucional consagrado;

---

[230] JORGE MIRANDA, *Contributo para uma teoria da inconstitucionalidade*, Lisboa, 1968.

[231] JORGE MIRANDA, *A Constituição de 1976 – formação, estrutura, princípios fundamentais*, Lisboa, 1978.

– o estudo de alguns temas mais difíceis do sistema constitucional recentemente criado, como era o caso dos limites materiais à revisão constitucional, da formação do novo Direito Constitucional ou das suas relações com o Direito anterior;
– o aprofundamento original sobre dois dos grandes e definitivos temas do Direito Constitucional de hoje, ficando a ser essa a matriz do mesmo, como sucedeu com os direitos fundamentais e com o sistema de governo.

Posteriormente, aquando da obtenção do grau de agregado, JORGE MIRANDA teria ocasião para versar, no relatório então apresentado, o tema do ensino dos direitos fundamentais[232].

III. Seria directamente na obra pedagógico-científica produzida fora das provas académicas que JORGE MIRANDA se afirmaria como um dos grandes constitucionalistas portugueses da actualidade, tal a respectiva grandeza e importância.

É natural que um sublinhado muito peculiar deva ser conferido, nesse conjunto numeroso de títulos, ao *Manual de Direito Constitucional*, que neste momento conta com seis tomos, com várias edições, assim distribuídos:
– 1.º tomo – *Preliminares; o Estado e os sistemas constitucionais*[233];
– 2.º tomo – *Constituição*[234];
– 3.º tomo – *Estrutura constitucional do Estado*[235];
– 4.º tomo – *Direitos fundamentais*[236];
– 5.º tomo – *Actividade constitucional do Estado*[237];
– 6.º tomo – *Inconstitucionalidade e garantia da Constituição*[238].

Mas JORGE MIRANDA, nas suas preocupações com o ensino do Direito Constitucional, não se tem confinado ao *Manual de Direito Constitucional*,

---

[232] JORGE MIRANDA, *Relatório...*, pp. 389 e ss.
[233] JORGE MIRANDA, *Manual de Direito Constitucional*, I, 7.ª ed., Coimbra, 2003.
[234] JORGE MIRANDA, *Manual de Direito Constitucional*, II, 4.ª ed., Coimbra, 2000.
[235] JORGE MIRANDA, *Manual de Direito Constitucional*, III, 4.ª ed., Coimbra, 1998.
[236] JORGE MIRANDA, *Manual de Direito Constitucional*, IV, 3.ª ed., Coimbra, 2000.
[237] JORGE MIRANDA, *Manual de Direito Constitucional*, V, 2.ª ed., Coimbra, 2000.
[238] JORGE MIRANDA, *Manual de Direito Constitucional*, VI, Coimbra, 2001.

sendo de mencionar outros títulos igualmente relevantes para esse magistério, como é o caso do *Direito da Economia*[239], da *Ciência Política – formas de governo*[240], dos *Estudos de Direito Eleitoral*[241], do *Direito Constitucional III – Integração Europeia, Direito Eleitoral e Direito Parlamentar*[242], do *Curso de Direito Internacional Público*[243] e da recentíssima *Teoria do Estado e da Constituição*[244].

Seja-nos aqui permitido assinalar os principais contributos de JORGE MIRANDA para a afirmação – e também renovação e desenvolvimento[245] – da Ciência do Direito Constitucional em Portugal, sem esquecer que há muitos outros que não temos possibilidade de agora invocar:

– um constante pendor metodologicamente interdisciplinar, em que os temas de feição técnico-jurídica mais intensa aparecem sempre numa preocupação contextualizante histórico-comparatística;
– uma sensível atenção à realidade constitucional, bem como às suas sucessivas tergiversações, fazendo com os contributos sejam sempre actuais, e essencialmente enfrentando novos desafios, ao sabor do acompanhamento dessa actualidade constitucional;
– um relevantíssimo afinamento dogmático-positivo, fazendo incursões em assuntos desconhecidos em Portugal ou superficialmente tratados;
– uma visão global do Direito Constitucional, mostrando a sua pertinência nos mais recônditos lugares do ordenamento jurídico, bem evidenciando a sua missão fundacional num Estado de Direito.

IV. Do ponto de vista das opções programáticas, JORGE MIRANDA, através do seu contínuo magistério na Faculdade de Direito da Universidade de Lisboa, tem marcado sucessivas gerações de juristas, como foi também o nosso caso.

---

[239] JORGE MIRANDA, *Direito da Economia*, Lisboa, 1983.
[240] JORGE MIRANDA, *Ciência Política*, 4.ª ed., Lisboa, 1996.
[241] JORGE MIRANDA, *Estudos de Direito Eleitoral*, Lisboa, 1995.
[242] JORGE MIRANDA, *Direito Constitucional III*, Lisboa, 2001.
[243] JORGE MIRANDA, *Curso de Direito Internacional Público*, Lisboa, 2002.
[244] JORGE MIRANDA, *Teoria do Estado e da Constituição*, Coimbra, 2002.
[245] Basta observar o número de estudos de Direito Constitucional entretanto produzidos, bem como a popularidade que rapidamente este ramo do Direito alcançaria, não apenas na academia como igualmente na vida forense, ora na realização da justiça, ora na defesa dos direitos dos cidadãos.

Pelo facto de haver a destrinça entre a **Ciência Política e Direito Constitucional I** do 1.º ano e o **Direito Constitucional II** do 2.º ano, importa fazer a sua observação separada.

No que toca à **Ciência Política e Direito Constitucional I**, o programa que já tem proposto em anos anteriores nesta Faculdade, e que também obviamente se reflecte nos seus escritos pedagógicos, abrange os seguintes temas:

PARTE I – O ESTADO E OS SISTEMAS CONSTITUCIONAIS

Título I – O Estado na história

Capítulo I – Localização histórica do Estado
Capítulo II – O Direito público moderno e o Estado do tipo europeu

Título II – Sistemas e famílias constitucionais

Capítulo I – Sistemas e famílias constitucionais em geral
Capítulo II – As diversas famílias constitucionais
Capítulo III – Os sistemas constitucionais do Brasil e dos países africanos de língua portuguesa

Título III – As Constituições portuguesas

Capítulo I – As Constituições portuguesas em geral
Capítulo II – As Constituições liberais
Capítulo III – A Constituição de 1933
Capítulo IV – A Constituição de 1976

PARTE II – TEORIA DA CONSTITUIÇÃO

Título I – A Constituição como fenómeno jurídico

Capítulo I – Conceito de Constituição
Capítulo II – Formação da Constituição
Capítulo III – Modificações e subsistência da Constituição

Título II – Normas constitucionais

Capítulo I – Estrutura das normas constitucionais
Capítulo II – Interpretação, integração e aplicação

PARTE III – ACTIVIDADE CONSTITUCIONAL DO ESTADO

Título I – Funções, órgãos e actos em geral

Capítulo I – Funções do Estado
Capítulo II – Órgãos do estado

Título II – Actos legislativos

Capítulo I – A lei em geral
Capítulo II – As leis da Assembleia da República
Capítulo III – Autorizações e ratificações legislativas
Capítulo IV – Relações entre actos legislativos

O **Direito Constitucional II** – sendo de diferenciar programaticamente algo que está inserido numa disciplina anual, que tem a designação de **Direito Constitucional II e Direito Internacional Público I** – inclui os seguintes tópicos:

PARTE IV – INCONSTITUCIONALIDADE E GARANTIA DA CONSTITUIÇÃO

Título I – Inconstitucionalidade e garantia em geral

Capítulo I – Inconstitucionalidade e legalidade
Capítulo II – Garantia da constitucionalidade

Título II – Sistemas de fiscalização de constitucionalidade

Capítulo I – Relance comparativo e histórico
Capítulo II – O regime português actual

PARTE V – DIREITOS FUNDAMENTAIS

Título I – A problemática dos direitos fundamentais

Capítulo I – Sentido dos direitos fundamentais
Capítulo II – Conceitos afins e categorias de direitos fundamentais
Capítulo III – O actual sistema português de direitos fundamentais

Título II – Regime dos direitos fundamentais

Capítulo I – Regime comum

Capítulo II – Regime dos direitos, liberdades e garantias
Capítulo III – Regime dos direitos económicos, sociais e culturais

31. O ensino de MARCELO REBELO DE SOUSA

I. O outro dos dois grandes professores de Direito Constitucional da Faculdade de Direito da Universidade de Lisboa é MARCELO REBELO DE SOUSA, que tal como JORGE MIRANDA, curiosamente, também não lecciona no presente ano lectivo disciplinas constitucionais gerais.

Identicamente àquilo que dissemos em relação a JORGE MIRANDA, também quanto a MARCELO REBELO DE SOUSA esse não é um dado que consiga fazer esquecer a sua importância para o ensino do Direito Constitucional.

Bem ao invés: através da sua actividade científico-pedagógica, em tudo quanto isso significa de trabalho académico nos seus diversos aspectos, muito se lhe deve para o crescimento da Ciência do Direito Constitucional em Portugal.

MARCELO REBELO DE SOUSA tem ainda outra vantagem, que infelizmente surge pouco associada aos professores de Direito Público: uma vivência política intensa – ora como cidadão activo, ora como chefe de uma formação partidária, ora como comentador especializado em assuntos políticos – que, indubitavelmente, lhe permite bem intuir o funcionamento interno do sistema político, em muito enriquecendo a percepção dos problemas, bem como a proposta de novas soluções, dimensão cada vez mais importante no ensino, demais a mais tratando-se do Direito Constitucional.

II. Esse foi um percurso realizado ao nível dos diversos degraus percorridos na edificação da sua carreira académica, sempre tendo optado por domínios jurídico-constitucionais, com a única excepção do Curso Complementar de Ciências Político-Económicas (que hoje equivale ao mestrado), a que se candidatou, em 1972, com uma dissertação de Direito Administrativo, intitulada *O pedido e a causa de pedir no recurso administrativo contencioso*[246].

---

[246] MARCELO REBELO DE SOUSA, *O pedido e a causa de pedir no recurso administrativo contencioso*, Lisboa, 1972.

Isso é primeiro visível na sua dissertação de doutoramento, intitulada *Os partidos políticos no Direito Constitucional Português*[247], em que teve ocasião de, a esse propósito, analisar múltiplas questões constitucionais, de que cumpre evidenciar as seguintes, para além naturalmente dos aspectos directamente associados à problemática dos partidos políticos:

– no título I, a caracterização histórico-dogmática dos diversos tipos constitucionais de Estado;
– no título II, as diversas vicissitudes da evolução do nosso constitucionalismo, não só numa lógica normativo-constitucional, mas essencialmente sócio-política, e por isso mais verdadeira e menos formal, ao que também não foram alheias as condições da formação da actual Constituição Portuguesa;
– no título III, um aprofundamento teorético e dogmático dos partidos políticos, em ligação com os conceitos básicos de pessoa colectiva pública e de exercício do poder político parlamentar;
– no título IV, uma análise mais politológica do sistema de partidos em Portugal, mostrando, sem sincretismo metodológico, a valia da ligação entre a perspectiva politológica e a perspectiva dogmático-normativa no estudo das problemáticas constitucionais.

Isso é também visível no Relatório elaborado em 1986[248], para efeitos de concorrer ao preenchimento de vaga de professor associado, que recaiu sobre o ensino de **Direito Constitucional I**, tendo tido o mérito de ser o primeiro estudo de cunho científico-pedagógico num relevante momento de ressurgimento da Faculdade de Direito da Universidade de Lisboa, depois das turbulências havidas no período revolucionário[249].

Isso é ainda visível na monografia que apresentou para efeitos de avaliação do seu *curriculum* científico em provas de agregação, com o título *O valor jurídico do acto inconstitucional* [250], dele sendo de frisar

---

[247] MARCELO REBELO DE SOUSA, *Os partidos políticos no Direito Constitucional Português*, Braga, 1983.

[248] MARCELO REBELO DE SOUSA, *Direito Constitucional I – Relatório*, Lisboa, 1986.

[249] No âmbito das provas de agregação, MARCELO REBELO DE SOUSA trataria de domínio científico conexo, desta feita o ensino da Ciência Política, publicando também o respectivo relatório: *Ciência Política – conteúdos e métodos*, Coimbra, 1989.

[250] MARCELO REBELO DE SOUSA, *O valor jurídico do acto inconstitucional*, I, Lisboa, 1988.

os seguintes contributos, num tema que em Portugal, até então, era pouco ou nada estudado:

- no capítulo II, um inovador e rico tratamento dos desvalores dos actos jurídico-constitucionais na História Constitucional Portuguesa;
- no capítulo III, a reconstrução do acto jurídico-constitucional, com algumas influências recebidas da teoria do acto administrativo e da teoria do negócio jurídico;
- também no capítulo III, a proposta, original, da detecção de um regime nulidade atípica dos actos jurídico-públicos inconstitucionais, sopesando os traços próprios da nulidade e da anulabilidade, para além da clarificação e autonomização dos desvalores da inexistência e da irregularidade;
- no capítulo IV, a identificação pormenorizada, num trabalho de especialidade, das diversas possibilidades de desvalores dos diversos tipos de actos jurídico-públicos.

Mais recentemente, é ainda de frisar a publicação de um comentário à *Constituição da República Portuguesa* [251], numa louvável preocupação de perspectivar o Direito Constitucional como algo de vivo e concreto no quotidiano da realidade constitucional, o que fica bem patente na natureza das anotações produzidas, com muitas alusões jurisprudenciais, bem como na extensa e bem conseguida introdução[252].

III. O certo é que, do ponto de vista pedagógico, essa preocupação com o Direito Constitucional também tem vindo a aflorar nos manuais que, entretanto, tem escrito no âmbito do ensino de outras disciplinas.

---

[251] MARCELO REBELO DE SOUSA e JOSÉ DE MELO ALEXANDRINO, *Constituição da República Portuguesa comentada*, Lisboa, 2000.

[252] Isso mesmo fica bem patente no Esclarecimento Prévio com que esse livro é aberto (cfr. MARCELO REBELO DE SOUSA e JOSÉ DE MELO ALEXANDRINO, *Constituição...*, p. 7): "É objectivo essencial da presente edição contribuir para tornar a Constituição da República Portuguesa ainda mais conhecida e, ao mesmo tempo, mais útil, no seu manuseio, sobretudo para estudantes e para profissionais do foro, que a ela têm, permanentemente, de recorrer. Por isso, para além de uma introdução teórica e histórica, da autoria do primeiro subscritor deste Esclarecimento Prévio, procura-se carrear dados informativos actualizados, tal como aditar uma anotação sucinta, definindo posições doutrinárias, mas sobretudo apresentando tópicos e suscitando pistas de reflexão".

É o caso da **Introdução ao Estudo do Direito**, de que foi encarregado de regência durante alguns anos, e publicando o livro *Introdução ao Estudo do Direito*[253]. MARCELO REBELO DE SOUSA, segundo o nosso modesto pensar, teve o grande mérito de resgatar para uma visão apropriada – que é a óptica do Direito Público – toda a problemática relativa às fontes do Direito, até então equivocadamente estudadas na perspectiva, claramente empobrecedora, da Teoria do Direito Privado[254].

É esse também o caso do **Direito Administrativo I**, disciplina que o tem ocupado nos últimos tempos, e em cujas lições publicadas bem aflora uma ligação verdadeiramente umbilical ao Direito Constitucional[255], que transparece nos seguintes tópicos especificamente analisados:
– o Estado e as funções do Estado;
– os tipos de Estado e a sua ligação aos sistemas constitucionais e aos sistemas administrativos;
– os princípios constitucionais na organização e na actividade administrativa.

IV. Concentremo-nos agora nas lições de MARCELO REBELO DE SOUSA, publicadas em 1979, para o ensino de Direito Constitucional[256].

A leitura desse livro, com o título *Direito Constitucional I – Introdução à Teoria da Constituição*[257], permite observar o seguinte conjunto de temas incluídos no seu ensino:
– Capítulo I – *Introdução, objecto e método do Direito Constitucional*;
– Capítulo II – *Concepções filosóficas acerca da natureza da Constituição*;
– Capítulo III – *Classificações fundamentais das Constituições*;
– Capítulo IV – *Formação e subsistência da Constituição*;
– Capítulo V – *Princípios constitucionais e tipos de normas constitucionais*;

---

[253] Livro com várias edições, sendo a actual a 5.ª, e as últimas efectuadas em colaboração: MARCELO REBELO DE SOUSA e SOFIA GALVÃO, *Introdução ao Estudo do Direito*, 5.ª ed., Lisboa, 2000.
[254] Cfr. MARCELO REBELO DE SOUSA, *Introdução...*, pp. 39 e ss.
[255] MARCELO REBELO DE SOUSA, *Lições de Direito Administrativo*, I, Lisboa, 1999.
[256] E infelizmente não actualizadas, não obstante a insistência de toda a comunidade juspublicista portuguesa.
[257] MARCELO REBELO DE SOUSA, *Direito Constitucional I – Introdução à Teoria da Constituição*, Braga, 1979.

- Capítulo VI – *Definição e estruturas do Estado*;
- Capítulo VII – *Fins e funções do Estado*;
- Capítulo VIII – *Organização do poder político*;
- Capítulo IX – *Regimes económicos, regimes políticos e sistemas de governo*;
- Capítulo X – *Fiscalização da constitucionalidade dos actos do poder político*.

São vários os méritos que importa extrair desta obra:
- uma concepção em ruptura com o ensino tradicional de Marcello Caetano, não já dentro de uma visão estritamente conceptualista, marcada pela Teoria Geral do Estado, mas equilibradamente dogmática, tendo presente a relevância de um Direito Constitucional Positivo, recentemente saído de uma revolução democrática;
- uma visão compreensiva do Direito Constitucional, de que também somos largamente tributários, incluindo aspectos da Constituição Económica, normalmente excluídos dos manuais de Direito Constitucional;
- um importante aprofundamento filosófico relativo ao fundamento das Constituições e do Direito Constitucional em geral, assim bem mostrando a pertinência de uma concepção substancialista deste ramo do Direito.

V. O relatório elaborado para efeito do concurso para professor associado, na senda desta experiência pedagógica, nitidamente a completaria, embora com uma necessidade de articulação com a disciplina de **Direito Constitucional II**.

Quanto ao **Direito Constitucional I**, então oferecida no 2.º semestre do 1.º ano da Faculdade de Direito da Universidade de Lisboa, portanto com uma índole obrigatória e introdutória, são estes os tópicos propostos por Marcelo Rebelo de Sousa[258]:
- Parte I – *Introdução ao Direito Constitucional*
- Parte II – *A História Político-Constitucional – suas coordenadas essenciais*

---

[258] Cfr. Marcelo Rebelo de Sousa, *Direito Constitucional I – Relatório...*, pp. 25 e ss.

– Parte III – *A Constituição como fenómeno jurídico*
– Parte IV – *Fins e funções do Estado*
– Parte V – *Introdução à Teoria da Constituição*

O facto de ser um programa para o **Direito Constitucional I** não significa, isso bem revelando um muito salutar cuidado pedagógico, a ausência de pontes com o **Direito Constitucional II**, oferecido no 1.º semestre do 2.º ano da licenciatura naquela mesma Faculdade, com as seguintes opções programáticas[259]:
– Parte I – *O poder constituinte e o poder de revisão constitucional*
– Parte II – *A interpretação e a aplicação da Constituição*
– Parte III – *Inconstitucionalidade e garantia da Constituição*
– Parte IV – *Direitos fundamentais*

---

[259] Cfr. MARCELO REBELO DE SOUSA, *Direito Constitucional I – Relatório...*, pp. 63 e ss.

§ 8.º O ensino do Direito Constitucional noutras instituições universitárias portuguesas

32. A Escola de Direito da Universidade do Minho

I. A Escola de Direito da Universidade do Minho, criada em 1993, sediando-se em Braga, também ministra a licenciatura em Direito, tendo sido a primeira Faculdade Pública de Direito a romper com o centralismo de Coimbra e Lisboa.

Nesse estabelecimento de ensino, a relevância das disciplinas constitucionais apresenta-se do seguinte modo:
– o **Direito Constitucional I**, no 1.º ano, sendo obrigatória e anual;
– o **Direito Constitucional II**, no 2.º ano, sendo obrigatória e semestral.

II. A regência do **Direito Constitucional I**, praticamente desde a sua fundação, tem sido atribuída a PEDRO CARLOS BACELAR DE VASCONCELOS[260], abrangendo o programa para o ano de 2002/2003 os seguintes pontos:

I. A Ciência do Direito Constitucional
1. O que se ensina em Direito Constitucional? Sistematização dos problemas constitucionais: o que é uma Constituição e quais os problemas políticos agitados pelo Direito Constitucional.
2. O lugar do Direito Constitucional na Ciência do Direito.

II. O que é o Estado?
1. O Estado, o Político e o Poder – condomínio de vários saberes.

---

[260] Não disponho ainda de lições, registe-se o contributo da sua dissertação de doutoramento, num tema geral de Direito Constitucional: PEDRO CARLOS BACELAR DE VASCONCELOS, *Teoria geral do controlo jurídico do poder público*, Lisboa, 1996.

2. Como funciona o sistema de domínio institucionalizado a que chamamos Estado? O Estado enquanto comunidade juridicamente organizada.
3. A ordem jurídica enquanto sistema harmónico de regulação e controlo. A composição do sistema regulatório.
4. Expansão e limitação do poder do Estado. O Estado totalitário, o Estado liberal e o Estado social liberal.
5. O Estado enquanto criação histórica da modernidade. O Estado constitucional de direito. Divisão de poderes: governo, legislação, administração e jurisdição.
6. Factos e normas como elementos da realidade do Estado: componente normativa e componente fáctica. O contributo sistémico: sistemismo cibernético e sistemismo auto-organizativo.
7. O mal-estar do Estado: soberania partilhada, reflexo político e reflexo jurídico.

III. Constituição e constitucionalismo
1. Modernidade constitucional: do constitucionalismo antigo ao constitucionalismo moderno.
2. O movimento constitucional em Portugal: da Constituição de 1822 à Constituição de 1976.
3. A Constituição e o seu referente: Estado e sociedade. Constituição material e Constituição formal. Funções da Constituição. A Constituição como sistema aberto de regras e princípios.
4. Pós-modernidade constitucional. A Constituição como estatuto reflexivo.

IV. O Poder Constituinte
1. Definição, titularidade, procedimento.
2. Da teoria clássica (Sieyès) à aceitação de limites ao poder constituinte.
3. O problema da legitimidade da Constituição: a legitimação material (Habermas) e a legitimação procedimental (Luhmann).
4. A problemática da revisão constitucional. O sistema de revisão previsto na CRP: limites formais e limites materiais. As revisões ordinárias e extraordinárias da CRP.

V. A República Portuguesa e os seus princípios estruturantes
1. O princípio do Estado de direito e os seus subprincípios concretizadores: o princípio da legalidade da administração, o princípio da segurança jurídica, o princípio da proporcionalidade, o princípio da protecção jurídica e das garantias processuais.

2. O princípio democrático. Evolução e actualidade da ideia democrática: convivência do pluralismo. As duas dimensões da democracia: democracia representativa e democracia participativa na CRP.

VI. Os direitos fundamentais
1. Sentido e função dos direitos fundamentais.
2. O regime geral dos direitos fundamentais.
3. O regime específico dos direitos, liberdades e garantias.
4. A protecção dos direitos fundamentais: meios de defesa jurisdicionais e não jurisdicionais.
5. Renúncia a direitos.

VII. A organização do poder político
1. Sistemas de governo, sistemas eleitorais e sistemas de partidos.
2. O princípio de separação de poderes na ordem jurídica portuguesa.
3. O regime misto parlamentar-presidencial português.
4. Estrutura e função dos órgãos de soberania.
5. O estado de excepção constitucional e a suspensão do exercício de direitos.

VIII. As fontes de direito e estruturas normativas
1. Hierarquias das fontes de direito.
2. O conceito da lei: reserva de lei e prevalência de lei. Competência legislativa da Assembleia da República e competência legislativa do Governo.
3. Lei orgânica, lei de bases, lei de autorização legislativa, lei estatutária, decreto-lei e decreto legislativo regional.
4. O procedimento legislativo.
5. Os regulamentos e a precedência de lei.
6. O direito internacional e o direito comunitário.

IX. Garantia e controlo da Constituição
1. Os dois modelos históricos de controlo judicial da constitucionalidade: controlo concreto, difuso, incidental (Estados Unidos da América) e controlo abstracto, concentrado, principal (Áustria).
2. O parâmetro de controlo (bloco de constitucionalidade) e o objecto de controlo (actos normativos).
3. Inconstitucionalidade material, inconstitucionalidade orgânica e inconstitucionalidade formal. Inconstitucionalidade por omissão.
4. Os processos de fiscalização da constitucionalidade e da legalidade: fiscalização preventiva e fiscalização sucessiva (abstracta e concreta).

III. Na mesma Faculdade, o Direito Constitucional reaparece na veste de uma disciplina específica, com o nome de **Direito Constitucional II**, aludindo peculiarmente aos direitos fundamentais, também a cargo de PEDRO BACELAR DE VASCONCELOS, com o seguinte programa para o presente ano lectivo:

I – Os Direitos Fundamentais, sentido e limite da Constituição do Estado
 – A transformação dos direitos do homem em direitos fundamentais é um processo que se inscreve na ordem constitucional do Estado de Direito

II – Origens e formação histórica dos direitos fundamentais
 – A pena de talião: um princípio de equivalência entre ofensor e ofendido e uma regra de proporcionalidade que racionaliza a reparação da ofensa.
 – A Antiguidade Clássica: a culpa e a descoberta da subjectividade. A ideia de igualdade e de contrato social. A construção do *Ius Gentium*.
 – O Cristianismo: da humanização dos deuses à sacralização dos humanos.
 – As liberdades estamentais.
 – O Renascimento e o despertar da tradição cosmopolita europeia. A segunda escolástica. Os povos do novo mundo: Bartolomeu de Las Casas e António Vieira.
 – O direito internacional vestefaliano. O Estado moderno, o iluminismo e o liberalismo.

III – A construção dos direitos fundamentais
 a) O Estado de Direito – o público e o privado.
 – O livre-arbítrio, a razão crítica e a densificação da subjectividade. A separação entre o Estado e a sociedade – a limitação do arbítrio como princípio conformador do Estado. A liberdade dos modernos.
 – Positivação e constitucionalização dos direitos fundamentais.
 – O catálogo liberal dos direitos fundamentais. A tutela jurisdicional e, sobretudo, o princípio da separação dos poderes.

 b) O Estado Social e a Democracia
 – As novas dimensões positivas da liberdade e a repolização da sociedade civil. A democracia, o sufrágio universal, os novos movimentos e a crise da publicidade crítica.
 – Os direitos económicos, sociais e culturais. Direitos a prestações originários e direitos a prestações derivados.
 – Abertura e indeterminação relativa relativa ao catálogo de direitos com a correspondente expansão e diferenciação dos meios de tutela.

c) Dimensões objectiva, organizatória e processual dos direitos fundamentais
   - A tradição anglo-saxónica do "processo devido" e a constitucionalização precoce das garantias do processo penal.
   - Direitos de participação. Interdependência relacional dos direitos fundamentais e do procedimento. Irradiação vertical e horizontal.

IV – O sistema constitucional de protecção dos direitos fundamentais
  a) Garantias não-jurisdicionais
   - Igualdade e não-discriminação. Interesses difusos.
   - Auto-tutela: a legítima defesa
   - O direito de resistência e a desobediência civil.
   - Direito de petição. O Provedor de Justiça. A tutela da legalidade na administração pública central e nas autarquias locais.
   - Políticas sociais e discriminação positiva. A garantia do mínimo de subsistência.
   - Protecção das vítimas. Menores, violência doméstica, minorias.

  b) Garantias jurisdicionais
   - Monopólio do uso da força e direito à tutela jurisdicional. A proibição da denegação de justiça e a assistência judiciária.
   - Recurso por inconstitucionalidade. Inconstitucionalidade por omissão.
   - Os direitos sociais, económicos e culturais.
   - Acções de responsabilidade contra a administração, contra o legislador e contra o poder judicial.
   - O direito de acção popular.

  c) Restrições dos direitos fundamentais
   - A limitação do âmbito da protecção de direitos fundamentais não pode lesar o seu conteúdo essencial e só se justifica na medida requerida para a salvaguarda de direitos de terceiros ou objectivos de reconhecido interesse geral.
   - Limites directamente constitucionais, limites indirectamente constitucionais e limite dos limites.
   - Irrenunciabilidade dos direitos fundamentais. Limitação voluntária do exercício de direitos.

V – Novos direitos e desagregação da soberania estadual.
   - A ecologia e o urbanismo. A nova economia e a centralidade do capital financeiro. A bio-tecnologia, a informática e o audio-visual. Protecção da pessoa, dos dados pessoais e da privacidade das comunicaçãoes.

– As organizações supranacionais, os fenómenos de integração regional e os processos formais e informais de partilha da soberania. Diluição das fronteiras e movimentos demográficos – os novos fluxo migratórios.
– Pluralismo cultural, nacionalismos e novas tentações plebiscitárias. Democracia, representação, participação e cidadania.
– Policentrismo legislativo – o fim do monopólio normativo estadual.

VI – O sistema universal de protecção dos direitos fundamentais

a) Os direitos fundamentais e a institucionalização da comunidade internacional.
   – O reconhecimento dos direitos fundamentais como *Ius Cogens*.
   – O Tribunal de Nuremberga e a internacionalização do Direito Penal.
   – A Carta das Nações Unidas e a Declaração Universal dos Direitos Humanos.
   – Os movimentos de libertação nacional, o nascimento e o reconhecimento pela comunidade internacional de novos Estados.
   – A vigência na ordem constitucional das normas de direito internacional.

b) O indivíduo como sujeito do Direito Internacional – crepúsculo da razão de Estado.
   – O conflito entre a tutela universal dos direitos fundamentais e o princípio da independência e da integridade territorial dos Estados soberanos. O imperativo humanitário de ingerência como fundamento legitimador de intervenções militares e jurisdicionais. O receio de novas tentações hegemónicas.
   – Uma teoria da interconstitucionalidade: direito internacional ou transnacional.
   – A presente desregulação neo-liberal e os movimentos anti-globalização: os "zapatistas", no México, os "Sem-Terra", no Brasil, os índios do Perú, a recuperação de tradições normativas pré-coloniais na Índia ou no Paquistão.
   – Propostas concorrentes para a estruturação política e jurídica da nova ordem mundial: entre a inspiração de uma *civitas* maxima unificadora e os paradigmas federais policêntricos.

c) Universalidade dos direitos e problemas de fundamentação – cosmopolistas e relativistas.
   – Superação das justificações teológico-metafísicas na doutrina dos direitos humanos.
   – O pluralismo jurídico e cultural. O comunitarismo relativista de Leste a Oeste – os valores asiáticos, os *critical legal studies*, o direito alternativo, a crítica feminista, o multiculturalismo.

- Declinações múltiplas na universidade e do consenso universal. O pragmatismo, a historicidade dos fundamentos, a universalidade dos titulares. A universalidade como processo.
- A lei dos povos, utopia realista de uma sociedade dos povos justa e razoável.

d) As fontes de Direito Internacional
- A Declaração Universal de 1948 e os pactos internacionais dos Direitos Civis e políticos e dos Direitos Económicos, Sociais e Culturais, de 1966. O Comité dos Direitos do Homem.
- Especificidade dos tratados internacionais sobre direitos humanos. Multilateralidade e exclusão da cláusula de reciprocidade entre Estados.
- As obrigações dos Estados: de respeito, de adopção das medidas necessárias e de garantia do livre exercício dos direitos.
- Conjugação das ordens jurídicas interna e internacional. Aplicação directa, progressividade (cláusula do mais favorecido), irreversibilidade (por exemplo, a pena de morte), posição preferente (sobre normas de competência), tutela jurisdicional (interna e internacional).
- Direito constitucional supranacional – uma jurisdição constitucional internacional dos direitos humanos?

VII – Universalidade e fragmentação. Sistemas de protecção regionais e sectoriais.
- A Convenção Europeia dos Direitos do Homem (1950), a Convenção Americana de Direitos Humanos (1969) e a Carta Africana dos Direitos Humanos e dos Povos (1981).
- A OIT – Organização Internacional do Trabalho (1944), a UNESCO – Organização das Nações Unidas para a Educação, a Ciência e a Cultura, a UNICEF – Fundo das Nações Unidas para a Infância, PNUD – Programa das Nações Unidas para o Desenvolvimento.
- O Banco Mundial. O papel das organizações não governamentais – a Amnistia Internacional.

a) A integração regional e protecção dos direitos fundamentais – O Conselho da Europa.
- Relevo do papel do Conselho da Europa na defesa dos direitos humanos.
- O Tribunal Europeu dos Direitos do Homem.
- A Convenção Europeia dos Direitos do Homem e a Carta Social Europeia.
- Organização e funcionamento. Petições individuais – processo.

b) A integração regional e a protecção dos direitos fundamentais – a União Europeia.
 – Cidadania europeia e política da direitos humanos. O modelo social europeu. As questões de asilo e de imigração – a política e o direito.
 – O espaço de liberdade, segurança e justiça. Direitos fundamentais e o Direito Constitucional comum.
 – A Europa da diversidade: o Observatório Europeu do Racismo e da Xenofobia.
 – A jurisprudência do Tribunal de Justiça e a garantia dos direitos fundamentais na União Europeia.
 – A justificação de uma Carta dos Direitos Fundamentais e os riscos inerentes. O modelo da Convenção. Organização e termos de referência. Estrutura e conteúdo da Carta. Aspectos inovadores e dimensões materialmente constituintes.
 – A Carta dos Direitos Fundamentais como exercício exemplar de conjugação da diversidade das tradições políticas, culturais e jurídicas dos Estados membros

c) O Direito Penal Internacional. Uma jurisdição em projecto.
 – O estatuto do Tribunal Penal Internacional permanente aprovado pela Conferência de Roma, 1998. Antecedentes. Justificações e significado.
 – Jurisdição. Crime de genocídio, crimes contra a humanidade e crimes de guerra. O crime de agressão.
 – Organização e funcionamento. Relações com Estados e com as Nações Unidas.
 – Requisitos para a sua entrada em vigor.

33. A Faculdade de Direito da Universidade do Porto

I. A Faculdade de Direito da Universidade do Porto, criada pouco tempo depois da de Braga, no ano de 1995, igualmente inscreve no seu plano de estudos várias disciplinas de cunho constitucional, todas obrigatórias, a saber:
 – o **Direito Constitucional**, anual do 1.º ano;
 – a **Ciência Política**, semestral do 1.º ano;
 – os **Direitos Fundamentais**, semestral do 5.º ano.

II. A disciplina de **Direito Constitucional** tem sido coordenada por JORGE MIRANDA, cabendo a sua regência a MARIA LUÍSA NETO, que propõe o seguinte programa, mantido inalterável ao longo destes anos[261], decalcado da orientação seguida por JORGE MIRANDA em Lisboa:

PARTE I – O ESTADO E OS SISTEMAS CONSTITUCIONAIS

Título I – O Estado na História

Capítulo I – Localização histórica do Estado
Capítulo II – O Direito Público moderno e o Estado de tipo europeu

Título II – Sistemas e famílias constitucionais

Capítulo I – Sistemas e famílias constitucionais em geral
Capítulo II – As diversas famílias constitucionais
Capítulo III – Os sistemas constitucionais do Brasil e dos países africanos de língua portuguesa

Título III – As Constituições portuguesas

Capítulo I – As Constituições portuguesas em geral
Capítulo II – As Constituições liberais
Capítulo III – A Constituição de 1933
Capítulo IV – A Constituição de 1976

PARTE II – TEORIA DA CONSTITUIÇÃO

Título I – A Constituição como fenómeno jurídico

Capítulo I – Conceito de Constituição
Capítulo II – Formação da Constituição
Capítulo III – Modificações e subsistência da Constituição

Título II – Normas Constitucionais

Capítulo I – Estrutura das normas constitucionais
Capítulo II – Interpretação, integração e aplicação

---

[261] Cfr. *Faculdade de Direito da Universidade do Porto – Guia Pedagógico do ano lectivo 2000/2001,* Porto, 2000, pp. 33 e 34.

PARTE III – A ACTIVIDADE CONSTITUCIONAL DO ESTADO

Título I – Funções, órgãos e actos em geral

    Capítulo I – Funções do Estado
    Capítulo II – Órgãos do Estado

Título II – Actos legislativos

    Capítulo I – A lei em geral
    Capítulo II – As leis da Assembleia da República
    Capítulo III – Autorizações legislativas e apreciações parlamentares
    Capítulo IV – Relações entre actos legislativos

PARTE IV – INCONSTITUCIONALIDADE E GARANTIA DA CONSTITUIÇÃO

Título I – Inconstitucionalidade e garantia em geral

    Capítulo I – Inconstitucionalidade e ilegalidade
    Capítulo II – Garantia da constitucionalidade

Título II – Sistemas de fiscalização da constitucionalidade

    Capítulo I – Relance comparativo e histórico
    Capítulo II – O regime português actual.

III. A disciplina de **Ciência Política** situa-se igualmente no primeiro ano da licenciatura, leccionando-se no segundo semestre, e é actualmente regida por Paulo Ferreira da Cunha[262], que imprimiu ao programa uma feição essencialmente filosófico-política:

I. Introdução
1. Epistemologia
2. Metodologia: introdução aos métodos de investigação em Ciências Sociais e Humanas, e especificamente em Ciência Política (a desenvolver mais detidamente nas aulas teórico-práticas e no ponto II, 2).

---

[262] Autor que tem duas relevantes obras no Direito Constitucional: Paulo Ferreira da Cunha, *Teoria da Constituição: I – mitos, memórias, conceitos*, Lisboa/São Paulo, 2002; *II – Direitos Humanos e Direitos Fundamentais*, Lisboa/São Paulo, 2000.

3. Política, Poderes e Normatividades: Política e Mito, Direito, Economia e Comunicação.

II. **Perfis e Problemas do Pensamento Político-Breve panorama histórico-
-filosófico, introdutório ao estudo da tópica política:**
   1. Referência cronológica a alguns autores e temas fundantes
   2. Comentário, discussão e elaboração de fichas de leitura de trechos políticos clássicos

III. **Tópica Política**
   A – DO SUJEITO POLÍTICO – *Tópicos antropológicos e sociológicos*
      a. Natureza Humana
      b. Homem e Sociedade. O "Animal político"
   B – DO OBJECTO POLÍTICO – *Tópicos politológicos liminares*
      c. Política
      d. Poder
      e. Governo, governantes, governados
   C – DOS FUNDAMENTOS E FINS POLÍTICOS – *Tópicos filosófico-políticos*
      f. Pessoa e Liberdade
      g. Autoridade e Legitimidade
      h. Justiça e Bem Comum
   D – DA ESTRUTURA POLÍTICA OU DAS INSTITUIÇÕES POLÍTICAS – *Tópicos juspolíticos*
      i. Constituição e Constitucionalismos
      j. Povo, Nação, Estado, Supra Nacionalidade, Soberania e de outras formas políticas
      k. Formas de Governo
      l. Direitos e Deveres
      m. Separação de Poderes. O Controlo do poder
      n. Sufrágio e representação política. Métodos quanti-qualitativos de apoio à análise politológica (matemática eleitoral)
   E – DA DINÂMICA POLÍTICA OU DOS CONFLITOS POLÍTICOS – *Tópicos ideológicos*
      o. "Amigo" e "Inimigo" (Freund/Feind): força, coacção, guerra, poder
      p. Liberdade, Propriedade e Igualdade. Justiça económica, social e internacional. O problema das discriminações
      q. Liberdade e Responsabilidade. A Cidadania
      r. Democracia, Representação e Interesse Público
      t. Ideologias e Forças políticas (partidos, sindicatos, grupos de pressão, etc.).

IV. A disciplina de **Direitos Fundamentais** é ministrada no 5.º ano, tendo uma duração semestral, sob a regência de Cristina M. M. Queiroz, registando-se uma abordagem restrita da teoria geral[263], nos seguintes termos[264]:

Capítulo I – O conceito de direitos fundamentais

§ 1. A ideia
§ 2. A experiência histórica
§ 3. O contexto português
§ 4. O sentido na Constituição de 1976

Capítulo II – Teoria da Constituição e direitos fundamentais

§ 1. Direitos fundamentais e Constituição
§ 2. A ideia de limitação
§ 3. A abertura do catálogo dos direitos fundamentais
§ 4. A protecção jurídica sem lacunas

Capítulo III – Teoria geral dos direitos fundamentais

§ 1. Necessidade e possibilidade de uma teoria geral objectiva dos direitos fundamentais
§ 2. Objecto e funções
§ 3. Sua inserção no quadro das chamadas "teorias dos direitos fundamentais"

Capítulo IV – O conceito de norma de direito fundamental

§ 1. Norma e formulação de norma de direitos fundamentais
§ 2. Direitos enumerados e direitos não enumerados
§ 3. O reconhecimento do «carácter duplo» dos direitos fundamentais
§ 4. O princípio geral de igualdade

Capítulo V – A estrutura das normas de direitos fundamentais

§ 1. Sistema aberto e sistema fechado
§ 2. O modelo de regras e princípios proposto por Dworkin

---

[263] Tendo a regente recentemente publicado umas lições, incorporadas num relatório de concurso para professor associado: Cristina M. M. Queiroz, *Direitos Fundamentais (Teoria Geral)*, Porto, 2002.

[264] Cfr. *Faculdade de Direito da Universidade do Porto – Guia Pedagógico do ano lectivo 2000/2001*, Porto, 2000, pp. 115 e ss.

§ 3. O seu desenvolvimento no modelo tripartido proposto por Alexy e Gomes Canotilho
    3.1. O modelo puro de regras
    3.2. O modelo regras/princípios
    3.3. O modelo regras/princípios/procedimentos

Capítulo VI – A estrutura das normas de direitos fundamentais (cont.)

§ 1. A «função social» dos direitos fundamentais
§ 2. Os direitos económicos, sociais e culturais
§ 3. O Estado social
§ 4. A abertura a «novos» direitos fundamentais

Capítulo VII – A aplicação dos direitos fundamentais

§ 1. Interpretação e aplicação de direitos fundamentais
§ 2. O conceito de concretização
§ 3. A aplicação judicial

Capítulo VIII – Restrição e configuração de direitos fundamentais

§ 1. Os conceitos de restrição e configuração
§ 2. Tipos de restrições
    2.1. Restrições directamente autorizadas pela Constituição
    2.2. Restrições indirectamente autorizadas pela Constituição
§ 3. O princípio da «reserva de lei restritiva»
§ 4. A garantia do «conteúdo essencial» como limite dos limites ou barreira última da concretização

Capítulo IX – A constitucionalização de «novos» direitos fundamentais

§ 1. Direitos e pretensões
§ 2. Reconhecimento jurídico e institucional
§ 3. A garantia dos poderes públicos
§ 4. A positivação pela intervenção do poder judicial

Capítulo X – Delimitação dos direitos fundamentais no caso concreto

§ 1. Os termos do problema
§ 2. Contrapeso de valores e contrapeso de bens no caso concreto
§ 3. A inevitabilidade do contrapeso
§ 4. A ordenação dos bens no caso concreto
    4.1. Direitos individuais
    4.2. Bens colectivos

Capítulo XI – A "vis expansiva" dos direitos fundamentais

§ 1. Delimitação do conceito
§ 2. A constitucionalização do direito privado
§ 3. Sua expressão na relação Estado/cidadãos e na relação cidadãos/cidadãos

Capítulo XII – O futuro dos direitos fundamentais

§ 1. Possibilidade de uma teoria jurídico-pública dos direitos fundamentais?
§ 2. A acção insubstituível dos Tribunais

34. A Faculdade de Direito da Universidade Católica Portuguesa – Lisboa

I. Na Universidade Católica Portuguesa, que tem um regime híbrido, nem se enquadrando no ensino superior público nem no privado[265], verificam-se diversas experiências de ensino do Direito Constitucional.

Assim, em Lisboa, em curso criado em 1976, existe no 2.º ano o **Direito Constitucional**, com uma duração anual, estando atribuído a JORGE MIRANDA (turma A) e a RUI MEDEIROS (turma B).

Mas as disciplinas constitucionais voltam a ter lugar no plano de estudos desta Faculdade no 5.º ano, sendo aí leccionadas duas disciplinas em regime de seminário, porventura por esse facto não se predefinindo um programa, não disponível electronicamente:
– **Justiça Constitucional**, no 1.º semestre – RUI MEDEIROS;
– **Direitos Fundamentais**, no 2.º semestre – JORGE MIRANDA.

II. O **Direito Constitucional** da turma A, sob a regência de JORGE MIRANDA, tem o seguinte programa:

PARTE I – CONSTITUIÇÃO

Título I – A Constituição como fenómeno jurídico

Capítulo I – Constituição e experiência constitucional
Capítulo II – A Constituição portuguesa

---

[265] Cfr., por todos, RUI MEDEIROS, *Do estatuto jurídico da Universidade Católica Portuguesa*, in *Direito e Justiça – Revista da Faculdade de Direito da Universidade Católica Portuguesa*, XV, 2001, 2, pp. 85 e ss.

Título II – Formação e vicissitudes

Capítulo I – Poder constituinte
Capítulo II – Modificação e subsistência da constituição

Título III – Normas constitucionais

Capítulo I – Estrutura das normas constitucionais
Capítulo II – Interpretação, integração e aplicação

PARTE II – ACTOS LEGISLATIVOS

Título I – A lei em geral

Capítulo I – Sentido e conteúdo da lei
Capítulo II – Forma de lei e competência legislativa
Capítulo III – Reserva constitucional e força de lei

Título II – As leis da Assembleia da República

Capítulo I – O primado da competência legislativa
Capítulo II – Procedimento legislativo

Título III – Relações entre actos legislativos

Capítulo I – Leis reforçadas
Capítulo II – Leis gerais da República e decretos legislativos regionais

PARTE III – INCONSTITUCIONALIDADE

Título I – Inconstitucionalidade em geral

Capítulo I – Inconstitucionalidade e garantia
Capítulo II – Sistemas de fiscalização

Título II – Regime português actual

Capítulo I – Aspectos gerais
Capítulo II – A fiscalização concreta
Capítulo III – A fiscalização abstracta por acção
Capítulo IV – A fiscalização da inconstitucionalidade por omissão

PARTE IV – DIREITOS FUNDAMENTAIS

Título I – A problemática dos direitos fundamentais

Capítulo I – Sentido dos direitos fundamentais
Capítulo II – Conceitos afins e categorias de direitos fundamentais
Capítulo III – O actual sistema português de direitos fundamentais

Título II – Regime dos direitos fundamentais

Capítulo I – Regime comum
Capítulo II – Regime dos direitos, liberdades e garantias
Capítulo III – Regime dos direitos económicos, sociais e culturais

Título II – Direitos fundamentais em especial

Capítulo I – Liberdade religiosa
Capítulo II – Outro direito fundamental (variável)

III. O **Direito Constitucional** da turma B, na regência atribuída a RUI MEDEIROS, tem o seguinte programa:

Capítulo I – Constituição e Direito Constitucional

§ 1.º Sentido da Constituição
  1.1. Considerações introdutórias
    I. Objecto da exposição: descoberta do sentido da Constituição no mundo cultural do Ocidente.
    II. Duas perspectivas da Constituição: uma perspectiva material atende à função, ao objecto e ao conteúdo da Constituição; uma perspectiva formal considera a posição da Constituição em face das demais fontes de Direito.
    III. Classificações laterais e secundárias: *v.g.* distinção entre Constituição institucional, Constituição material restrita e Constituição material em sentido médio; classificações materiais de constituições; concepções de constituição dos diversos autores e correntes doutrinais.

  1.2. Constituição numa perspectiva material
    I. Constitucionalismo pré-liberal.
    II. Constitucionalismo liberal.
    III. Diversidade de constitucionalismos no século XX.

IV. Conceito ocidental de Constituição e *ius commune europaeum* em formação: a Constituição enquanto instrumento, não apenas de *organização e limitação jurídica do poder*, mas também de *construção da unidade política* e de *ordenação jurídica fundamental da comunidade* (ordem jurídica fundamental do Estado e da sociedade); Estado de Direito, Estado de direitos fundamentais, Estado democrático e Estado jurisdicional como ideias nucleares em que assenta o constitucionalismo ocidental, *maxime* de matriz europeia.

1.3. Constituição numa perspectiva formal
   I. A associação de uma forma escrita ao conceito de Constituição no constitucionalismo de matriz francesa e norte-americana e o seu significado.
   II. Normas formalmente constitucionais que não constam da Constituição escrita – em especial, o fenómeno da recepção e a contraposição entre recepção formal e recepção material.

1.4. Articulação entre a perspectiva forma e a perspectiva material de Constituição

§ 2.º Fontes das normas constitucionais e, em especial, o papel do costume como fonte de Direito Constitucional
   2.1. Considerações introdutórias
      I. Princípio da relatividade das fontes do Direito Constitucional: diversidade de soluções nos diferentes constitucionalismos; relevância secundária da lei no constitucionalismo pré-liberal e no constitucionalismo britânico; importância da jurisprudência no constitucionalismo norte-americano.
      II. O problema do papel das fontes não legais e, mais concretamente, do costume no âmbito do constitucionalismo de matriz francesa como questão fundamental a analisar no presente parágrafo.

   2.2. Costume
      I. Memória geral.
      II. Costume constitucional *versus* normas de cortesia constitucional e usos constitucionais.
      III. Teorias restritivas quanto à admissibilidade do costume como fonte de Direito Constitucional no âmbito do constitucionalismo de matriz francesa.
      IV. Concepções que admitem mais ou menos amplamente costumes constitucionais – posição adoptada.

§ 3.º Poder constituinte e legitimidade da Constituição
    3.1. Constituição e poder constituinte
    3.2. Poder constituinte (originário) e poderes constituídos – em especial, o poder de revisão constitucional (poder constituinte em sentido impróprio ou derivado)
    3.3. Poder constituinte material e poder constituinte formal
        I. Distinção entre poder constituinte material e poder constituinte formal.
        II. O poder constituinte material.
        III. O poder constituinte formal.
    3.4. O problema da legitimidade da Constituição
        I. O problema dos limites transcendentes do poder constituinte.
        II. Duas tradições do poder constituinte: constitucionalismo de matriz francesa *versus* constitucionalismo norte-americano.
        III. A Constituição com dispensa de justificações axiológico-normativas.
        IV. O renascimento do jusnaturalismo clássico.
        V. As chamadas *terceiras vias*: concepções muito heterogéneas (que vão desde as múltiplas teorias procedimentais às posições que advogam a recondução do Direito natural à historicidade) que, se por um lado repudiam o jusnaturalismo clássico e fazem a apologia de um Direito Constitucional sem Direito Natural, rejeitam, por outro lado, uma visão estritamente positivista.
        VI. Considerações conclusivas.
        A legitimidade das normas constitucionais enquanto problema perspectivável em face do património axiológico-normativo dominante no *ethos* social histórico da concreta comunidade (e, consequentemente, a ilegitimidade como consequência da inobservância das exigências da constituição material e, assim sendo, como resultado da violação de normas materialmente constitucionais).
        O problema dos sujeitos do controlo.

§ 4.º Traços específicos do Direito Constitucional
    4.1. Direito Constitucional como Direito fundamental, político, incompleto e aberto
        I. O Direito Constitucional como Direito Político.
        II. O Direito Constitucional enquanto Direito Fundamental.
        III. A incompletude e a abertura do Direito Constitucional: a abertura (vertical) ao legislador ordinário; a abertura horizontal da Constituição; limites à abertura da Constituição e a inaceitabilidade da dissolução da força normativa da Constituição.

4.2. Força normativa da Constituição
   4.2.1. Primazia hierárquico-normativa
   4.2.2. Rigidez e flexibilidade constitucional
      I. Contraposição.
      II. Rigidez constitucional enquanto corolário natural e histórico (embora não logicamente necessário) da adopção de uma Constituição em sentido formal.
      III. Constituições flexíveis e primazia hierárquico-normativa.

   4.2.3. Garantias e fiscalização da constitucionalidade (*remissão*)
   4.2.4. Interpretação conforme à Constituição
      I. Memória geral: a importância da interpretação sistemático-teleológica transcendente à lei interpretanda; o papel dos princípios e do pensamento analógico no processo hermenêutico; o princípio geral de interpretação conforme ao Direito superior.
      II. Interpretação conforme à Constituição e primazia hierárquico-normativa da Constituição.
      III. Modalidades de interpretação conforme à Constituição: rejeição no plano hermenêutico da interpretação da lei que conduz a uma norma inconstitucional e concomitante adopção da interpretação que permite extrair da lei uma norma conforme à Constituição; escolha da interpretação da lei que *melhor* corresponde às normas constitucionais.
      IV. Função e limites da interpretação conforme à Constituição.

   4.2.5. Aplicabilidade imediata e força jurídica das normas constitucionais
      I. Considerações introdutórias.
      II. Aplicabilidade imediata no campo dos direitos, liberdades e garantias.
      III. Força normativa das normas constitucionais não exequíveis por si mesmas ou programáticas.
         a) A distinção entre normas preceptivas e normas programáticas e a contraposição entre normas exequíveis e normas não exequíveis.
         b) A relevância jurídica das normas constitucionais não exequíveis por si mesmas ou programáticas: fiscalização da inconstitucionalidade por omissão; interpretação conforme à Constituição; controlo do respeito pelo princípio da igualdade; proibição da emissão de normas legais que contrariem o sentido para que aponta a norma constitucional ou da

revogação pura e simples da lei anterior que a concretizava e, consequentemente, da reposição do estado de coisas primitivo; conteúdo essencial ou mínimo dos direitos sociais.

§ 5.º Interpretação e integração dos princípios e das disposições constitucionais
   5.1. A sociedade aberta dos intérpretes da Constituição
   5.2. O problema da especificidade da interpretação e integração constitucionais
      I. Razão de ser do problema.
     II. Algumas preocupações hermenêuticas fundamentais: o entendimento dinâmico da Constituição enquanto projecto sempre inacabado; o princípio da unidade da Constituição na sua dimensão hermenêutica; o princípio do efeito integrador; o princípio da máxima efectividade.
     III. Particularidades da interpretação de conceitos pré-constitucionais.
     IV. Lacunas constitucionais e sua integração.

§ 6.º Aplicação das normas constitucionais no tempo e no espaço
   6.1. Princípio da irretroactividade das normas constitucionais
      I. Princípio da irretroactividade das normas constitucionais enquanto princípio geral implícito.
     II. Admissibilidade de derrogações ao referido princípio em relação às normas constitucionais que correspondem ao núcleo da Constituição formal.
   6.2. Relações gerais das novas normas constitucionais com as normas *constitucionais* anteriores
   6.3. Relações gerais das novas normas constitucionais com as normas *legais* anteriores
      I. Novação: novação e interpretação conforme à Constituição; novação (se bem que não global, mas individualizada) e revisão constitucional; novação e Direito Internacional ou Comunitário anterior.
     II. Inconstitucionalidade pretérita ou passada e convalidação.
        a) Problema: conceito; exemplos; relevância da inconstitucionalidade pretérita; contraposição fundamental entre inconstitucionalidade pretérita pré-constitucional e inconstitucionalidade pretérita pós-constitucional.
        b) Princípio geral da irrelevância da inconstitucionalidade pretérita pré-constitucional e suas possíveis derrogações.

c) Controvérsia em torno da relevância da inconstitucionalidade pretérita pós-constitucional.
III. Inconstitucionalidade superveniente (*remissão*).

6.4. Aplicação das normas constitucionais no espaço

§ 7.º Direito Constitucional, Direito Internacional e Direito Comunitário
  I. Direito Constitucional e Direito Internacional.
  II. Direito Constitucional e Direito Comunitário.
    a) A caminho da Constituição Europeia.
    b) O problema do eventual primado do Direito Comunitário sobre as Constituições dos Estados-Membros.

Capítulo II – Introdução ao constitucionalismo português

§ 1.º Evolução constitucional portuguesa (*remissão*)

§ 2.º A Constituição de 1976: da sua génese à actualidade
  I. A formação da Constituição de 1976.
  II. A querela constitucional subsequente à entrada em vigor da Constituição de 1976, as revisões constitucionais de 1982 e 1989 e o novo *processo constituinte*.
  III. A abertura à integração europeia na revisão constitucional extraordinária de 1992.
  IV. As revisões constitucionais de 1997 e de 2001.
  V. A paz constitucional actual e a influência da Constituição Portuguesa de 1976 no constitucionalismo lusófono.

Capítulo III – Preâmbulo e princípios constitucionais

§ 1.º Preâmbulo da Constituição: sentido, revisibilidade e força jurídica

§ 2.º A questão da natureza *principológica* da Constituição

§ 3.º Princípios fundamentais da Constituição
  3.1. Considerações introdutórias
  3.2. Princípio do Estado de Direito
    I. Consagração no artigo 2.º
    II. O nascimento da «Estado de Direito».
    III. A importância do Estado de Direito Material.
    IV. Estado de Direito como conceito omnicompreensivo
      a) Estado de Direito e direitos fundamentais.
      b) Estado de Direito e Estado Social.
      c) Estado de Direito e Estado Jurisdicional.

V. Estado de Direito e subprincípios concretizadores – em especial, o princípio da protecção da confiança e o princípio da proporcionalidade.

3.3. Princípio democrático

Capítulo IV – Direitos fundamentais

§ 1.º A afirmação histórica e o movimento de constitucionalização, internacionalização e universalização dos direitos fundamentais
   1.1. As diversas perspectivas de abordagem dos direitos fundamentais
   1.2. A afirmação inicial dos direitos fundamentais numa perspectiva exclusivamente filosófica ou jusnaturalista
   1.3. A luta pela afirmação dos direitos fundamentais no plano jurídico-constitucional
   1.4. O alargamento do catálogo dos direitos fundamentais e as sucessivas gerações dos direitos fundamentais
      I. Considerações preliminares.
      II. A concepção liberal originária
      III. O processo de democratização.
      IV. Os fenómenos de socialização
      V. As novas exigências em matéria de direitos fundamentais.
   1.5. A actual perspectiva universalista e internacionalista dos direitos fundamentais

§ 2.º O catálogo português dos direitos fundamentais
   2.1. A expansão do catálogo de direitos fundamentais no texto constitucional
   2.2. A cláusula aberta e os direitos constitucionais implícitos
   2.3. A proibição do retrocesso social

§ 3.º A abertura da Constituição de 1976 à dimensão internacionalista e universalista dos direitos fundamentais

§ 4.º A dupla natureza dos direitos fundamentais e a dupla vinculação aos direitos fundamentais na Constituição de 1976
   4.1. Os direitos fundamentais enquanto direitos subjectivos e como princípios objectivos de ordenação da vida social
   4.2. A vinculação negativa e positiva aos direitos fundamentais – em especial, o dever de protecção dos direitos fundamentais

§ 5.º O critério unificador dos direitos fundamentais

§ 6.º Distinção entre direitos, liberdades e garantias e direitos económicos, sociais e culturais
  6.1. Considerações gerais
  6.2. A interconexão entre direitos, liberdades e garantias e direitos económicos, sociais e culturais
    I. Considerações gerais.
    II. A indivisibilidade dos direitos fundamentais.
    III. A relevância mitigada da contraposição, ao nível do regime jurídico, entre direitos, liberdades e garantias e direitos económicos, sociais e culturais: a crescente normatividade dos direitos económicos, sociais e culturais e os direitos fundamentais de natureza análoga à dos direitos, liberdades e garantias; os direitos, liberdades e garantias com estrutura análoga à dos direitos económicos, sociais e culturais.

§ 7.º A força normativa dos preceitos relativos aos direitos fundamentais
  7.1. A vinculação negativa e positiva das entidades públicas aos direitos fundamentais
  7.2. A aplicabilidade directa dos direitos, liberdades e garantias e dos direitos de natureza análoga

§ 8.º Os direitos fundamentais nas relações entre particulares

§ 9.º As leis restritivas ou limitadoras dos direitos fundamentais e os conflitos entre direitos fundamentais e outros direitos ou interesses constitucionalmente protegidos
  9.1. Relevância e dificuldade do tema
  9.2. A delimitação do âmbito de protecção do preceito relativo ao direito fundamental
  9.3. As restrições e as limitações aos direitos fundamentais
    I. Considerações gerais.
    II. O problema das restrições não autorizadas (artigo 18.º, n.º 2, CRP).
    III. Limites às leis restritivas – em especial, o princípio da proporcionalidade e a intangibilidade do conteúdo essencial.
  9.4. As colisões e os conflitos de direitos fundamentais

§ 10.º A tutela dos direitos fundamentais
  10.1. Protecção jurídica e jurídico-institucional – em especial, limites à declaração de estado de sítio ou de emergência, limites materiais de revisão constitucional, princípio da igualdade, reserva de lei e reserva de competência da Assembleia da República

10.2. Os remédios – em especial, direito de resistência, direito de acesso aos tribunais e responsabilidade civil do Estado e demais entidades públicas

Capítulo V – Funções do Estado – a função legislativa em especial

§ 1.º Sentido e conteúdo da lei
   1.1. Considerações preliminares
      I. As várias acepções de lei.
      II. A distinção tradicional entre lei em sentido material e lei em sentido formal.
   1.2. Em busca de uma noção de lei constitucionalmente adequada
      I. A admissibilidade constitucional de leis individuais e de leis de conteúdo administrativo.
      II. A abertura do artigo 268.º, n.º 4, da Constituição a um conceito material de lei – âmbito da respectiva previsão; extensão do regime aplicável aos actos administrativos contidos em lei; o problema da competência do Tribunal Constitucional para fiscalizar a constitucionalidade (ou a legalidade reforçada) de actos administrativos contidos em lei.
      III. O problema da reserva da Administração em face do Legislador.

§ 2.º Princípio da fixação da competência legislativa e das formas de lei pela Constituição
   2.1. A tipicidade dos actos formalmente legislativos e a trilogia constitucional – leis, decretos-leis e decretos legislativos regionais
      I. Tipicidade dos actos formalmente legislativos e a trilogia constitucional: leis, decretos-leis e decretos legislativos regionais.
      II. As leis orgânicas como pretensa quarta forma de lei.
   2.2. Actos com força afim da de lei
   2.3. Regulamentos delegados e deslegalização
      I. Considerações gerais.
      II. Sentido geral da proibição de regulamentos delegados.
      III. Limites da proibição de regulamentos delegados – em especial: a admissibilidade constitucional da *deslegalização* ou da *degradação do grau hierárquico* e o problema da determinação do respectivo conceito constitucionalmente adequado; a permissão constitucional de regulamentos delegados de conteúdo vinculado ou de mera execução.

§ 3.º Princípio da democracia participativa

§ 4.º Repartição da competência legislativa entre a Assembleia da República e o Governo na Constituição
 4.1. Evolução histórica e justificação histórica do primado do parlamento
 4.2. Princípio da competência concorrencial e do igual valor das leis e dos decretos-leis e sua justificação actual
 4.3. Primado de competência legislativa da Assembleia da República
  4.3.1. Justificação actual do primado de competência legislativa da Assembleia da República à luz das características do processo legislativo parlamentar
  4.3.2. Competências reservadas
   I. A distinção entre reserva absoluta e reserva relativa introduzida em 1982.
   II. Âmbito da reserva absoluta: artigo 164.º e competências legislativas específicas absolutamente reservadas por força do princípio da competência.
   III. Reserva relativa: sentido; leis de autorização legislativa em geral e leis de autorização orçamental.
   IV. Extensão da reserva.
  4.3.3. Pretensa prevalência das lei de bases sobre os decretos-leis de desenvolvimento
   I. Historicamente.
   II. Alcance das bases gerais.
   III. Lei de bases *versus* lei de autorização (*v.g.* duração; utilização; relação de confiança).
   IV. Articulação entre matérias reservadas apenas quanto às bases gerais e decretos-leis de desenvolvimento.
   V. O pretenso primado da lei de bases mesmo em domínio concorrencial.
   VI. O problema da eventual autolimitação da AR ao aprovar uma lei de bases.
  4.3.4. Instituto da apreciação parlamentar dos decretos-leis
   I. Funções tradicionais alternativas do instituto da ratificação – sanação; confirmação; fiscalização.
   II. Importância do artigo 169.º da Constituição no quadro da articulação entre leis e decretos-leis.
   III. Forma de resolução do acto que, nos termos do artigo 169.º, n.º 4, determina a cessação da vigência do decreto-lei e sua justificação.
   IV. Os efeitos temporais da cessação de vigência do decreto-lei e o problema da repristinação.
  4.3.5. Regime do veto

§ 5.º Competência legislativa regional
    5.1. Considerações gerais
        I. Memória geral: regiões autónomas *versus* as regiões administrativas; Estado unitário regional português; as regiões autónomas no quadro da dinâmica comunitária.
        II. Evolução da competência legislativa regional.
    5.2. O interesse específico
    5.3. As matérias reservadas
    5.4. O limite do respeito dos princípios fundamentais das leis gerais da República
        I. O conceito de lei geral da República.
        II. Os princípios fundamentais das leis gerais da República.
        III. As leis da República supletivamente aplicáveis nas regiões autónomas.

§ 6.º Relações entre actos legislativos
    6.1. Memória geral
        I. As antinomias normativas.
        II. A unidade do sistema normativo através do princípio hierárquico.
        III. Outros critérios de superação das antinomias normativas (o princípio da competência; a função directiva; o procedimento especializado; a relação de especialidade; o princípio evolutivo) e sua ordenação.
    6.2. A definição compósita do n.º 3 do artigo 112.º da Constituição
        I. Preliminares.
        II. Leis com procedimento especializado – agravado na fase da iniciativa ou na fase deliberativa.
        III. Leis paramétricas ou directivas
        IV. Situações problemáticas – C.C.; proibição de retrocesso social.
    6.3. Conteúdo possível das leis de valor reforçado e respectivas sanções
    6.4. Inconstitucionalidade directa *versus* ilegalidade – o controlo da legalidade reforçada

Capítulo VI – Fiscalização da constitucionalidade

§ 1.º Considerações introdutórias
    1.1. Modelos históricos e actuais de fiscalização da constitucionalidade
    1.2. Diversidade de garantias da constitucionalidade
    1.3. Aproximação ao sistema português actual de fiscalização da constitucionalidade

1.4. O Tribunal Constitucional enquanto terceiro incómodo entre o poder legislativo e o poder jurisdicional ordinário
  I. Problema da delimitação da fronteira entre a *internalização* e a *externalização* do controlo da constitucionalidade.
  II. Relações entre o Tribunal Constitucional e os demais tribunais.

§ 2.º Inconstitucionalidade e mérito

§ 3.º Fiscalização sucessiva
  3.1. Fiscalização difusa
    I. Fiscalização por qualquer tribunal e controlo por órgãos não jurisdicionais.
    II. Fiscalização oficiosa.
    III. Poder de rejeição da norma inconstitucional – especificidade portuguesa e sua justificação histórica.

  3.2. Fiscalização concentrada
    3.2.1. Pressupostos comuns
      I. Objecto da fiscalização: quaisquer actos normativos jurídico-públicos.
      II. Fundamento da fiscalização: inconstitucionalidade *versus* ilegalidade reforçada.
      III. Tipo de inconstitucionalidade: fiscalização da inconstitucionalidade originária e fiscalização da inconstitucionalidade superveniente

    3.2.2. Princípios processuais comuns
    3.2.3. Fiscalização concreta concentrada
      I. Sentido.
      II. Regime de recursos.
      III. A eficácia *inter partes* da decisão.
      IV. A passagem da fiscalização concreta à fiscalização abstracta nos termos do n.º 3 do artigo 281.º da Constituição.

    3.2.4. Fiscalização abstracta
      I. Legitimidade: considerações gerais; problema do recurso de amparo.
      II. Impugnação a todo o tempo.
      III. Força obrigatória geral.

  3.3. Efeitos comuns da decisão de inconstitucionalidade
    I. Retroactividade.

II. Efeito repristinatório.
III. Limitação de efeitos.

3.4. Valores jurídicos negativos da norma inconstitucional

§ 4.º Fiscalização preventiva

§ 5.º Fiscalização das omissões inconstitucionais

Capítulo VII – Revisão constitucional

§ 1.º Vicissitudes constitucionais e, em especial, revisão constitucional

§ 2.º Processo de revisão constitucional

§ 3.º Limites materiais de revisão constitucional

35. A Faculdade de Direito da Universidade Católica Portuguesa – Porto

I. A Faculdade de Direito da Universidade Católica Portuguesa também possui um Centro Regional no Porto, no pólo da Foz, estabelecimento onde igualmente se lecciona a licenciatura em Direito, cujo curso foi criado em 1978, havendo que diferenciar as seguintes disciplinas constitucionais:

– o **Direito Constitucional**, obrigatória e anual do 1.º ano;
– a **Ciência Política**, obrigatória do 1.º ano, sendo leccionada no 1.º semestre;
– os **Direitos Fundamentais**, disciplina optativa na Vertente Jurídico-Política do 5.º ano.

II. Relativamente a **Direito Constitucional**, sob a regência do MANUEL AFONSO VAZ, desenvolve-se o seguinte programa[266]:

---

[266] Registe-se o importante contributo de MANUEL AFONSO VAZ, no âmbito do Direito Constitucional, na sua dissertação de doutoramento: MANUEL AFONSO VAZ, *Lei e reserva de lei – a causa da lei na Constituição Portuguesa de 1976*, Porto, 1992.

Introdução

§ 1. Objecto e método da Ciência do Direito Constitucional; Direito Constitucional, ciências constitucionais e ciências afins. Perspectiva metodológica adoptada.

§ 2. A Constituição como norma. O lugar da Constituição no ordenamento jurídico. O Direito Constitucional como ramo do Direito Público Interno.

I PARTE – TEORIA DA CONSTITUIÇÃO

Capítulo I – O Estado como comunidade política

1. Os primórdios do conceito Estado;
2. A Idade Média;
3. O surgimento do Estado moderno; O "Estado-de-polícia";
4. O Estado liberal;
5. O dualismo das monarquias limitadas;
6. As teorias integracionistas;
7. O Estado como sistema de normas;
8. O Estado como comunidade política.

Capítulo II – A Constituição como o estatuto jurídico fundamental da comunidade política

1. A evolução histórico-valorativa;
2. As funções actuais da Constituição;
3. Noção e alcance da Constituição.

Capítulo III – O conceito de Constituição

1. As formas constitucionais
   1.1. Constituições escritas e constituições não escritas
   1.2. Constituições rígidas e constituições flexíveis
   1.3. Constituição formal e constituição material
   1.4. Constituição normativa, nominal e semântica
   1.5. Constituição estatutária (orgânica, preceptiva) e Constituição programática (directiva, doutrinal); Constituição simples e Constituição complexa ou compromissória.
2. A Constituição em sentido material. As várias concepções de Constituição em sentido material; a tridimensionalidade constitucional: texto, realidade e cultura constitucionais.
3. Constituição e realidade constitucional.

Capítulo IV – A Constituição como acto de poder

1. O poder constituinte. A teoria clássica do poder constituinte; poder constituinte originário e o poder constituinte derivado; o titular do poder constituinte; os limites materiais do poder constituinte.
2. O procedimento constituinte.

Capítulo V – A Constituição como fonte de direito

1. O carácter jurídico da Constituição. A Constituição como fonte positiva de direito. A tridimensionalidade do Direito Constitucional; texto constitucional, realidade constitucional e cultura constitucional.
2. Texto constitucional. As normas constitucionais.
   – Princípios e preceitos (regras)constitucionais.
   – Tipologia dos princípios constitucionais.
   – Tipologia dos preceitos constitucionais.
   – Texto constitucional: ponto de partida e limite das soluções constitucionais.
   – Os preâmbulos constitucionais.

3. A relevância jurídica da realidade constitucional
   a) Na concepção da Constituição escrita.
   b) Na "vida" (vigência) da Constituição.
   c) Normas constitucionais consuetudinárias.
   d) Precedentes judiciários em matéria constitucional.

4. Os valores constitucionais. Os *princípios jurídicos fundamentais* como fonte autónoma de direito. As "normas constitucionais inconstitucionais".

Capítulo VI – A interpretação da Constituição

1. A especificidade da interpretação constitucional.
2. As teorias tradicionais. O "método jurídico".
3. O método tópico–problemático.
4. As teorias da concretização; o método hermenêutico-concretizador.
5. Posição adoptada face ao conceito de Constituição. Os princípios de interpretação constitucional.
6. As lacunas da Constituição e sua integração.

Capítulo VII – História constitucional. As Constituições portuguesas (remissão para as aulas práticas)

1. A história político-constitucional em geral.

2. O constitucionalismo liberal: princípios fundamentais das Constituições de 1822, 1826, 1838 e 1911; prática constitucional; fases de constitucionalismo autocrático.
3. A Constituição de 1933: princípios fundamentais; revisões constitucionais.
4. A Constituição de 1976. Inserção histórica e princípios fundamentais.

II PARTE – ESTRUTURAS DA CONSTITUIÇÃO PORTUGUESA DE 1976

Capítulo VIII – A Constituição portuguesa de 1976. Apresentação da Constituição da República de 1976.

Capítulo IX – As estruturas subjectivas (remissão para a III parte do curso)

Capítulo X – As estruturas organizatórias

1. Separação de poderes e forma de governo. Modelos e padrões básicos de formas de governo.
2. O modelo organizatório-constitucional português: separação e interdependência num regime misto parlamentar-presidencial.
3. Estrutura e função dos órgãos de soberania.

Capítulo XI – As estruturas normativas

A Constituição como norma sobre a produção normativa

1. A compreensão da Constituição como norma sobre a produção normativa.
2. A lei na Teoria do Direito e do Estado.
3. O sentido da lei na Constituição Portuguesa de 1976.
4. Distribuição da competência na Constituição Portuguesa de 1976.
    A – Competência legislativa da Assembleia da República (AR)
        a) competência legislativa geral; âmbito de competência de reserva absoluta; âmbito de competência de reserva relativa; âmbito de competência concorrente.
        b) As leis orgânicas.
        c) As leis de bases.
        d) As leis de autorização legislativa.
        e) Forma dos actos emanados do Governo.
    B – Competência legislativa do Governo.
        a) Âmbito de competência.
        b) Os decretos-leis de desenvolvimento.

c) Os decretos-leis autorizados.
d) O controlo parlamentar sobre os decretos-leis.

C – Competência legislativa das Regiões Autónomas.

5. O direito internacional e o direito supranacional.
6. Os regulamentos.
7. O procedimento legislativo parlamentar.

Capítulo XII – Estruturas de controlo da constitucionalidade

A fiscalização da constitucionalidade das normas.

1. Considerações preliminares. A fiscalização da constitucionalidade das normas jurídicas.
2. Noção e tipos de inconstitucionalidade: inconstitucionalidade material, formal e orgânica; inconstitucionalidade por acção e inconstitucionalidade por omissão.
3. Sistemas ou modelos de controlo da constitucionalidade das normas jurídicas.
4. O sistema de controlo da constitucionalidade das normas jurídicas na Constituição de 1976.
   – o processo de controlo abstracto prévio ou de fiscalização preventiva da constitucionalidade.
   – o processo de controlo abstracto sucessivo da constitucionalidade.
   – o processo de controlo concreto da constitucionalidade.
   – o processo de declaração de inconstitucionalidade com base no controlo concreto de normas.
   – o processo de inconstitucionalidade por omissão.

Capítulo XIII – A revisão da Constituição

1. Poder constituinte e poder de revisão.
2. Os limites formais da revisão constitucional.
3. Os limites materiais da revisão constitucional:
   a) pressupostos do problema.
   b) relevância jurídica dos limites materiais do poder de revisão.
   c) limites materiais do poder de revisão e limites materiais do poder constituinte.

III PARTE – OS DIREITOS FUNDAMENTAIS

Capítulo XIV – Os direitos fundamentais em três dimensões

Capítulo XV – Os direitos fundamentais em geral no contexto da sua evolução histórico-valorativa.

Capítulo XVI – A matéria dos direitos fundamentais na Constituição portuguesa de 1976.

Capítulo XVII – Características essenciais dos direitos fundamentais enquanto direitos subjectivos fundamentais

Capítulo XVIII – Estrutura e tipos de direitos fundamentais: os "direitos, liberdades e garantias" e os "direitos sociais"

Capítulo XIX – Os limites dos direitos fundamentais. Função e limites da lei na matéria dos direitos fundamentais

Capítulo XX – A força jurídica dos preceitos relativos aos direitos fundamentais

III. A disciplina de **Ciência Política**, sob a regência de PAULO CASTRO RANGEL, inclui os seguintes Tópicos:

1. Teoria do Estado (contributo da perspectiva tradicional)
   1.1. O Estado como forma histórica de sociedade política: a comunidade política medieval e o processo de formação do Estado.
   1.2. A teoria dos três "elementos". Crítica. **1.2.1.** O elemento "território". **1.2.2.** O elemento "povo". **1.2.3.** O elemento "soberania". **1.2.4.** A constituição do Estado como categoria do "político".
   1.3. A distribuição territorial do poder do Estado (remissão).
   1.4. A classificação dos Estados segundo a relação Estado/Sociedade. **1.4.1.** O monismo/dualismo do Estado absoluto. **1.4.2.** O Estado de direito liberal. **1.4.3.** O Estado de direito social. Estado pós-social (?). **1.4.4.** Estados totalitários do séc. XX. **1.4.5.** Estados autoritários (o "Estado Novo" português em especial).
   1.5. A classificação dos Estados segundo a forma política (regimes políticos). **1.5.1.** A taxonomia aristotélica. A classificação de Montesquieu. **1.5.2.** A classificação hodierna das formas políticas. **1.5.3.** Trânsito de um paradigma de constituição mista para um paradigma de constituição democrática. **1.5.4.** A democracia e a chamada "lei de bronze das oligarquias".

2. Teoria da democracia: o modelo político democrático
   2.1. A ideia de democracia e os seus étimos (liberdade, igualdade,

fraternidade). Actualização dos étimos democráticos (diversidade, solidariedade, segurança).
2.2. Raízes históricas. **2.2.1.** A revolução inglesa – remissão. **2.2.2.** A revolução americana – remissão. **2.2.3.** A revolução francesa (matriz de diversidade de modelos e projectos políticos, a declaração dos direitos do homem e do cidadão).
2.3. Concepções de democracia: substantivas ou materiais e processuais ou deliberativas. A tensão recíproca. Elaboração de um modelo.
2.4. Elementos processuais. **2.4.1.** A regra da maioria. Sentido e limites. A protecção das minorias. A tensão entre vontade maioritária e os postulados do Estado de Direito. **2.4.2.** O princípio da representação política. Democracia directa e representativa. **2.4.3.** Democracia representativa, democracia de partidos e democracia "mediática" ("mediocracia"). Concepções do mandato parlamentar e percepções do "universo eleitoral". Do sufrágio restrito para o sufrágio universal. **2.4.4.** O lugar dos partidos: tipos de partidos. Partidos rígidos e partidos flexíveis. Partidos de quadros, de massas e de eleitores. **2.4.5.** Pluralismo, participação e publicidade como condições funcionais de uma democracia deliberativa.
2.5. Elementos substantivos ou materiais. **2.5.1.** O princípio da separação dos poderes (a tradição do ideal da constituição mista, John Locke, Montesquieu, sentido actual). **2.5.2.** O princípio da independência dos tribunais. O problema da legitimidade democrática dos tribunais. As jurisdições constitucionais em especial. **2.5.3.** Os direitos fundamentais como concretização da trilogia democrática. O papel das "declarações de direitos". As gerações de direitos fundamentais.

3. Os modelos de conformação democrática: distribuição espacial do poder (teoria do federalismo)
    3.1. Globalização, integração e federalismo.
    3.2. Os conceitos-chave: Estado Federal, Estado Unitário, Estado Regional (em particular, o regionalismo periférico português). Confederação. Organização Internacional.
    3.3. O carácter radicalmente "polivalente" da forma federal de Estado. Democracia e federalismo. O federalismo em experiências não democráticas (URSS, Checoslováquia, Jugoslávia).
    3.4. A "polissemia" das doutrinas federalistas.
    3.5. As características institucionais do federalismo. **3.5.1.** O princípio da autonomia constituinte dos Estados federados. **3.5.2.** A intervenção dos Estados federados no poder constituinte da federação. **3.5.3.** O bicameralismo e outras formas de participação política do nível esta-

dual na formação da vontade federal. **3.5.4.** O princípio da especialidade das matérias federais.
3.6. O federalismo e o caso da União Europeia (correntes federalistas e anti-federalistas, o estado da questão, perspectivas de evolução).
3.7. Os fenómenos de distribuição territorial do poder no Estado Unitário. **3.7.1.** Concentração administrativa e poder hierárquico. **3.7.2.** Desconcentração administrativa e técnicas de delegação. **3.7.3.** Descentralização administrativa e diferenciação de pessoas colectivas. Descentralização técnica ou por serviços e descentralização territorial. **3.7.4.** As autarquias locais.
3.8. O Estado regional. Tipos e exemplos. **3.8.1.** Diferenças entre região autónoma, Estado federado e região administrativa. **3.8.2.** O regionalismo como terceira via.

4. Os modelos de conformação democrática: sistemas de governo (arquitectura política e engenharia constitucional)
    4.1. Sistema de governo parlamentar. Raízes históricas (a experiência inglesa: a tradição da Magna Carta, os Stuarts e a pretensão do absolutismo, a revolução gloriosa, a evolução posterior). Traços fundamentais. Parlamentarismo de gabinete e parlamentarismo de assembleia.
    4.2. O parlamentarismo de chanceler (Inglaterra); o parlamentarismo racionalizado (Alemanha); o parlamentarismo consensual (Norte da Europa); a constituição impossível (Itália).
    4.3. Sistema de governo presidencial (EUA). Raízes históricas (a experiência americana: a tradição colonial, a revolução, o processo confederador, o processo constituinte, o "Federalista", o nascimento do controlo da constitucionalidade). Presidencialismos (América Latina, Rússia).
    4.4. Sistema de governo semipresidencial. A experiência francesa. Raízes históricas (o fracasso do parlamentarismo, a instabilidade constitucional, a instabilidade política crónica, a crise argelina). A circulação do modelo pela Europa Central e de Leste e pela África Lusófona.
    4.5. Modelos e experiências alternativas: o sistema directorial suíço; o sistema "semi-parlamentar" israelita.
    4.6. Os problemas de engenharia política ou constitucional (teoria geral).
    4.7. O sistema de governo português. Evolução histórica. Perspectivas de desenvolvimento.

5. Os modelos de conformação democrática: sistemas eleitorais e sistemas de partidos (engenharia eleitoral e *design* partidário)
    5.1. Sistema eleitoral maioritário (subtipos). Sistema eleitoral da representação proporcional. Vantagens e desvantagens.

5.2. Sistemas mistos. O sistema alemão em especial.
5.3. Dimensão dos círculos eleitorais, modalidades de escrutínio e tipos de lista.
5.4. A desproporcionalidade dos sistemas eleitorais. Factores de limitação e ampliação da desproporcionalidade.
5.5. Sistema eleitoral português: perspectivas de reforma.
5.6. Os sistemas de partidos.
5.7. Relações entre sistemas eleitorais e sistemas de partidos (as "leis" de Duverger – crítica).

6. Os quadros epistemológicos da ciência política (reflexão conclusiva)
  6.1. Dificuldades e especificidades de uma consideração científica da política.
  6.2. Desenvolvimento da ciência política: abertura, ecletismo e pluridisciplinariedade.
  6.3. Método e pluralismo de culturas políticas.
  6.4. Aproximação à noção de política: nascimento, crescimento e metamorfose do político.

IV. A disciplina de **Direitos Fundamentais**, de novo sob a regência de MANUEL AFONSO VAZ, tem o seguinte programa:

1. Introdução – O papel da lei e reserva da lei
  – Capítulo I – A lei no quadro político-jurídico pré-moderno;
  – Capítulo II – A lei no sistema político-jurídico moderno;
  – Capítulo III – A lei no sistema dualista gemânico;
  – Capítulo IV – O problema da lei na actualidade.

2. Teoria Geral dos Direitos Fundamentais
  – Capítulo V – A reserva do Direito;
  – Capítulo VI – A reserva da Constituição.

3. A protecção dos Direitos Fundamentais
  – Capítulo VII – Os meios de defesa jurisdicionais;
  – Capítulo VIII – Os meios de defesa internacional;
  – Capítulo IX – Os Direitos Fundamentais na jurisprudência do Tribunal Constitucional.

4. Os Direitos Fundamentais na União Europeia

36. A Universidade Lusíada

I. Na Universidade Lusíada, em Lisboa, o ensino do Direito Constitucional tem-se distribuído por duas disciplinas, e que são as seguintes:
- a **Ciência Política e Direito Constitucional,** do 1.º ano, anual e obrigatória; e
- o **Direito Constitucional II,** do 5º ano, sendo também obrigatória.

II. Na disciplina de **Ciência Política e Direito Constitucional**, registamos os seguintes contributos programáticos[267], sob a regência de CARLOS BLANCO DE MORAIS:

PARTE I – CIÊNCIA POLÍTICA

Capítulo I – O facto político
1. **Objecto da Ciência Política**
   1.1. Concepções e noção adoptada.
   1.2. Ciência Política e Direito Constitucional.
2. **Noção de facto político**
3. **Introdução ao Poder Político**
   3.1. O Poder Político como modalidade de poder
   3.2. Tipologia do Poder Político
   3.3. Legitimidade do Poder Político.
      3.3.1. Legalidade e legitimidade.
      3.3.2. Concepções sobre a legitimidade do Poder.
      3.3.3. Legitimidade e Regime Político.

Capítulo II – Introdução à Teoria Geral do Estado
1. **Conceito de Estado**
2. **Introdução aos tipos históricos de Estado**

---

[267] Embora o programa unificado seja o supra-mencionado, é de sublinhar o importante contributo de três autores na disponibilização de lições relativamente a esta disciplina, no âmbito da Universidade Lusíada, em Lisboa: RICARDO LEITE PINTO, JOSÉ DE MATOS CORREIA e FERNANDO REBOREDO SEARA, *Ciência Política e Direito Constitucional – Introdução à Teoria Geral do Estado*, Oeiras, 2000.

3. Estado Soberano
3.1. Noção.
3.2. O conceito de soberania estadual e a sua evolução.
3.3. Estados não soberanos e Estados com soberania limitada.
3.4. Comunidades políticas não estaduais.
3.5. Estado e Nação.

4. Elementos do Estado
4.1. O Povo.
    4.1.1. Cidadania ou Nacionalidade
    4.1.2. Condição dos estrangeiros e apátridas.
4.2. O Território.
4.3. O Poder Político Soberano.

5. Formas de Estado
5.1. Estados Unitários e Estados Compostos.
5.2. Estados Unitários Simples e Estados Unitários Complexos.
5.3. A Forma do Estado Português.

Capítulo III – A organização do poder político

Secção I – *Fins, funções e órgãos do estado*

1. Os fins do Estado

2. As funções do Estado
2.1. Noção.
2.2. Concepções dominantes.
2.3. Posição adoptada.
2.4. As funções do Estado na Constituição Portuguesa.

3. Os órgãos do Estado
3.1. Noção
3.2. Elementos constitutivos.
3.3. Tipologia
3.4. Os órgãos do Estado na Constituição Portuguesa.

Secção II – *Formas de governo e formas de designação dos governantes*

1. Introdução sumária às Formas de Governo: Regimes Políticos e Sistemas de Governo
1.1. Os Regimes Políticos: – noção e tipologia
1.2. Os Sistemas de Governo no Estado de Direito Democrático
    1.2.1. Conceito
    1.2.2. Tipos dominantes: – sistemas presidencialistas, parlamentares e semipresidencialistas

2. **Formas de designação dos titulares dos orgãos de poder político**
   2.1. Formas de designação.
   2.2. Eleições e Sistemas Eleitorais.

3. **Instrumentos de representação política no Estado de Direito Democrático: os partidos políticos**
   3.1. Partidos políticos e associações políticas.
   3.2. Evolução histórica, fins e funções dos partidos.
   3.3. Tipos de Partidos Políticos
   3.4. Sistemas partidários

4. **A interacção entre o sistema eleitoral, o sistema de partidos e o sistema de governo**
   4.1. Eleição e "Estado de Partidos".
   4.2. Projecção do sistema partidário no sistema de governo.

5. **As metamorfoses do sistema de governo português na ordem constitucional de 1976.**

PARTE II – DIREITO CONSTITUCIONAL

Capítulo I – Introdução à Teoria da Constituição

1. **Objecto da disciplina de Direito Constitucional**

2. **O Poder Político e o Direito**

3. **O Direito Constitucional e a organização jurídica e política de uma colectividade estadual**

4. **Introdução ao Poder Constituinte e acepção de Constituição como ordem jurídica de domínio de uma colectividade estadual**

5. **Estado de Direito e Constituição: síntese histórico-política**
   5.1. A noção de "Constituição em sentido institucional": apreciação crítica.
   5.2. Constituição e Constitucionalismo.
   5.3. A morfologia da Constituição nos modelos de Estado Liberal e Social de Direito

6. **Classificações de Constituição**
   6.1. Constituição em sentido material, formal e instrumental.
   6.2. Constituição rígida e Constituição flexível.
   6.3. Constituição utilitária e Constituição programática.
   6.3. Constituição normativa, nominal e semântica.

Capítulo II – As experiências constitucionais comparadas

1. Introdução ao conceito de família constitucional.
2. Os sistemas constitucionais de matriz britânica.
3. Os sistemas constitucionais de matriz norte americana.
4. Os sistemas constitucionais de matriz francesa.

Capítulo III – Sinopse sobre a história constitucional portuguesa

1. As constituições de matriz liberal
   1.1. A Constituição de 1822
   1.2. A Carta Constitucional de 1826
   1.3. A Constituição de 1838
   1.3. A Constituição de 1911
2. As constituições de matriz social
   2.1. A Constituição corporativa de 1933.
   2.2. A Constituição democrática-representativa de 1976.
3. A fase pré-constituinte da Constituição de 1976 e as suas quatro revisões.

Capítulo IV – A estrutura conteudística e jurídico-normativa da Constituição de 1976

1. A ordenação sistemática do conteúdo da Constituição de 1976.
2. A ordenação jurídico-normativa da Constituição.
   2.1. A problemática do valor jurídico do Preâmbulo.
   2.2. O valor jurídico e categorização dos princípios constitucionais.
   2.3. A natureza e a tipologia das normas constitucionais.

Capítulo V – Poder constituinte, subsistência e modificação da Constituição

1. O Poder Constituinte
   1.1. Natureza e características
   1.2. Poder Constituinte e Poder de Revisão Constitucional.
   1.3. Poder Constituinte Material e Formal.
2. As vicissitudes inerentes à modificação e cessação de vigência da Constituição
   2.1. Rupturas Constitucionais.
   2.2. A interpretação evolutiva.
   2.3. A Revisão Constitucional.

2.3.1. Fundamentos.
2.3.2. Modalidades processuais de Revisão.
2.3.3. Rigidez e limites à Revisão.
2.3.4. O Processo de Revisão Constitucional no Ordenamento de 1976.

Capítulo VI – Actos dos poderes constituídos

Secção I – *Actos das funções política, administrativa e jurisdicional*

1. **Actos da Função Política como actividade estadual primária**
   1.2. Actos políticos e normas atípicas da sub-função política em sentido estrito.
   1.2. Actos da sub-função legislativa.
2. **Actos das Funções Administrativa e Jurisdicional como actividades secundárias.**

Secção II – *Lei e actividade legislativa*

1. **Acepção de lei na Constituição de 1976.**
2. **Tipologia formal dos actos legislativos, órgãos competentes para a sua aprovação e correspondente processo legiferante.**
   2.1. A Lei.
   2.2. O Decreto-Lei.
   2.3. O Decreto Legislativo regional.
3. **Relações entre actos legislativos**
   3.1. Forma, valor e força de lei.
   3.2. Força de lei e parametricidade legislativa.
   3.3. Formas específicas e categorias de leis.
   3.4. As categorias legais: leis ordinárias comuns e leis ordinárias reforçadas
      3.4.1. Noção.
      3.4.2. Tipologia das leis reforçadas.
      3.4.3. Efeitos prototípicos das relações entre leis comuns e leis reforçadas.
   3.5. Relação de tensão entre leis estaduais e decretos legislativos regionais.

Capítulo VII – A garantia jurisdicional da Constituição

1. **A inconstitucionalidade dos actos jurídico-públicos.**

2. O desvalor dos actos inconstitucionais a sua tipologia e as respectivas: sanções.
2.1. Noção.
2.2. A Inexistência.
2.3. A Invalidade.
2.4. A Irregularidade.

3. Tipos de inconstitucionalidade.
3.1. Material, Formal e Orgânica.
3.2. Directa, Indirecta e Consequente.
3.3. Originária e Superveniente.
3.4. Presente e Pretérita.

5. A fiscalização da constitucionalidade no direito comparado e na história constitucional portuguesa

6. O regime geral da fiscalização da constitucionalidade e legalidade na ordem constitucional de 1976
6.1. Modo, objecto e âmbito da fiscalização.
6.2. Normas de referência da fiscalização: – controlo da constitucionalidade e da legalidade das leis.

7. Processos de fiscalização da constitucionalidade e legalidade e o contencioso constitucional.
7.1. A fiscalização da constitucionalidade por omissão.
7.2. A fiscalização da constitucionalidade e legalidade por acção.
  7.2.1. Os processos de fiscalização abstracta.
  7.2.2. O processo de fiscalização concreta.

Capítulo VIII – Introdução aos direitos fundamentais

1. Génese, evolução histórico-política e conceitos afins.

2. Tipologia.

3. O regime comum dos direitos fundamentais.

4. O regime jurídico especial dos direitos, liberdades e garantias.

5. Restrição, delimitação do núcleo e colisão de direitos.

6. A suspensão dos direitos, liberdades e garantias.

III. O **Direito Constitucional II** está do mesmo modo entregue a CARLOS BLANCO DE MORAIS, ostentando o seguinte programa:

PARTE I – OS INSTITUTOS DE GARANTIA DA CONSTITUIÇÃO

1. Introdução ao poder constituinte.
2. Rigidez constitucional.
3. Revisão da Constituição
4. Estados de Excepção
5. Proibição de partidos políticos contrários à Constituição.
6. Fiscalização da constitucionalidade dos actos do poder.
7. Desobediência civil.

PARTE II – JUSTIÇA CONSTITUCIONAL E GARANTIA DA CONSTITUIÇÃO

Capítulo I – A inconstitucionalidade e o desvalor jurídico do acto inconstitucional

Secção I – *Significado e alcance do "princípio da constitucionalidade" dos actos jurídico-públicos*

1. Ordenamento jurídico estadual e sistema normativo.
2. A Constituição como decisão jurídico-política supra-ordenadora e fundacional de um ordenamento estadual soberano.
3. O princípio da constitucionalidade como critério de supremacia hierárquica-normativa da Constituição sobre os actos jurídico-públicos do ordenamento do Estado-Colectividade.
4. O valor jurídico positivo do acto conforme à Constituição.

Secção II – *A inconstitucionalidade dos actos jurídico-públicos*

1. Inconstitucionalidade como desconformidade dos actos jurídico-públicos com o parâmetro constitucional a que se encontram submetidos.
2. Tipologia da inconstitucionalidade.

Secção III – *O valor negativo do acto normativo inconstitucional*

1. Noção conceptual de "desvalor": a depreciação jurídica sofrida pelo acto inconstitucional.
2. Vício, valor negativo e sanção do acto inconstitucional.
3. Tipologia dos valores negativos

Capítulo II – Sistemas de controlo da constitucionalidade

Secção I – *Critério da natureza dos órgãos competentes para o exercício do controlo*

1. Sistema de controlo político.

2. Sistemas de controlo jurisdicional: o termo das "imunidades da lei".

Secção II – *A fiscalização jurisdicional*
1. Características gerais do modelo instituído com a revisão de 1982.
2. Apontamento sobre alguns aspectos da evolução do modelo instituído: – as revisões constitucionais de 1989 e 1997.

Secção III – *Âmbito e objecto do sistema vigente de fiscalização da constitucionalidade das normas e da legalidade das leis*
1. Âmbito da fiscalização: – o controlo da constitucionalidade e da legalidade.
2. Objecto da fiscalização.

Secção IV – *Processos de fiscalização da constitucionalidade por acção na ordem constitucional vigente*

Subsecção I – *Regime constitucional dos processos preventivo e sucessivo de fiscalização abstracta*
1. Fiscalização preventiva.
2. Fiscalização sucessiva.
3. A tramitação contenciosa dos processos de fiscalização abstracta no Direito processual constitucional.

Subsecção II – *O processo de fiscalização sucessiva concreta na Constituição e na lei*
1. Dimensão subjectiva e objectiva de um controlo incidental e difuso.
2. Pressupostos processuais subjectivos de carácter geral.
3. Pressupostos processuais objectivos.
4. O regime jurídico dos recursos de constitucionalidade e legalidade: – tipos de recursos, seus pressupostos específicos e regime de subida.

SubSecção III – *Processo de fiscalização da inconstitucionalidade por omissão*
1. Um sistema de controlo constitucional de omissões legislativas
2. Omissão legislativa como preterição do imperativo constitucional de dar complementaridade legal a uma norma da Constituição não exequível por si própria.
3. Omissões relevantes e irrelevantes.
4. Estrutura do processo.

Subsecção IV – *Introdução à metodologia de interpretação da Constituição*

37. A Universidade Autónoma de Lisboa – Luís de Camões

I. Na Universidade Autónoma de Lisboa – Luís de Camões, as disciplinas constitucionais são essencialmente duas, tendo uma outra (Direito Público Comparado, do 5.º ano) natureza diversa:
- a **Ciência Política e Direito Constitucional,** obrigatória e anual do 1.º ano; e
- a **Ciência Política II,** sendo ministrada no 4.º ano, na vertente de Ciências Jurídico-Políticas, com uma duração anual.

II. A disciplina de **Ciência Política e Direito Constitucional,** contando desde há longa data com a coordenação de José Joaquim Gomes Canotilho, sendo actualmente leccionada por Jónatas Machado, oferece o seguinte programa, sendo de dissociar entre um programa resumido e um programa desenvolvido:

Programa Resumido

A – O ADVENTO DO CONSTITUCIONALISMO
B – O PODER CONSTITUINTE
C – DIREITO PÚBLICO E DIREITO CONSTITUCIONAL
D – O DIREITO CONSTITUCIONAL
E – A INTERPRETAÇÃO CONSTITUCIONAL
F – A CONSTITUIÇÃO PORTUGUESA DE 1976
G – O PRINCÍPIO DO ESTADO DE DIREITO
H – O PRINCÍPIO DEMOCRÁTICO
I – O PRINCÍPIO REPUBLICANO
J – O PRINCÍPIO DO ESTADO SOCIAL
L – O PRINCÍPIO DO ESTADO AMBIENTAL
M – OS DIREITOS FUNDAMENTAIS
N – ESTRUTURAS ORGANIZATÓRIO-FUNCIONAIS
O – AS FONTES DE DIREITO
P – JUSTIÇA CONSTITUCIONAL – GARANTIA E CONTROLO DA CONSTITUIÇÃO

Programa Desenvolvido

A – **O ADVENTO DO CONSTITUCIONALISMO LIBERAL**
I. **O constitucionalismo como superação de concepções medievais e absolutistas do poder político**

II. Constitucionalismo e luta pela limitação do poder político
2.1. Argumentos de reforço do poder do Monarca
2.2. A tradição de limitação do poder político

III. As primeiras experiências constitucionais
3.1. A herança inglesa
3.2. A herança americana
3.3. A herança francesa

IV. Principais momentos de conflito
4.1. Concepção aristotélico-tomista v. individualismo (protestante; racionalista)
4.2. Soberania monárquica de direito divino v. soberania popular
4.3. Feudalismo v. Absolutismo
4.3. Mercantilismo v. economia de mercado (Adam Smith)

B – O PODER CONSTITUINTE
I. Primeiros suportes teóricos do poder constituinte
1.1. A tradição puritana dos concertos (covenants) solenes ("Agreements of the People"; "Mayflower Compact"; "Fundamental Orders of Connecticut"
1.2. As teorias do contrato social
1.3. A sua influência no constitucionalismo norte-americano

II. A teorização de Emanuel de Siéyes
2.1. A nação (3.º Estado) como titular do poder constituinte
2.2. Poder constituinte e poderes constituídos
2.3. Poder constituinte originário (criação) e derivado (revisão)
2.4. Características do poder constituinte originário
2.5. O poder constituinte derivado como poder constituído

III. As divergências quanto à titularidade
3.1. Soberania monárquica
3.2. Soberania nacional
3.3. Soberania popular
3.4. O conceito idealista germânico de soberania

IV. Principais procedimentos constituintes
4.1. Procedimento constituinte representativo (assembleia constituinte soberana)
4.2. Procedimento constituinte directo

4.3. Procedimento constituinte monárquico (outorga pelo monarca)
4.4. Misto representativo e referendário (assembleia constituinte não soberana)
4.5. Misto representativo e monárquico (constituições pactuadas)

V. Problemática actual do poder constituinte
5.1. Juridicidade do poder constituinte
5.2. Legitimidade do poder constituinte
5.3. Limites ao poder constituinte

VI. O poder constituinte no constitucionalismo português
6.1. O confronto entre a soberania monárquica e a soberania democrática
6.2. Monarquia constitucional e luta pelos valores liberais
6.3. Do constitucionalismo liberal (1822) e republicano (1911) à Constituição de 1976
6.4. A anatomia do anti-liberalismo
6.5. Procedimentos constituintes adoptados

C – DIREITO PÚBLICO E DIREITO CONSTITUCIONAL
I. O Direito Público e o Direito Privado
1.1. Origem da distinção
1.2. Critérios da distinção
1.3. Objecções às diferentes teorias
1.4. Valor relativo da distinção entre direito público e direito privado
1.5. Interesse heurístico da distinção (O Direito não é uma ciência exacta)

II. Os diferentes ramos do Direito Público
2.1. Direito Constitucional
2.2. Direito Internacional Público
2.3. Direito Europeu
2.4. Direito Administrativo
2.5. Direito Penal
2.6. Direito Judiciário
2.7. Direito Processual

III. Disciplinas adjacentes ao Direito Público
3.1. Teoria do Estado
3.2. Teoria da Constituição
3.3. História Constitucional
3.4. Filosofia Política

3.5. Teoria política
3.6. Ciência política
3.7. Sociologia política
3.8. Por especialidades: ciência da administração; relações internacionais, etc.

IV. Dois problemas fundamentais do Direito Público
4.1. O conceito de Estado
4.2. A relativização do conceito de Estado

D – O DIREITO CONSTITUCIONAL
I. Conceitos de Constiuição
1.1. Constituição material
1.2. Constituição formal
1.3. Constituição normativa
1.4. Constituição instrumental
1.5. Constituição real ou sociológica

II. O problema da reserva material de Constituição
2.1. Normas materialmente constitucionais (fora da Constituição formal)
2.2. Normas só formalmente constitucionais
2.3. Inexistência de uma reserva material de Constituição fechada
2.4. Coincidência prática entre constituição material e formal

III. Características do Direito Constitucional
3.1. Autoprimazia normativa
3.2. Norma sobre a produção jurídica
3.3. Condição de validade material do ordenamento
3.4. Superioridade ordenamental

E – A INTERPRETAÇÃO CONSTITUCIONAL
I. Tópicos básicos de hermenêutica jurídica
1.1. Origem do conceito
1.2. Natureza hermenêutica da nossa civilização

II. A hermenêutica clássica (Schleiermacher)
2.1. Elemento textual (literal, gramatical)
2.2. Elemento lógico-sistemático
2.3. Elemento histórico (genético, histórico-institucional)
2.4. Elemento teleológico-racional
2.5. Dificuldades na aplicação à Constituição

III. Outras propostas para a interpretação constitucional
   3.1. Doutrina germânica
   3.2. Doutrina americana sobre interpretação constitucional

IV. A crise da hermenêutica clássica
   4.1. Viragem hermenêutica *(Hermeneutic turn)* e viragem linguística *(linguistic turn)*
   4.2. A dimensão política da hermenêutica constitucional
   4.3. Desafios e oportunidades interpretativas
   4.4. Virtualidades do modelo clássico

V. Conceitos metódicos operativos
   5.1. Norma
   5.2. A relação entre o texto e a norma

VI. Princípios de interpretação constitucional
   6.1. Primazia da Constituição
   6.2. Unidade da Constituição
   6.3. Máxima efectividade
   6.4. Concordância prática
   6.5. Efeito integrador
   6.6. Conformidade funcional
   6.7. Interpretação das leis conforme à Constituição

VII. Os agentes da interpretação constitucional
   7.1. A comunidade aberta dos intérpretes da Constituição
   7.2. Os órgãos constitucionais de soberania
   7.3. O papel dos Tribunais
   7.4. O carácter dialógico da interpretação

F – A CONSTITUIÇÃO PORTUGUESA DE 1976
1. Momentos históricos relevantes
   1.1. Revolução de 1974
   1.2. Programa do Movimento das Forças Armadas
   1.3. Leis Constitucionais revolucionárias (esp. Leis 1/74 de 25-4 e 2 3/74 de 14 de Maio)
   1.4. A Assembleia Constituinte
   1.5. Principais linhas ideológicas
   1.6. Constituição compromissória

II. As revisões à Constituição
   2.1. As normas reguladoras do poder de revisão

2.2. As diferentes Leis Constitucionais
2.3. O sentido geral das revisões constitucionais

III. A Constituição como sistema aberto de valores, princípios e regras
3.1. Valores (cristalização de bens e de finalidades fundamentais)
3.2. Princípios (exigências de optimização)
3.3. Regras: carácter definitivo (tudo ou nada)
3.4. Diferentes níveis de generalidade
3.5. A noção de norma como conceito englobante
3.6. Abertura e flexibilidade do sistema

IV. Densidade e abertura das normas constitucionais
4.1. Tipologia de regras
4.2. Tipologia dos princípios
4.3. Diferentes graus de densidade e abertura

G – O PRINCÍPIO DO ESTADO DE DIREITO
I. Origem e desenvolvimento histórico
1.1. Luta contra o arbítrio do Monarca (*Bon plaisir du Roi*)
1.2. Luta contra o absolutismo isento de controlo (*King can do no wrong*)
1.3. O governo das leis: "Government of laws not of men"
1.4. Immanuel Kant: generalidade e universalidade das leis
1.5. Robert von Mohl: Estado de Direito como fim do Estado
1.6. Otto Bähr: Estado de Direito como Estado de Justiça (controlo da actuação do Estado por tribunais civis).
1.7. Rudolf von Gneist: controlo da actuação do Estado por tribunais administrativos e
1.8. Karl Fhr. Von Stein: descentralização administrativa e autoadministração
1.9. Otto Mayer: Prevalência de lei e reserva de lei

II. Manifestações no direito constitucional comparado
2.1. Rule of Law
2.2. Higher Law
2.3. État de Droit
2.4. Rechtstaat

III. Elementos formais e materiais de caracterização
3.1. Constitucionalidade e juridicidade de toda a actuação estadual
3.2. Primazia dos direitos fundamentais
3.3. Separação de poderes

3.4. Controlo jurisdicional da actuação estadual
3.5. Referência a uma ideia geral de justiça
3.6. Estado de Direito e Estado de não direito
3.7. Estado de direito e poderes de facto

IV. **Subprincípios concretizadores do princípio do Estado de Direito**
4.1. Igualdade
4.2. Proporcionalidade em sentido amplo ou proibição do excesso
4.3. Segurança jurídica e protecção da confiança (dimensões objectiva e subjectiva)
4.4. Legalidade da Administração
4.5. Protecção jurídica efectiva
4.6. Responsabilidade do Estado

H – O PRINCÍPIO DEMOCRÁTICO

I. **O desenvolvimento histórico da ideia de democracia**
1.1. Principais momentos
1.2. A superação da concepção de democracia directa ou identitária (Jean Jacques Rousseau) pela concepção de democracia representativa (Edmond Burke)
1.3. Republicanismo, bem comum e política deliberativa
1.4. Princípio representativo, participativo e democracia semi-directa
1.5. Coexistência da democracia com outros valores constitucionais: autonomia individual; direitos fundamentais; Estado de direito; separação de poderes; difusão pluralística do poder na sociedade.
1.6. O sistema político como um entre múltiplos subsistemas de acção social.

II. **Teorias da democracia**
2.1. Teorias elitistas (governo dos mais aptos: níveis de preparação académica; especialização de funções; as elites económicas e sociais situadas acima dos políticos)
2.2. Teoria pluralista (competição entre grupos de interesse)
2.3. Teoria neo-corporativista (coligação entre o poder político e os poderes sociais)
2.4. Teoria económica da democracia (mercado político; Voto: willingness to by; maximização das utilidades)
2.5. Teoria constitucional da democracia: conformação da democracia pela Constituição.

III. **Elementos concretizadores do conceito constitucional de democracia**
3.1. Democracia representativa

3.2. Democracia directa: o referendo
3.3. Opinião pública, direitos de participação democrática e comunicação
3.4. Princípio democrático e procedimento administrativo
3.5. Princípio democrático e função jurisdicional
3.6. Participação democrática nas estruturas sociais

I – O PRINCÍPIO REPUBLICANO
1. Origem histórica
1.1. Aristóteles: homem como animal político; primazia do bem comum
1.2. Platão: a república como arquétipo ideal
1.3. A Respublica romana: Cícero
1.4. Da Cidade de Deus à "Respublica Christiana"
1.5. De Agostinho a Aquino: a república como "pensamento de Deus"
1.6. Maquiavel: a ideia de virtude
1.7. Rousseau: república democrática
1.8. Kant: "Weltrepublik" (República mundial)
1.9. Hegel: república como Estado ético
1.10. Napoleão: republicanismo militarista
1.11. Jefferson: liberalismo e republicanismo cívico

2. A república no constitucionalismo moderno
2.1. República como democracia representativa
2.2. República como não monarquia
2.3. República laica
2.4. República e autodeterminação democrática

3. O princípio republicano na Constituição de 1976
3.1. Não monarquia: dos cidadãos, pelos cidadãos e para os cidadãos
3.2. Eleição directa, universal e periódica do Chefe de Estado (art. 121.º)
3.3. Não vitaliciedade dos cargos públicos (art. 118.º)
3.4. Inimizade relativamente a privilégios (*Privilegienfeindlichkeit*)
3.5. Separação das confissões religiosas do Estado [art. 41.º/4; 288.º/c)]
3.6. Símbolos da república (art. 11.º)
3.5. Protecção da forma republicana de Governo [art. 288.º/b)]

4. O neo-republicanismo cívico
4.1. Democracia deliberativo-transformativa vs. democracia manipulativa (Michael Perry)

4.2. Bem comum vs. "interest groups politics" (Cass Sunstein; Frank Michaelman)
4.3. Virtudes cívicas democráticas: interesse público vs. interesses particulares
4.4. Republicanismo e comunitarismo

J – O PRINCÍPIO DO ESTADO SOCIAL
1. **O sentido histórico do princípio**
   1.1. O advento das concepções liberais da economia
   1.2. As duas revoluções industriais e a concentração urbana
   1.3. A emergência da classe operária: a questão social
   1.4. O surgimento dos partidos socialistas e comunistas
   1.5. Otto von Bismarck e o primeiro sistema de segurança social
   1.6. Economias de guerra; grande depressão; John Maynard Keynes
   1.7. Revolução Russa (1917)
   1.8. Direitos económicos, sociais e culturais (México 1917; Weimar 1919)
   1.9. "Second Bill of Rights" (Roosevelt)

2. **O Estado social na Constituição de 1976**
   2.1. Democracia económica, social e cultural (art. 2.º)
   2.2. Direitos económicos, sociais e culturais (58.º ss.)
   2.3. Princípio da igualdade (art. 13.º)
   2.4. Intervenção do Estado na economia

L – O PRINCÍPIO DO ESTADO AMBIENTAL
1. **Sentido do Estado ambiental** (Peter Pernthaler)
   1.1. Crise ecológica
   1.2. Necessidade de novos valores e novas políticas

2. **O Estado ambiental como princípio em desenvolvimento**
   2.1. Entre o antropocentrismo e o ecocentrismo (Mayer-Tasch)
   2.2. Entre os direitos dos cidadãos e a justiça intergeracional (John Rawls; Edith Brown Weiss)
   2.3. Concretizações técnico-jurídicas

3. **Implicações organizatórias do Estado ambiental**
   3.1. Necessidade de coordenar e integrar funções e competências administrativas
   3.2. Consideração, nos processos de decisão, das implicações ambientais a longo prazo
   3.3. Institucionalização de uma "Democracia ecológica"

4. O desenvolvimento de "virtudes cívicas ecológicas"
　4.1. Educação para a preservação do ambiente [art. 66.º/2/g)]
　4.2. Promoção de uma nova filosofia empresarial
　4.3. Desenvolvimento de uma "economia eco-social de mercado"

M – OS DIREITOS FUNDAMENTAIS
I. Introdução
　1.1. Desenvolvimento histórico
　1.2. O conceito de direito fundamental
　1.3. Tipos de direitos fundamentais
　1.4. Os direitos fundamentais na Constituição de 1976

II. A Dignidade da Pessoa Humana (art. 1.º)
　2.1. O conceito de dignidade da pessoa humana
　2.2. O significado geral da expressão (imago Dei; Kant: pessoa humana como fim em si mesmo)
　2.3. A dignidade humana como conceito disputado
　2.4. O significado jurídico-positivo
　2.5. Dignidade humana e direitos fundamentais
　2.6. A dignidade humana como direito fundamental
　2.7. A teoria dos cinco componentes
　　a) Integridade e Individualidade
　　b) Livre desenvolvimento da personalidade
　　c) Libertação da angústia da existência
　　d) Autonomia individual
　　e) Igualdade jurídica e social

III. Titulares dos direitos fundamentais
　3.1. Pessoas físicas (art. 12.º)
　3.2. Pessoas colectivas (ou jurídicas) (art. 12.º/2)
　3.3. A titularidade por parte de entidades públicas
　3.4. Portugueses no estrangeiros (art. 14.º)
　3.5. Estrangeiros e apátridas

IV. Destinatários dos direitos fundamentais
　4.1. Entidades públicas
　4.2. Entidades privadas (ver adiante)

V. As funções dos direitos fundamentais
　5.1. Função subjectiva: direitos subjectivos públicos
　5.2. Função objectiva: elementos objectivamente conformadores da ordem jurídica

VI. O regime geral dos direitos fundamentais
   6.1. Princípio da universalidade (v.supra: titularidade)
   6.2. Princípio da igualdade (v.supra, Estado de direito)

VII. Direitos, liberdades e garantias
   7.1. Elementos estruturais de caracterização
   7.2. Direitos, liberdades e garantias pessoais (arts. 24.º ss)
   7.3. Direitos, liberdades e garantias de participação política (arts. 48.º ss.)
   7.4. Direitos, liberdades e garantias dos trabalhadores (arts. 53.º ss.)

VIII. Direitos económicos, sociais e culturais
   8.1. Desenvolvimento histórico
   a) Industrialização, urbanização, proletarização: questão social, sec. XIX.
   b) Ideias socialistas e comunistas: revolução bolschevik de 1917.
   c) Otto v. Bismarck e o primeiro Estado social.
   d) Economias de guerra e necessidade de assistência aos ex--combatentes inválidos.
   e) Criação da Organização Internacional do Trabalho, 1919-20 (tratado de Versailles)
   f) Direitos económicos, sociais e culturais na Constituição Mexicana de 1917.
   g) Colapso da Bolsa de NYC, 1929, e "grande depressão".
   h) Roosevelt apela a um "Second bill of Rights" de natureza social.
   i) Keysenianismo e intervenção do Estado na economia.
   j) Declaração Universal dos Direitos do Homem, de 1948
   k) Pacto Internacional dos Direitos Económicos, Sociais e Culturais, de 1966

   8.2. Discussão político-constitucional

   8.3. Caracterização estrutural
   8.4. Direitos económicos (arts. 58.º ss.)
   8.5. Direitos sociais (art. 63.º ss)
   8.6. Direitos culturais (art. 73.º ss.)

IX. Os direitos análogos aos direitos, liberdades e garantias
   9.1. Direitos formalmente fundamentais (DLG´s propriamente ditos)
   9.2. Critérios de analogia:
   9.3. Direitos materialmente fundamentais e formalmente constitucionais (dispersos)

X. Regime específico dos direitos, liberdades e garantias
   10.1. Aplicabilidade directa
   10.2. Vinculação das entidades públicas
   10.3. Vinculação das entidades privadas
   10.4. O regime especial de restrições aos direitos, liberdades e garantias
   10.5. Casos especiais de restrição

XI. Conflitos de direitos fundamentais

XII. Um regime específico para os direitos, económicos, sociais e culturais
   12.1. Natureza jurídica dos direitos económicos, sociais e culturais
   12.2. Traços de um possível regime específico dos direitos económicos, sociais e culturais

XIII. Meios de defesa dos direitos fundamentais
   13.1. Meios de defesa jurisdicionais
   13.2. Meios de defesa não jurisdicionais
   13.3. Protecção internacional

N – ESTRUTURAS ORGANIZATÓRIO-FUNCIONAIS
I. O relevo material dos problemas estruturais
   1.1. Substância e estrutura na Constituição
   1.2. Princípios estruturais fundamentais

II. Os sistemas de governo
   2.1. Sistema presidencial (norte-americano)
   2.2. Sistema parlamentar monista (britânico; modelo de Westminster)
   2.2. Sistema semi-presidencial (França; V República)

III. Sistema misto parlamentar-presidencial
   3.1. Elementos caracterizadores do sistema de governo
      3.1.1. Sistema parlamentar monista
      3.1.2. O sistema presidencial
      3.1.3. Sistema parlamentar dualista e semi-presidencial
   3.2. Interdependência institucional
   3.3. Sistema de governo e Estado de partidos

IV. Estrutura e função dos órgãos de soberania portugueses
   4.1. O Presidente da República
   4.2. Assembleia da República
   4.3. O Governo

4.4. Os Tribunais
4.5. O Tribunal Constitucional

O – AS FONTES DE DIREITO
I. Princípios estruturantes do sistema normativo
1. Princípio da hierarquia
   1.1. A primazia da Constituição
   1.2. A legalidade da Administração
   1.3. Tendencial paridade das leis e dos decretos-leis
   1.4. O princípio da hierarquia e a legislação regional
2. Princípio da competência
   2.1. Repartição territorial de competências: Estado, região e autarquia local
   2.2. Repartição funcional de competências: funções legislativas e administrativas
   2.3. Repartição material de competências: reserva de Parlamento e de Governo
   2.4. Descentralização e desconcentração de competências
3. Insuficiência do modelo tradicional de hierarquia normativa
   3.3.1. Direito internacional e direito interno
   3.3.2. Direito europeu e direito interno
   3.3.3. Direito internacional e direito europeu
   3.3.4. Direito estadual e normas não estaduais
   3.3.5. Hierarquia, competência, interconexão (*Vernetzung*)

II. As fontes do direito interno
2.1. Os actos legislativos
2.2. As leis da Assembleia da República
2.3. Os decretos-leis
2.4. Os decretos legislativos regionais
2.5. O Direito Internacional
2.6. O Direito Europeu
2.7. O poder regulamentar

P – JUSTIÇA CONSTITUCIONAL – GARANTIA E CONTROLO DA CONSTITUIÇÃO
I. Desenvolvimento histórico
1.1. O controlo da actividade dos poderes públicos
1.2. A jurisdição constitucional

II. Configuração jurídico-constitucional
2.1. Pressupostos

2.2. Áreas problemáticas típicas
2.3. Modelos de Justiça Constitucional

III. A ACTIVIDADE DE CONTROLO
3.1. O parâmetro de controlo
3.2. O objecto de controlo
3.3. As operações de controlo
3.4. Os vícios geradores de inconstitucionalidade
3.5. As sanções do controlo
3.6. Os princípios processuais do controlo

IV. Os modelos de controlo
4.1. Controlo preventivo
4.2. Controlo sucessivo concreto
4.3. Controlo sucessivo abstracto
4.4. Processo misto (art. 281.º/3 e 82.º da LTC)
4.5. Controlo por omissão

III. A disciplina de **Ciência Política II**, sendo integrada no ramo de Ciências Jurídico-Políticas, conta com o seguinte programa:

1º SEMESTRE: HISTÓRIA DAS IDEIAS POLÍTICAS

A: IDADE MODERNA

1. Maquiavel
1.1. O Poder Moral – Maquiavel
1.2. O Pensamento Político de Maquiavel: Ideia Geral
1.3. Noção de Estado
1.4. Classificação de Regimes Políticos
1.5. A Melhor Forma de Governo
1.6. A Política como Ciência
1.7. A Formulação das Leis da Política
1.8. Nacionalismo
1.9. A Amoralidade Política
1.10. Comentário e Conclusão

2. Lutero
2.l. Vida e Obra de Lutero
2.2. O Pensamento Religioso e Político de Lutero
2.3. A Revolução Teológica de Lutero

2.4. As Posições Político-Sociais de Lutero na Guerra dos Camponeses
2.5. A Condenação Formal dos Bandos de Camponeses
2.6. A Doutrina dos dois Reinos
2.7. Comentário e Conclusão

3. Francisco Suarez
3.1. A Vida e Obra de Francisco Suarez
3.2. Ideia Geral do Pensamento Político de Francisco Suarez
3.3. A Comunidade Familiar e o Estado
3.4. Duas Exigências Naturais na Sociedade Política
3.5. Crítica da Doutrina do Direito Divino dos Reis
3.6. Origem do Estado e do Poder
3.7. Origem do Estado: Pacto de União
3.8. Transferência do Poder: O Pacto de Sujeição
3.9. A Melhor Forma de Governo
3.10. O Direito de Resistência
3.11. Comentário e Conclusão

4. Jean Bodin
4.1. A Vida e Obra de Jean Bodin
4.2. Ideia Geral do Pensamento Político de Bodin
4.3. Os Seis Livros da República
4.4. A República ou o Estado
4.5. A Soberania (um conceito novo)
4.6. O Conteúdo da Soberania
4.7. Os Limites da Soberania
4.8. O Problema da Origem do Poder em Bodin
4.9. As Formas do Estado
4.10. Os Tipos de Regime
4.11. As Formas de Governo
4.12. Comentário e Conclusão

5. Thomas Hobbes
5.1. A Vida e Obra de Hobbes
5.2. Ideia Geral do Pensamento de Hobbes
5.3. "The Leviathan" – Nome do Monstro Bíblico Escolhido para Simlizar o Estado
5.4. O Materialismo Naturalista de Hobbes
5.5. O Estado Natureza – Uma Concepção Pessimista acerca da Natureza Humana
5.6. O Estado Natureza – Guerra Generalizada entre Homens

5.7. O Estado Natureza – Factores Conducentes à Paz e ao Estado Sociedade
5.8. O Estado Natureza – O Medo da Morte e a Primeira Lei da Natureza
5.9. O Estado Natureza – A Necessidade da Paz e a Segunda Lei da Natureza
5.10. A Passagem do Estado Natureza ao Estado Sociedade o Contrato Social
5.11. O Estado Segundo Hobbes – Os Poderes do Soberano e os Direitos dos Súbditos
5.12. O Primeiro Limite do Estado – Os Direitos Inalienáveis dos Homens
5.13. O Segundo Limite do Estado – A Actividade Privada dos Cidadãos
5.14. A Análise das Várias Formas de Governo
5.15. Comentário e Conclusão

B: O ILUMINISMO

6. John Locke
6.1. Vida e Obra
6.2. Ideia Geral do Pensamento Político de Locke
6.3. Origem do Poder e Estado Natureza
6.4. Passagem ao Estado Sociedade
6.5. Divisão do Poder
6.6. Limitação do Poder Político
6.7. Comentário e Conclusão

7. Montesquieu
7.1. Vida e Obra de Montesquieu
7.2. Ideia Geral do Pensamento Político de Montesquieu
7.3. Influência dos Climas e dos Territórios
7.4. Classificação dos Regimes Políticos
7.5. O Regime Político Ideal
7.6. O Princípio da Separação de Poderes
7.7. Comentário e Conclusão

8. Jean-Jacques Rousseau
8.1. Vida e Obra de Rousseau
8.2. O Pensamento Político de Rousseau
8.3. O Contrato Social
8.4. A Vontade Geral e a Soberania Popular
8.5. Defesa da Democracia Directa
8.6. Crítica da Monarquia e Defesa da República
8.7. Regimes Políticos. O Sistema de Governo Convencional

8.8. A Melhor Forma de Governo
8.9. Comentário e Conclusão

C: IDADE CONTEMPORÂNEA

9. O Constitucionalismo Liberal
9.1. O Constitucionalismo Americano
9.2. Enquadramento
9.3. A Revolução Americana
9.4. A Confederação
9.5. A Convenção Constitucional de 1787
9.6. "O Bill of rights"
9.7. Notas Finais sobre a Constituição de 1787

10. A Experiência Constitucional Francesa
10.1. A Declaração dos Direitos do Homem
10.2. Interpretação
10.3. A Constituição de 1791

D: AS IDEIAS SOCIALISTAS

11. Marx e Engels
11.1. O Pensamento Político de Marx e Engels
    11.1.1. Filosofia Geral
    11.1.2. Teoria da História
    11.1.3. Doutrina do Estado e do Direito
    11.1.4. A Concepção da Religião e da Moral
    11.1.5. A Análise Económica do Capitalismo
    11.1.6. Previsão sobre o Advento do Socialismo
    11.1.7. Utopia sobre a Sociedade Comunista
11.2. Comentário e Conclusão

E: O SÉCULO XX

12. A Revolução Russa e as Ideias Políticas

13. Lenine: Revolução Socialista, Partido Comunista e Estado Soviético
13.1. Vida e Obra de Lenine
13.2. O Pensamento Político de Lenine
13.3. Comentário

14. O Fascismo e o Nazismo
14.1. Causas e Características do Fascismo *lato sensu*

2° SEMESTRE: A CIÊNCIA POLÍTICA

15. Ciência Política como Disciplina?

16. Ciência Política – A História da Disciplina
    16.1. A Escola de Chicago
    16.2. A Segunda Guerra Mundial e a Revolução
    16.3. A Ciência Política na Europa

17. Perspectivas Contrárias sobre a História da Disciplina

18. A Ciência Política e as outras Ciências Sociais
    18.1. Especialização, Fragmentação e Hibridização
    18.2. Domínios Híbridos
    18.3. Os Empréstimos de outras Disciplinas
    18.4. Constitucionalismo e Desenho do Estado
        18.4.1. Variações na Formalidade
        18.4.2. As Virtudes de uma Linguagem Vaga
        18.4.3. Outros Princípios de Desenho Constitucional
        18.4.4. A Concentração Geográfica do Poder
        18.4.5. Estados Unitários e Estados Federais
        18.4.6. A Distinção entre Estados Unitários e Centralizados
        18.4.7. Será Tanta Centralização Boa?
        18.4.8. Constitucionalismo

19. Eleições
    19.1. As Eleições como um Meio de Construir Apoio
    19.2. As Eleições como um Meio de Selecção de Líderes e de Políticas Públicas
    19.3. Sistemas Eleitorais
    19.4. O Sistema Maioritário e o Sistema Proporcional
    19.5. Referendo
    19.6. Participação Eleitoral
    19.7. Os Paradoxos da Participação
    19.8. As Bases das Escolhas Eleitorais Individuais
    19.9. Eleições em Democracia
    19.10. Os Media

20. Partidos Políticos
    20.1. Definição de Partido Político
    20.2. As Origens do Moderno Partido Político
    20.3. Os Partidos Políticos e a Mobilização das Massas

20.4. Os Partidos Políticos e o Processo de Recrutamento e Selecção de Líderes
20.5. Os Partidos Políticos como Fonte de Identidade Política
20.6. Os Partidos Políticos como Canais de Controlo
20.7. A Organização do Partido
20.8. O Financiamento dos Partidos Políticos
20.9. Sistemas de Partidos Políticos
20.10. Conclusão

21. Grupos de Interesse e a Política
21.1. Os Grupos de Interesse e a Representação
21.2. Os Tipos de Grupos de Interesse
21.3. As Tácticas de Grupos de Interesse
    21.3.1. O Controlo sobre a Informação e sobre os Especialistas
    21.3.2. Actividade Eleitoral
    21.3.3. O Uso de Poder Económico
    21.3.4. As Campanhas de Informação Pública
    21.3.5. Violência
    21.3.6. Litigação
21.4. Padrões de Actividade
21.5. Poder e Escolha

22. A Burocracia e o Sector Público
22.1. A Administração Pública como um Problema Político
22.2. As Características de uma boa Administração Pública
22.3. Burocracia: uma Reforma do Último Século
22.4. Burocracia *Versus* Flexibilidade
22.5. O Problema da Incompetência Protegida
22.6. Os Ajustamentos à Burocracia
22.7. A Representatividade Social da Administração Pública
22.8. Conclusão

23. Sistemas de Direito e Tribunais
23.1. O Direito Anglo-Saxónico
23.2. O Direito do Código na Europa Continental
23.3. Direito Religioso: o Sharia
23.4. A Mistura do Direito Casuístico com o Direito de Código
23.5. Os Tribunais
23.6. O Direito na China
23.7. O Tribunal Europeu de Justiça

24. Democracia
   24.1. Democracia Directa e Democracia Indirecta
   24.2. A Democracia Liberal
   24.3. As Virtudes e Vícios da Democracia
   24.4. Os Desafios à Democracia
   24.5. Conclusão

25. Relações Internacionais
   25.1. Modelos de análise
      25.1.1. Idealismo
      25.1.2. Realismo
   25.2. Fim do Mundo Bipolar e o Século XXI
   25.3. Temas Actuais nas Relações Internacionais
      25.3.1. Violência
      25.3.2. Economia
      25.3.3. População
      25.3.4. Tecnologia
      25.3.5. Desigualdades
   25.4. Algumas questões finais

38. A Universidade Internacional – Lisboa e Figueira da Foz

I. A Universidade Internacional distribui-se por dois estabelecimentos de ensino, um em Lisboa e o outro na Figueira da Foz, mantendo, no entanto, uma estrutura idêntica quanto ao ensino do Direito Constitucional, que assim se desdobra em duas disciplinas:
– a **Ciência Política e Direito Constitucional I**, a ensinar no 2.º ano e com duração anual; e
– o **Direito Constitucional II,** no 4.º ano e com feição optativa.

II. A disciplina de **Ciência Política e Direito Constitucional I** tem o seguinte programa em Lisboa, organizado por José Castelo Branco:

A) TEORIA GERAL DO ESTADO

PARTE I – O ESTADO NA HISTÓRIA

Título I – Formação e Evolução do Estado
Capítulo I – Localização Histórica do Estado
Capítulo II – Formação e Evolução do Estado Europeu

Título II – Sistemas Constitucionais Estrangeiros
Capítulo I – A Experiência Constitucional Britânica
Capítulo II – A Experiência Constitucional Norte-Americana
Capítulo III – A Experiência Constitucional Francesa
Capítulo IV – Outros Sistemas Constitucionais Estrangeiros. Breves Referências

Título III – As Constituições Portuguesas
Capítulo I – A Constituição de 1822
Capítulo II – A Carta Constitucional de 1826
Capítulo III – A Constituição de 1838
Capítulo IV – A Constituição de 1911
Capítulo V – A Constituição de 1933
Capítulo VI – A Constituição de 1976

PARTE II – FINS E FUNÇÕES DO ESTADO

Capítulo I – Os Fins do Estado
Capítulo II – As Funções do Estado. As Teorias da Separação e Divisão de Poderes. Tipologia das Funções do Estado

PARTE III – A CONSTITUIÇÃO COMO FENÓMENO JURÍDICO

Capítulo I – Constituição – Definição e Classificação
Capítulo II – Concepção acerca da Natureza da Constituição
Capítulo III – Formação da Constituição
Capítulo IV – Vigência de Constituição – suas vicissitudes
Capítulo V – Cessação de Vigência da Constituição
Capítulo VI – Normas e Princípios Constitucionais

PARTE IV – SISTEMAS DE GOVERNO E SISTEMAS ELEITORAIS
Capítulo I – Sistemas de Governo
Capítulo II – A Representação Política. Os Sistemas Eleitorais

PARTE V – OS ÓRGÃOS DO ESTADO E OS ACTOS CONSTITUCIONAIS

Capítulo I – Órgãos do Estado. Elementos. Categorias. Vicissitudes
Capítulo II – A Função Legislativa e a Lei
Capítulo III – A Competência Legislativa

PARTE VI – INTRODUÇÃO À GARANTIA DE CONSTITUIÇÃO

Capítulo I – Garantia da Constituição
Capítulo II – O Valor do Acto Inconstitucional
Capítulo III – Sistemas de Fiscalização da Constitucionalidade

B) DIREITO CONSTITUCIONAL PORTUGUÊS VIGENTE

Capítulo I – A Constituição da República Portuguesa de 1976
1. O Processo Constituinte e as suas vicissitudes
2. As Revisões Constitucionais.
    2.1. A Revisão Constitucional de 1982.
    2.2. A Revisão Constitucional de 1989.
    2.3. A Revisão Constitucional de 1992.
    2.4. A Revisão Constitucional de 1997.
3. A Sistematização da Constituição de 1976
4. Estrutura e Princípios da Constituição de 1976

Capítulo II – Princípios do Estado de direito democrático
1. Princípio da Constitucionalidade
2. Direitos Fundamentais
3. Legalidade da Administração
4. Segurança e Protecção Jurídica
5. Divisão de Poderes
6. Administração Autónoma e Local

Capítulo III – Princípio democrático. Democracia. Política e Democracia económica social e cultural
1. Democracia Política
    1.1. Elemento Representativo
        1.1.1. Sistema Eleitoral
        1.1.2. Partidos Políticos
    1.2. Elemento Participativo
    1.3. Democracia Descentralizada
        1.3.1. Autonomia Político-Administrativa dos Açores e da Madeira
        1.3.2. Poder Local

2. Democracia Económica Social e Cultural
   2.1. A Constituição Económica – Breve Referência

Capítulo IV – Direitos e deveres fundamentais
1. Estrutura e Tipos de Direitos e Deveres Fundamentais
2. Direitos, Liberdades e Garantias e Direitos Sociais
3. Limites, Excepções, Concorrência e Colisão de Direitos Fundamentais
4. Regime de Direitos Fundamentais
5. Protecção Jurídico-Institucional

Capítulo V – Sistemas de governo
1. Conceitos Básicos, Competência, Função, Responsabilidade, Órgão
2. Princípio de Separação e Interdependência dos Órgãos de Soberania
3. Sistemas de Governo

Capítulo VI – Estrutura normativa
1. A Constituição e as Normas Constitucionais
2. Princípios Fundamentais
3. A Competência Legislativa: Lei
   3.1. Leis Constitucionais
   3.2. Leis de Bases
   3.3. Leis de Autorização Legislativa
   3.4. Leis do Orçamento e do Plano
   3.5. Leis Estatutárias
   3.6. Decretos-Leis e a Apreciação Parlamentar de Actos Legislativos
   3.7. Decretos Legislativos Regionais e o Poder Legislativo Regional
   3.8. Regulamentos. Actos Normativos Atípicos
4. Normas de Direito Internacional e Supranacional

Capítulo VII – Procedimentos legislativos
1. Procedimento Legislativo Parlamentar
2. Procedimento Legislativo Governamental
3. Procedimento Legislativo das Assembleias Regionais
4. Promulgação. Assinatura. Veto. Referenda. Publicação

Capítulo VIII – O processo constitucional
1. Noções Básicas
2. Caracterização do Sistema de Controlo da Constitucionalidade e da Legalidade
3. Órgãos de Controlo e o Tribunal Constitucional
4. Tipos de Inconstitucionalidade e Ilegalidade
5. Objecto de Controlo: Actos Normativos

6. Sanções de Controlo
7. Princípios de Direito Processual Constitucional
8. Processos de Fiscalização
   8.1. Fiscalização Preventiva
   8.2. Fiscalização Sucessiva Abstracta
   8.3. Fiscalização Sucessiva Concreta
   8.4. Fiscalização da Inconstitucionalidade por Omissão
9. Efeitos das Decisões do Tribunal Constitucional

Capítulo IX – Revisão constitucional
1. Poder Constituinte Originário e Derivado
2. Revisão Constitucional e Vicissitudes Constitucionais
3. Processo de Revisão
4. Limites ao Poder de Revisão
   4.1. Limites Formais
   4.2. Limites Temporais
   4.3. Limites Circunstanciais
   4.4. Limites Materiais
5. Revisão Constitucional e Inconstitucionalidade

Capítulo X – Estado de sítio e estado de emergência
1. Regime de Estado de Sítio e do Estado de Emergência
2. Suspensão dos Direitos. Liberdade e Garantias

III. Ainda em Lisboa, a disciplina de **Direito Constitucional II**, leccionada por GIOVANNI VAGLI[268], subordinado ao tema específico da justiça constitucional na Constituição Portuguesa de 1976, tem o seguinte programa:

1. A apresentação geral do sistema de fiscalização da constitucionalidade na Constituição de 1976 (perspectivas históricas, institucionais e processuais).
2. A fiscalização da constitucionalidade no actual ordenamento português:
   a) Classificação dos actos que podem ser fiscalizados;
   b) Análise das tipologias de fiscalização
3. A fiscalização da constitucionalidade relativa ao Território de Macau (perspectiva histórica)

---

[268] Professor de cidadania italiana, que publicou o seguinte estudo sobre o sistema português de fiscalização da constitucionalidade: GIOVANNI VAGLI, *L'evoluzione del sistema di giustizia costituzionale in Portogallo*, Pisa, 2001.

IV. Na Figueira da Foz, a disciplina de **Ciência Política e Direito Constitucional I**, tem o seguinte programa, sendo leccionada por Maria José Ribeiro:
1. **Teoria da Constituição: a Constituição como estatuto jurídico do político.** Os paradigmas da modernidade e da pós-modernidade.
   1.1. Conceito, estrutura e função da constituição.
   1.2. A problemática do poder constituinte. O procedimento e a Legitimidade.
2. **A ciência do Direito Constitucional**
   2.1. Caracteres distintivos e constitutivos do Direito Constitucional.
   2.2. A estrutura sistémica: a constituição como sistema aberto de princípios e regras.
   2.3. As estruturas metódicas: interpretação, aplicação e concretização do Direito Constitucional.
   2.4. Génese teórica e histórica do constitucionalismo português. As sucessivas constituições portuguesas.
   2.5. Padrões estruturais do Direito Constitucional vigente. Princípios estruturantes do Estado Constitucional: o princípio do Estado de Direito; o princípio democrático; o princípio republicano.
   2.6. As estruturas subjectivas. Regime geral dos direitos fundamentais. Regime específico dos direitos, liberdades e garantias. A conformação e concretização dos direitos fundamentais. A protecção dos direitos fundamentais.
   2.7. As estruturas organizatório-funcionais. Conceitos operatórios e princípios fundamentais. Estrutura e função dos órgãos de soberania.
   2.8. As fontes de direito. O sistema constitucional das fontes. As relações entre as fontes de direito. Análise das fontes de direito e das estruturas normativas.
   2.9. As estruturas de garantia e de controlo. Sentido da garantia e controlo da Constituição. O sistema de controlo da constitucionalidade na Constituição de 1976. Sentido do processo no âmbito constitucional. Os processos de fiscalização da inconstitucionalidade e da ilegalidade. Garantia da Constituição e revisão constitucional.
3. **A Ciência Política**
   3.1. Natureza, objecto, método e história da Ciência Política.
   3.2. A questão do poder. Poder, influência e dominação. O poder político e a sua legitimação. Teorias modernas de legitimação; dominação legal racional; legitimação pelo procedimento; legitimação pelo consenso.

V. Ainda na Figueira da Foz, a outra disciplina em domínios constitucionais, com a designação de **Direito Constitucional II**, tem o seguinte programa, tal como a de Lisboa reservada à justiça constitucional:

1. A justiça constitucional
   1.1. Enquadramento geral do tema
   1.2. As estruturas de garantia e controle da constituição
   1.3. A justiça constitucional como instrumento de garantia e de controle de instituição
   1.4. Principais aspectos da justiça constitucional
      1.4.1. Sujeitos de controle da constituição
      1.4.2. Modo de controle da constituição
      1.4.3. Tempo de controle da constituição
      1.4.4. A legitimidade activa para o controle da constituição
      1.4.5. Os efeitos do controle da constituição

2. A justiça constitucional em Portugal
   2.1. Perspectiva histórica
   2.2. O sistema de controle da Constituição de 1976
      2.2.1. A versão original da constituição
      2.2.2. A revisão constitucional de 1982
      2.2.3. A revisão constitucional de 1989
   2.3. O Tribunal Constitucional português
      2.3.1. Composição
      2.3.2. Natureza
      2.3.3. Competências
   2.4. O controle da constitucionalidade dos actos normativos em geral
      2.4.1. Pressupostos jurídico-constitucionais e jurídico-políticos do controle da constitucionalidade dos actos normativos em geral

3. O Direito Processual Constitucional português

39. A Universidade Portucalense – Infante D. Henrique – Porto

I. Apenas funcionando no Porto, a Universidade Portucalense – Infante D. Henrique ministra a licenciatura em Direito, colocando-se no respectivo plano de estudos duas diferentes disciplinas a respeito da área temática que nos ocupa:

– a **Ciência Política e Direito Constitucional I**, ministrada no 1.º ano, com carácter anual e obrigatório; e

– a **Ciência Política e Direito Constitucional II**, leccionada no 5.º ano, com uma duração anual e integrando-se na opção de Ciências Jurídico-Políticas.

II. A disciplina de **Ciência Política e Direito Constitucional I** versa os seguintes temas, de acordo com o seu actual programa[269], sob a responsabilidade de MARIA MANUELA MAGALHÃES SILVA:

I PARTE – CIÊNCIA POLÍTICA

CAPÍTULO I
1. O Objecto da Ciência Política
2. O fenómeno político e o Estado
3. O Estado e o sistema político
4. A Política como saber, como arte e como ciência

CAPÍTULO II
1. O Estado: sua origem
2. Tipos Históricos de Estado
   2.1. Conceito
   2.2. Referência e caracterização das diferentes formas de Estado na fase pré-constitucional
      2.2.1. Estado Oriental, Grego e Romano
      2.2.2. Estado Medieval
      2.2.3. Estado Moderno: Estado Estamental e Estado Absoluto
   2.3. O Estado na fase constitucional
      2.3.1. Estado de Direito Liberal
      2.3.2. Estado Social e Democrático de Direito
      2.3.3. Estado Autocrático do século XX

---

[269] No âmbito do ensino do Direito Constitucional neste estabelecimento de ensino, assinala-se a publicação deste manual: MARIA MANUELA MAGALHÃES SILVA e DORA RESENDE ALVES, *Noções de Direito Constitucional e Ciência Política*, Lisboa, 2000. Tal como se afirma na respectiva Nota Prévia, "Corresponde, naturalmente, com pequenos complementos de pormenor, ao programa adoptado no decurso de vários anos de exercício da docência da disciplina de Ciência Política e Direito Constitucional ao 1.º ano da licenciatura em Direito na Universidade Portucalense – Infante D. Henrique, e que vem preencher uma lacuna para os respectivos alunos, verificada a inadaptação de uma obra singular à estruturação pretendida para a harmoniosa inserção no conteúdo curricular do curso...".

CAPÍTULO III
1. Os Sistemas e Regimes Económicos
    1.1. Noção
    1.2. Tipologia
2. Os Regimes Políticos
    2.1. Noção
    2.2. Tipologia
        2.2.1. Regime Político Democrático
        2.2.2. Regime Político Ditatorial
3. Os Sistemas de Governo
    3.1. Noção
    3.2. Tipologia
        3.2.1. Sistema de Governo Ditatorial
        3.2.2. Sistema de Governo Democrático
            3.2.2.1. Sistema de Governo Democrático de concentração de poderes
            3.2.2.2. Sistema de Governo Democrático de separação de poderes – directo, semi-directo e representativo
            3.2.2.3. Sistema de Governo Representativo Parlamentar, Presidencial e Semi-Presidencial
4. O Regime Económico, o Regime Político e o Sistema de Governo na actual Constituição Portuguesa

CAPÍTULO IV
1. Os Partidos Políticos
    1.1. Noção e distinção entre Partido Político e Associação Política
    1.2. Evolução histórica dos Partidos Políticos
    1.3. Fins e Funções dos Partidos Políticos
    1.4. Tipos de Partidos Políticos
    1.5. Estrutura do poder e participação partidária
    1.6. Sistemas partidários
    1.7. As relações entre sistemas eleitorais e sistemas partidários
    1.8. Os Partidos Políticos na actual Constituição
2. Os Grupos de Pressão
    2.1. Noção e características
    2.2. Distinção entre Grupo de Pressão, Grupos de Interesses e Partidos Políticos
    2.3. Espécies de Grupos de Pressão
    2.4. Pontos de intervenção dos Grupos de Pressão
    2.5. Formas de intervenção dos Grupos de Pressão

CAPÍTULO V
1. As Formas de Estado

1.1. Noção
1.2. Critérios de distinção
1.3. O Estado Unitário ou simples
   1.3.1. O Estado Unitário Regional
1.4. Estado Composto ou complexo
   1.4.1. O Estado Federal
   1.4.2. A União Real
   1.4.3. Distinção entre Estado Regional e Estado Federal
1.5. A Forma do Estado Português

II PARTE – DIREITO CONSTITUCIONAL

CAPÍTULO I
1. Noção de Direito Constitucional
   1.1. Definição
   1.2. Normas constitucionais e normas ordinárias
   1.3. O aparecimento das primeiras Constituições escritas e os antecedentes do constitucionalismo
   1.4. As Constituições Portuguesas
2. Espécies de Direito Constitucional
3. Noção de Ciência Política
   3.1. O âmbito de sobreposição da Ciência Política e do Direito Constitucional
   3.2. Distinção entre a Ciência Política e o Direito Constitucional

CAPÍTULO II
1. Os sentidos de Constituição
   1.1. O constitucionalismo e os sentidos de Constituição: a Constituição em sentido material e em sentido formal
      1.1.1. Os requisitos de existência de uma Constituição formal
      1.1.2. A possibilidade e relativo interesse de uma distinção entre a Constituição formal e a instrumental
   1.2. A aplicação destes conceitos à realidade constitucional portuguesa
      1.2.1. A importância da existência de uma Constituição formal
      1.2.2. A distinção entre Constituição formal e o conceito mais amplo de Constituição material
2. Classificações das Constituições
   2.1. Constituição escrita e Constituição mista
   2.2. Constituição flexível, rígida e semi-rígida
   2.3. Constituição normativa, nominal e semântica
   2.4. Constituição utilitária e ideológico-programática

CAPÍTULO III
1. O Poder Constituinte
   1.1. Definição e espécies
   1.2. Natureza e características
   1.3. Titularidade do Poder Constituinte
   1.4. Formas de exercício do Poder Constituinte
2. Subsistência e Modificação da Constituição
   2.1. Limites de revisão constitucional
   2.2. A problemática dos limites materiais
   2.3. O poder de revisão constitucional na actual Constituição Portuguesa
   2.4. A eventual inconstitucionalidade da lei de revisão constitucional

CAPÍTULO IV
1. Os fins do Estado. Conceito
   1.1. Caracterização e enumeração dos fins do Estado
   1.2. Evolução dos fins do Estado
   1.3. Os fins do Estado na actual Constituição Portuguesa
2. As funções do Estado
   2.1. Os tipos de funções do Estado
   2.2. A caracterização das funções do Estado segundo o critério material
   2.3. As funções do Estado na actual Constituição Portuguesa
3. A função legislativa e a lei na Constituição Portuguesa
   3.1. Lei em sentido formal e lei em sentido material
   3.2. A competência legislativa da Assembleia da República
       3.2.1. As diferentes categorias de leis aprovadas pela Assembleia da República
           a) Leis constitucionais e leis ordinárias
           b) Leis ordinárias comuns e leis ordinárias reforçadas: as leis estatutárias, as leis orgânicas, as leis de bases, as leis de autorização legislativa, as leis gerais da República, as leis-quadro, a lei que aprova as grandes opções do Plano
       3.2.2. O processo legislativo parlamentar
           a) A iniciativa legislativa
           b) Discussão e votação
           c) Promulgação
           d) A referenda ministerial
           e) A publicação
   3.3. A competência legislativa do Governo
       3.3.1. Competência legislativa própria ou independente
       3.3.2. Competência legislativa derivada ou dependente
       3.3.3. O processo de criação dos decretos-leis
       3.3.4. A apreciação parlamentar dos decretos-leis

3.4. A competência legislativa das Assembleias Legislativas Regionais
3.5. A hierarquia das normas jurídicas

CAPÍTULO V
1. A garantia da Constituição e fiscalização da constitucionalidade
   1.1. Noção de inconstitucionalidade e ilegalidade
   1.2. Tipos de inconstitucionalidade
   1.3. Sistemas de fiscalização da constitucionalidade
   1.4. Classificação da fiscalização quanto ao modo de impugnação da constitucionalidade e quanto ao momento em que é feita
2. Classificação dos efeitos da decisão de inconstitucionalidade
3. A fiscalização da constitucionalidade na actual Constituição Portuguesa

III. A disciplina de **Ciência Política e Direito Constitucional II** tem actualmente o seguinte programa, sob a regência de AMÍLCAR MESQUITA:

PARTE I – ELEMENTOS DE CIÊNCIA POLÍTICA

I – INTRODUÇÃO
1. Objecto e Conteúdos
   1.1. O poder como fenómeno político. Os diversos elementos do poder: biológico, coactivo (físico, económico, social, psicológico), «crenças» ou «convicções» (pressão social), consentimento («consensus»).
   1.2. Qual o objecto próprio da ciência política?
   1.3. O poder e a distinção «governantes» «governados» (L. DUGUIT).
   1.4. O «poder imediato» nas sociedades primitivas (DURKHEIM).
   1.5. O «poder institucionalizado» nas sociedades desenvolvidas.
   1.6. As «crenças» e a legitimidade do poder (DUVERGER).
   1.7. O *consensus* e a legitimidade do poder
   1.8. Distinção entre poder e domínio (dominação)
   1.9. Os temas fundamentais (definidos pela UNESCO em 1948)
   1.10. As divergências de conteúdo nos domínios comuns da ciência política e da sociedade (v.g. o problema eleitoral)
   1.11. A ciência política e o estudo do poder na sua origem, na sua estrutura e organização, nas suas prerrogativas e funções e, correlativamente, da extensão e fundamentos da subordinação política (obediência ao poder)
   1.12. O poder e seu carácter organizativo e estrutural da sociedade
2. Noções de Ciência Política
   2.1. Em sentido amplo: a ciência do poder

2.2. Em sentido restrito: a ciência do Estado
2.3. Em sentido menos restrito: a ciência do poder político (as concepções intermédias)
2.4. A distinção da Ciência Política das demais ciências sociais
3. **Metodologia e Métodos**
   3.1. Orientação metodológica normativa
   3.2. Orientação metodológica empírica
   3.3. Metodologia marxista e consequências para a ciência política (a nova cosmogonia)
   3.4. Metodologia condutista
   3.5. Os métodos.
4. **Evolução Histórica da Ciência Política**
   4.1. As fases de evolução.
   4.2. A ciência política em Portugal

II – O HOMEM E A FORMAÇÃO DA SOCIEDADE

5. **O Homem e a Sociedade**
   5.1. A dimensão individual e social do homem
   5.2. Natureza humana fundamento da comunidade (do «comum» enquanto unidade elementar do «social»)
   5.3. A formação da sociedade
   5.4. Formas políticas da sociedade

III – SOCIEDADE POLÍTICA E ESTADO
6. **Elementos constitutivos**
   6.1. Elemento humano
   6.2. Elemento espacial
   6.3. Elemento político
   6.4. Soberania

PARTE II – TEORIA POLÍTICA

IV – HISTÓRIA DAS IDEIAS POLÍTICAS
7. **A teoria do Estado-Cidade**
   7.1. O pensamento político antes de Platão
   7.2. O Estado-ideal de Platão
   7.3. As ideias políticas em Aristóteles
   7.4. O pensamento político romano
8. **A teoria da Comunidade Universal**
   8.1. A doutrina do Cristianismo
   8.2. A acção dos doutores da Igreja

8.3. A comunidade política e o direito
8.4. A Escolástica e as ideias políticas
8.5. A afirmação do poder civil
9. **A teoria do Estado nacional**
9.1. O absolutismo moderno (monárquico)
9.2. As ideias políticas do humanismo cristão
9.3. Os reformadores protestantes e suas ideias políticas
9.4. Teorias monárquicas e monarcómacos
9.5. As teorias do poder e do jusnaturalismo
9.6. Os políticos da Liga católica
9.7. Restauração da Escolástica
9.8. O absolutismo

V – IDEOLOGIAS POLÍTICAS CONTEMPORÂNEAS
10. **Ideologias políticas**
10.1. Os dois principais sentidos ou acepções
10.2. Algumas definições de ideologia no seu significado «fraco»
10.3. Ideologia e doutrina: distinção
10.4. O problema do declíneo das ideologias

11. **Ideologias políticas contemporâneas**
11.1. Liberalismo
11.2. O nacionalismo
11.3. O «Estado Novo» e o salazarismo
11.4. O socialismo
11.5. A democracia cristã
11.6. Fim ou perdurabilidade da ideologia?

VI – OS REGIMES DEMOCRÁTICOS
12. **A democracia antiga**
12.1. A concepção de democracia em HERÓDOTO e outros pensadores gregos (ÉSQUILO, CLÍSTENES, MARDÓNIO, EURÍPEDES, ALCIBÍADES, TUCÍDIDES).
12.2. O manifesto de PÉRICLES (a oração fúnebre) e a democracia clássica.
12.3. Os valores e princípios democráticos (liberdade, legalidade, igualdade, hegemonia do interesse geral ou colectivo).
12.4. A crise da democracia ateniense.
13. **As democracias contemporâneas**
13.1. As diferenças e semelhanças em relação à democracia antiga.
13.2. Os modelos de democracia.
13.3. Evolução da democracia liberal.

14. Sobre a democracia
   14.1. A limitação do político.
   14.2. Direitos do homem e cidadania.
   14.3. A limitação do poder.
   14.4. Representação política e instituições.
   14.5. Liberdade, igualdade, solidariedade.
   14.6. O Estado de direito democrático.
   14.7. O princípio republicano.
   14.8. Reflexões modernas sobre a democracia antiga.
15. O que é a poliarquia?
   15.1. A democracia *não poliárquica*.
   15.2. A democracia *poliárquica*.

VII – CULTURA POLÍTICA
16. Conceito e estudo
   16.1. Conceito de cultura política.
   16.2. Alguns aspectos do estudo.
17. Estudo comparado
   17.1. Elementos de cultura política na União Europeia.
   17.2. Elementos na Europa de Leste.
   17.3. Cultura política na América Latina.
   17.4. Cultura política nos Estados Unidos da América.
   17.5. Cultura política no Portugal democrático.

VIII – ÉTICA E POLÍTICA
18. O problema da relação e separação entre ética e política
   18.1. Relações entre ética e política.
   18.2. Política e ética que relação.
   18.3. Política e ética nos regimes do Estado.
   18.4. Política e ética nas relações internacionais.
   18.5. A ética e as ideologias políticas.
   18.6. Ética da sociedade civil: dos direitos às responsabilidades.
   18.7. A ética e os princípios universais.
   18.8. Os fundamentos éticos da moral cívica.
   18.9. Âmbito e princípios da bioética. A dignidade pessoal.

PARTE III – DIREITO CONSTITUCIONAL COMPARADO

IX – TEORIA DA CONSTITUIÇÃO E DO DIREITO CONSTITUCIONAL
19. A função do direito constitucional
   19.1. Função do direito constitucional na ordem jurídica e na organização do Estado.

19.2. As disciplinas de direito constitucional.
19.3. A formação do direito constitucional moderno.
19.4. Conceitos de constituição
19.5. Teorias modernas sobre a constituição
19.6. A estrutura constitucional

X – DIREITO CONSTITUCIONAL PARTICULAR
20. A Constituição da Grã-Bretanha (Reino Unido)
20.1. Antecedentes históricos.
20.2. Períodos de evolução.
20.3. Os textos constitucionais.
20.4. Sistema político.
21. A Constituição dos Estados Unidos da América
21.1. Antecedentes históricos.
21.2. A Confederação de Estados (1777).
21.3. Períodos da evolução do constitucionalismo dos E.U.A.
21.4. Os aditamentos à constituição.
21.5. Sistema político.
22. As Constituições da França
22.1. As interpretações da história constitucional francesa.
22.2. As constituições revolucionárias.
22.3. As constituições napoleónicas («Constituições do Império»).
22.4. As constituições monárquicas.
22.5. A II República: constituição de 1848.
22.6. A III e a IV Repúblicas: 1870-1958 (as Constituições de 1875 e 1946).
22.7. A V República: constituição de 1958.
23. As Constituições brasileiras
23.1. Antecedentes históricos.
23.2. A constituição do Império.
23.3. As constituições da República.
23.4. Análise do sistema político.
24. As Constituições portuguesas
24.1. Antecedentes históricos.
24.2. Períodos de evolução do constitucionalismo português.
24.3. Constituições monárquicas.
24.4. Análise do sistema político.
24.5. Constituições republicanas.
24.6. Análise do sistema político.
24.7. As revisões constitucionais.

40. A Universidade Moderna – Porto

I. A Universidade Moderna tem dois locais reconhecidos universitariamente, em Lisboa e no Porto, sendo igualmente ministrados cursos de Direito em Setúbal e em Beja, pólos que, no entanto, apenas assumem a designação da cooperativa instituidora – Dinensino, CRL.

O plano de estudos, independentemente dos locais onde é ministrado, é todo igual e apenas inclui uma disciplina de **Direito Constitucional** no 1.º ano da licenciatura, com duração anual e de feição obrigatória.

II. Tendo o signatário sido o regente dessa disciplina no início do presente ano lectivo na Universidade Moderna de Lisboa[270], importa apenas referir o programa adoptado na Universidade Moderna do Porto, que inclui os seguintes tópicos:

Capítulo I – Ciência do Direito Constitucional, Ciência Política e Disciplinas Afins

1. A ciência do Direito Constitucional: objecto
2. O Direito Constitucional como direito público
3. Disciplinas afins: Filosofia Política, História Política, Ciência Política, Sociologia Política, Teoria Geral do Estado e Direito do Estado
4. Dimensões fundamentais da Ciência do Direito Constitucional
5. Doutrina do Direito Constitucional, Teoria da Constituição e Direito Constitucional comparado

Capítulo II – O Político

1. Político e política
2. Político em sentido amplo
3. Político em sentido restrito: o exercício do poder numa sociedade global, em ordem ao bem comum
4. O político como referência das contraposições gerais fundamentais numa sociedade global, hoje tendencialmente total
5. O político como área da vida social tendencialmente total nos dias de hoje
6. Os limites naturais do político: a esfera individual, a liberdade social e a justiça como limite funcional

---

[270] Cfr. JORGE BACELAR GOUVEIA, *Curriculum...*, p. 19.

Capítulo III – O Estado Moderno como Comunidade Política

1. O nascimento do Estado Moderno: um processo de concentração, territorialização, institucionalização e "temporalização" do poder
2. Os elementos do Estado: o povo, o território (elementos sensíveis) e o poder soberano (elemento não sensível)
3. A compreensão actual de Estado: uma comunidade de pessoas, uma forma de unidade plural, uma ordem global justa

Capítulo IV – A Constituição como Estatuto Jurídico e Fundamental do Estado

1. A evolução histórica da Constituição
2. As funções ou tarefas actuais da Constituição
3. As formas constitucionais
4. O debate teórico-constitucional
   a) O conceito e o problema da Constituição em sentido material
   b) Constituição e realidade constitucional

Capítulo V – A Constituição como Fonte de Direito

1. O ordenamento jurídico-constitucional
   a) Características gerais
   b) Tipos de normas (princípios e regras)
   c) O sistema normativo
2. A interpretação da Constituição
   a) Os problemas do método
   b) Os elementos de interpretação
   c) Os princípios de interpretação

Capítulo VI – Os Princípios Fundamentais do Estado Constitucional

1. O princípio do Estado de Direito
   a) As suas dimensões essenciais: juridicidade, constitucionalidade, sistema de direitos fundamentais e divisão dos poderes
   b) Os seus princípios densificadores: o princípio da legalidade da Administração, o princípio da proporcionalidade, o princípio da segurança jurídica e protecção da confiança e o princípio da protecção jurídica e das garantias processuais
2. O princípio da democracia pluralista
   a) Uma soberania popular e unitária, limitada pela consagração de poderes regionais e locais
   b) Um princípio de representação maioritária, temperado com garantias de pluralismo na participação política e na autonomia social

3. O princípio da solidariedade social
   a) Uma economia de mercado controlada
   b) Um conjunto significativo de direitos dos trabalhadores e de direitos económicos, sociais e culturais

Capítulo VII – O Sistema de Governo

1. Sistema de governo e forma de Estado
2. Os sistemas de governo democráticos
   2.1. Sistemas em direito comparado
   2.2. O sistema de governo parlamentar
      2.2.1. O parlamentarismo dualista e monista
   2.3. O sistema de governo presidencial
      2.3.1. As suas características fundamentais
      2.3.2. O presidencialismo como distorção do sistema de governo presidencial
   2.4. O sistema semi-presidencial
      2.4.1. As suas características fundamentais
3. O sistema de governo português
   3.1. Os órgãos de soberania: sua caracterização geral
   3.2. As relações bilaterais PR/AR, PR/Governo, AR/Governo
4. Um sistema de governo semi-presidencial, mas a transição na prática corrente para um regime de chanceler

Capítulo VIII – Os Direitos Fundamentais

1. A evolução histórica dos direitos fundamentais
2. As dimensões dos direitos fundamentais
3. A matéria dos direitos fundamentais da CRP de 1976
4. Características do direito subjectivo fundamental
5. Estrutura e tipos
6. Regime e limites dos direitos fundamentais
7. A força jurídica dos direitos, liberdades e garantias: aplicabilidade directa, vinculação de entidades públicas e também de entidades privadas (os efeitos externos)
8. A tutela interna dos direitos fundamentais: meios jurisdicionais e não jurisdicionais
9. A tutela internacional dos direitos fundamentais

Capítulo IX – O Ordenamento Jurídico-Normativo Português

1. Os princípios básicos: o princípio da hierarquia, o princípio da indisponibilidade do grau e o princípio da competência

2. O poder legislativo em Portugal
   2.1. As categorias de actos legislativos (art. 112.º, n.º 1 da CRP); as relações entre eles
   2.2. O princípio da tipicidade
3. A lei
   3.1. Tipologia das leis (referência a alguns tipos)
      3.1.1. As leis constitucionais
      3.1.2. As leis orgânicas
      3.1.3. As leis de autorização e as leis de bases
      3.1.4. As leis estatuárias
   3.2. O procedimento legislativo parlamentar
4. O decreto-lei
   4.1. Tipologia dos decretos-leis
      4.1.1. Decretos-leis em matéria de competência exclusiva
      4.1.2. Decretos-leis autorizados
      4.1.3. Decretos-leis de desenvolvimento
      4.1.4. Decretos-leis em matéria de competência concorrente
   4.2. O instituto da apreciação parlamentar
5. O decreto legislativo regional
   5.1. O poder legislativo regional
   5.2. Relações entre os decretos legislativos regionais e as leis gerais da república
6. Regulamentos
7. Actos normativos atípicos (o costume e o referendo)

Capítulo X – A Fiscalização da constitucionalidade
1. A garantia da Constituição e o princípio da constitucionalidade
2. Os modelos de controlo judicial de constitucionalidade:
   a) Quanto à natureza dos órgãos que controlam: controlo político e controlo jurisdicional
   b) Quanto aos órgãos encarregados da fiscalização: controlo difuso (norte-americano), controlo concentrado (austríaco), controlo misto (português)
   c) Quanto ao momento de controlo: controlo preventivo e controlo sucessivo
   d) Quanto ao modo de controlo: controlo abstracto por via principal e controlo concreto por via incidental
   e) Quanto ao direito de iniciativa: legitimidade universal e legitimidade restrita
   f) Quanto aos efeitos:
      – efeitos particulares (desaplicação) e gerais (invalidação)

– efeitos retroactivos (*ex tunc*) ou prospectivos (*ex nunc*)
  – efeitos declarativos e efeitos constitutivos
3. Objecto da fiscalização: os actos normativos
4. Os vícios geradores de inconstitucionalidade: formal, material, orgânico e procedimental
5. As sanções do controlo: a inexistência, nulidade, ineficácia e irregularidade
6. Os princípios do Direito processual constitucional
   6.1. O princípio do pedido
   6.2. O princípio da instrução
   6.3. O princípio da congruência ou da adequação
   6.4. O princípio da individualização
   6.5. O princípio do controlo material
7. Os processos de fiscalização na Constituição portuguesa de 1976
   7.1. Fiscalização preventiva (arts. 278.º e 279.º CRP)
   7.2. Fiscalização abstracta sucessiva (arts. 281.º e 282.º CRP)
   7.3. Fiscalização concreta (art. 280.º CRP)
   7.4. Fiscalização da inconstitucionalidade por omissão (art. 283.º CRP)
   7.5. Fiscalização mista: o processo de declaração de inconstitucionalidade com base no controlo concreto (art. 281.º, n.º 3 CRP)

Capítulo XI – O Poder Constituinte

1. O poder constituinte originário e poder constituinte derivado
2. O titular do poder constituinte
3. As formas do procedimento constituinte
4. Os limites materiais do poder constituinte
5. A natureza jurídica do poder constituinte
6. Breve história do constitucionalismo português

Capítulo XII – O Poder de Revisão

1. O poder de revisão como poder constituído
2. O poder de revisão e a supremacia e rigidez da constituição
3. Revisão total e revisão parcial
4. Limites expressos e limites tácitos
5. Limites absolutos e limites relativos
6. O sistema de revisão na Constituição portuguesa de 1976
   a) Limites formais:
      – o órgão competente
      – requisitos quanto maiorias deliberativas
   b) Limites temporais e circunstanciais
   c) Limites materiais

41. A Universidade Independente

I. Na Universidade Independente, em Lisboa, a licenciatura em Direito oferece três disciplinas em domínios do Direito Constitucional, todas no 1.º ano:
- o **Direito Constitucional**, com uma duração anual;
- a **Ciência Política**, no 1.º semestre;
- os **Direitos Fundamentais**, no 2.º semestre.

II. A disciplina de **Direito Constitucional** conta com o seguinte programa:

1. Teoria básica da Constituição
1.1. Conceito e função de Constituição. O Constitucionalismo.
1.2. Questões fundamentais: A Liberdade e a Democracia.
1.3. Modelos Constitucionais comparados.
1.4. A Justiça Constitucional.
1.5. A questão constitucional da integração europeia e a globalização.

2. História Constitucional Portuguesa
2.1. O antigo regime e as constituições monárquicas.
2.2. A Constituição da República de 1911.
2.3. A Constituição do Estado Novo de 1933.

3. A Constituição Portuguesa
3.1. Apreciação geral da Constituição Portuguesa de 1976.
3.2. Princípios estruturantes constitucionais.
3.3. Órgãos de soberania.
3.4. Órgãos de soberania em especial: os tribunais.
3.5. Garantia e controlo da Constituição
3.6. A revisão da Constituição.
3.7. Excepções à normalidade constitucional.

4. Direito Constitucional Europeu
4.1. Constituição Portuguesa e União Europeia.
4.2. Constituição da União Europeia.

5. Jurisprudência Constitucional
5.1. Decisões relevantes do Tribunal Constitucional.
5.2. Decisões relevantes de aplicação da Constituição pelos Tribunais Judiciais.

III. A disciplina de **Ciência Política** actualmente estrutura-se de acordo com o seguinte programa:

PARTE I – INTRODUÇÃO À CIÊNCIA POLÍTICA
1. **O objecto da Ciência Política**
   1.1. Definição
   1.2. O poder político. A questão da legitimidade dos governantes
   1.3. O poder político e o Estado, poder político estadual, poder político infraestadual, poder político supraestadual
   1.4. O poder político e o Direito
2. **Os métodos da Ciência Política**
   2.1. As perspectivas básicas de investigação e análise dos factos políticos. A perspectiva das tendências individuais. A perspectiva racionalista. A perspectiva funcionalista. A perspectiva sistémica.
   2.2. Técnica de pesquisa dos factos políticos. A análise documental. A observação directa.
3. **Distinção da Ciência Política de outras Ciências que estudam o facto político. Referência à Sociologia Política, à Antropologia Política, à História Política, à História das Ideias Políticas e à Filosofia Política.**
4. **As relações entre a Ciência Política e o Direito Constitucional**

PARTE II – INTRODUÇÃO À HISTÓRIA DAS IDEIAS POLÍTICAS
5. **Pensamento político pré-clássico**
   5.1. Platão: A cidade ideal
   5.2. Aristóteles. O idealismo e a natureza do Estado
6. **Pensamento político romano**
   6.1. Cícero
7. **Filosofia política medieval**
   7.1. Santo Agostinho
   7.2. São Tomás de Aquino
8. **A modernidade**
   8.1. Maquiavel
9. **Filosofia política neo-escolástica**
   9.1. Francísco Suarez
10. **Pensamento político Francês**
    10.1. Jean Bodin
    10.2. Montesquieu

11. Pensamento político Britânico
   11.1. Hobbes
   11.2. Locke
12. Liberalismo Comunitário
   12.1. Rousseau
13. Hegel:Absoluto e Estado
14. Marxismo e Materialismo
15. Comunismo
   15.1. A teoria e a experiência Soviética
16. Fascismo e Nacional Socialismo
17. Social Democracia e Democracia Cristã

PARTE III – TEORIA GERAL DO ESTADO

18. O Estado
   18.1. Definição. Processos de formação do Estado. Sociedades políticas pré-estaduais
   18.2. Os tipos históricos do Estado, Estado oriental, O Estado Grego, O Estado Romano, O Estado Medieval. O Estado Moderno
   18.3. O Estado moderno. O Estado estamental. O Estado absoluto. O Estado de polícia. O Estado constitucional, representativo ou de Direito. O Estado social de Direito. O Estado totalitário
19. Os elementos do Estado
   19.1. O povo
   19.2. O território
   19.3. O poder político
20. As formas de Estado
   20.1. O Estado unitário. O Estado unitário clássico e regional
   20.2. O Estado complexo. A união real. O federalismo. As modalidades contemporâneas de associação de Estados: as organizações supranacionais.
21. Os fins e as funções do Estado
   21.1. Os fins do Estado
   21.2. As funções do Estado
22. A organização do poder político do Estado
   22.1. O Estado como pessoa colectiva e os órgãos do Estado
   22.2. Órgão titular e cargo
   22.3. Classificação dos órgãos do Estado
23. Formas de designação dos titulares dos órgãos do poder político do Estado
   23.1. Formas constitucionais de designação dos governantes: a herança, a cooptação, a nomeação, a inerência, a eleição

23.2. Formas de designação dos governantes com ruptura na ordem constitucional: o golpe de Estado, a insurreição, a revolução
23.3. A representação política
23.4. A eleição e os sistemas eleitorais. Tipos de sufrágio. Divisão eleitoral. Os sistemas de representação maioritária, os sistemas de representação proporcional

PARTE IV – REGIMES POLÍTICOS, SISTEMAS DE GOVERNO E PARTIDOS POLÍTICOS

24. Os regimes políticos
24.1. Monarquia e república
24.2. O regime político ditatorial e o regime político democrático
25. Os sistemas de Governo
25.1. Sistemas de governo ditatorial e sistemas de governo democrático
25.2. Sistemas de governo ditatoriais monocráticos directos, semidirectos e representativos
25.3. Sistemas de governo democráticos directos, semidirectos e representativos
25.4. Sistemas de governo democráticos de concentração de poderes e de divisão de poderes
25.5. Sistemas de governo parlamentaristas
25.6. Sistemas de governo presidencialistas
25.7. Sistemas de governo semipresidencialistas
26. Partidos políticos
26.1. Definição
26.2. Distinção de figuras
26.3. Tipos de partidos políticos
26.4. Funções de partidos políticos
26.5. Sistemas de partidos
26.6. As relações existentes entre os sistemas de partidos e os sistemas eleitorais e entre os sistemas de partidos e os sistemas de governo

IV. A disciplina de **Direitos Fundamentais** assenta actualmente no seguinte programa:

PARTE I – DIREITOS FUNDAMENTAIS EM GERAL

Título I – Introdução ao Conceito de Direitos Fundamentais
1. Noções Históricas e Doutrinais
   – Direitos estamentais e direitos universais

- Direitos do homem e direitos do cidadão
- Direitos naturais e direitos civis
- Direitos fundamentais e liberdades públicas
- Direitos fundamentais e direitos de personalidade
- Direitos, liberdades e garantias e direitos económicos, sociais e culturais
- Direitos fundamentais e garantias institucionais
- Direitos fundamentais e interesses difusos
- Direitos fundamentais e direitos dos povos
- Direitos fundamentais e situações funcionais
2. Noções de direitos fundamentais: filosófica, internacionalista e de direito interno
3. Justificação da opção pelo conceito "Direitos Fundamentais"
4. Constitucionalização e fundamentalização

Título II – Evolução Histórica dos Direitos Fundamentais

Capítulo I – Os Direitos Fundamentais dos Antigos

5. Os Direitos Fundamentais na Grécia
6. Os Direitos Fundamentais no Direito Romano
7. Os Direitos Fundamentais no Cristianismo
8. Os Direitos Fundamentais na Inglaterra
9. A Escola do Direito Natural

Capítulo II – Os Direitos Fundamentais dos Modernos

Secção I – *As Declarações de Direitos*

10. As Declarações Americanas
11. A Declaração dos Direitos do Homem e do Cidadão

Secção II – *As Primeiras Constituições*

12. As Constituições francesas
13. A Constituição dos Estados Unidos da América
14. As Constituições Portuguesas. Remissão

Secção III – *A Internacionalização dos Direitos Fundamentais*

15. A Carta da Organização das Nações Unidas
16. A Declaração Universal dos Direitos do Homem
17. Os Pactos dos Direitos Civis e Políticos e dos Direitos Económicos, Sociais e Culturais

18. Outras Convenções celebradas no âmbito da O. N. U.
19. A Convenção Europeia dos Direitos do Homem
20. A Convenção para a Protecção das Pessoas Relativamente ao Tratamento dos Dados Pessoais
21. A Carta Social Europeia

Secção IV – *O Processo evolutivo dos Direitos Fundamentais*

22. As "gerações" de direitos

Título III – Estrutura e Função dos Direitos Fundamentais

Capítulo I – A Estrutura dos Direitos Fundamentais

23. As normas consagradas de Direitos Fundamentais: as regras e os princípios
24. Dimensão e âmbito dos Direitos Fundamentais
25. Direitos de liberdade e liberdades

Capítulo II – Funções dos Direitos Fundamentais

26. Os Direitos fundamentais como direitos de defesa
27. Os Direitos fundamentais como direitos a prestações

Capítulo III – Teorética de Direitos Fundamentais

28. A teoria liberal
29. A teoria institucional
30. A teoria da ordem de valores
31. A teoria democrática
32. A teoria do Estado social
33. A teoria marxista-leninista

Título IV – Os Direitos Fundamentais no Constitucionalismo Português

Capítulo I – Os Direitos Fundamentais até 1974

34. A Constituição de 1822. Os direitos liberdades e garantias; as liberdades de religião e de imprensa.
35. A Carta Constitucional. A origem do poder. O direito à vida. O direito de reunião.
36. A Constituição de 1838. A proibição de privilégios. Os direitos sociais.
37. A Constituição de 1911. A liberdade de religião. A " cláusula aberta".

38. A Constituição de 1933. A liberdade, a propriedade e a segurança individual. As restrições às liberdades.

Capítulo II – Os Direitos Fundamentais na Constituição de 1976

Secção I – *Âmbito do catálogo de Direitos Fundamentais na Constituição*
39. A concepção de direitos fundamentais na Constituição

Secção II – *Caracterização dos Direitos Fundamentais*
40. Caracterização dos direitos fundamentais quanto aos sujeitos, quanto ao objecto e quanto à estrutura.
41. Os sujeitos
42. A colocação dos direitos fundamentais na Constituição
43. A caracterização dos direitos, liberdades e garantias e a caracterização dos direitos económicos, sociais e culturais. Critérios distintivos
44. Os direitos económicos, os direitos sociais e os direitos culturais.
45. Direitos fundamentais constitucionais e direitos fundamentais sem assento constitucional.
46. Direitos fundamentais dispersos
47. Direitos fundamentais de natureza análoga aos direitos liberdades e garantias

Secção III – *Os Deveres Fundamentais*
48. Deveres Fundamentais

Secção IV – *O regime dos Direitos Fundamentais*
49. A distinção constitucional de diferentes regimes de direitos fundamentais

Subsecção I – *O Regime Geral de Direitos Fundamentais*
50. O princípio da universalidade
51. O princípio da igualdade
52. Relação entre o princípio da universalidade e o princípio da igualdade.
53. O princípio da protecção jurídica. Remissão.

Subsecção II – *O Regime Específico dos Direitos, Liberdades e Garantias*
I – A aplicabilidade directa
54. A aplicabilidade imediata

II – A vinculação ao regime específico dos Direitos, Liberdades e Garantias
55. A vinculação das entidades públicas
56. A vinculação das entidades privadas

III – O Regime das Leis Restritivas
57. Conceito de restrição e âmbito de protecção
58. Tipos de restrições
59. Estrutura das normas constitucionais restritivas de direitos
60. Estrutura dos limites imanentes: os limites originários e as limitações horizontais
61. Os requisitos das leis restritivas

IV – Casos Especiais de Restrição de Direitos
62. Perda de direitos
63. Renúncia a direitos
64. Os estatutos especiais de poder

V – Outras Características do Regime específico de Direitos, Liberdades e Garantias
65. Outras características do regime específico

Secção V – *Concorrência e Colisão de Direitos*
66. A concorrência de direitos
67. A colisão de direitos
68. Critérios de solução de conflitos de direitos
69. Alguns casos de colisão

Secção VI – *A Protecção dos Direitos Fundamentais*

Subsecção I – *A Protecção dos Direitos, Liberdades e Garantias*
70. Os meios de defesa *jurisdicionais*
71. Os meios de defesa não *jurisdicionais*

Subsecção II – *A Protecção dos Direitos Económicos, Sociais e Culturais*
72. Protecção dos direitos económicos, sociais e culturais

Título V – A Protecção dos Direitos Fundamentais no Direito Internacional e Comunitário
73. A protecção dos direitos fundamentais no âmbito da Organização das Nações Unidas
74. Instrumentos de protecção dos direitos fundamentais na Convenção Europeia dos Direitos do Homem
75. Os direitos fundamentais na Comunidade Europeia

PARTE II – OS DIREITOS FUNDAMENTAIS EM ESPECIAL

Título I – Direitos, Liberdades e Garantias

Capítulo I – Direitos Pessoais

76. O direito à vida
77. O direito à integridade pessoal
78. Os direitos à identidade pessoal, ao nome, à historicidade pessoal, à cidadania, ao bom nome e reputação, à imagem, à palavra, à reserva da identidade da vida privada e familiar.
79. O direito à liberdade e o direito à segurança
80. A inviolabilidade do domicílio e da correspondência: o objecto e a titularidade do direito.
81. O direito à autodeterminação informacional
82. A liberdade de expressão
83. A liberdade de informação: os direitos de informar, de se informar e de ser informado.
84. A liberdade de consciência, de religião, e de culto
85. O direito de reunião

Capítulo II – Direitos de Participação Política

86. Direitos de participação política

Capítulo III – Direitos dos Trabalhadores

87. O direito à segurança no emprego
88. A liberdade sindical e o direito à greve

Título II – Direitos Económicos, Sociais, e Culturais

Secção I – *Direitos Económicos*
89. Os direitos ao trabalho, à retribuição e ao repouso
90. Os direitos dos consumidores
91. Os direitos de propriedade privada e à iniciativa económica privada

Secção II – *Direitos Sociais*
92. Os direitos à segurança social, à saúde, à habitação e ao ambiente e qualidade de vida

Secção III – *Direitos Culturais*
93. Os direitos à cultura, à educação, à ciência e à escola

42. A Universidade Lusófona de Humanidades e Tecnologias

I. Na Universidade Lusófona de Humanidades e Tecnologias, em Lisboa, desde 1994 que é ministrado o curso de Direito, embora só reconhecido em 1997, havendo duas disciplinas de Direito Constitucional:
- a **Ciência Política e Direito Constitucional I,** anual e obrigatória do 1.º ano; e
- o **Direito Constitucional II,** com um cunho semestral, leccionado no 2.º ano.

II. O programa de **Ciência Política e Direito Constitucional I** tem as seguintes opções de conteúdo:

PARTE I – CIÊNCIA POLÍTICA

Capítulo 1 – Introdução
1. Será que tudo é político? O poder. O poder político.
   1.1. Política. Ciência Política. O objecto. A Arte Política. O âmbito da Ciência Política. O papel da Ciência Política no citado Direito Constitucional.
   1.2. Breve história da Ciência Política: Aristóteles, Maquiavel e Montesquieu. A Ciência Política como Ciência da moda.

Capítulo 2 – O Estado. Os elementos do sistema político
1. O Estado. Elementos, funções e finalidades.
   1.1. A evolução histórica do Estado moderno.
   1.2. As formas de Estado.
2. As formas de Governo.
3. Os sistemas de Governo.
4. Os partidos políticos: antecedentes, características, origem, âmbito e extensão social.
   4.1. Os grupos de pressão. Tipologia e acção.
   4.2. Os sistemas de partidos.
5. Os modos de selecção dos governantes. Os tipos de sufrágio. O referendo e o plebiscito.
   5.1. Os sistemas eleitorais.
   5.2. A importância da interacção entre sistemas eleitorais e sistemas de partidos.
6. Os regimes políticos
7. Noção de sistema político.

Capítulo 3 – Os sistemas políticos Americano, Francês e Britânico
1. O sistema político Norte-Americano.
    1.1. Breve perspectiva histórica. A Constituição de 1787. O Federalismo.
    1.2. A separação de poderes. O sistema de Governo presidencialista. A eleição e os poderes do presidente da União. O Congresso: A Câmara dos Representantes e o Senado. Eleição, composição, funcionamento e poderes. O Vice-presidente. O Gabinete. O *Executive Office*. O Supremo Tribunal.
    1.3. A génese do sistema: os freios e contrapesos.
    1.4. Os partidos políticos Norte-Americanos. O bipartidarismo
    1.5. Os grupos de pressão.
2. O Sistema Político Francês
    2.1. A Revolução Francesa. A Declaração dos Direitos do Homem e do Cidadão.
    2.2. A V República. A Constituição de 1958.
    2.3. O Presidente da República. Eleição e poderes. O Governo e o 1.º Ministro. Os poderes. O Parlamento: A Assembleia Nacional e o Senado. Composição, funcionamento e poderes.
    2.4. O Semipresidencialismo. As prerrogativas constitucionais do Chefe do Estado e a prática constitucional. A coabitação: O Chefe de Estado e a maioria governativa oposta. O Chefe de Estado e a maioria governativa afim.
    2.5. O Sistema eleitoral e de partidos.
    2.6. O Supremo Tribunal de Justiça. O Conselho Constitucional.
3. O Sistema Político Britânico.
    3.1. A Constituição Britânica: Definição, fontes, características e linhas de força.
    3.2. A Coroa. O Conselho Privado. O 1.º Ministro. O Gabinete. O Ministério. O Parlamento. A Câmara dos Comuns e a Câmara dos Lordes. Composição, funcionamento e poderes. Os Tribunais.
    3.3. O sistema parlamentar de gabinete. O sistema eleitoral e de partidos. A concentração de poderes no 1.º Ministro.

PARTE II – DIREITO CONSTITUCIONAL – TEORIA DA CONSTITUIÇÃO

Capítulo 1 – Conceito, estrutura e função da Constituição
1. O sentido de Constituição

Capítulo 2 – As estruturas Constituintes
1. Teoria do poder constituinte

2. Os limites do poder constituinte
3. O procedimento constituinte

Capítulo 3 – A estrutura sistémica

1. A Constituição como Sistema de Normas e Princípios
2. Tipologia de princípios e regras
3. Textura aberta e positividade constitucional

Capítulo 4 – As estruturas metódicas

1. Catálogo-tópico dos princípios de interpretação constitucional. Limites da interpretação

Capítulo 5 – Memória do constitucionalismo: Breve referência

PARTE III – DIREITO CONSTITUCIONAL – O DIREITO CONSTITUCIONAL VIGENTE

Capítulo 1 – Os Padrões estruturais

1. O princípio do Estado de Direito
2. O princípio Democrático
3. O princípio da Democracia Económica Social e Cultural
4. O princípio Republicano

Capítulo 2 – As Estruturas subjectivas

1. Regime Geral dos Direitos Fundamentais
2. Regime específico dos Direitos, Liberdades e Garantias
3. Colisão e concorrência de Direitos
4. A protecção dos Direitos Fundamentais

Capítulo 3 – As Estruturas organizatório-funcionais

1. Conceitos operatórios e princípios fundamentais
2. Padrão básico e sistema de governo
3. Estrutura e função dos órgãos de soberania portugueses

Capítulo 4 – As relações entre as Fontes de Direito

1. O sentido de Lei na Constituição de 1976
2. Individualização e análise de algumas categorias de Lei
3. O Decreto-Lei

4. Os Decretos Legislativos Regionais
5. O Direito Internacional e o Direito Supranacional
6. Os Regulamentos
7. Os Decretos
8. O Procedimento Legislativo

Capítulo 5 – Sentido da Garantia e Controlo da Constituição

1. Caracterização Global do Sistema Português vigente
2. Os processos de Fiscalização da Inconstitucionalidade e da Ilegalidade

Capítulo 6 – Garantia da Constituição e Revisão da Constituição

III. A disciplina de **Direito Constitucional II**, com um conteúdo específico de direitos fundamentais, oferece o seguinte programa:

Capítulo 1 – Regime Comum dos Direitos Fundamentais

1. Atribuição dos direitos
2. A protecção jurídica
3. Os limites ao exercício dos direitos
4. Os limites dos direitos fundamentais
   4.1. Os limites imanentes
   4.2. As colisões ou conflitos de direitos
   4.3. A intervenção legislativa na matéria dos direitos, liberdades e garantias
   4.4. Os limites dos direitos sociais

Capítulo 2 – Regime Específico dos Direitos, Liberdades e Garantias

1. Regime material dos direitos, liberdades e garantias
2. O regime orgânico

Capítulo 3 – Regime Específico dos Direitos Económicos, Sociais e Culturais

Capítulo 4 – Os Direitos Fundamentais dos Trabalhadores

1. Natureza, estrutura, objecto
2. A eficácia vinculativa dos direitos fundamentais dos trabalhadores
3. A protecção dos direitos fundamentais dos trabalhadores

Capítulo 5 – Os Direitos Fundamentais em Especial

1. Liberdades de comunicação

2. Liberdade de associação e liberdade de reunião
3. Liberdade económica e propriedade privada
3.1. Liberdade de trabalho e de profissão

Capítulo 6 – Os Direitos Fundamentais na Jurisprudência do Tribunal Constitucional

43. Apreciação crítica geral

I. A apresentação dos programas relativos ao ensino do Direito Constitucional, nas suas múltiplas modalidades, no seio de outros tantos estabelecimentos de ensino, públicos e não públicos, teve o claro propósito de permitir uma avaliação de conjunto sobre o modo como o Direito Constitucional está sendo ensinado em Portugal.

É que a apreciação a que metemos ombros neste relatório ficaria sempre incompleta se fizéssemos uma análise que se circunscrevesse às Faculdades de Direito "clássicas", assim não se podendo oferecer ao leitor a verdadeira dimensão da importância e da modelação que o ensino do Direito Constitucional tem vindo a revestir em Portugal.

Esta é também, segundo pensamos, uma forma de homenagear todos aqueles que, em lugares diversos e em circunstâncias institucionais por vezes difíceis, dão o seu melhor, dedicando-se ao ensino do Direito Constitucional em Portugal.

Evidentemente que esse bosquejo ficaria incompleto se sobre a descrição exaustiva não pudéssemos analisar criticamente as opções tomadas, quer num prisma curricular, quer num prisma pedagógico.

II. De acordo com a única apreciação que se conhece a este propósito, a de JORGE MIRANDA, são essencialmente quatro os esquemas praticados quanto ao ensino do Direito Constitucional, na sua feição introdutória, nas Faculdades Portuguesas de Direito[271]:

– Disciplina anual de Direito Constitucional e disciplina semestral de Ciência Política;
– Disciplina anual de Ciência Política e Direito Constitucional;
– Disciplina anual de Ciência Política e Direito Constitucional I no

---

[271] Considerando também a Faculdade de Direito da Universidade Nova de Lisboa, a qual, porém, só será objecto da nossa análise mais adiante. Cfr. *infra* Capítulo III deste Relatório.

1.º ano e uma disciplina semestral de Direito Constitucional II no segundo ano;
- Disciplina semestral de Teoria Geral do Estado no primeiro ano e uma disciplina anual de Direito Constitucional no 2.º ano[272].

Comparando estas diversas possibilidades, JORGE MIRANDA exprime mesmo a opinião de considerar favorável o sistema da sua Faculdade: a junção da Ciência Política com o Direito Constitucional I, embora considere condenável "juntar num só e mesmo curso Ciência Política e Direito Constitucional"[273].

E JORGE MIRANDA pronuncia-se especificamente contra o esquema adoptado pela Faculdade de Direito da Universidade Nova de Lisboa, dizendo que este sistema tem em seu desfavor uma grande dificuldade de aprendizagem, porque implica que o aluno seja confrontado, imediatamente, com variadíssimas e complexas matérias[274].

Com o devido respeito, não nos parece que JORGE MIRANDA tenha razão: criticável é certamente o sistema da Faculdade de Direito da Universidade de Lisboa, que prolonga o ensino do Direito Constitucional por dois anos lectivos diferentes, havendo, além do mais, o perigo do sincretismo metodológico entre a Ciência Política e Direito Constitucional, muito propiciado por pertencerem a uma mesma disciplina, com o segundo perigo ainda maior de este absorver aquela.

Mais do que estabelecer uma tipologia de arrumação curricular, estamos em crer que é mais relevante frisar as principais tendências que se sentem em todo este universo de licenciaturas, sendo praticamente impossível esquematizar por completo, com pretensão científica, todas essas variantes.

III. Num plano curricular, cumpre dizer que o Direito Constitucional assume uma tripla constância, que é interessante referir:
- existe sempre como disciplina, assim sendo imprescindível à formação do jurista;
- é normalmente ministrado na fase inicial do curso de Direito, com isso dispondo de uma feição introdutória, geral e obrigatória;

---

[272] Cfr. JORGE MIRANDA, *L'enseignement...*, pp. 117 e 118.
[273] JORGE MIRANDA, *L'enseignement...*, p. 118.
[274] Cfr. JORGE MIRANDA, *L'enseignement...*, p. 118.

– quase sempre aparece também como segunda disciplina numa fase final da licenciatura, dentro de uma óptica de especialização.

Ora, só podemos saudar este modo de conceber a colocação curricular do Direito Constitucional, sinal amadurecido da importância que se lhe passou a atribuir com o constitucionalismo democrático gerado na Revolução de 25 de Abril de 1976, que assim tem vindo a irradiar também para outros estabelecimentos de ensino posteriormente criados.

IV. Num plano pedagógico, anote-se que as opções programáticas não são muito diversificadas, surgindo os planos de estudos muito influenciados pelos das Faculdades de Direito da Universidade de Lisboa e da Universidade de Coimbra, tendo vindo a pontificar, ao nível dos professores, as orientações do ensino de JORGE MIRANDA e de JOSÉ JOAQUIM GOMES CANOTILHO, o que também se pode confirmar pela bibliografia que costuma ser aconselhada.

Certamente que estas verificações obliteram a autonomia pedagógica material que cada instituição de ensino superior deve procurar, no curso de Direito como em qualquer outro curso. Mas também revelam um conjunto de coordenadas constantes do Direito Constitucional, assentes na estabilidade já conseguida do Direito Constitucional Positivo e na inserção continental dos seus cultores[275].

---

[275] E JORGE MIRANDA (*L'enseignement*..., p. 119) justamente frisa essas contantes pedagógicas: os conceitos jurídicos fundamentais de Estado e de Direito; a formação do Direito Constitucional e a história do Direito Constitucional Português; a Teoria da Constituição; as funções do Estado e os actos jurídico-públicos; uma introdução aos direitos fundamentais; e a inconstitucionalidade e o controlo da constitucionalidade em Direito Comparado e no Direito Português.

CAPÍTULO II

O ENSINO DO DIREITO CONSTITUCIONAL NO ESTRANGEIRO

§ 9º Aspectos gerais

44. A importância da observação de experiências estrangeiras

I. Não seria totalmente aceitável que o estudo acerca do ensino do Direito Constitucional se pudesse fazer olvidando o contributo que, noutras paragens, lhe tem sido dado.

Quer isto dizer que assim pretendemos rejeitar um qualquer "solipsismo pedagógico", que eventualmente julgasse encontrar a essência das coisas apenas no estrito confinamento dos horizontres nacionais.

Mas também importa afirmar a especificidade nacional do ensino do Direito, sendo disso exemplo vivo o Direito Constitucional, que por definição atende às realidades domésticas, ou não fosse o Direito uma manifestação eminentemente cultural.

Só que esse saudável "nacionalismo constitucional" comporta os limites da necessidade da apreciação de outras experiências, não propriamente para uma qualquer reacção de mimetismo disparatado, mas com o confesso desejo de alargar perspectivas, numa altura em que a globalização também se reflecte nos sistemas constitucionais.

Daí que a utilidade que podemos encontrar neste bosquejo seja manifestamente dupla:

– comparar as nossas experiências com as experiências pedagógicas alheias; e, na sequência disso,
– aperfeiçoar os nossos caminhos, naquilo que eles têm de aperfeiçoável com a ajuda dessas experiências.

II. Todavia, para que isso se torne realizável, é forçoso fazer escolhas porque, por natureza, os meios são sempre escassos, tarefa selectiva que atingirá tanto os estabelecimentos de ensino a evidenciar como os autores e as obras a consultar.

Claro que seria incomportável uma análise do ensino do Direito Constitucional em todos os estabelecimentos universitários do Mundo, assim cumprindo reduzir a nossa atenção a apenas certos contributos que nos pareçam mais relevantes.

Por outra parte, a mesma dificuldade se sentiria na apreciação dos manuais académicos de Direito Constitucional, num esforço que, se levado ao extremo, interessaria mais ao investigador do que ao professor.

A nossa opção, sendo mais restrita, terá como objecto exemplos que possamos colher em dois níveis:

– o nível da inserção da disciplina de Direito Constitucional no vasto contexto dos planos de estudo das Faculdades mais emblemáticas; e
– o contributo dado pela mais relevante doutrina que tem sido produzida ao nível de escritos e manuais universitários.

III. Os critérios comparatísticos de que vamos lançar mão, com todo o risco que isso implica de alguma arbitrariedade, integram-se no seguinte tripé lógico, nele se consubstanciando o sentido da comparação a efectuar:

– a preferência por Estados que têm ordenamentos jurídico-constitucionais mais próximos do nosso e que nos influenciaram, ou em relação aos quais temos mais afinidades;
– a alusão às Faculdades de Direito que têm sistemas de ensino bem afins do sistema de ensino que vigora nas Faculdades Portuguesas de Direito;
– a referência às doutrinas constitucionais que ofereçam maior desenvoltura substantiva, *maxime* ao nível dos manuais universitários, dentro de uma óptica essencialmente pedagógica[276].

O resultado é o seguinte elenco de Estados[277]: Itália, Alemanha, França,

---

[276] V. os interessantes bosquejos de PAULO OTERO, *Direito...*, pp. 240 e ss., e de LUÍS MENEZES LEITÃO, *O ensino...*, pp. 265 e ss.

[277] Apresentados pela ordem cronológica do aparecimento das respectivas Constituições vigentes.

Espanha, Brasil e, na África Lusófona, Angola, Moçambique e Guiné-Bissau, aqui por razões particulares de proximidade com Portugal.

Refira-se ainda que esta perspectiva comparatística conta com o valioso contributo da obra colectiva *L'enseignement du Droit Constitutionnel*[278], organizada por JEAN-FRANÇOIS FLAUS, que foi o resultado de uma mesa redonda internacional, ocorrida em Lausanne, em 19 e 20 de Junho de 1998, em que se discutiram aspectos cruciais do ensino do Direito Constitucional no Mundo, com intervenções sobre os seguintes Estados: Alemanha, Canadá, Benelux, França, Suíça, Japão, Eslovénia, Espanha, Portugal, Áustria, Reino Unido, Estados Unidos da América, Países Escandinavos e Itália.

---

[278] AAVV, *L'enseignement du Droit Constitutionnel* (ed. de JEAN-FRANÇOIS FLAUSS), Bruxelles, 2000.

§ 10º As principais experiências pedagógicas europeias

45. Itália

I. A Itália, dos diversos países que vamos analisar, é o que tem o texto constitucional mais antigo e é também o lugar onde o Direito tem mais larga tradição, bastando pensar em todo o lastro histórico-jurídico ligado à criação, no seu actual território, da primeira Universidade: a Universidade de Bolonha.

O curso de Direito em Itália é o que se encontra mais avançado numa senda de uniformização europeia, ou não fosse o seu documento inspirador a Declaração de Bolonha[279], caminho que nos suscita, no entanto, a maior das preocupações[280], pelos vários "alçapões de facilidade" que nele se perscrutam[281].

Nesse contexto de acelerada unificação, o Direito Constitucional[282] mantém-se, todavia, no primeiro ano[283], independentemente do número de anos das diversas modalidades de *laurea*, ainda se consagrando disciplinas de Direito Constitucional em especial em anos mais avançados,

---

[279] Sobre o curso de Direito em Itália, v. JOSÉ MARNOCO E SOUSA e JOSÉ ALBERTO DOS REIS, *O ensino jurídico na França e na Itália,* I, Coimbra, 1910, pp. 117 e ss.; LUÍS MENEZES LEITÃO, *O ensino...*, pp. 275 e 276.

[280] LUÍS MENEZES LEITÃO (*O ensino...*, p. 275) igualmente expende as suas observações críticas, dizendo que esse país vai "...abdicando um pouco do seu próprio Direito Civil, cujo ensino é geralmente sacrificado em benefício dos estudos comparatísticos e comunitários".

[281] Para uma vasta indicação de bibliografia geral sobre o Direito Constitucional em Itália, v. a lista bibliográfica final.

[282] Sobre o ensino do Direito Constitucional em Itália, v., por todos, GIUSEPPE DE VERGOTTINI, *L'enseignement du Droit Constitutionnel en Italie*, in AAVV, *L'enseignement du Droit Constitutionnel*, Bruxelles, 2000, pp. 189 e ss.

[283] Cfr. GIUSEPPE DE VERGOTTINI, *L'enseignement...*, p. 189.

como sucede com o Direito Parlamentar, o Direito Processual e o Direito Regional[284].

II. Na doutrina italiana, lancemos o nosso primeiro olhar para o livro de PAOLO BISCARETTI DI RUFFÌA, professor da Universidade de Milão, propondo os seguintes temas constitucionais no seu *Diritto Costituzionale*[285]:

PARTE I – O ESTADO DEMOCRÁTICO MODERNO EM GERAL

    Capítulo I – O Estado moderno como ordenamento jurídico[286]
    Capítulo II – O Direito Constitucional e o ordenamento jurídico estatal[287]
    Capítulo III – Os órgãos, os agentes auxiliares e as funções do Estado[288]
    Capítulo IV – A forma do governo democrático[289]
    Capítulo V – A Constituição escrita da época moderna[290]

PARTE II – O PODER LEGISLATIVO

    Capítulo I – Os institutos legislativos da democracia representativa[291]
    Capítulo II – As eleições políticas[292]
    Capítulo III – As Câmaras Parlamentares e os seus membros[293]
    Capítulo IV – As funções específicas das Câmaras[294]
    Capítulo V – Os institutos legislativos da democracia directa[295]

PARTE III – O PODER EXECUTIVO

    Capítulo I – O Chefe de Estado[296]

---

[284] Cfr. GIUSEPPE DE VERGOTTINI, *L'enseignement...*, p. 189.
[285] PAOLO BISCARETTI DI RUFFÌA, *Diritto Costituzionale*, 15ª ed., Napoli, 1989.
[286] Cfr. PAOLO BISCARETTI DI RUFFÌA, *Diritto...*, pp. 35 e ss.
[287] Cfr. PAOLO BISCARETTI DI RUFFÌA, *Diritto...*, pp. 83 e ss.
[288] Cfr. PAOLO BISCARETTI DI RUFFÌA, *Diritto...*, pp. 146 e ss.
[289] Cfr. PAOLO BISCARETTI DI RUFFÌA, *Diritto...*, pp. 180 e ss.
[290] Cfr. PAOLO BISCARETTI DI RUFFÌA, *Diritto...*, pp. 228 e ss.
[291] Cfr. PAOLO BISCARETTI DI RUFFÌA, *Diritto...*, pp. 263 e ss.
[292] Cfr. PAOLO BISCARETTI DI RUFFÌA, *Diritto...*, pp. 296 e ss.
[293] Cfr. PAOLO BISCARETTI DI RUFFÌA, *Diritto...*, pp. 350 e ss.
[294] Cfr. PAOLO BISCARETTI DI RUFFÌA, *Diritto...*, pp. 393 e ss.
[295] Cfr. PAOLO BISCARETTI DI RUFFÌA, *Diritto...*, pp. 446 e ss.
[296] Cfr. PAOLO BISCARETTI DI RUFFÌA, *Diritto...*, pp. 469 e ss.

Capítulo II – O Governo e os órgãos executivos dependentes[297]
Capítulo III – As funções legislativas do poder executivo[298]

PARTE IV – O PODER JUDICIÁRIO E A JURISDIÇÃO CONSTITUCIONAL

Capítulo I – O poder judiciário e os seus reflexos constitucionais[299]
Capítulo II – A jurisdição constitucional[300]

PARTE V – O ESTADO E OS OUTROS ORDENAMENTOS JURÍDICOS

Capítulo I – A união entre o Estado e os outros ordenamentos jurídicos originários[301]
Capítulo II – Os ordenamentos jurídicos territoriais dependentes do Estado[302]

PARTE VI – DIREITOS E DEVERES DOS CIDADÃOS

Capítulo I – Os direitos e deveres públicos dos cidadãos[303]
Capítulo II – Os partidos políticos[304]

III. Outro nome a mencionar é o de CARLO LAVAGNA, da Universidade de Roma, que assim estrutura o seu importante *Diritto Costituzionale*[305]:

Introdução

PARTE I – A ESTRUTURA GERAL DO ESTADO

I. O Estado-comunidade[306]

---

[297] Cfr. PAOLO BISCARETTI DI RUFFÌA, *Diritto...*, pp. 503 e ss.
[298] Cfr. PAOLO BISCARETTI DI RUFFÌA, *Diritto...*, pp. 546 e ss.
[299] Cfr. PAOLO BISCARETTI DI RUFFÌA, *Diritto...*, pp. 581 e ss.
[300] Cfr. PAOLO BISCARETTI DI RUFFÌA, *Diritto...*, pp. 638 e ss.
[301] Cfr. PAOLO BISCARETTI DI RUFFÌA, *Diritto...*, pp. 701 e ss.
[302] Cfr. PAOLO BISCARETTI DI RUFFÌA, *Diritto...*, pp. 744 e ss.
[303] Cfr. PAOLO BISCARETTI DI RUFFÌA, *Diritto...*, pp. 813 e ss.
[304] Cfr. PAOLO BISCARETTI DI RUFFÌA, *Diritto...*, pp. 901 e ss.
[305] CARLO LAVAGNA, *Istituzione di Diritto Pubblico*, 6ª ed., Torino, 1986.
[306] Cfr. CARLO LAVAGNA, *Istituzione...*, pp. 55 e ss.

II. Os elementos do Estado[307]
III. As vicissitudes histórico-jurídicas do Estado-comunidade[308]
IV. Relações com outras comunidades[309]

PARTE II – A ESTRUTURA NORMATIVA

I. Fontes do Direito em geral [310]
II. A Constituição[311]
III. Outras fontes do Direito Constitucional[312]
IV. As leis formais ordinárias[313]
V. As leis regionais[314]
VI. Os actos legislativos[315]
VII. Fontes sublegislativas, diversas e indirectas[316]

PARTE III – A ESTRUTURA SUBJECTIVA E RELACIONAL

I. A figura jurídica subjectiva[317]
II. A situação jurídica subjectiva[318]
III. Actividade, relação, garantia[319]

PARTE IV – A ESTRUTURA GOVERNATIVA EM GERAL

I. Critérios gerais das classificações[320]
II. Modalidades relativas às relações políticas[321]
III. Modalidades relativas às relações organizatórias e civis[322]
IV. Modalidades relativas às relações sociais[323]

---

[307] Cfr. CARLO LAVAGNA, *Istituzione...*, pp. 75 e ss.
[308] Cfr. CARLO LAVAGNA, *Istituzione...*, pp. 96 e ss.
[309] Cfr. CARLO LAVAGNA, *Istituzione...*, pp. 116 e ss.
[310] Cfr. CARLO LAVAGNA, *Istituzione...*, pp. 135 e ss.
[311] Cfr. CARLO LAVAGNA, *Istituzione...*, pp. 165 e ss.
[312] Cfr. CARLO LAVAGNA, *Istituzione...*, pp. 190 e ss.
[313] Cfr. CARLO LAVAGNA, *Istituzione...*, pp. 207 e ss.
[314] Cfr. CARLO LAVAGNA, *Istituzione...*, pp. 229 e ss.
[315] Cfr. CARLO LAVAGNA, *Istituzione...*, pp. 263 e ss.
[316] Cfr. CARLO LAVAGNA, *Istituzione...*, pp. 320 e ss.
[317] Cfr. CARLO LAVAGNA, *Istituzione...*, pp. 357 e ss.
[318] Cfr. CARLO LAVAGNA, *Istituzione...*, pp. 379 e ss.
[319] Cfr. CARLO LAVAGNA, *Istituzione...*, pp. 455 e ss.
[320] Cfr. CARLO LAVAGNA, *Istituzione...*, pp. 483 e ss.
[321] Cfr. CARLO LAVAGNA, *Istituzione...*, pp. 497 e ss.
[322] Cfr. CARLO LAVAGNA, *Istituzione...*, pp. 517 e ss.
[323] Cfr. CARLO LAVAGNA, *Istituzione...*, pp. 540 e ss.

PARTE V – A ESTRUTURA POLÍTICA

    I. Os organismos de base[324]
    II. O Parlamento[325]
    III. O Presidente da República[326]
    IV. O Governo[327]

PARTE VI – A ESTRUTURA ADMINISTRATIVA

    I. A organização administrativa[328]
    II. A actividade administrativa[329]
    III. Controlos e remédios administrativos[330]
    IV. Os fins e os meios da Administração Pública[331]

PARTE VII – A ESTRUTURA AUTONÓMICA

    I. Noção e formas de autonomia[332]
    II. A autonomia territorial[333]
    III. A autonomia social[334]

PARTE VIII – A ESTRUTURA JURISDICIONAL

    I. O poder jurisdicional[335]
    II. A fiscalização da constitucionalidade das leis[336]
    III. Outras competências do Tribunal Constitucional[337]

IV. Relevante autor ainda a considerar, e que igualmente se tem notabilizado – e muito – no Direito Constitucional Comparado, é GIU-

---

[324] Cfr. CARLO LAVAGNA, *Istituzione...*, pp. 547 e ss.
[325] Cfr. CARLO LAVAGNA, *Istituzione...*, pp. 564 e ss.
[326] Cfr. CARLO LAVAGNA, *Istituzione...*, pp. 633 e ss.
[327] Cfr. CARLO LAVAGNA, *Istituzione...*, pp. 651 e ss.
[328] Cfr. CARLO LAVAGNA, *Istituzione...*, pp. 687 e ss.
[329] Cfr. CARLO LAVAGNA, *Istituzione...*, pp. 717 e ss.
[330] Cfr. CARLO LAVAGNA, *Istituzione...*, pp. 744 e ss.
[331] Cfr. CARLO LAVAGNA, *Istituzione...*, pp. 762 e ss.
[332] Cfr. CARLO LAVAGNA, *Istituzione...*, pp. 787 e ss.
[333] Cfr. CARLO LAVAGNA, *Istituzione...*, pp. 794 e ss.
[334] Cfr. CARLO LAVAGNA, *Istituzione...*, pp. 870 e ss.
[335] Cfr. CARLO LAVAGNA, *Istituzione...*, pp. 901 e ss.
[336] Cfr. CARLO LAVAGNA, *Istituzione...*, pp. 946 e ss.
[337] Cfr. CARLO LAVAGNA, *Istituzione...*, pp. 998 e ss.

SEPPE DE VERGOTTINI, da Universidade de Bolonha, que oferece o seguinte esquema de ensino no seu recente *Diritto Costituzionale*[338]:

Introdução – O Direito da Constituição[339]

    Capítulo I   – Ordenamento da comunidade internacional e ordenamento estadual[340]
    Capítulo II   – Estado e ordenamento jurídico[341]
    Capítulo III   – Forma de Estado e forma de governo[342]
    Capítulo IV   – A evolução constitucional[343]
    Capítulo V   – As fontes normativas[344]
    Capítulo VI   – Pessoa e autonomia social[345]
    Capítulo VII – As relações entre a comunidade e a organização constitucional[346]
    Capítulo VIII – O Parlamento[347]
    Capítulo IX   – O Presidente da República[348]
    Capítulo X   – O Governo[349]
    Capítulo XI   – A Administração Pública Estadual[350]
    Capítulo XII – A organização auxiliar[351]
    Capítulo XIII – A magistratura[352]
    Capítulo XIV – O Tribunal Constitucional[353]
    Capítulo XV – A autonomia política territorial[354]

---

[338] GIUSEPPE DE VERGOTTINI, *Diritto Costituzionale*, Padova, 1998.
[339] Cfr. GIUSEPPE DE VERGOTTINI, *Diritto...*, pp. 1 e ss.
[340] Cfr. GIUSEPPE DE VERGOTTINI, *Diritto...*, pp. 23 e ss.
[341] Cfr. GIUSEPPE DE VERGOTTINI, *Diritto...*, pp. 59 e ss.
[342] Cfr. GIUSEPPE DE VERGOTTINI, *Diritto...*, pp. 83 e ss.
[343] Cfr. GIUSEPPE DE VERGOTTINI, *Diritto...*, pp. 105 e ss.
[344] Cfr. GIUSEPPE DE VERGOTTINI, *Diritto...*, pp. 135 e ss.
[345] Cfr. GIUSEPPE DE VERGOTTINI, *Diritto...*, pp. 276 e ss.
[346] Cfr. GIUSEPPE DE VERGOTTINI, *Diritto...*, pp. 399 e ss.
[347] Cfr. GIUSEPPE DE VERGOTTINI, *Diritto...*, pp. 429 e ss.
[348] Cfr. GIUSEPPE DE VERGOTTINI, *Diritto...*, pp. 493 e ss.
[349] Cfr. GIUSEPPE DE VERGOTTINI, *Diritto...*, pp. 524 e ss.
[350] Cfr. GIUSEPPE DE VERGOTTINI, *Diritto...*, pp. 555 e ss.
[351] Cfr. GIUSEPPE DE VERGOTTINI, *Diritto...*, pp. 580 e ss.
[352] Cfr. GIUSEPPE DE VERGOTTINI, *Diritto...*, pp. 593 e ss.
[353] Cfr. GIUSEPPE DE VERGOTTINI, *Diritto...*, pp. 618 e ss.
[354] Cfr. GIUSEPPE DE VERGOTTINI, *Diritto...*, pp. 658 e ss.

V. A apreciação do sistema italiano, quanto ao Direito Constitucional, mostra o enorme relevo que se atribui a este ramo do Direito, cimeiramente ocupando o primeiro ano das licencituras em Direito.

Mas não deixa de ser curioso também registar que o Direito Constitucional é muitas vezes, literariamente falando, explicado em conjunto com o Direito Administrativo, havendo importantes manuais de Direito Público, as *Istituzioni di Diritto Pubblico*, numa relação umbilical de grande tradição.

O elevado grau de aprimoramento do Direito Constitucional em Itália é ainda nítido na diversidade material deste sector jurídico, abrangendo um pouco de tudo, incluindo sempre não apenas os direitos fundamentais e a organização do Estado, mas também as estruturas jurisdicionais e autonómicas, que nele ocupam um crucial papel.

46. Alemanha

I. O curso de Direito na Alemanha adopta o sistema dos exames de Estado, os quais se repartem por um primeiro exame, ao fim de sete semestres, e por um outro, aquando da conclusão da licenciatura, depois de um período de estágio em tribunais e instâncias administrativas[355].

A prática universitária alemã, no que respeita ao Direito Constitucional[356], tem localizado esta disciplina como uma das iniciais, logo no primeiro ano[357], embora normalmente sob designações diversas, como Direito do Estado (*Staatsrecht*), quando especificamente versando o Direito Positivo Alemão, e como Teoria Geral do Estado (*Allgemeine Staatslehre*)[358], quando revestindo um interesse mais geral[359].

---

[355] Sobre a estruturação do curso de Direito na Alemanha, v. HELMUT GÜNTER e MANUEL CORTES ROSA, *Aspectos fundamentais da formação do jurista na República Federal da Alemanha (Relatório)*, Lisboa, 1965, pp. 5 e ss.; LUÍS MENEZES LEITÃO, *O ensino...*, pp. 271 e ss.

[356] Sobre o ensino do Direito Constitucional na Alemanha, v., por todos, RAINER ARNOLD, *L'enseignement du Droit Constitutionnel en Allemagne*, in AAVV, *L'enseignement du Droit Constitutionnel*, Bruxelles, 2000, pp. 15 e ss.

[357] Cfr. RAINER ARNOLD, *L'enseignement...*, p. 24.

[358] Cfr. HELMUT GÜNTER e MANUEL CORTES ROSA, *Aspectos fundamentais...*, p. 29; RAINER ARNOLD, *L'enseignement...*, pp. 20 e ss.

[359] Para uma ampla indicação bibliográfica acerca do Direito Constitucional na Alemanha, v. a listagem final de bibliografia geral.

II. No plano dos manuais de ensino, comecemos pelo livro, sintético mas fecundo, de THEODOR MAUNZ, já falecido e antigo professor da Universidade de Munique, e REINHOLD ZIPPELIUS, da Universidade de Nuremberga, que se apresenta do seguinte modo, com o título *Deutsches Staatsrecht*[360]:

Parte I – Pressupostos históricos do novo poder estadual alemão[361]
Parte II – Fundamentos do Estado[362]
Parte III – A caracterização política do Estado[363]
Parte IV – Direitos fundamentais, deveres fundamentais e ordenamento[364]
Parte V – Os órgãos federais[365]
Parte VI – O funcionamento e os poderes da Federação[366]
Parte VII – A defesa do Estado e da Constituição[367]
Parte VIII – A República Federal na comunidade internacional[368]

III. ALBERT BLECKMANN, professor da Universidade de Münster, é também outro importante autor a considerar, no seu *Staatsrecht*[369], livro que se desdobra em dois volumes, o primeiro sobre aspectos organizatórios e o segundo sobre direitos fundamentais.

No primeiro volume, temos a referência aos seguintes tópicos:

– na primeira parte, sobre os fundamentos do Direito do Estado, encontramos temas como o conceito de Estado, a evolução da República Federal Alemã, as funções e a revisão da Constituição, bem como a sua interpretação, sem esquecer ainda, na Metodologia do Direito, os conceitos indeterminados e a margem de livre decisão no Direito Constitucional, assim como a legitimidade do Estado e da Constituição[370];

---

[360] Cfr. THEODOR MAUNZ e REINHOLD ZIPPELIUS, *Deutsches Staatsrecht*, 29ª ed., München, 1994.
[361] Cfr. THEODOR MAUNZ e REINHOLD ZIPPELIUS, *Deutsches...*, pp. 1 e ss.
[362] Cfr. THEODOR MAUNZ e REINHOLD ZIPPELIUS, *Deutsches...*, pp. 18 e ss.
[363] Cfr. THEODOR MAUNZ e REINHOLD ZIPPELIUS, *Deutsches...*, pp. 58 e ss.
[364] Cfr. THEODOR MAUNZ e REINHOLD ZIPPELIUS, *Deutsches...*, pp. 124 e ss.
[365] Cfr. THEODOR MAUNZ e REINHOLD ZIPPELIUS, *Deutsches...*, pp. 252 e ss.
[366] Cfr. THEODOR MAUNZ e REINHOLD ZIPPELIUS, *Deutsches...*, pp. 308 e ss.
[367] Cfr. THEODOR MAUNZ e REINHOLD ZIPPELIUS, *Deutsches...*, pp. 384 e ss.
[368] Cfr. THEODOR MAUNZ e REINHOLD ZIPPELIUS, *Deutsches...*, pp. 409 e ss.
[369] ALBERT BLECKMANN, *Staatsrecht I – Staatsorganisationsrecht*, 1993, e *Staatsrecht II – Die Grundrechte*, 3ª ed., 1989, editados em Köln, Berlin, Bonn e München.
[370] Cfr. ALBERT BLECKMANN, *Staatsrecht I...*, pp. 3 e ss.

– na segunda parte, sobre os fins do Estado, descreve-se os seus princípios, como o princípio da soberania, o princípio democrático, o princípio do Estado de Direito, o princípio da socialidade, o princípio federal, de entre outros princípios[371];
– na terceira e última parte, é versada a temática geral dos órgãos federais e das suas funções, aí se estudando as funções do Estado, bem como os seus órgãos, o Parlamento Federal, o Conselho Federal, o Governo Federal, o Presidente Federal e o Tribunal Constitucional Federal[372].

No segundo volume, sobre direitos fundamentais, evidencia-se o tratamento dos seguintes tópicos:
– na primeira parte, estuda-se a teoria geral dos direitos fundamentais, onde se analisam temas como o itinerário histórico-filosófico dos direitos fundamentais, as perspectivas comparatísticas e internacional, definição e suas classificações, a aplicação e interpretação dos direitos fundamentais, os seus sujeitos e destinatários, bem como as restrições, a colisão, a renúncia, a perda e a suspensão[373];
– na segunda parte, da óptica dos direitos fundamentais em especial, analisa-se numerosos tipos de direitos, como a dignidade da pessoa humana, o desenvolvimento da personalidade, o direito à vida e à integridade, o princípio da igualdade, a liberdade de religião, a liberdade de reunião, a liberdade contratual, *etc*...[374].

IV. É ainda de mencionar o exemplo de PETER BADURA, professor da Universidade de Munique, que editou importante livro de Direito Constitucional, com a particularidade de acompanhar a sistemática do texto da Lei Fundamental, intitulado *Staatsrecht*[375], versando os seguintes assuntos:
– Introdução[376]
– O preâmbulo[377]

---

[371] Cfr. ALBERT BLECKMANN, *Staatsrecht I...*, pp. 103 e ss.
[372] Cfr. ALBERT BLECKMANN, *Staatsrecht I...*, pp. 741 e ss.
[373] Cfr. ALBERT BLECKMANN, *Staatsrecht II...*, pp. 3 e ss
[374] Cfr. ALBERT BLECKMANN, *Staatsrecht II...*, pp. 443 e ss.
[375] Cfr. PETER BADURA, *Staatsrecht*, 2ª ed., München, 1996.
[376] Cfr. PETER BADURA, *Staatsrecht*, pp. 2 e ss.
[377] Cfr. PETER BADURA, *Staatsrecht*, pp. 65 e ss.

– Os direitos fundamentais[378]
– A Federação e os Estados federados[379]
– Os órgãos do Estado Federal[380]
– A legislação[381]
– A administração[382]
– A jurisdição[383]
– Finanças e orçamento[384]
– O estado de defesa[385]
– Disposições transitórias e finais[386]

V. A alusão ao ensino do Direito Constitucional no sistema universitário alemão mostra como nem sempre este ramo do Direito (*Verfassungsrecht*) surge dissociado do Direito do Estado (*Staatsrecht*), que integra múltiplas outras zonas do Direito Público, mas ao mesmo tempo com ele não se confundindo, afirmando-se mais facilmente nos livros do que nos planos de estudos.

Noutra óptica, verifica-se a essencialidade da destrinça, no Direito Constitucional, entre uma parte organizatória e uma parte material, directamente atinente aos direitos fundamentais[387], raramente se considerando os aspectos económico-financeiros do ordenamento constitucional.

De grande relevo na doutrina constitucionalista alemã é ainda o tratamento de um conjunto de princípios fundamentais da ordem constitucional, em parte inicialmente referidos no respectivo texto constitucional, mas que expressam um bom desenho de teorização a partir de um dado ordenamento jurídico-constitucional, tal permitindo um enquadramento geral imediato quanto à respectiva caracterização.

---

[378] Cfr. PETER BADURA, *Staatsrecht*, pp. 74 e ss.
[379] Cfr. PETER BADURA, *Staatsrecht*, pp. 228 e ss.
[380] Cfr. PETER BADURA, *Staatsrecht*, pp. 376 e ss.
[381] Cfr. PETER BADURA, *Staatsrecht*, pp. 463 e ss.
[382] Cfr. PETER BADURA, *Staatsrecht*, pp. 508 e ss.
[383] Cfr. PETER BADURA, *Staatsrecht*, pp. 570 e ss.
[384] Cfr. PETER BADURA, *Staatsrecht*, pp. 625 e ss.
[385] Cfr. PETER BADURA, *Staatsrecht*, pp. 706 e ss.
[386] Cfr. PETER BADURA, *Staatsrecht*, pp. 726 e ss.
[387] Como afirma RAINER ARNOLD (*L'enseignement...*, p. 22), sobressaem duas partes fundamentais no Direito Constitucional Alemão: o Direito Constitucional Institucional e os direitos fundamentais.

47. França

I. A França é porventura, de entre os Estados analisados, o que indubitavelmente ostenta uma maior longevidade e prolixidade histórico-constitucionais[388], para além de ser aquele que apresenta uma grande variedade de soluções e de metodologias.

Contudo, importa preliminarmente dizer algo a respeito do modo como é regulado o curso de Direito em França, para assim contextualizar o que for pertinente ao ensino do Direito Constitucional[389]. Aquele assume uma estrutura estratificada[390], pois podemos conceber três níveis por que se distribui o ensino jurídico[391], os dois primeiros para aceder às profissões jurídicas, e o terceiro somente exigível no específico âmbito da investigação e do ensino:

– 1º ciclo elementar: com a duração de dois anos, no qual o estudante obtém uma formação geral, atribuindo-se o diploma de estudos universitários gerais (DEUG);
– 2º ciclo intermédio: que se reparte pela *licence*, com a duração de um ano, e depois pela *maitrise*, com mais um ano, ao que acresce a elaboração de uma dissertação;
– 3º ciclo avançado: com mais um ano, obtendo-se o diploma de estudos aprofundados (DEA), podendo ainda seguir-se um período de investigação com vista a aceder-se ao doutoramento, havendo ainda o diploma de estudos superiores especializados (DESS), mas que não confere a possibilidade de prosseguir para doutoramento.

Relativamente ao ensino do Direito Constitucional, ele ocupa um lugar proeminente logo no primeiro ano do DEUG, fazendo parte, por-

---

[388] V., a este propósito, a interessante origem do "Direito Constitucional", de França para o Mundo, que nos é relatada por Louis Favoreu, *L'enseignement du Droit Constitutionnel en France*, in AAVV, *L'enseignement du Droit Constitutionnel*, Bruxelles, 2000, pp. 47 e ss.

[389] Sobre o ensino do Direito Constitucional em França, v., por todos, Louis Favoreu, *L'enseignement...*, pp. 59 e ss.

[390] Para uma informação mais abrangente sobre os livros gerais do Direito Constitucional em França, v. a bibliografia final geral.

[391] Quanto ao curso de Direito em França, v. José Marnoco e Sousa e José Alberto dos Reis, *O ensino jurídico...*, I, pp. 65 e ss.; Luís Menezes Leitão, *O ensino...*, pp. 265 e ss.; Jérôme Guichard, *A licenciatura de Direito e o ensino do Direito Constitucional em França*, Lisboa, 2003.

tanto, das disciplinas de índole formativa geral, embora também surja em momentos mais adiantados, dentro de uma vocação de especialização e investigação[392].

II. No plano doutrinário, um primeiro autor a considerar é ELISABETH ZOLLER, professora da Universidade Paris II – Panthéon-Assas, que propõe o seguinte conjunto de temas para o seu *Droit Constitutionnel*[393]:

Capítulo Introdutório[394]

PARTE I – TEORIA GERAL DA CONSTITUIÇÃO NORMATIVA

Título I – A separação do poder constituinte e dos poderes constituídos

Capítulo 1 – A elaboração da Constituição[395]
Capítulo 2 – A revisão da Constituição[396]

Título II – O controlo da constitucionalidade

Capítulo 3 – O controlo da constitucionalidade nos Estados Unidos[397]
Capítulo 4 – O controlo da constitucionalidade na Europa[398]
Capítulo 5 – O controlo da constitucionalidade em França[399]

PARTE II – A ORGANIZAÇÃO DO PODER

Título I – O princípio da separação dos poderes

Capítulo 6 – Teoria e prática comparada da separação dos poderes[400]
Capítulo 7 – A concepção francesa da separação dos poderes[401]

---

[392] Cfr. LOUIS FAVOREU, *L'enseignement*..., pp. 59 e ss.
[393] ELISABETH ZOLLER, *Droit Constitutionnel*, 2ª ed., Paris, 1998.
[394] Cfr. ELISABETH ZOLLER, *Droit*..., pp. 9 e ss.
[395] Cfr. ELISABETH ZOLLER, *Droit*..., pp. 61 e ss.
[396] Cfr. ELISABETH ZOLLER, *Droit*..., pp. 71 e ss.
[397] Cfr. ELISABETH ZOLLER, *Droit*..., pp. 103 e ss.
[398] Cfr. ELISABETH ZOLLER, *Droit*..., pp. 151 e ss.
[399] Cfr. ELISABETH ZOLLER, *Droit*..., pp. 181 e ss.
[400] Cfr. ELISABETH ZOLLER, *Droit*..., pp. 287 e ss.
[401] Cfr. ELISABETH ZOLLER, *Droit*..., pp. 309 e ss.

Título II – Os poderes públicos constitucionais

Capítulo 8 – O poder legislativo[402]
Capítulo 9 – O poder executivo[403]

PARTE III – A GARANTIA DOS DIREITOS

Título I – As garantias políticas

Capítulo 10 – O sufrágio[404]
Capítulo 11 – As eleições[405]

Título II – As garantias jurisdicionais

Capítulo 12 – O respeito pelos direitos de defesa[406]
Capítulo 13 – O direito ao recurso[407]

III. Cumpre também referenciar o labor doutrinário que quatro professores da Universidade de Direito, Economia e Ciências de Aix-Marselha – CHARLES DEBBASCH, JEAN-MARIE PONTIER, JACQUES BOURDON e JEAN-CLAUDE RICCI – empreenderam, tendo publicado uma bem conseguida obra colectiva, intitulada *Droit Constitutionnel et Institutions Politiques*[408], com o seguinte conteúdo:

PARTE I – TEORIA GERAL DO DIREITO CONSTITUCIONAL

Título I – O Poder do Estado

Capítulo I – O Estado como enquadramento do Direito Constitucional[409]
Capítulo II – O fundamento do poder do Estado[410]

---

[402] Cfr. ELISABETH ZOLLER, *Droit...*, pp. 351 e ss.
[403] Cfr. ELISABETH ZOLLER, *Droit...*, pp. 425 e ss.
[404] Cfr. ELISABETH ZOLLER, *Droit...*, pp. 501 e ss.
[405] Cfr. ELISABETH ZOLLER, *Droit...*, pp. 541 e ss.
[406] Cfr. ELISABETH ZOLLER, *Droit...*, pp. 575 e ss.
[407] Cfr. ELISABETH ZOLLER, *Droit...*, pp. 595 e ss.
[408] CHARLES DEBBASCH, JEAN-MARIE PONTIER, JACQUES BOURDON e JEAN-CLAUDE RICCI, *Droit Constitutionnel et Institutions Politiques*, 4ª ed., Paris, 2001.
[409] Cfr. CHARLES DEBBASCH, JEAN-MARIE PONTIER, JACQUES BOURDON e JEAN-CLAUDE RICCI, *Droit...*, pp. 19 e ss.
[410] Cfr. CHARLES DEBBASCH, JEAN-MARIE PONTIER, JACQUES BOURDON e JEAN-CLAUDE RICCI, *Droit...*, pp. 45 e ss.

Título II – O Poder no Estado

Capítulo I – O estatuto do poder[411]
Capítulo II – Estrutura e papel dos poderes[412]
Capítulo III – As relações entre os poderes[413]

PARTE II – AS INSTITUIÇÕES POLÍTICAS DO MUNDO OCIDENTAL

Título I – As grandes tendências do Direito Constitucional Contemporâneo

Capítulo I – O modelo ocidental: emergência de um "direito comum constitucional"?[414]
Capítulo II – A evolução do modelo europeu relativo ao Estado[415]

Título II – O modelo ocidental da democracia

Capítulo I – As instituições do Reino-Unido da Grã-Bretanha e da Irlanda do Norte[416]
Capítulo II – Os Estados Unidos[417]
Capítulo III – A República Federal Alemã[418]

---

[411] Cfr. CHARLES DEBBASCH, JEAN-MARIE PONTIER, JACQUES BOURDON e JEAN-CLAUDE RICCI, *Droit...*, pp. 81 e ss.
[412] Cfr. CHARLES DEBBASCH, JEAN-MARIE PONTIER, JACQUES BOURDON e JEAN-CLAUDE RICCI, *Droit...*, pp. 125 e ss.
[413] Cfr. CHARLES DEBBASCH, JEAN-MARIE PONTIER, JACQUES BOURDON e JEAN-CLAUDE RICCI, *Droit...*, pp. 167 e ss.
[414] Cfr. CHARLES DEBBASCH, JEAN-MARIE PONTIER, JACQUES BOURDON e JEAN-CLAUDE RICCI, *Droit...*, pp. 211 e ss.
[415] Cfr. CHARLES DEBBASCH, JEAN-MARIE PONTIER, JACQUES BOURDON e JEAN-CLAUDE RICCI, *Droit...*, pp. 255 e ss.
[416] Cfr. CHARLES DEBBASCH, JEAN-MARIE PONTIER, JACQUES BOURDON e JEAN-CLAUDE RICCI, *Droit...*, pp. 287 e ss.
[417] Cfr. CHARLES DEBBASCH, JEAN-MARIE PONTIER, JACQUES BOURDON e JEAN-CLAUDE RICCI, *Droit...*, pp. 327 e ss.
[418] Cfr. CHARLES DEBBASCH, JEAN-MARIE PONTIER, JACQUES BOURDON e JEAN-CLAUDE RICCI, *Droit...*, pp. 361 e ss.

PARTE III – AS INSTITUIÇÕES POLÍTICAS FRANCESAS

Título I – História Constitucional da França desde 1789

Capítulo I – A revolução burguesa (1789-1814)[419]
Capítulo II – O liberalismo triunfante (1814-1879)[420]
Capítulo III – O parlamentarismo exarcebado (1879-1958)[421]

Título II – A 5ª República

Sub-título I – Os fundamentos institucionais
Capítulo I – A elaboração da Constituição de 4 de Outubro de 1958[422]
Capítulo II – O carácter geral da Constituição de 4 de Outubro de 1958[423]
Capítulo III – A supremacia da Constituição[424]

Sub-título II – O poder executivo
Capítulo I – O estatuto do Presidente da República[425]
Capítulo II – As atribuições do Presidente da República[426]
Capítulo III – O Governo[427]

Sub-título III – O poder legislativo
Capítulo I – O estatuto do Parlamento[428]

---

[419] Cfr. CHARLES DEBBASCH, JEAN-MARIE PONTIER, JACQUES BOURDON e JEAN-CLAUDE RICCI, *Droit...*, pp. 403 e ss.

[420] Cfr. CHARLES DEBBASCH, JEAN-MARIE PONTIER, JACQUES BOURDON e JEAN-CLAUDE RICCI, *Droit...*, pp. 419 e ss.

[421] Cfr. CHARLES DEBBASCH, JEAN-MARIE PONTIER, JACQUES BOURDON e JEAN-CLAUDE RICCI, *Droit...*, pp. 443 e ss.

[422] Cfr. CHARLES DEBBASCH, JEAN-MARIE PONTIER, JACQUES BOURDON e JEAN-CLAUDE RICCI, *Droit...*, pp. 475 e ss.

[423] Cfr. CHARLES DEBBASCH, JEAN-MARIE PONTIER, JACQUES BOURDON e JEAN-CLAUDE RICCI, *Droit...*, pp. 491 e ss.

[424] Cfr. CHARLES DEBBASCH, JEAN-MARIE PONTIER, JACQUES BOURDON e JEAN-CLAUDE RICCI, *Droit...*, pp. 581 e ss.

[425] Cfr. CHARLES DEBBASCH, JEAN-MARIE PONTIER, JACQUES BOURDON e JEAN-CLAUDE RICCI, *Droit...*, pp. 645 e ss.

[426] Cfr. CHARLES DEBBASCH, JEAN-MARIE PONTIER, JACQUES BOURDON e JEAN-CLAUDE RICCI, *Droit...*, pp. 701 e ss.

[427] Cfr. CHARLES DEBBASCH, JEAN-MARIE PONTIER, JACQUES BOURDON e JEAN-CLAUDE RICCI, *Droit...*, pp. 747 e ss.

[428] Cfr. CHARLES DEBBASCH, JEAN-MARIE PONTIER, JACQUES BOURDON e JEAN-CLAUDE RICCI, *Droit...*, pp. 791 e ss.

Capítulo II – A função legislativa[429]
Capítulo III – A função de controlo[430]

IV. BERNARD CHANTEBOUT é finalmente outro relevante nome do Direito Constitucional Francês, sendo professor emérito da Universidade René Descartes – Paris V, com um manual actualizado denominado *Droit Constitutionnel*, em que oferece o seguinte conjunto de conteúdos[431]:

PARTE I – DIREITO CONSTITUCIONAL GERAL

Capítulo I – O Estado[432]
Capítulo II – A Constituição[433]
Capítulo III – A organização vertical do Estado: Estados unitários e Estados federais[434]

Título I – O Estado liberal e a formação dos conceitos fundamentais do Direito Constitucional

Capítulo I – O regime representativo[435]
Capítulo II – A separação dos poderes: as origens da teoria[436]
Capítulo III – Os regimes de separação estrita dos poderes[437]
Capítulo IV – A separação flexível dos poderes. O regime parlamentar[438]
Capítulo V – As reacções face ao Estado liberal: governos populares e ditaduras[439]

---

[429] Cfr. CHARLES DEBBASCH, JEAN-MARIE PONTIER, JACQUES BOURDON e JEAN-CLAUDE RICCI, *Droit...*, pp. 859 e ss.
[430] Cfr. CHARLES DEBBASCH, JEAN-MARIE PONTIER, JACQUES BOURDON e JEAN-CLAUDE RICCI, *Droit...*, pp. 941 e ss.
[431] BERNARD CHANTEBOUT, *Droit Constitutionnel*, 19ª ed., Paris, 2002.
[432] Cfr. BERNARD CHANTEBOUT, *Droit...*, pp. 4 e ss.
[433] Cfr. BERNARD CHANTEBOUT, *Droit...*, pp. 23 e ss.
[434] Cfr. BERNARD CHANTEBOUT, *Droit...*, pp. 57 e ss.
[435] Cfr. BERNARD CHANTEBOUT, *Droit...*, pp. 87 e ss.
[436] Cfr. BERNARD CHANTEBOUT, *Droit...*, pp. 100 e ss.
[437] Cfr. BERNARD CHANTEBOUT, *Droit...*, pp. 107 e ss.
[438] Cfr. BERNARD CHANTEBOUT, *Droit...*, pp. 143 e ss.
[439] Cfr. BERNARD CHANTEBOUT, *Droit...*, pp. 168 e ss.

Título II – A democratização dos sistemas políticos: o Poder, auxiliar das liberdades colectivas

Capítulo I   – A presença política do povo[440]
Capítulo II   – A renovação da questão do princípio representativo[441]
Capítulo III – A preponderância do Parlamento[442]
Capítulo IV   – O declínio do bicameralismo[443]
Capítulo V   – O totalitarismo soviético[444]
Capítulo VI   – As reacções à presença do povo: ditaduras e fascismos[445]

Título III – Os regimes políticos contemporâneos: o poder, organizador da crença

Capítulo I   – As causas e as primeiras manifestações do reforço do executivo nas democracias ocidentais[446]
Capítulo II – A preponderância presidencial e os seus limites nos Estados Unidos[447]
Capítulo III – A preponderância do Primeiro-Ministro e os seus limites no regime constitucional britânico[448]
Capítulo IV – A preponderância do Chanceler e os seus limites no regime constitucional alemão[449]
Capítulo V   – O presidencialismo russo[450]
Epílogo – A democracia ocidental à conquista do mundo?[451]

PARTE II – A 5ª REPÚBLICA

Capítulo de Introdução – As mutações da 5ª República[452]

---

[440] Cfr. BERNARD CHANTEBOUT, *Droit...*, pp. 191 e ss.
[441] Cfr. BERNARD CHANTEBOUT, *Droit...*, pp. 202 e ss.
[442] Cfr. BERNARD CHANTEBOUT, *Droit...*, pp. 218 e ss.
[443] Cfr. BERNARD CHANTEBOUT, *Droit...*, pp. 250 e ss.
[444] Cfr. BERNARD CHANTEBOUT, *Droit...*, pp. 262 e ss.
[445] Cfr. BERNARD CHANTEBOUT, *Droit...*, pp. 279 e ss.
[446] Cfr. BERNARD CHANTEBOUT, *Droit...*, pp. 289 e ss.
[447] Cfr. BERNARD CHANTEBOUT, *Droit...*, pp. 302 e ss.
[448] Cfr. BERNARD CHANTEBOUT, *Droit...*, pp. 323 e ss.
[449] Cfr. BERNARD CHANTEBOUT, *Droit...*, pp. 336 e ss.
[450] Cfr. BERNARD CHANTEBOUT, *Droit...*, pp. 346 e ss.
[451] Cfr. BERNARD CHANTEBOUT, *Droit...*, pp. 353 e ss.
[452] Cfr. BERNARD CHANTEBOUT, *Droit...*, pp. 370 e ss.

Título I – O soberano e as suas formas de expressão

Capítulo I – O corpo eleitoral e o seu enquadramento político[453]
Capítulo II – As eleições políticas e as consultas populares[454]

Título II – O Executivo

Capítulo I – O Presidente da República segundo a Constituição de 1958[455]
Capítulo II – O Presidente na prática da 5ª República[456]
Capítulo III – O Governo[457]

Título III – O Parlamento

Capítulo I – As assembleias parlamentares[458]
Capítulo II – A função legislativa[459]
Capítulo III – O controlo parlamentar[460]

Título IV – O controlo de constitucionalidade e a hierarquia das normas jurídicas

Capítulo I – A evolução da hierarquia das normas sob a 5ª República[461]
Capítulo II – A hierarquia das normas em direito positivo[462]

V. O ensino do Direito Constitucional em França assume logo à partida a necessidade da respectiva diversificação curricular, até porque bem se separa entre o Direito Constitucional Geral, essencialmente de cunho organizatório, e o Direito Constitucional Especial, que é normalmente ministrado em disciplinas sobre direitos e liberdades, um pouco na sequência do facto de a actual Constituição Francesa – como as anteriores, de resto – serem textos constitucionais silentes em matéria de

---

[453] Cfr. BERNARD CHANTEBOUT, *Droit...*, pp. 388 e ss.
[454] Cfr. BERNARD CHANTEBOUT, *Droit...*, pp. 396 e ss.
[455] Cfr. BERNARD CHANTEBOUT, *Droit...*, pp. 419 e ss.
[456] Cfr. BERNARD CHANTEBOUT, *Droit...*, pp. 435 e ss.
[457] Cfr. BERNARD CHANTEBOUT, *Droit...*, pp. 460 e ss.
[458] Cfr. BERNARD CHANTEBOUT, *Droit...*, pp. 476 e ss.
[459] Cfr. BERNARD CHANTEBOUT, *Droit...*, pp. 496 e ss.
[460] Cfr. BERNARD CHANTEBOUT, *Droit...*, pp. 509 e ss.
[461] Cfr. BERNARD CHANTEBOUT, *Droit...*, pp. 522 e ss.
[462] Cfr. BERNARD CHANTEBOUT, *Droit...*, pp. 538 e ss.

direitos fundamentais, recorrendo às clássicas e também emblemáticas declarações de direitos. Os direitos fundamentais são normalmente versados já no âmbito do 2º nível intermédio com vista à obtenção da *license*, sendo certo que têm a mesma equivalência normativo-constitucional da parte organizatória.

Igualmente se nota no tratamento dos temas constitucionais uma "suavização" das fronteiras metodológicas entre o Direito Constitucional e a Ciência Política, vendo-se sem escândalo que um mesmo livro pode oferecer ambas as abordagens – até podendo ter um título que o possa directamente exprimir, situação que, não obstante as vitualidades que encerra, comporta o possível defeito de correr o elevado risco de não se diferenciar bem entre o plano politológico e o plano dogmático[463].

48. Espanha

I. Em Espanha, o curso de Direito é estruturado já por unidades de crédito, ainda que seja largamente autónomo do Estado. O Direito Constitucional localiza-se normalmente no primeiro ano, num contexto de disciplina introdutória e obrigatória[464], com a qualificação de disciplina de "tronco comum"[465].

Regista-se também a preocupação de diversificar esse ensino, assim se oferecendo a possibilidade de se estudar o Direito Constitucional em disciplinas optativas, em anos mais adiantados dos cursos, no âmbito de algumas vertentes de especialização[466].

Sendo a Espanha, no contexto dos Estados Europeus que estamos observando, o que mais tarde chegou ao Estado de Direito e à Democracia, não deixa de ser louvável o empenho que rapidamente se pôs na dignificação do ensino desta disciplina, o que se comprova pela popularidade que alcançou ao nível dos seus numerosos cultores.

---

[463] São normalmente temas deste Direito Constitucional: a teoria geral do Direito Constitucional, as experiências comparadas, a história constitucional francesa e a Constituição actual de 4 de Outubro de 1958. Cfr. JÉRÔME GUICHARD, *A licenciatura...*, p. 9.

[464] Sobre o ensino do Direito Constitucional em Espanha, v., por todos, RUBIO LLORENTE, *L'enseignement du Droit Constitutionnel en Espagne*, Bruxelles, 2000, pp. 103 e ss.

[465] Cfr. RUBIO LLORENTE, *L'enseignement...*, pp. 107 e 108.

[466] Para uma menção aos principais livros de Direito Constitucional em Espanha, v. o elenco final de bibliografia.

II. Relativamente aos manuais universitários, vamos começar por analisar o de ANTÓNIO CARLOS PEREIRA MENAUT, com o título *Lecciones de Teoria Constitucional*, com a seguinte estrututura[467]:

Cap. I   – O que é a Constituição?[468]
Cap. II   – Fontes. O poder constituinte[469]
Cap. III   – Rigidez e flexibilidade, modificação e reforma constitucionais[470]
Cap. IV – O Império do Direito[471]
Cap. V – A separação de poderes[472]
Cap. VI – O legislativo[473]
Cap. VII – O executivo e as formas de Governo[474]
Cap. VIII – O poder judicial e o controlo da constitucionalidade[475]
Cap. IX   – Os tribunais constitucionais[476]
Cap. X   – Direitos e liberdades[477]
Epílogo – Em defesa da Constituição[478]

III. Outro relevante manual de Direito Constitucional é o de FRANCISCO FERNÁNDEZ SEGADO, que igualmente foi professor da Faculdade de Direito da Universidade de Santiago de Compostela, mas que neste momento lecciona na Universidade Complutense de Madrid, tendo tido ocasião de publicar o importante livro *El Sistema Constitucional Español*, com a seguinte estrutura[479]:

Capítulo I – Antecedentes históricos[480]
A) O constitucionalismo histórico espanhol: carácter geral

---

[467] ANTÓNIO CARLOS PEREIRA MENAUT, *Lecciones de Teoria Constitucional*, 2ª ed., Madrid, 1987.
[468] Cfr. ANTÓNIO CARLOS PEREIRA MENAUT, *Lecciones...*, pp. 1 e ss.
[469] Cfr. ANTÓNIO CARLOS PEREIRA MENAUT, *Lecciones...*, pp. 35 e ss.
[470] Cfr. ANTÓNIO CARLOS PEREIRA MENAUT, *Lecciones...*, pp. 57 e ss.
[471] Cfr. ANTÓNIO CARLOS PEREIRA MENAUT, *Lecciones...*, pp. 81 e ss.
[472] Cfr. ANTÓNIO CARLOS PEREIRA MENAUT, *Lecciones...*, pp. 113 e ss.
[473] Cfr. ANTÓNIO CARLOS PEREIRA MENAUT, *Lecciones...*, pp. 135 e ss.
[474] Cfr. ANTÓNIO CARLOS PEREIRA MENAUT, *Lecciones...*, pp. 183 e ss.
[475] Cfr. ANTÓNIO CARLOS PEREIRA MENAUT, *Lecciones...*, pp. 219 e ss.
[476] Cfr. ANTÓNIO CARLOS PEREIRA MENAUT, *Lecciones...*, pp. 251 e ss.
[477] Cfr. ANTÓNIO CARLOS PEREIRA MENAUT, *Lecciones...*, pp. 285 e ss.
[478] Cfr. ANTÓNIO CARLOS PEREIRA MENAUT, *Lecciones...*, pp. 335 e ss.
[479] FRANCISCO FERNÁNDEZ SEGADO, *El sistema constitucional español*, Madrid, 1992.
[480] Cfr. FRANCISCO FERNÁNDEZ SEGADO, *El sistema...*, pp. 37 e ss.

B) Etapas da nossa história constitucional

Capítulo II – A Constituição e o ordenamento jurídico[481]
A) O processo constituinte
B) A estrutura do texto constitucional
C) O carácter fundamental da Constituição
D) O carácter normativo da Constituição
E) A reforma da Constituição
F) Os valores superiores do ordenamento jurídico
G) Os princípios constitucionais informadores do ordenamento

Capítulo III – Os princípios fundamentais da ordem jurídico-política[482]
A) Introdução
B) O princípio da soberania popular
C) A definição do Estado como social e democrático de Direito
D) A monarquia parlamentar como forma de governo
E) O princípio de autonomia e o Estado autonómico
F) O princípio do pluralismo

Capítulo IV – Os direitos e liberdades constitucionais[483]
A) Evolução histórica e conceptual dos direitos
B) A enunciação dos direitos na Constituição de 1978
C) A elevação da dignidade da pessoa e dos seus direitos em fundamento da ordem política. A dupla natureza dos direitos
D) A interpretação dos direitos
E) Os limites dos direitos
F) As classificações dos direitos
G) As condições de exercício dos direitos e liberdades constitucionais
H) Direitos e liberdades dos estrangeiros em Espanha
I) O princípio de igualdade jurídica
J) Os direitos da pessoa na sua dimensão vital
K) Os direitos da pessoa como ser livre
L) Os direitos da pessoa como ser espiritual
M) Os direitos da pessoa "uti socius"
N) Os direitos da pessoa enquanto membro de uma comunidade política
O) Os direitos da pessoa como "homo faber"
P) Os direitos da pessoa enquanto membro de uma colectividade sócio--económica

---

[481] Cfr. FRANCISCO FERNÁNDEZ SEGADO, *El sistema...*, pp. 54 e ss.
[482] Cfr. FRANCISCO FERNÁNDEZ SEGADO, *El sistema...*, pp. 106 e ss.
[483] Cfr. FRANCISCO FERNÁNDEZ SEGADO, *El sistema...*, pp. 155 e ss.

Q) Os deveres constitucionais
R) As garantias dos direitos
S) A suspensão de direitos e liberdades

Capítulo V – O regime económico-social e financeiro[484]
A) A "Constituição económica" e o Título VII da Constituição
B) Os princípios da ordem sócio-económica
C) Os princípios constitucionais inspiradores das receitas e das despesas do Estado
D) O orçamento do Estado

Capítulo VI – Os órgãos constitucionais (I). a Coroa[485]
A) Introdução: a Coroa na Constituição
B) O "status" do Rei
C) A sucessão na Coroa
D) A Regência
E) A tutela régia
F) Os poderes da Coroa

Capítulo VII – Os órgãos constitucionais (II). As Cortes Gerais[486]
A) Introdução
B) A sua natureza
C) O bicameralismo e a composição do Congresso e Senado
D) O estatuto jurídico dos parlamentares
E) Estrutura e funcionamento das Câmaras
F) As funções das Cortes

Capítulo VIII – Os órgãos constitucionais (III). O Governo[487]
A) O Governo nos textos constitucionais
B) Composição do Governo na Constituição de 1978
C) Nomeação e demissão do Governo
D) Estatuto jurídico dos membros do Governo
E) Funcionamento do Governo
F) Funções do Governo
G) O Presidente do Governo
H) Os princípios constitucionais informadores da Administração

---

[484] Cfr. FRANCISCO FERNÁNDEZ SEGADO, *El sistema...*, pp. 514 e ss.
[485] Cfr. FRANCISCO FERNÁNDEZ SEGADO, *El sistema...*, pp. 548 e ss.
[486] Cfr. FRANCISCO FERNÁNDEZ SEGADO, *El sistema...*, pp. 568 e ss.
[487] Cfr. FRANCISCO FERNÁNDEZ SEGADO, *El sistema...*, pp. 664 e ss.

Capítulo IX – Os órgãos constitucionais (IV). O princípio de responsabilidade política e as relações entre o Governo e as Cortes Espanholas[488]
A) O regime parlamentar. Sua evolução
B) O desenho do regime parlamentar na Constituição de 1978: um parlamentarismo hiper-racionalizado
C) A prática política do nosso regime parlamentar

Capítulo X – Os órgãos constitucionais (V). O poder judicial[489]
A) A evolução histórica do Poder Judicial
B) A caracterização constitucional do Poder Judicial
C) O estatuto jurídico do juiz
D) Os princípios constitucionais processuais
E) A participação popular no exercício da jurisdição
F) O governo do Poder Judicial
G) A organização jurisdicional
H) O Ministério Fiscal

Capítulo XI – O regime jurídico eleitoral[490]
A) A génese da nossa legislação eleitoral
B) O direito de sufrágio
C) A Administração Eleitoral
D) O procedimento eleitoral
E) Garantias jurídicas eleitorais
F) A utilização de meios de comunicação de titularidade pública na campanha eleitoral
G) O regime das contas eleitorais
H) A verificação do gastos e subvenções eleitorais
I) O sistema eleitoral do Congresso do Deputados. Sua variáveis
J) O sistema eleitoral do Senado
K) A operatividade real do sistema de eleição das Câmaras
L) O sistema de eleição dos Deputados ao Parlamento Europeu
M) As disposições especiais para as eleições municipais
N) O procedimento de eleição dos Deputados Regionais

Capítulo XII – A organização territorial do Estado: o Estado autonómico[491]
A) Introdução

---

[488] Cfr. FRANCISCO FERNÁNDEZ SEGADO, *El sistema...*, pp. 714 e ss.
[489] Cfr. FRANCISCO FERNÁNDEZ SEGADO, *El sistema...*, pp. 752 e ss.
[490] Cfr. FRANCISCO FERNÁNDEZ SEGADO, *El sistema...*, pp. 816 e ss.
[491] Cfr. FRANCISCO FERNÁNDEZ SEGADO, *El sistema...*, pp. 867 e ss.

B) Os princípios definidores do Estado autonómico: unidade e autonomia
C) Os princípios de integração constitucional
D) A iniciativa do processo autonómico
E) Os procedimentos de elaboração dos Estatutos de Autonomia
F) Os Estatutos de Autonomia. Natureza. Conteúdo. Reforma
G) O sistema geral de distribuição de competências
H) O conteúdo funcional da competência
I) As competências normativas
J) As competências executivas
K) A modificação extra-estatutária das competências
L) A autonomia local

Capítulo XIII – As garantias constitucionais: o tribunal constitucional[492]
A) A Jurisdição Constitucional: aproximação à sua origem e evolução
B) A obra do juiz Marshall e a doutrina da "judicial review"
C) Controlo político *versus* controlo jurisdicional da constitucionalidade das leis
D) A concepção de Kelsen e a recepção na Europa da doutrina da revisão judicial
E) Os sistemas de jurisdição constitucional concentrada e difusa
F) A problemática do perfil orgânico das instâncias titulares da Jurisdição Constitucional
G) A configuração orgânica do nosso Tribunal Constitucional
H) Estrutura e funcionamento do Tribunal
I) Os actos do Tribunal
J) As competências do Tribunal
K) Os recursos sobre a constitucionalidade das leis
L) O recurso de amparo constitucional
M) Os conflitos constitucionais
N) A declaração sobre a constitucionalidade dos tratados internacionais

IV. Outro manual a levar em consideração é o de JORGE DE ESTEBAN e PEDRO J. GONZÁLEZ TREVIJANO, da Universidade Complutense de Madrid, que publicaram, em três volumes, o seu *Curso de Derecho Constitucional Español*, com a seguinte estrutura[493], pedagogicamente dividido por lições, todas devidamente numeradas e repartidas tematicamente:

---

[492] Cfr. FRANCISCO FERNÁNDEZ SEGADO, *El sistema...*, pp. 1035 e ss.
[493] JORGE DE ESTEBAN e PEDRO J. GONZÁLEZ-TREVIJANO, *Curso de Derecho Constitucional Español*, Madrid: I, 1992, II, 1993, e III, 1994.

PARTE I – INTRODUÇÃO HISTÓRICA[494]

Lição 1: A peculiaridade do constitucionalismo espanhol (I)
Lição 2: A peculiaridade do constitucionalismo espanhol (II)

PARTE II – A GESTÃO E NATUREZA DO REGIME CONSTITUCIONAL VIGENTE[495]

Lição 3: A transição de um regime autoritário para um regime constitucional
Lição 4: As características do processo constituinte
Lição 5: A natureza da nova ordem constitucional

PARTE III – AS BASES DO REGIME CONSTITUCIONAL[496]

Lição 6: O sujeito da soberania
Lição 7: A natureza do Estado de Direito
Lição 8: A sujeição do Estado ao Direito
Lição 9: Os princípios informadores do regime constitucional espanhol

PARTE IV – OS DIREITOS, LIBERDADES E DEVERES FUNDAMENTAIS[497]

Lição 10: Teoria geral dos direitos fundamentais
Lição 11: Direitos e liberdades de âmbito pessoal
Lição 12: Direitos e liberdades da esfera privada
Lição 13: Direitos e liberdades de âmbito público
Lição 14: Os direitos e liberdades educativos
Lição 15: Direitos e liberdades laborais
Lição 16: Direitos e princípios de natureza económica e social
Lição 17: Os deveres constitucionais
Lição 18: As garantias dos direitos fundamentais: as garantias extrajudiciais
Lição 19: As garantias dos direitos fundamentais: as garantias judiciais
Lição 20: A restrição e a suspensão dos direitos fundamentais

---

[494] Cfr. JORGE DE ESTEBAN e PEDRO J. GONZÁLEZ-TREVIJANO, *Curso...*, I, pp. 21 e ss.
[495] Cfr. JORGE DE ESTEBAN e PEDRO J. GONZÁLEZ-TREVIJANO, *Curso...*, I, pp. 73 e ss.
[496] Cfr. JORGE DE ESTEBAN e PEDRO J. GONZÁLEZ-TREVIJANO, *Curso...*, I, pp. 145 e ss.
[497] Cfr. JORGE DE ESTEBAN e PEDRO J. GONZÁLEZ-TREVIJANO, *Curso...*, I, pp. 260 e ss.

PARTE V – O PODER ELEITORAL[498]

    Lição 21: A participação do povo
    Lição 22: O processo eleitoral
    Lição 23: O pluralismo democrático

PARTE VI – O PODER MODERADOR[499]

    Lição 24: Monarquia parlamentar e poder moderador
    Lição 25: As funções do poder moderador

PARTE VII – O PODER CORRECTOR[500]

    Lição 26: Natureza e características do Tribunal Constitucional
    Lição 27: Os actos e as competências do Tribunal Constitucional

PARTE VIII – O PODER EXECUTIVO[501]

    Lição 28: Natureza e composição do Governo
    Lição 29: O funcionamento do Governo e da Administração do Estado
    Lição 30: A Administração central especializada

PARTE IX – O PODER PARLAMENTAR[502]

    Lição 31: A configuração do poder parlamentar
    Lição 32: A organização do poder parlamentar
    Lição 33: O funcionamento do poder parlamentar
    Lição 34: As funções comuns das Câmaras
    Lição 35: As funções específicas das Câmaras

PARTE X – O PODER JUDICIAL[503]

    Lição 36: A caracterização do poder judicial
    Lição 37: O governo do poder judicial e da Administração de Justiça

---

[498] Cfr. JORGE DE ESTEBAN e PEDRO J. GONZÁLEZ-TREVIJANO, *Curso...*, II, pp. 446 e ss.
[499] Cfr. JORGE DE ESTEBAN e PEDRO J. GONZÁLEZ-TREVIJANO, *Curso...*, III, pp. 34 e ss.
[500] Cfr. JORGE DE ESTEBAN e PEDRO J. GONZÁLEZ-TREVIJANO, *Curso...*, III, pp. 141 e ss.
[501] Cfr. JORGE DE ESTEBAN e PEDRO J. GONZÁLEZ-TREVIJANO, *Curso...*, III, pp. 264 e ss.
[502] Cfr. JORGE DE ESTEBAN e PEDRO J. GONZÁLEZ-TREVIJANO, *Curso...*, III, pp. 390 e ss.
[503] Cfr. JORGE DE ESTEBAN e PEDRO J. GONZÁLEZ-TREVIJANO, *Curso...*, III, pp. 636 e ss.

PARTE XI – O PODER CONSTITUINTE CONSTITUÍDO[504]

Lição 38: Princípio democrático e reforma constitucional
Lição 39: O poder constituinte constituído na Constituição

PARTE XII – O PODER AUTONÓMICO[505]

Lição 40: A organização territorial do Estado autonómico
Lição 41: A configuração do Estado autonómico
Lição 42: O funcionamento das Comunidades Autónomas

V. A apreciação, necessariamente breve, do Direito Constitucional em Espanha permite ver, ao nível pedagógico, que os manuais são bastante próximos das aulas ministradas, inclusivamente aparecendo estruturado por lições, dividindo os temas, numa simplificação que parece ser de louvar, conquanto possa revelar-se excessiva.

É também de realçar que se diferencia o Direito Constitucional do Direito Político, muitas vezes se reservando este para uma abordagem próxima da Ciência Política e aquele para uma apreciação mais normativista, não obstante o facto de um mesmo livro muitas vezes se reclamar dessas duas metodologias, aqui se verificando o lastro da doutrina constitucional francesa.

A amplitude dos temas constitucionais é bastante elevada, equilibradamente se repartindo entre os aspectos históricos, os aspectos materiais e os aspectos organizatórios.

---

[504] Cfr. JORGE DE ESTEBAN e PEDRO J. GONZÁLEZ-TREVIJANO, *Curso...*, III, pp. 706 e ss.
[505] Cfr. JORGE DE ESTEBAN e PEDRO J. GONZÁLEZ-TREVIJANO, *Curso...*, III, pp. 756 e ss.

§ 11º Algumas experiências pedagógicas em Estados de Língua Portuguesa

49. Brasil

I. Embora tendo um texto constitucional aprovado há menos tempo, em 1988, o certo é que o Brasil, do ponto de vista científico, é um Estado com uma larga tradição jurídico-constitucional, caminhando muito a par do Estado Português, a despeito de a instituição do regime republicano o ter "desviado" para uma influência igualmente norte-americana, como sucedeu com a fiscalização da constitucionalidade, o sistema presidencial de governo ou a estrutura federal do Estado.

Porém, a comunidade histórico-linguística é sempre um factor seguro de muita afinidade, que se tem bem intensificado nos últimos anos, com óptimos frutos na cooperação inter-universitária e, em particular, para o Direito Constitucional.

Não sendo fácil a escolha, vamos incidir a nossa atenção em três autores de referência no Brasil de hoje no tocante ao Direito Constitucional[506], não se podendo nunca esquecer o grande contributo de MARCELLO CAETANO, que também dedicaria a parte final da sua vida académica ao ensino do Direito Constitucional no Brasil[507].

II. O primeiro deles é MANOEL GONÇALVES FERREIRA FILHO, da Universidade de São Paulo, tendo-se tido a ocasião de consultar o *Curso de Direito Constitucional*[508], que versa os seguintes temas:

---

[506] Para uma informação quase completa acerca das obras de Direito Constitucional do Brasil, v. a listagem de bibliografia geral no final do presente Relatório.

[507] Tendo aí publicado dois importantes volumes: MARCELLO CAETANO, *Direito Constitucional*, I e II, 2ª ed., Rio de Janeiro, 1987, neste caso numa publicação postumamente corrigida. Só aqui não os analisamos especificamente por serem o prolongamento do seu ensino em Portugal, que já oportunamente estudámos.

[508] MANOEL GONÇALVES FERREIRA FILHO, *Curso de Direito Constitucional*, 28ª ed., São Paulo, 2002.

PARTE I – A CONSTITUIÇÃO

Capítulo 1º – O Constitucionalismo[509]
Capítulo 2º – Conceito de Constituição[510]
Capítulo 3º – Conceito de Direito Constitucional[511]
Capítulo 4º – O poder constituinte[512]
Capítulo 5º – O controlo de constitucionalidade[513]

PARTE II – A FORMA DO ESTADO

Capítulo 6º – O Estado e seus tipos[514]
Capítulo 7º – O Estado Brasileiro[515]
Capítulo 8º – As descentralizações do Estado Brasileiro[516]

PARTE III – A FORMA DO GOVERNO

Capítulo 9º – Formas, sistemas e regimes políticos[517]
Capítulo 10º – A democracia e seus tipos[518]
Capítulo 11º – Valores e factores condicionantes da democracia[519]
Capítulo 12º – A nacionalidade[520]
Capítulo 13º – Os direitos políticos[521]
Capítulo 14º – Os partidos políticos[522]

PARTE IV – A ORGANIZAÇÃO GOVERNAMENTAL

Capítulo 15º – A "separação de poderes"[523]

---

[509] Cfr. MANOEL GONÇALVES FERREIRA FILHO, Curso..., pp. 3 e ss.
[510] Cfr. MANOEL GONÇALVES FERREIRA FILHO, Curso..., pp. 10 e ss.
[511] Cfr. MANOEL GONÇALVES FERREIRA FILHO, Curso..., pp. 16 e ss.
[512] Cfr. MANOEL GONÇALVES FERREIRA FILHO, Curso..., pp. 20 e ss.
[513] Cfr. MANOEL GONÇALVES FERREIRA FILHO, Curso..., pp. 33 e ss.
[514] Cfr. MANOEL GONÇALVES FERREIRA FILHO, Curso..., pp. 47 e ss.
[515] Cfr. MANOEL GONÇALVES FERREIRA FILHO, Curso..., pp. 56 e ss.
[516] Cfr. MANOEL GONÇALVES FERREIRA FILHO, Curso..., pp. 66 e ss.
[517] Cfr. MANOEL GONÇALVES FERREIRA FILHO, Curso..., pp. 75 e ss.
[518] Cfr. MANOEL GONÇALVES FERREIRA FILHO, Curso..., pp. 80 e ss.
[519] Cfr. MANOEL GONÇALVES FERREIRA FILHO, Curso..., pp. 98 e ss.
[520] Cfr. MANOEL GONÇALVES FERREIRA FILHO, Curso..., pp. 109 e ss.
[521] Cfr. MANOEL GONÇALVES FERREIRA FILHO, Curso..., pp. 113 e ss.
[522] Cfr. MANOEL GONÇALVES FERREIRA FILHO, Curso..., pp. 120 e ss.
[523] Cfr. MANOEL GONÇALVES FERREIRA FILHO, Curso..., pp. 129 e ss.

Capítulo 16º – O presidencialismo[524]
Capítulo 17º – O parlamentarismo[525]
Capítulo 18º – O sistema diretorial[526]
Capítulo 19º – O poder legislativo e as suas tarefas[527]
Capítulo 20º – Organização e garantias do legislativo[528]
Capítulo 21º – A elaboração da lei[529]
Capítulo 22º – O poder executivo e a sua missão[530]
Capítulo 23º – A estruturação do Governo[531]
Capítulo 24º – A administração civil[532]
Capítulo 25º – As forças armadas[533]
Capítulo 26º – O poder judiciário e suas garantias[534]
Capítulo 27º – A organização da justiça brasileira[535]
Capítulo 28º – O Superior Tribunal de Justiça[536]
Capítulo 29º – O Supremo Tribunal Federal[537]
Capítulo 30º – Funções essenciais à justiça[538]

PARTE V – A LIMITAÇÃO DO PODER

Capítulo 31º – O princípio do Estado de Direito[539]
Capítulo 32º – A doutrina dos direitos fundamentais e sua evolução[540]
Capítulo 33º – Os direitos fundamentais na Constituição Brasileira[541]
Capítulo 34º – Os remédios de Direito Constitucional[542]
Capítulo 35º – Os sistemas de emergência[543]

---

[524] Cfr. MANOEL GONÇALVES FERREIRA FILHO, *Curso...*, pp. 138 e ss.
[525] Cfr. MANOEL GONÇALVES FERREIRA FILHO, *Curso...*, pp. 143 e ss.
[526] Cfr. MANOEL GONÇALVES FERREIRA FILHO, *Curso...*, pp. 149 e ss.
[527] Cfr. MANOEL GONÇALVES FERREIRA FILHO, *Curso...*, pp. 153 e ss.
[528] Cfr. MANOEL GONÇALVES FERREIRA FILHO, *Curso...*, pp. 164 e ss.
[529] Cfr. MANOEL GONÇALVES FERREIRA FILHO, *Curso...*, pp. 178 e ss.
[530] Cfr. MANOEL GONÇALVES FERREIRA FILHO, *Curso...*, pp. 215 e ss.
[531] Cfr. MANOEL GONÇALVES FERREIRA FILHO, *Curso...*, pp. 218 e ss.
[532] Cfr. MANOEL GONÇALVES FERREIRA FILHO, *Curso...*, pp. 228 e ss.
[533] Cfr. MANOEL GONÇALVES FERREIRA FILHO, *Curso...*, pp. 235 e ss.
[534] Cfr. MANOEL GONÇALVES FERREIRA FILHO, *Curso...*, pp. 241 e ss.
[535] Cfr. MANOEL GONÇALVES FERREIRA FILHO, *Curso...*, pp. 248 e ss.
[536] Cfr. MANOEL GONÇALVES FERREIRA FILHO, *Curso...*, pp. 259 e ss.
[537] Cfr. MANOEL GONÇALVES FERREIRA FILHO, *Curso...*, pp. 261 e ss.
[538] Cfr. MANOEL GONÇALVES FERREIRA FILHO, *Curso...*, pp. 266 e ss.
[539] Cfr. MANOEL GONÇALVES FERREIRA FILHO, *Curso...*, pp. 273 e ss.
[540] Cfr. MANOEL GONÇALVES FERREIRA FILHO, *Curso...*, pp. 279 e ss.
[541] Cfr. MANOEL GONÇALVES FERREIRA FILHO, *Curso...*, pp. 287 e ss.
[542] Cfr. MANOEL GONÇALVES FERREIRA FILHO, *Curso...*, pp. 307 e ss.
[543] Cfr. MANOEL GONÇALVES FERREIRA FILHO, *Curso...*, pp. 325 e ss.

PARTE VI – A ORDEM ECONÓMICA

Capítulo 36º – A Constituição Económica[544]
Capítulo 37º – Bases e valores da ordem económica brasileira[545]
Capítulo 38º – A actuação do Estado no domínio económico[546]

PARTE VII – A ORDEM SOCIAL

Capítulo 39º – A ordem social na Constituição vigente[547]

III. Outro autor a considerar é JOSÉ AFONSO DA SILVA, aposentado da Universidade de São Paulo, que a despeito disso tem mantido actualizado o seu *Curso de Direito Constitucional Positivo*[548], com numerosas edições, nele se sugerindo os seguintes conteúdos:

PARTE I – DOS CONCEITOS E PRINCÍPIOS FUNDAMENTAIS

Título I – Do Direito Constitucional e da Constituição

Capítulo I – Do Direito Constitucional[549]
Capítulo II – Da Constituição[550]
Capítulo III – Da Evolução Político-Constitucional do Brasil[551]

Título II – Dos princípios fundamentais

Capítulo I – Dos Princípios Constitucionais[552]
Capítulo II – Dos Princípios Constitucionais do Estado Brasileiro[553]
Capítulo III – Do Princípio Democrático e Garantia dos Direitos Fundamentais[554]

---

[544] Cfr. MANOEL GONÇALVES FERREIRA FILHO, *Curso...*, pp. 341 e ss.
[545] Cfr. MANOEL GONÇALVES FERREIRA FILHO, *Curso...*, pp. 350 e ss.
[546] Cfr. MANOEL GONÇALVES FERREIRA FILHO, *Curso...*, pp. 356 e ss.
[547] Cfr. MANOEL GONÇALVES FERREIRA FILHO, *Curso...*, pp. 363 e ss.
[548] JOSÉ AFONSO DA SILVA, *Curso de Direito Constitucional Positivo*, 20ª ed., São Paulo, 2002.
[549] Cfr. JOSÉ AFONSO DA SILVA, *Curso...*, pp. 33 e ss.
[550] Cfr. JOSÉ AFONSO DA SILVA, *Curso...*, pp. 37 e ss.
[551] Cfr. JOSÉ AFONSO DA SILVA, *Curso...*, pp. 69 e ss.
[552] Cfr. JOSÉ AFONSO DA SILVA, *Curso...*, pp. 91 e ss.
[553] Cfr. JOSÉ AFONSO DA SILVA, *Curso...*, pp. 97 e ss.
[554] Cfr. JOSÉ AFONSO DA SILVA, *Curso...*, pp. 123 e ss.

PARTE II – DOS DIREITOS E GARANTIAS FUNDAMENTAIS

Título I – A declaração de direitos

Capítulo I – Formação Histórica das Declarações de Direitos[555]
Capítulo II – Teoria dos Direitos Fundamentais do Homem[556]

Título II – Dos direitos e deveres individuais e colectivos

Capítulo I – Fundamentos Constitucionais[557]
Capítulo II – Do Direito à Vida e do Direito à Privacidade[558]
Capítulo III – Direito de Igualdade[559]
Capítulo IV – Direito de Liberdade[560]
Capítulo V – Direito de Propriedade[561]

Título III – Direitos sociais

Capítulo I – Fundamentos Constitucionais dos Direitos Sociais[562]
Capítulo II – Direitos Sociais Relativos aos Trabalhadores[563]
Capítulo III – Direitos Sociais do Homem Consumidor[564]

Título IV – Direito de nacionalidade

Capítulo I – Teoria do Direito de Nacionalidade[565]
Capítulo II – Direito de Nacionalidade Brasileira[566]
Capítulo III – Condição Jurídica do Estrangeiro no Brasil[567]

Título V – Direito de cidadania

Capítulo I – Dos Direitos Políticos[568]

---

[555] Cfr. JOSÉ AFONSO DA SILVA, *Curso...*, pp. 149 e ss.
[556] Cfr. JOSÉ AFONSO DA SILVA, *Curso...*, pp. 172 e ss.
[557] Cfr. JOSÉ AFONSO DA SILVA, *Curso...*, pp. 189 e ss.
[558] Cfr. JOSÉ AFONSO DA SILVA, *Curso...*, pp. 196 e ss.
[559] Cfr. JOSÉ AFONSO DA SILVA, *Curso...*, pp. 210 e ss.
[560] Cfr. JOSÉ AFONSO DA SILVA, *Curso...*, pp. 229 e ss.
[561] Cfr. JOSÉ AFONSO DA SILVA, *Curso...*, pp. 269 e ss.
[562] Cfr. JOSÉ AFONSO DA SILVA, *Curso...*, pp. 284 e ss.
[563] Cfr. JOSÉ AFONSO DA SILVA, *Curso...*, pp. 287 e ss.
[564] Cfr. JOSÉ AFONSO DA SILVA, *Curso...*, pp. 306 e ss.
[565] Cfr. JOSÉ AFONSO DA SILVA, *Curso...*, pp. 317 e ss.
[566] Cfr. JOSÉ AFONSO DA SILVA, *Curso...*, pp. 323 e ss.
[567] Cfr. JOSÉ AFONSO DA SILVA, *Curso...*, pp. 334 e ss.
[568] Cfr. JOSÉ AFONSO DA SILVA, *Curso...*, pp. 343 e ss.

Capítulo II – Dos Direitos Políticos Positivos[569]
Capítulo III – Dos Direitos Políticos Negativos[570]
Capítulo IV – Dos Partidos Políticos[571]

Título VI – Garantias Constitucionais

Capítulo I – Direitos e suas Garantias[572]
Capítulo II – Garantias Constitucionais Individuais[573]
Capítulo III – Garantias dos Direitos Colectivos, Sociais e Políticos[574]

PARTE III – DA ORGANIZAÇÃO DO ESTADO E DOS PODERES

Título I – Da estrutura básica da federação

Capítulo I – Das Entidades Componentes da Federação Brasileira[575]
Capítulo II – Da Repartição de Competências[576]
Capítulo III – Da Intervenção nos Estados e nos Municípios[577]

Título II – Do governo da união

Capítulo I – Da União como Entidade Federativa[578]
Capítulo II – Do Poder Legislativo[579]
Capítulo III – Do Poder Executivo[580]
Capítulo IV – Do Poder Judiciário[581]
Capítulo V – Das Funções Essenciais à Justiça[582]

---

[569] Cfr. José Afonso da Silva, Curso..., pp. 347 e ss.
[570] Cfr. José Afonso da Silva, Curso..., pp. 380 e ss.
[571] Cfr. José Afonso da Silva, Curso..., pp. 393 e ss.
[572] Cfr. José Afonso da Silva, Curso..., pp. 411 e ss.
[573] Cfr. José Afonso da Silva, Curso..., pp. 418 e ss.
[574] Cfr. José Afonso da Silva, Curso..., pp. 456 e ss.
[575] Cfr. José Afonso da Silva, Curso..., pp. 469 e ss.
[576] Cfr. José Afonso da Silva, Curso..., pp. 475 e ss.
[577] Cfr. José Afonso da Silva, Curso..., pp. 482 e ss.
[578] Cfr. José Afonso da Silva, Curso..., pp. 490 e ss.
[579] Cfr. José Afonso da Silva, Curso..., pp. 507 e ss.
[580] Cfr. José Afonso da Silva, Curso..., pp. 539 e ss.
[581] Cfr. José Afonso da Silva, Curso..., pp. 550 e ss.
[582] Cfr. José Afonso da Silva, Curso..., pp. 578 e ss.

Título III – Dos Estados dos municípios e do distrito federal

Capítulo I – Dos Estados Federados[583]
Capítulo II – Dos Municípios[584]
Capítulo III – Do Distrito Federal[585]

Título IV – Da administração pública

Capítulo I – Estruturas Básicas da Administração Pública[586]
Capítulo II – Dos Princípios Constitucionais da Administração Pública[587]
Capítulo III – Dos Servidores Públicos[588]

Título V – Bases constitucionais das instituições financeiras

Capítulo I – Do Sistema Tributário Nacional[589]
Capítulo II – Das Finanças Públicas e do Sistema Orçamentário[590]
Capítulo III – Da Fiscalização Contábil, Financeira e Orçamentária[591]

Título VI – Da defesa do Estado e das instituições democráticas

Capítulo I – Do Estado de Defesa e do Estado de Sítio[592]
Capítulo II – Das Forças Armadas[593]
Capítulo III – Da Segurança Pública[594]

PARTE IV – DA ORDEM ECONÓMICA E DA ORDEM SOCIAL

Título I – Da Ordem Económica

Capítulo I – Dos Princípios Gerais da Actividade Económica[595]

---

[583] Cfr. José Afonso da Silva, *Curso...*, pp. 589 e ss.
[584] Cfr. José Afonso da Silva, *Curso...*, pp. 619 e ss.
[585] Cfr. José Afonso da Silva, *Curso...*, pp. 629 e ss.
[586] Cfr. José Afonso da Silva, *Curso...*, pp. 634 e ss.
[587] Cfr. José Afonso da Silva, *Curso...*, pp. 646 e ss.
[588] Cfr. José Afonso da Silva, *Curso...*, pp. 657 e ss.
[589] Cfr. José Afonso da Silva, *Curso...*, pp. 685 e ss.
[590] Cfr. José Afonso da Silva, *Curso...*, pp. 710 e ss.
[591] Cfr. José Afonso da Silva, *Curso...*, pp. 725 e ss.
[592] Cfr. José Afonso da Silva, *Curso...*, pp. 736 e ss.
[593] Cfr. José Afonso da Silva, *Curso...*, pp. 747 e ss.
[594] Cfr. José Afonso da Silva, *Curso...*, pp. 752 e ss.
[595] Cfr. José Afonso da Silva, *Curso...*, pp. 761 e ss.

Capítulo II – Das Propriedades na Ordem Económica[596]
Capítulo III – Do Sistema Financeiro Nacional[597]

Título II – Da ordem social

Capítulo I – Introdução à Ordem Social[598]
Capítulo II – Da Seguridade Social[599]
Capítulo III – Da Ordem Constitucional da Cultura[600]
Capítulo IV – Da Família, da Criança, do Adolescente e do Idoso[601]
Capítulo V – Dos Índios[602]

PARTE V – CONCLUSÃO GERAL

Capítulo Único[603]

IV. É ainda de observar o manual mais recente de ALEXANDRE DE MORAES, da Universidade de São Paulo, intitulado *Direito Constitucional*[604], com os seguintes temas propostos:

Cap. 1 – Direito Constitucional[605]
Cap. 2 – Poder constituinte[606]
Cap. 3 – Direitos e garantias fundamentais[607]
Cap. 4 – Tutela constitucional das liberdades[608]
Cap. 5 – Direitos sociais[609]
Cap. 6 – Direito de nacionalidade[610]
Cap. 7 – Direitos políticos[611]

---

[596] Cfr. JOSÉ AFONSO DA SILVA, *Curso...*, pp. 788 e ss.
[597] Cfr. JOSÉ AFONSO DA SILVA, *Curso...*, pp. 800 e ss.
[598] Cfr. JOSÉ AFONSO DA SILVA, *Curso...*, pp. 804 e ss.
[599] Cfr. JOSÉ AFONSO DA SILVA, *Curso...*, pp. 806 e ss.
[600] Cfr. JOSÉ AFONSO DA SILVA, *Curso...*, pp. 812 e ss.
[601] Cfr. JOSÉ AFONSO DA SILVA, *Curso...*, pp. 822 e ss.
[602] Cfr. JOSÉ AFONSO DA SILVA, *Curso...*, pp. 825 e ss.
[603] Cfr. JOSÉ AFONSO DA SILVA, *Curso...*, pp. 839 e ss.
[604] ALEXANDRE DE MORAES, *Direito Constitucional*, 10ª ed., São Paulo, 2001.
[605] Cfr. ALEXANDRE DE MORAES, *Direito...*, pp. 33 e ss.
[606] Cfr. ALEXANDRE DE MORAES, *Direito...*, pp. 52 e ss.
[607] Cfr. ALEXANDRE DE MORAES, *Direito...*, pp. 56 e ss.
[608] Cfr. ALEXANDRE DE MORAES, *Direito...*, pp. 135 e ss.
[609] Cfr. ALEXANDRE DE MORAES, *Direito...*, pp. 199 e ss.
[610] Cfr. ALEXANDRE DE MORAES, *Direito...*, pp. 210 e ss.
[611] Cfr. ALEXANDRE DE MORAES, *Direito...*, pp. 228 e ss.

Cap. 8 – Organização político-administrativa[612]
Cap. 9 – Administração Pública[613]
Cap. 10 – Organização dos poderes e do Ministério Público[614]
Cap. 11 – Processo legislativo[615]
Cap. 12 – Controlo de constitucionalidade[616]
Cap. 13 – Defesa do Estado e das instituições democráticas[617]
Cap. 14 – Ordem económica e financeira[618]
Cap. 15 – Ordem social[619]

V. Uma apreciação conclusiva quanto ao modo como estes ilustres constitucionalistas versam o Direito Constitucional, para além daquilo que se sabe do ensino deste ramo do Direito no Brasil, permite pôr em relevo, em primeiro lugar, o simbolismo do texto constitucional, que, mau grado as suas imperfeições, vem representando um relevante guião para a arrumação de matérias pela doutrina, tal a quase coincidência da sistematização dos livros considerados com a sistematização da própria Constituição.

Por outro lado, até por causa deste primeiro facto, os livros de Direito Constitucional perdem em profundidade naquilo que ganham em amplitude de análise: a dispersão temática do Direito Constitucional é de tal ordem que praticamente não há nenhum Direito que não se assuma constitucionalmente relevante, num caso nítido de benéfico "imperialismo constitucional".

Porventura o aspecto mais impressionante a referir no Direito Constitucional Brasileiro é o ter rapidamente alcançado um excelente nível científico e uma apreciável quantidade de cultores. Não nos podemos esquecer que só recentemente o Brasil passou a ser um Estado de Direito e que só em 1988 seria aprovada a sua actual Constituição. Ora, estes acontecimentos, longe de não frutificarem, foram um verdadeiro estímulo para a expansão Direito Constitucional, no que foi relevantíssimo também

---

[612] Cfr. ALEXANDRE DE MORAES, *Direito...*, pp. 261 e ss.
[613] Cfr. ALEXANDRE DE MORAES, *Direito...*, pp. 305 e ss.
[614] Cfr. ALEXANDRE DE MORAES, *Direito...*, pp. 364 e ss.
[615] Cfr. ALEXANDRE DE MORAES, *Direito...*, pp. 517 e ss.
[616] Cfr. ALEXANDRE DE MORAES, *Direito...*, pp. 567 e ss.
[617] Cfr. ALEXANDRE DE MORAES, *Direito...*, pp. 637 e ss.
[618] Cfr. ALEXANDRE DE MORAES, *Direito...*, pp. 645 e ss.
[619] Cfr. ALEXANDRE DE MORAES, *Direito...*, pp. 652 e ss.

o papel de Portugal e dos constitucionalistas portugueses, como JORGE MIRANDA, MARCELO REBELO DE SOUSA e JOSÉ JOAQUIM GOMES CANOTILHO.

50. Angola, Moçambique e Guiné-Bissau

I. O ensino lusófono de Direito Constitucional deve ser visto a partir da distinção entre o Brasil e os recentes Estados de Língua Portuguesa, levando em consideração, para além da história e da língua portuguesa comuns, as diferenças de evolução e de amadurecimento.

Da apreciação dos recentes Estados de Língua Portuguesa, descontando o Brasil, vamos ainda excluir a República Democrática de Timor Leste, que ainda não viu consagrada qualquer universidade e, por maioria de razão, o ensino do Direito Constitucional.

No plano dos Estados Africanos, nem todos já oferecem experiências pedagógicas de Direito Constitucional: Cabo-Verde não tem universidade para efeitos da leccionação do curso de Direito[620], assim o mesmo sucedendo com São Tomé e Príncipe. A nossa atenção reduzir-se-á, deste modo, a Angola, Guiné-Bissau e Moçambique.

Destes três Estados Africanos de Língua Portuguesa, decerto aqueles que têm mostrado uma maior pujança ao nível do ensino do Direito em geral e do ensino do Direito Constitucional em particular são Angola e Moçambique – o Estado da Guiné-Bissau, no seio das dificuldades de institucionalização recente, continua bastante frágil na afirmação do seu percurso universitário e constitucional.

II. Angola conta neste momento com três estabelecimentos de ensino que ministram os cursos de Direito, onde é igualmente ensinado o Direito Constitucional, e que são:
– a Faculdade de Direito da Universidade Agostinho Neto;
– a Faculdade de Direito da Universidade Católica de Angola; e
– a Universidade Lusíada de Angola[621].

---

[620] Não obstante a boa doutrina jurídico-constitucional de que já desfruta: LUÍS MENDONÇA, *O regime político de Cabo Verde*, in *Revista de Direito Público*, II, n° 3, Janeiro de 1988, pp. 7 e ss.; JOSÉ CARLOS DE ALMEIDA FONSECA, *O sistema de governo na Constituição Cabo-Verdiana*, Lisboa, 1990, pp. 41 e ss.

[621] No plano dos docentes, são ainda poucos os escritos, mas já se podendo indicar os seguintes importantes contributos: RUI FERREIRA, *A democratização e o con-*

III. A instituição universitária mais antiga é a Faculdade de Direito da Universidade Agostinho Neto, que neste momento oferece no 1º ano a disciplina de **Ciência Política e Direito Constitucional**, com o seguinte programa, sob a responsabilidade conjunta de ADÉRITO CORREIA, BORNITO DE SOUSA, RAUL ARAÚJO e RUI FERREIRA:

Apresentação

PARTE I – O DIREITO CONSTITUCIONAL

    Cap. I – O estudo do Direito Constitucional – dimensão temporal e dimensão espacial
    Cap. II – O Direito Constitucional como Direito Público Interno
    Cap. III – Direito Constitucional – Teoria e Doutrina
    Cap. IV – Características do Direito Constitucional
    Cap. V – Direito Constitucional e Ciências afins
    Cap. VI – Direito Constitucional e Ciência Política
    Cap. VII – Importância e actualidade do Direito Constitucional

PARTE II – AS BASES DO DIREITO CONSTITUCIONAL

    Cap. I – O poder político
    Cap. II – O Estado
    Cap. III – A Constituição
    Cap. IV – A Democracia e o cidadão
    Cap. V – O exercício do poder
    Cap. VI – A competição pelo poder
    Cap. VII – A organização do poder

PARTE III – OS SISTEMAS CONSTITUCIONAIS

    Cap. I – Estados Unidos da América
    Cap. II – Grã-Bretanha
    Cap. III – Alemanha
    Cap. IV – França
    Cap. V – Japão e Itália

---

trolo dos poderes públicos nos países da África Austral, Coimbra, 1995; RAUL ARAÚJO, *Os sistemas de governo de transição nos PALOP*, Coimbra, 1996; ADÉRITO CORREIA e BORNITO DE SOUSA, *Angola – História Constitucional*, Coimbra, 1996; CARLOS FEIJÓ, *Problemas actuais de Direito Público Angolano – contributos para a sua compreensão*, Lisboa, 2001, pp. 13 e ss.

Cap. VI – China
Cap. VII – África do Sul
Cap. VIII – Namíbia, Cabo-Verde, Gabão, Ghana, Uganda, Moçambique, Senegal e Benin
Cap. IX – Brasil, Colômbia e México

PARTE IV – ANGOLA – HISTÓRIA CONSTITUCIONAL

Cap. I – Período pré-colonial
Cap. II – Período colonial
Cap. III – Período de transição
Cap. IV – Período revolucionário
Cap. V – Descontinuidade constitucional
Cap. VI – Período democrático

PARTE V – O CONSTITUCIONALISMO ANGOLANO VIGENTE

Cap. I. – A Constituição Angolana
Cap. II – Os princípios fundamentais
Cap. III – O princípio do Estado de Direito
Cap. IV – O princípio democrático
Cap. V – Princípio democrático e direito de sufrágio
Cap. VI – Princípio democrático e sistema eleitoral
Cap. VII – Princípio democrático e sistema partidário
Cap. VIII – Os órgãos de soberania
Cap. IX – Os direitos fundamentais
Cap. X – A cidadania e a nacionalidade
Cap. XI – A Constituição económica
Cap. XII – A excepção constitucional
Cap. XIII – Garantia e controlo da Constituição
Cap. XIV – Procedimentos e processo constitucional

IV. A Faculdade de Direito da Universidade Católica de Angola, recentemente criada, oferece a cadeira de **Ciência Política e Direito Constitucional** no 1º ano da licenciatura, estando sob a responsabilidade de ADÉRITO CORREIA, BORNITO DE SOUSA e RAUL ARAÚJO, com o seguinte programa[622]:

---

[622] Cfr. *Faculdade de Direito da Universidade Católica de Angola – Guia 2001*, Luanda, 2001, p. 39.

I PARTE – ELEMENTOS DE CIÊNCIA POLÍTICA

1 – Definição de Ciência Política
2 – Origem e transformações do Estado Moderno
3 – Os Agentes Políticos: os cidadãos, os grupos de interesse e os partidos políticos
4 – As formas de expressão política: as eleições, o referendo, a participação política
5 – Formas de governo: parlamentarismo, presidencialismo, formas mistas
6 – Formas de Estado: Estado Federal; Estado unitário; descentralização política e descentralização administrativa; a integração regional dos Estados (a SADC)
7 – Estruturas orgânicas do Estado: chefes de estado, parlamentos, governos, administrações, forças armadas, tribunais

II PARTE – DIREITO CONSTITUCIONAL

1 – Definição e objecto do Direito Constitucional
2 – Definição, origem e sentido da Constituição
3 – Poder constituinte e processo constituinte
4 – História constitucional comparada: Grã-Bretanha, Estados Unidos da América, França, PALOP, alguns países da SADC
5 – História constitucional de Angola
6 – Fontes do Direito Constitucional
7 – Normas e princípios constitucionais: interpretação e integração
8 – Princípios fundamentais da Constituição angolana
9 – A organização do poder político em Angola: princípios gerais; Presidente da República; Assembleia Nacional; Governo; Tribunais; os órgãos públicos independentes
10 – O sistema constitucional das fontes do Direito e as estruturas normativas: as leis, os decretos-leis, os regulamentos, os regulamentos dos governos provinciais. Hierarquia e preferência entre as fontes de Direito
11 – Os direitos fundamentais
12 – A "Constituição económica"
13 – As situações de excepção constitucional
14 – A fiscalização da constitucionalidade
15 – A revisão da Constituição
16 – Teorias contemporâneas da Constituição

V. A Universidade Lusíada de Angola, há pouco tempo funcionando em Luanda, prevê o curso de Direito, nele se leccionando a disciplina de **Ciência Política e Direito Consitucional**, com o seguinte programa, orientado por RAUL ARAÚJO:

PARTE I – CIÊNCIA POLÍTICA

Capítulo I – O Facto Político

1 – Objecto da Ciência Política
   1.1 – Concepções e noção adoptada
   1.2 – A Ciência Política e Direito Constitucional
2 – Noção de Facto Político
3 – Introdução ao Poder Político
   3.1 – O Poder Político como modalidade do poder
   3.2 – Tipologia do poder político
   3.3 – A legitimidade do poder político
      3.3.1 – Legalidade e legitimidade
      3.3.2 – Concepções sobre legitimidade do poder político
      3.3.3 – Legitimidade e Regime político

Capítulo II – Introdução à Teoria Geral do Estado

1 – Conceito de Estado
2 – Introdução aos tipos históricos de Estado
3 – Estado soberano
   3.1 – Noção
   3.2 – O conceito de soberania estadual e a sua evolução
   3.3 – Estado soberanos e Estado com soberania limitada
   3.4 – Comunidade políticas não estaduais
   3.5 – Estado e Nação
4 – Elementos do Estado
   4.1 – O Povo
      4.1.1 – Cidadania ou Nacionalidade
      4.1.2 – Regime jurídico da Nacionalidade
      4.1.3 – Condição dos estrangeiros e apátridas
   4.2 – O Território
   4.3 – O poder político Soberano
5 – Formas de Estado
   5.1 – Estado Unitários e Estado Compostos
   5.2 – Estado Unitários Simples e Estados Unitários Complexos
   5.3 – A forma do Estado Angolano

PARTE II – DIREITO CONSTITUCIONAL

Capítulo I – Teoria Geral da Constituição

1 – Objecto da disciplina de Direito Constitucional

2 – O Poder Político e o Direito
3 – O Direito Constitucional e a organização jurídica e política de uma colectividade estadual
4 – Introdução ao Poder Constituinte e acepção de Constituição como ordem jurídica de domínio de uma colectividade estadual
5 – Estado de Direito e Constituição: síntese histórico-política
6 – Classificações de Constituição
7 – Constituição e ordenamento Jurídico

Capítulo II – A Constituição e a Organização do Poder Político

Secção I – *Fins, funções e órgãos do Estado*
1 – Os fins do Estado
2 – As funções do Estado
    2.1 – Noção
    2.2 – Concepções dominantes
    2.3 – Posição adoptada
    2.4 – As Funções do Estado na Constituição Angolana
3 – Os órgãos do Estado
    3.1 – Noção
    3.2 – Elementos constitutivos
    3.3 – Tipologia
    3.4 – Os órgãos do Estado na Constituição Angolana

Secção II – *Formas de governo e forma de designação dos governantes*
1 – Introdução sumária às formas de governo: regimes políticos e sistemas de governo
    1.1 – Regimes políticos: noção e tipologia
    1.2 – Os sistemas de governo no Estado Democrático de Direito
        1.2.1 – Conceito
        1.2.2 – Tipos dominantes: sistemas presidencialistas, parlamentares e semipresidencialistas

2 – Formas de designação dos titulares dos órgãos de poder político
    2.1 – Formas de designação
    2.2 – Eleições e sistemas eleitorais
    2.3 – Modos de escrutínio
    2.4 – A representação política: mandato imperativo e representativo

3 – Instrumentos de representação política no Estado Democrático de Direito: os partidos políticos

3.1 – Partidos políticos e associações políticas
3.2 – Evolução histórica, fins e funções dos partidos
3.3 – Tipos de partidos políticos
3.4 – Os partidos na Lei Constitucional Angolana
3.5 – Sistemas partidários

4 – A interacção entre sistema eleitoral, o sistema de partidos e o sistema de governo
    4.1 – Eleição e "Estado de Partidos"
    4.2 – Projecção do sistema partidário no sistema de governo

Capítulo III – As Experiências Constitucionais Comparadas

Capítulo IV – História Constitucional de Angola

1 – A História constitucional pré-independência
2 – A Constituição de 1975
3 – A Constituição de 1975 e as revisões da Constituição
4 – As "revisões" constitucionais de 1991 e 1992
5 – Características formais da Constituição
  – Constituição unitextual;
  – Constituição rígida;
  – Constituição programática;
  – Constituição compromissória

Capítulo V – Lei e Actividade Legislativa

1 – Acepção de lei
2 – A Competência legislativa dos órgãos constitucionais e processo legiferante
    1.1 – A competência legislativa da Assembleia Nacional
    1.2 – A competência legislativa do Governo
3 – As relações entre actos legislativos

Capítulo VI – Princípios fundamentais da Constituição angolana

  – Dimensões formais e materiais do princípio do Estado de direito
  – O princípio do Estado de Direito na Constituição de 1992
  – O princípio democrático
  – A concretização constitucional do princípio democrático
  – O princípio democrático e direito de sufrágio
  – Princípio democrático e sistema eleitoral
  – Princípio democrático e sistema partidário
  – Princípio democrático e princípio maioritário

Capítulo VII - A organização do poder político em Angola: princípios gerais; Presidente da República; Assembleia Nacional; Governo; Tribunais; os órgãos públicos independentes

- O Presidente da República
- A Assembleia Nacional
- O Governo
- Os Tribunais
- O Ministério Público
- Os órgãos públicos independentes

Capítulo VIII - A Garantia jurisdicional da Constituição

1 - O desvalor dos actos inconstitucionais, a sua tipologia e as respectivas sanções.
   1.1 - Noção
   1.2 - A inexistência
   1.3 - A invalidade
   1.4 - A irregularidade
2 - Tipos de inconstitucionalidade
   2.1 - Material, formal e orgânica
   2.2 - Directa, indirecta e consequente
   2.3 - Originária e superveniente
   2.4 - Presente e pretérita
3 - A fiscalização da constitucionalidade no Direito Comparado e na História Constitucional angolana
4 - O regime geral da fiscalização da constitucionalidade e legalidade na ordem constitucional de 1992
5 - Processos de fiscalização da constitucionalidade e legalidade e o contencioso constitucional
   5.1 - A fiscalização da constitucionalidade por omissão
   5.2 - A fiscalização da constitucionalidade e da legalidade por acção
      5.2.1 - Os processos de fiscalização abstracta
      5.2.2 - O processo de fiscalização concreta

Capítulo IX - Introdução aos Direitos Fundamentais

1 - Génese, evolução histórico-política e conceitos afins
2 - Tipologia
3 - O regime comum dos direitos fundamentais
4 - O regime jurídico especial dos direitos, liberdades e garantias
5 - Restrição, delimitação do núcleo e colisão de direitos
6 - A suspensão dos direitos, liberdades e garantias

VI. Moçambique também tem crescido bastante, tal como Angola, muito favorecido pelo fim da guerra civil de muitos anos, e apresentando neste momento as seguintes instituições de ensino do Direito em geral, em que também se prevê a disciplina de Direito Constitucional[623]:
- a Faculdade de Direito da Universidade Eduardo Mondlane, em Maputo;
- a Faculdade de Direito da Universidade Católica de Moçambique, que funciona em Nampula;
- o Instituto Superior Politécnico e Universitário, em Maputo; e
- o Instituto Superior de Ciências Empresariais, em Maputo.

VII. Na Faculdade de Direito da Universidade Eduardo Mondlane, a única instituição pública que ensina o Direito no país, sendo também a mais antiga de todas, as disciplinas constitucionais e afins encontram-se assim distribuídas:
- **Ciência Política**, no 1º semestre do 1º ano;

---

[623] Não havendo ainda um manual de Direito Constitucional moçambicano, podemos, contudo, registar os seguintes contributos parciais: José Óscar Monteiro, *Poder e Democracia*, in *Revista de Direito Público*, III, nº 6, Julho-Dezembro de 1989, pp. 29 e ss.; Marcus Guadagni, *Introdução ao Direito Moçambicano – 9 Direito Constitucional*, Maputo, 1990; Jorge Miranda, *Sobre o anteprojecto da Constituição de Moçambique*, in *O Direito*, ano 123º, I, Janeiro-Março de 1991, pp. 197 e ss.; José Norberto Carrilho e Emídio Ricardo Nhamissitane, *Alguns aspectos da Constituição*, Maputo, 1991, *passim*; Fernando José Fidalgo da Cunha, *Democracia e divisão de poder – uma leitura da Constituição Moçambicana*, Maputo, s. d., pp. 58 e ss.; Gilles Cistac, *O Direito Eleitoral Moçambicano*, Maputo, 1994, pp. 11 e ss., *Poder legislativo e poder regulamentar na Constituição da República de Moçambique de 30 de Novembro de 1990*, in *Revista Jurídica da Faculdade de Direito da Universidade Eduardo Mondlane*, Maputo, 1996, I, pp. 8 e ss., e *O Tribunal Administrativo de Moçambique*, Maputo, 1997, pp. 80 e ss.; José Manuel Sérvulo Correia, *Contencioso administrativo e Estado de Direito*, Maputo, 1994, pp. 450 e ss.; Jorge Bacelar Gouveia, *A relevância civil do casamento católico*, in *Africana*, VIII, nº 14, 1994, pp. 175 e ss., *O princípio democrático no novo Direito Constitucional Moçambicano*, in *Revista da Faculdade de Direito da Universidade de Lisboa*, XXXVI, 1995, nº 2, pp. 459 e ss., e *As autarquias locais e a respectiva legislação – um enquadramento geral*, in AAVV, *Autarquias Locais em Moçambique – antecedentes e regime jurídico*, Lisboa/Maputo, 1998, pp. 81 e ss.; Vitalino Canas, *O sistema de governo moçambicano na Constituição de 1990*, in *Revista Luso-Africana de Direito*, I, Lisboa, 1997, pp. 167 e ss.; João André Ubisse Guenha, *Os sistemas eleitorais em Moçambique*, in *Revista Luso-Africana de Direito*, I, 1997, pp. 223 e ss.

– **Direito Constitucional Geral**, no 2º semestre do 1º ano; e
– **Direito Constitucional Especial**, no 1º semestre do 2º ano.

Vejamos as opções programáticas das duas primeiras disciplinas, aquelas de que pudemos obter informação, sendo a primeira da responsabilidade de Diogo Pereira Duarte e a segunda de João Gouveia de Caíres, dois assistentes da Faculdade de Direito da Universidade de Lisboa:

A) CIÊNCIA POLÍTICA

I – Introdução à Ciência Política
1. Introdução à Ciência Política
   1.1 O Homem e a Sociedade
   1.2 Pluralidade de formas de sociedade
   1.3 Sociedade e disciplina
   1.4 O Poder
   1.5 Sociedades primárias e poderes particularistas
   1.6 A formação da sociedade política
   1.7 Sociedade política e poder político. A questão da legitimidade dos governantes
   1.8 A coacção
   1.9 O poder político e o Direito
   1.10 Objecto da Ciência Política
2. Os métodos da Ciência Política
   2.1 As perspectivas básicas de investigação e análise dos factos políticos
   2.2 Técnicas de pesquisa dos factos políticos
3. Ciência Política e Política. Distinção da Ciência Política de outras ciências que estudam o facto político
4. As relações da Ciência Política e o Direito Constitucional

II – Introdução à História das Ideias Políticas
5. Razão de Ordem
6. A Antiguidade Clássica
   6.1 Platão
   6.2 Aristóteles
7. A Idade Média
   7.1 Santo Agostinho
   7.2 São Tomás de Aquino
8. A Idade Moderna
   8.1 Maquiavel

8.2 Thomas More
8.3 Jean Bodin
8.4 Thomas Hobbes
9. O Iluminismo
   9.1 John Lock
   9.2 Montesquieu
   9.3 Jean-Jaques Rosseau
10. A Idade Contemporânea
    10.1 Karl Marx. O Socialismo e o Marxismo
    10.2 O Fascismo e o Nazismo
    10.3 A Social-democracia
    10.4 O Pensamento Político posterior a 1945

III – Teoria Geral do Estado
11. O Estado
    11.1 Definição. Processo de formação do Estado. Sociedades Políticas pré-estaduais.
    11.2 Os Tipos históricos de Estado. O Estado oriental. O Estado grego. O Estado Romano. O pretenso Estado medieval. O Estado moderno.
    11.3 O Estado moderno. O Estado estamental. O Estado absoluto. O Estado de polícia. O Estado Constitucional, representativo ou de Direito.
    11.4 O Estado constitucional. O Estado de Direito liberal. O Estado Social de Direito. O Estado Totalitário.
12. Os Elementos do Estado
    12.1 O povo. A nacionalidade. A situação dos estrangeiros e apátridas.
    12.2 O território. Território terrestre, aéreo e marítimo.
    12.3 O poder político. A divisão do poder. Poder político soberano e não soberano.
13. As formas de Estado
    13.1 O Estado Unitário. O Estado unitário clássico e o Estado Unitário Regional.
    13.2 O Estado Complexo. A união real. O federalismo. As modalidades contemporâneas de associação de Estados: as organizações supranacionais.
14. Os fins e as funções do Estado
    14.1 Os fins do Estado
    14.2 As funções do Estado
15. A Organização do poder político do Estado
    15.1 O Estado como pessoa colectiva e os órgãos do Estado.
    15.2 Órgão, titular e cargo. Vontade funcional e Imputação.
    15.3 Classificação dos órgãos do Estado

16. Formas de designação dos titulares dos órgãos do poder político do Estado
   16.1 Formas Constitucionais de designação dos governantes: a herança, a cooptação, a nomeação, a inerência, a eleição
   16.2 Formas de designação dos governantes com ruptura na ordem constitucional: o golpe de Estado, a insurreição, a revolução
   16.3 A representação política
   16.4 A eleição e os sistemas eleitorais. Tipos de sufrágio. Divisão eleitoral. Os sistemas de representação maioritária, os sistemas de representação proporcional

IV – Regimes políticos, sistemas de governo e partidos políticos
   17. Os regimes políticos
      17.1 Monarquia e República
      17.2 O regime político ditatorial e o regime político democrático.
   18. Os sistemas de governo
      18.1 Sistemas de governo ditatorial e sistemas de governo democrático.
      18.2 Sistemas de governo ditatoriais, monocráticos e autocráticos
      18.3 Sistemas de governo democráticos directos, semi-directos e representativos
      18.4 Sistemas de governo democráticos de concentração de poderes e de divisão de poderes
      18.5 Sistemas de governo parlamentaristas
      18.6 Sistemas de governo presidencialistas
      18.7 Sistemas de governo semipresidencialistas
   19. Partidos políticos
      19.1 Definição
      19.2 Distinção de figuras afins
      19.3 Tipos de partidos políticos
      19.4 Funções dos partidos políticos
      19.5 Sistemas de partidos
      19.6 As relações existentes entre os sistemas de partidos e os sistemas eleitorais e entre os sistemas de partidos e os sistemas de governo

B) DIREITO CONSTITUCIONAL I

I – Introdução ao Direito Constitucional
   1.1. O facto político e o Direito: revisão de conceitos estudados na Ciência Política e delimitação do âmbito do Direito Público
   1.2. Delimitação do âmbito do Direito Constitucional: a regulação do facto político estadual?

1.3. O Direito Constitucional e a Ciência do Direito Constitucional
1.4. O Direito Constitucional e as ciências afins
1.5. Abordagem da história político-constitucional universal: as famílias constitucionais
1.6. A história político-constitucional moçambicana

II – Noções básicas sobre Constituição
2.1. A Constituição em sentido institucional
2.2. A perspectiva material e a perspectiva formal sobre a Constituição
2.3. Classificações materiais de Constituições
2.4. A Constituição em sentido formal
2.5. A Constituição em sentido instrumental
2.6. Normas material e formalmente constitucionais

III – Concepções gerais sobre a Constituição

IV – A formação da constituição
4.1. Poder constituinte material e poder constituinte formal
4.2. O poder constituinte material originário
4.3. Constituição e soberania do Estado
4.4. A revolução como fenómeno constituinte
4.5. A transição constitucional
4.6. O poder constituinte e o seu processo
4.7. Os tipos de actos constituintes *stricto sensu*
4.8. Forma, legitimidade e conteúdo da Constituição
4.9. Formas e regras de actos constituintes
4.10. Os limites materiais do poder constituinte
4.11. Fontes das normas constitucionais

V – As modificações constitucionais em geral
5.1. Modificabilidade e modificação da Constituição
5.2. Modificações da Constituição e vicissitudes constitucionais
5.3. Os diversos tipos de vicissitudes constitucionais
5.4. Rigidez e flexibilidade constitucional

VI – A revisão constitucional e o seu processo
6.1. A diversidade de formas de revisão constitucional
6.2. Sistemas de revisão em Direito Comparado
6.3. Requisitos de qualificação da revisão constitucional
6.4. Os limites de revisão constitucional

VII – Estrutura das normas constitucionais
7.1. Os princípios constitucionais

7.2. Os preâmbulos constitucionais
7.3. Classificações de disposições constitucionais

VIII – Interpretação, integração e aplicação das normas constitucionais

IX – Inconstitucionalidade e garantia da constituição
9.1. A inconstitucionalidade
9.2. A inconstitucionalidade das normas constitucionais?
9.3. A inconstitucionalidade e a ilegalidade
9.4. Os diferentes tipos e juízos de inconstitucionalidade
9.5. Inconstitucionalidade material, formal e orgânica
9.6. Garantia da constitucionalidade e fiscalização
9.7. Classificações da fiscalização
9.8. Consequências da inconstitucionalidade
9.9. Sistemas de fiscalização da constitucionalidade

X – Os direitos fundamentais: teoria geral
10.1. Concepções de direitos fundamentais
10.2. Categorias de direitos fundamentais
10.3. O regime comum dos direitos fundamentais
10.4. O regime específico dos direitos, liberdades e garantias
10.5. O regime específico dos direitos económicos, sociais e culturais

VIII. O Instituto Superior Politécnico e Universitário, instituição privada de ensino superior, ministra um Curso de Ciências Jurídicas, no qual prevê a cadeira de **Ciência Política e Direito Constitucional**, leccionada por NEUZA DE MATOS, com o seguinte programa:

I PARTE

I. Introdução
1. O poder e o facto político. Sociedade Política e poder político
    1.1. Caracterização
    1.2. A sociedade política e o poder político
2. Ciência Política
    2.1. Conceito de Ciência Política
    2.2. O âmbito da Ciência Política
    2.3. Ciência Política em sentido restrito
3. O Direito Político
    3.1. Direito e a Ciência Jurídica
    3.2. Direito e facto político

3.3. Conceito de Direito Político ou Constitucional
3.4. Papel da Ciência Política no Estado do Direito Constitucional

II. Teoria Geral do Estado
1. Noção, elementos, forma, fins e funções do Estado
   1.1. Noção, elementos e formas do Estado
      1.1.1. Definição
      1.1.2. O aparecimento histórico do Estado
         1.1.2.1. Sociedades políticas pré-estaduais
         1.1.2.2. Características gerais do Estado
         1.1.2.3. A inserção territorial do Estado
         1.1.2.4. Tipos históricos do Estado
         1.1.2.5. O nome do Estado
         1.1.2.6. Noção de Estado
      1.1.3. O Estado como comunidade política
         1.1.3.1. Povo e Estado
            1.1.3.1.1. A unidade do povo e as distinções políticas entre os cidadãos
         1.1.3.2. Conceitos afins do conceito de Povo
            1.1.3.2.1. População, Nação, Pátria e Povo
      1.1.4. Elementos do Estado
      1.1.5. O Povo
         1.1.5.1. Povo e Cidadania
         1.1.5.2. O regime de aquisição da cidadania na CRM
         1.1.5.3. O regime de perda da cidadania na CRM
         1.1.5.4. A condição jurídica das pessoas em razão da Cidadania
      1.1.6. O território
         1.1.6.1. O território, condição de existência do Estado
         1.1.6.2. Território, Poder e Povo
         1.1.6.3. O Estado e outras colectividades territoriais
         1.1.6.4. Composição e limites do território do Estado Moçambicano
      1.1.7. O Poder Político
         1.1.7.1. Estrutura, função, titularidade e exercício do poder
         1.1.7.2. Poder político e soberania
            1.1.7.2.1. Estados soberanos, semi-soberanos e não soberanos
      1.1.8. As formas do Estado em geral
         1.1.8.1. Conceito de forma de Estado
         1.1.8.2. Estados simples e Estados compostos
   1.2. Fins e funções do Estado
      1.2.1. Fins do Estado

1.2.1.1. A Justiça, a Segurança e o Bem Estar Social como Fins do Estado
1.2.2. Funções do Estado
2. Órgãos e poderes do Estado
   2.1. Órgãos do Estado
      2.1.1. Noção de órgão do Estado
      2.1.2. Elementos do conceito de órgão
      2.1.3. Categorias dos órgãos do Estado
      2.1.4. Os órgãos de soberania
      2.1.5. Os órgãos do Estado na actual Constituição Moçambicana
         2.1.5.1. O Presidente da República
         2.1.5.2. A Assembleia da República
         2.1.5.3. O Conselho de Ministros
         2.1.5.4. Os Tribunais
         2.1.5.5. O Conselho Constitucional
   2.2. A teoria nos poderes do Estado
      2.2.1. Origens da teoria da separação de poderes
      2.2.2. Valor da separação dos poderes como técnica de limitação do poder político
      2.2.3. Fundamento da limitação do poder político
      2.2.4. O Estado de Direito
      2.2.5. Democracia
      2.2.6. As garantias possíveis de limitação do poder
3. Sistemas e famílias constitucionais
   3.1. Sistema de matriz britânica
   3.2. Sistema de matriz americana
   3.3. Sistema de matriz francesa
   3.4. Sistema de matriz soviética
   3.5. Sistemas constitucionais dos países africanos de língua portuguesa
4. As formas políticas
   4.1. Conceito e categoria de formas políticas
   4.2. As classificações clássicas das formas políticas
   4.3. Os sistemas políticos
      4.3.1. Sistema Monárquico-Representativo
      4.3.2. Sistema Presidencial
      4.3.3. Sistema Parlamentar Republicano
      4.3.4. Sistema Directorial
      4.3.5. Sistema Misto
   4.4. Distinção entre Monarquia e República
   4.5. Sistemas de governo
      4.5.1. Noção de sistema de governo
      4.5.2. Parlamentarismo, presidencialismo e semipresidencialismo

4.6. O Direito Eleitoral
    4.6.1. Noção de sistema eleitoral
    4.6.2. Tipos de sistemas eleitorais
    4.6.3. Representação maioritária e representação proporcional
    4.6.4. Os Partidos Políticos
        4.6.4.1. Noção de partido político
        4.6.4.2. Estrutura e função dos partidos
        4.6.4.3. Partidos e sistemas políticos
        4.6.4.4. Reconhecimento jurídico dos partidos políticos
4.7. Notas complementares
    4.7.1. Oposição
    4.7.2. Parlamento
    4.7.3. Deputado
    4.7.4. Referendo

II PARTE

I. Introdução
1. Direito Constitucional
    1.1. Direito Constitucional como ramo do Direito Público
    1.2. O Direito Constitucional e a restante ordem jurídica estadual
    1.3. As particularidades do Direito Constitucional
        1.3.1. Posição hierárquico-normativa
        1.3.2. Requisitos do Direito Constitucional formal
        1.3.3. Autogarantia do Direito Constitucional
        1.3.4. Continuidade e descontinuidade do Direito Constitucional
        1.3.5. Flexibilidade e rigidez do Direito Constitucional

II. Teoria da Constituição
1. Conceito de Constituição
    1.1. Constituição como Constituição escrita: sentidos formal, material e instrumental
    1.2. Estrutura e função da Constituição
    1.3. Tipos de Constituição
2. Formação da Constituição
    2.1. A teoria do Poder Constituinte
    2.2. O Poder Constituinte como puro facto
    2.3. Legitimidade e conteúdo da Constituição
    2.4. Os limites materiais do poder constituinte
3. Fontes das normas constitucionais
4. Modificação e subsistência da Constituição

4.1. Modificabilidade e modificações da Constituição
4.2. Modificações da Constituição e vicissitudes constitucionais
4.3. Rigidez e flexibilidade constitucionais
4.4. A revisão constitucional e seu processo
4.5. Os limites materiais de revisão da Constituição
5. Estrutura das normas constitucionais
   5.1. Os princípios e sua função ordenadora
   5.2. Classificação das normas constitucionais
   5.3. A interpretação constitucional
      5.3.1. A interpretação conforme à Constituição
   5.4. As lacunas da Constituição e sua integração
   5.5. Aplicação das normas constitucionais no tempo
   5.6. Aplicação das normas constitucionais no espaço
6. Direitos fundamentais
   6.1. Direitos fundamentais em sentido material e em sentido formal
   6.2. Direitos fundamentais e conceitos afins
   6.3. Categorias de direitos fundamentais
   6.4. Atribuição dos direitos fundamentais
   6.5. Direitos fundamentais em especial
7. A inconstitucionalidade e a garantia da constituição
   7.1. Conceitos e tipos de inconstitucionalidade
   7.2. A garantia da Constituição
   7.3. Sistemas de fiscalização da constitucionalidade
   7.4. Inconstitucionalidade da lei
   7.5. Órgãos de fiscalização da inconstitucionalidade das leis
   7.6. Efeitos da declaração da inconstitucionalidade

III. Os padrões do Direito Constitucional vigente em moçambique
1. Antecedentes constitucionais moçambicanos
   1.1. A Constituição de 1975
   1.2. As revisões constitucionais
2. Breves notas sobre a evolução constitucional moçambicana
3. Princípios definidores ou estruturantes da República de Moçambique
   3.1. O princípio republicano
   3.2. O princípio democrático
   3.3. A natureza unitária da República de Moçambique
   3.4. A laicidade do Estado
4. Análise da Constituição de 1990

IX. Outra instituição de ensino superior privado moçambicana onde igualmente se ministra um curso jurídico é o Instituto Superior de Ciências Empresariais, no qual se prevê a disciplina de **Ciência Política e Direito Constiucional**, com o seguinte programa, da responsabilidade de ABDURREMANE LINO DE ALMEIDA:

PARTE I – DIREITO CONSTITUCIONAL GERAL

I – Concepções gerais sobre o Direito Constitucional e a Constituição
  – O Direito do Estado
  – A Problemática do Direito Público e do Direito Privado
  – Conceito do Direito Político ou Direito Constitucional
  – As características específicas e constitutivas do Direito Constitucional:
    a) Posição Hierárquico-normativa;
    b) Autogarantia do Direito Constitucional;
    c) Continuidade e descontinuidade do Direito Constitucional;
    d) Flexibilidade e rigidez do Direito Constitucional;
    e) Direito Constitucional como Ciência normativa da realidade;
    f) O Direito Constitucional e a legitimidade do poder político.
  – As ciências constitucionais e ciências afins do Direito Constitucional.
  – Teoria da Constituição
  – Conceito da Constituição
  – Constituição em sentido material e em sentido formal

II – Formação da Constituição
  – Poder Constituinte:
  – Material
  – Formal
  – Poder Constituinte material originário e derivado
  – Poder Constituinte formal e o seu processo
  – Características do poder constituinte
  – A natureza do poder Constituinte
  – Classificações materiais das Constituições

III – As Constituições não escritas
  – A constituição Britânica (modelo)
  – Origem e evolução
  – A supremacia de parlamento Britânico
  – A Coroa
  – A Câmara dos Lordes
  – A Câmara dos Comuns
  – O aparecimento da figura do 1º Ministro
  – O Gabinete

IV – As Fontes do Direito Constitucional
 – O problema do costume em Constituição formal
 – Posição adoptada relativamente ao costume constitucional
 – A jurisprudência como fonte das normas constitucionais

V – Estrutura das Normas Constitucionais
 – Os princípios e sua função ordenadora
 – Classificação dos princípios constitucionais
 – Os preâmbulos das disposições constitucionais

VI – Interpretação e integração das normas constitucionais
 – Correntes objectivista e subjectivista
 – O actualismo
 – A interpretação evolutiva
 – Os resultados da interpretação

VII – A aplicação das normas constitucionais no tempo
 – A superveniência das normas constitucionais

VIII – A inconstitucionalidade e garantia da Constituição
 – Tipos de inconstitucionalidade

IX – A garantia e fiscalização de Constituição
 – Fiscalização
 – Órgãos de fiscalização da constitucionalidade das leis
 – Critérios substantivos e critérios processuais de fiscalização
 – Tipos de fiscalização

X – Regime de fiscalização no Direito Moçambicano

XI – Efeitos da declaração da inconstitucionalidade

PARTE II – DIREITO CONSTITUCIONAL ESPECIAL

 – Estudos sobre a Constituição da República de Moçambique

PARTE III – O DIREITO ELEITORAL FACE À CONSTITUIÇÃO MOÇAMBICANA

X. A Guiné-Bissau, ainda que com algumas interrupções, apenas tem, actualmente, como instituição de ensino superior a Faculdade de

Direito de Bissau[624], não estando integrada em nenhuma universidade, a qual tem subsistido, em boa medida, graças ao apoio do Estado Português e ao empenho, institucional e pessoal, respectivamente, da Faculdade de Direito da Universidade de Lisboa e daqueles professores cooperantes que, generosamente, se têm voluntariado para dar essa inestimável colaboração[625].

Eis o programa da disciplina de **Ciência Política e Direito Constitucional**, este ano sob a regência de FILIPE FALCÃO OLIVEIRA, cadeira do primeiro ano, obrigatória e anual:

PARTE I – O ESTADO E OS SISTEMAS CONSTITUCIONAIS

Título I – O Estado na História

Capítulo I – Localização Histórica do Estado

1º O Estado, realidade Histórica
2º Tipos históricos de Estado

Capítulo II – O Direito Público moderno e o Estado europeu

1º Formação
2º Evolução

Título II – Sistemas Constitucionais

Capítulo I – Sistemas Constitucionais

1º Os sistemas constitucionais de matriz inglesa ou britânica

---

[624] Que tem permitido uma já apreciável produção de literatura jurídico-constitucional: PAULO DE SOUSA MENDES, *Princípios constitucionais de organização judiciária*, in Boletim da Faculdade de Direito de Bissau, n° 1, Novembro de 1992, pp. 23 e ss.; JORGE REIS NOVAIS, *Tópicos de Ciência Política e Direito Constitucional Guineense*, Lisboa, 1996, pp. 89 e ss.; ANTÓNIO E. DUARTE SILVA, *Formação e estrutura da Constituição de 1984*, in Boletim da Faculdade de Direito de Bissau, n° 4, Março de 1997, pp. 153 e ss., e *A independência da Guiné-Bissau e a descolonização portuguesa*, Porto, 1997, pp. 139 e ss.; LUÍS BARBOSA RODRIGUES, *Constituição e legislação complementar*, Bissau, 1994, pp. 5 e ss., e *A transição constitucional guineense*, Lisboa, 1995, pp. 25 e ss., pp. 57 e ss., e pp. 103 e ss.; EMÍLIO KAFFT KOSTA, *O constitucionalismo guineense e os limites materiais de revisão*, Lisboa, 1997, pp. 187 e ss.

[625] Cfr. o *Guia da Faculdade de Direito de Bissau*, Bissau, 1991, p. 43.

2º Os sistemas constitucionais de matriz americana
3º Os sistemas constitucionais de matriz francesa
4º Os sistemas constitucionais de matriz soviética

Capítulo II – Sistemas constitucionais não integrados em famílias

1º Os sistemas constitucionais não integrados em famílias
2º Os sistemas constitucionais dos Estados africanos

Capítulo III – Os sistemas constitucionais do Brasil e dos Países Africanos de Língua Portuguesa

1º O Sistema Constitucional Brasileiro
2º Os Sistemas Constitucionais dos Países Africanos de Língua Portuguesa

Título III – As Constituições Portuguesas

Capítulo I – As Constituições liberais
Capítulo II – A Constituição de 1933
Capítulo III – A Constituição de 1976

Título IV – As Constituições Guineenses

Capítulo I – A Constituição de 1973
Capítulo II – A Constituição de 1984
Capítulo III – A Constituição vigente

PARTE II – CONSTITUIÇÃO

Título I – A Constituição como fenómeno jurídico

Capítulo I – Sentido da Constituição

1º Noções básicas sobre Constituição
2º Concepções gerais sobre a Constituição

Capítulo II – Formação da Constituição

1º Poder constituinte e formação da Constituição
2º Fontes das normas constitucionais

Capítulo III – Modificação e subsistência da Constituição

    1º As modificações constitucionais em geral
    2º A revisão constitucional e o seu processo
    3º Os limites materiais de revisão constitucional

Título II – Normas constitucionais

Capítulo I – Estrutura das normas constitucionais

Capítulo II – Interpretação, integração e aplicação

    1º Interpretação e integração das normas constitucionais
    2º A aplicação das normas constitucionais no tempo
    3º A aplicação das normas constitucionais no espaço

Título III – Inconstitucionalidade e garantia da Constituição

Capítulo I – Inconstitucionalidade e garantia em geral

Capítulo II– Sistemas de fiscalização da constitucionalidade

    1º A fiscalização da constitucionalidade em Direito Comparado
    2º Os regimes português e guineense

PARTE III – ESTRUTURAS POLÍTICAS

Título I – Estrutura constitucional do Estado

Capítulo I – A problemática do Estado em geral

Capítulo II – O Estado como comunidade política

Capítulo III – A cidadania
    1º A cidadania ou qualidade de membro do Estado
    2º A condição jurídica das pessoas em razão da cidadania

Capítulo IV – O poder político

    1º Poder e soberania
    2º A inserção internacional do Estado português
    3º A inserção internacional do Estado guineense
    4º Descentralização e poder local na Constituição portuguesa
    5º Descentralização e poder local na Constituição guineense

Capítulo V – O território do Estado

Capítulo VI – Formas de Estado

1º As formas do Estado em geral
2º Portugal
3º Guiné-Bissau

Título II – Actividade constitucional do Estado

Capítulo I – Funções, orgãos e actos em geral
Capítulo II – Actos legislativos

Título III – Formas e sistemas de governo

Capítulo I – Formas e sistemas de governo
Capítulo II – Sistemas eleitorais e de partidos

XI. A apreciação dos programas de Direito Constitucional nestes estabelecimentos de ensino de Estados Africanos de Língua Portuguesa, na ausência de manuais universitários que possamos paralelamente considerar, espelha uma inequívoca continuidade relativamente à matriz do Direito Constitucional Português, primeiro visível na proximidade das respectivas Constituições, e depois continuada no plano pedagógico, percebendo-se a boa influência do ensino de JORGE MIRANDA e de JOSÉ JOAQUIM GOMES CANOTILHO.

A despeito dessa proximidade, que se vai afirmando no quotidiano da formação univeristária e pós-universitária conjunta, igualmente se assinala a peculiaridade de certas soluções que as opções programáticas analisadas claramente fazem sobressair: não só a consideração de realidades jurídico-positivas próprias como também, num plano mais geral, a adequação do ensino em razão das circunstâncias jurídico-culturais desses Estados, o que se reflecte melhor ao nível de certos institutos e no plano da relevância das fontes espontâneas de Direito.

É ainda de salientar que, colocando-se o Direito Constitucional numa evidente óptica formativa, logo no primeiro ano das licenciaturas, nele resume uma vertente histórico-sociológica que permite melhor afeiçoar os conhecimentos técnico-jurídicos que nele se ministram ao mundo dos estudantes que chegam às universidades e aí, inicialmente, tomam contacto com o ensino superior.

CAPÍTULO III

O ENSINO DO DIREITO CONSTITUCIONAL NA FACULDADE DE DIREITO DA UNIVERSIDADE NOVA DE LISBOA

§ 12º Evolução do ensino das disciplinas constitucionais principais, optativas e afins

51. A criação da Faculdade de Direito da Universidade Nova de Lisboa e um novo plano de estudos da licenciatura

I. A criação da Faculdade de Direito da Universidade Nova de Lisboa[626] não foi um capricho, mas antes a afirmação de uma profunda e sentida necessidade de mudança no panorama do ensino e da investigação do Direito em Portugal[627].

De acordo com o que se pode ler no respectivo *Princípio Orientador nº 1*, "A Faculdade de Direito da Universidade Nova de Lisboa foi

---

[626] Que se consubstanciou no Despacho nº 164/ME/96 do Ministro da Educação, publicado no *Diário da República*, II Série, nº 187, de 13 de Agosto de 1996, p. 11 378.

É também de referir o Despacho nº 14 765/99 (2ª série), publicado no *Diário da República*, II Série, nº 178, de 2 de Agosto de 1999, p. 11 372, que homologou os Estatutos da Faculdade.

[627] Como sublinha DIOGO FREITAS DO AMARAL, na carta de apresentação da Faculdade aquando da recepção dos seus primeiros alunos: "Porquê uma nova Faculdade de Direito? Não, certamente, porque haja falta de licenciados em Direito. Mas, sobretudo, porque precisamos de formar juristas novos, juristas de um tipo novo, bastante diferentes dos que têm saído das escolas tradicionais, as quais sinceramente respeitamos, mas não desejamos imitar". Cfr. o *Guia da Faculdade 97/98*, Lisboa, 1997, p. 4.

criada para constituir um pólo inovador no desenvolvimento da Ciência Jurídica e no ensino do Direito em Portugal, mediante o progresso da investigação, a leccionação de novas disciplinas, o uso de novos métodos pedagógicos, e com o objectivo de dar resposta a novas exigências da formação profissional"[628].

Fazendo uma síntese, que não pretende ser apologética, a fundação de uma nova Faculdade de Direito em Lisboa, integrada numa universidade pública, alinhou-se com os seguintes desideratos:
- uma renovação do plano de estudos da licenciatura, actualizando-o aos novos tempos;
- um sistema não excessivamente garantístico de avaliação de conhecimentos, privilegiando o mérito em detrimento da burocracia;
- um ensino mais personalizado e eficaz, teórico e prático, sob a responsabilidade de um mesmo docente;
- um corpo professoral mais habilitado, sempre no mínimo com o grau de doutor, excepcionalmente se admitindo docentes não doutores;
- uma atitude mais favorável aos graus académicos a alcançar após a licenciatura, promovendo-se os mestrados e os doutoramentos;
- uma maior aproximação entre o curso de Direito e a vida profissional, não o tornando profissionalizante, mas afeiçoando-o às saídas profissionais que tem na sociedade de hoje.

II. Mas certamente que a mudança mais significativa viria a posicionar-se ao nível de um conjunto de novas opções que é possível deparar na construção do plano de estudos da licenciatura que se propõe, com base nestes quatro aspectos, entre si interligados:
- a flexibilização da composição das disciplinas do curso, boa parte delas sendo facultativas, apenas se reservando um tronco comum, em menos de metade do universo geral de disciplinas oferecidas, para as disciplinas obrigatórias;
- a multiplicação das áreas de especialização, estabelecendo-se cinco áreas distintas: forense, administração pública, empresarial, social e internacional;

---

[628] Princípio Orientador n° 1 dos *Princípios Orientadores da Faculdade de Direito da Universidade Nova de Lisboa*.

– a justaposição na formação jurídica de uma formação de carácter geral, com dimensões histórico-filosóficas assinaláveis;
– a verificação da conclusão de licenciatura através de créditos, e não rigidamente e compactamente por passagens de ano.

52. O ensino do Direito Constitucional I e do Direito Constitucional II

I. De acordo com a estrutura curricular que a Faculdade de Direito da Universidade Nova de Lisboa disponibiliza ao nível da licenciatura, o **Direito Constitucional I** e o **Direito Constitucional II** podem ser consideradas, não obstante o carácter algo inapropriado da expressão, como disciplinas nucleares do curso de Direito que nela se ministra.

Estas duas disciplinas são inseridas no elenco das *disciplinas obrigatórias*, sendo certo que esta Faculdade se singulariza por ter alargado o campo, agora mais vasto, das disciplinas optativas. O Direito Constitucional I e o Direito Constitucional II mantêm-se, porém, como disciplinas obrigatórias, categoria que, tendo sofrido algumas reduções no seu número, se manteve, como se vê, para estas duas.

Uma outra relevante característica curricular do Direito Constitucional I e do Direito Constitucional II é o facto de serem ministradas logo aquando do ingresso dos primeiros estudantes na Faculdade, num sistema formal de precedências recomendadas, mas que, na prática, se consubstancia num sistema de precedências obrigatórias.

Quanto aos tempos lectivos, o Direito Constitucioal I e o Direito Constitucional II correspondem a disciplinas semestrais com a maior carga lectiva possível: quatro tempos semanais, dois de aulas teóricas e os outros dois de aulas práticas.

II. Desde que a Faculdade de Direito da Universidade Nova de Lisboa entrou em funcionamento, em Setembro de 1997, até ao momento, já podemos contar com uma experiência de seis anos de leccionação, exactamente a leccionação também do Direito Constitucional I e do Direito Constitucional II, dada a sua colocação inaugural no curso da licenciatura.

Não se pode dizer, é certo, que seja muito tempo para se enxergar uma linha pedagógica-científica própria, mas é o tempo suficiente para se registar a presença de três diferentes regentes, com os seus modos específicos de encarar o seu ensino:

– Vasco Pereira da Silva;

– Diogo Freitas do Amaral; e
– Maria Lúcia Amaral Pinto Correia.

Vamos efectuar a análise dos programas que o primeiro e o terceiro propuseram, deixando de fora o segundo, por uma razão simples: é que Diogo Freitas do Amaral apenas assegurou, num pequeno período, no início do ano lectivo 1998/1999, o arranque do Direito Constitucional I, dada a indisponibilidade acidental da regente designada.

A despeito dessa curta estada nos preliminares do ensino desta disciplina, o certo é que Diogo Freitas do Amaral bem deixaria a sua excelente marca, tendo preleccionado alguns conceitos básicos, como o de Direito Constitucional, de Constituição, de Estado, de Tipos Históricos de Estado e de Poder político[629].

Nenhuma destas experiências pedagógicas suscitou até ao momento a produção de qualquer manual ou sequer de lições de apoio ao respectivo ensino teórico-prático, pelo que também não nos é possível sobre essa matéria fazer qualquer indagação.

III. A regência de Vasco Pereira da Silva, tendo sido a primeira, ocorreu no ano lectivo 1997/1998 e foi durante esse período contratado como professor convidado, mantendo o vínculo principal à Faculdade de Direito da Universidade Católica Portuguesa, onde obteve o grau de doutor, e à Faculdade de Direito da Universidade de Lisboa, onde também lecciona.

O conteúdo do programa adoptado distribuiu quase proporcionalmente as matérias do Direito Constitucional Geral pelas duas disciplinas semestrais, de acordo com a seguinte repartição[630]:

a) Direito Constitucional I:
   1) Introdução ao Direito Constitucional;
   2) O Estado e a Constituição;
   3) As experiências político-constitucionais;
   4) A actividade constitucional do Estado.

b) Direito Constitucional II:
   1) O poder constituinte e a revisão constitucional;
   2) A justiça constitucional;
   3) Primeira aproximação aos direitos fundamentais[631].

---

[629] Cfr. Diogo Freitas do Amaral, *Direito Constitucional I – sumários*, aulas de 1 de Outubro e 9 de Outubro de 1998.

[630] Cfr. o *Guia da Faculdade 97/98*, p. 30.

[631] A observação dos sumários das prelecções efectuadas nas duas disciplinas

IV. A regência de MARIA LÚCIA AMARAL PINTO CORREIA tem-se prolongado no tempo, sendo o presente ano lectivo de 2002/2003 o quinto ano consecutivo em que dá aulas destas disciplinas.

Mas a leccionação de MARIA LÚCIA AMARAL PINTO CORREIA, começando só no ano lectivo 1998/1999, não corresponderia a um momento fundacional da Faculdade, só tendo sido, de resto, contratada mais tarde, no seu segundo ano de funcionamento, tendo anteriormente obtido os seus graus académicos noutro estabelecimento de ensino: o grau de mestre em 1990 e o grau de doutor em 1998 na Faculdade de Direito da Universidade de Lisboa.

Isso não motivou, porém, qualquer intenção de ruptura com o passado do seu estabelecimento universitário-mãe, situando-se o seu ensino, ainda que com pontuais excepções, numa certa continuidade, embora tendo optando preferencialmente pelo manual de Direito Constitucional da autoria de JOSÉ JOAQUIM GOMES CANOTILHO, não dispondo MARIA LÚCIA AMARAL PINTO CORREIA, até ao momento, de escritos pedagógicos próprios.

Dada esta permanência à frente dos destinos do Direito Constitucional I e do Direito Constitucional II, importa observar, com mais detença, os programas que têm sido experimentados em cada um destes cinco anos lectivos já quase totalmente percorridos.

V. Para o ano lectivo 1998/1999, o Direito Constitucional contou com as seguintes matérias[632]:
   a) Direito Constitucional I, a respeito da introdução ao conceito de Constituição e do Direito Constitucional, com os seguintes temas, divididos entre uma parte I e uma parte II:
   1) Acepções do termo Constituição;
   2) A Constituição descritiva e a Constituição normativa;
   3) O processo de formação da Constituição normativa. Pressupostos na História das Ideias e na História do Direito;

---

mostra a existência de alguns ajustamentos relativamente ao programa, tal como ele seria apresentado no *Guia da Faculdade 97/98*, sendo de frisar os seguintes aspectos: a aceleração do ensino das matérias à medida que ia avançando o calendário escolar, a limitação de tempo relativamente ao ensino dos direitos fundamentais e a omissão de qualquer referência à problemática da revisão constitucional.

Relativamente a este programa, note-se que não foram versadas as seguintes matérias: as fontes do Direito Constitucional, a consistência sistemática do mesmo entre normas e princípios, bem como toda a problemática da hermenêutica constitucional, além da aplicação das suas normas no espaço e no tempo.

[632] Cfr. o *Guia da Faculdade 98/99*, p. 31.

4) Os momentos paradigmáticos: a Revolução Inglesa, a Constituição americana e o constitucionalismo francês;
5) História do constitucionalismo no século XX;
6) Teoria das normas constitucionais;
7) Tipologia das normas constitucionais;
8) Métodos da interpretação constitucional.

b) **Direito Constitucional II**, com incidência exclusivamente sobre o estudo da Constituição da República Portuguesa:
1) História da Constituição de 1976 (CRP);
2) Os princípios fundamentais da CRP. Princípio do Estado de Direito, princípio democrático, princípio social, princípio republicano e princípio da unidade do Estado;
3) Os direitos fundamentais da CRP. Tipologias e regimes;
4) O sistema de governo da CRP;
5) O sistema de fontes infra-constitucionais;
6) Garantia e revisão da Constituição. O Tribunal Constitucional e o controlo da constitucionalidade das normas[633].

VI. Para o ano lectivo 1999/2000, o programa seguido por MARIA LÚCIA AMARAL PINTO CORREIA sofreria algumas pequenas mudanças, distribuindo-se pelas seguintes matérias, numa apresentação agora mais analítica[634]:

a) **Direito Constitucional I**:
1. Introdução ao conceito de Constituição;
2. Estado e poder político estadual;
3. Teoria do poder constituinte;
4. Três experiências constituintes exemplares:
   4.1. A revolução inglesa;
   4.2. A Constituição norte-americana;
   4.3. O constitucionalismo francês.
5. Tendências gerais do constitucionalismo português;
6. A história da Constituição de 76. Fontes de trabalhos preparatórios.
7. Os princípios fundamentais da Constituição:
   7.1. Conceito de princípios fundamentais;
   7.2. O princípio do Estado de Direito;
   7.3. O princípio democrático; a unidade da República.

---

[633] Pela análise dos livros dos sumários alusivos às aulas dadas, comprova-se que se acelerou bastante o ritmo da leccionação da matéria relativamente às matérias finais do sistema de governo e da garantia da Constituição, sendo dedicada à matéria da fiscalização da constitucionalidade uma única aula, em 17 de Maio de 1999.

[634] Cfr. o *Guia da Faculdade 1999/2000*, pp. 29, 33 e 34.

b) Direito Constitucional II:
1. Os direitos fundamentais na Constituição:
    1.1. Conceito;
    1.2. Tipologia;
    1.3. Regime geral;
    1.4. Regime específico dos direitos, liberdades e garantias.
2. A organização do poder político:
    2.1. Introdução. Órgãos, actos e funções do Estado;
    2.2. Teoria dos sistemas de governo. O sistema português;
    2.3. O Presidente da República. Eleição e competências;
    2.4. A Assembleia da República. Eleição, organização e competências;
    2.5. O Governo. Estrutura, responsabilidade e competências.
3. O sistema de fontes na Constituição:
    3.1. A lei;
    3.2. O decreto-lei;
    3.3. O regulamento administrativo;
    3.4. As normas comunitárias.
4. A garantia da Constituição:
    4.1. A revisão da Constituição;
    4.2. O sistema de controlo da constitucionalidade das normas[635].

VII. Para o ano lectivo 2000/2001, MARIA LÚCIA AMARAL PINTO CORREIA adoptou um programa praticamente idêntico ao do ano anterior, com os seguintes tópicos[636]:

a) Direito Constitucional I:
1. Introdução ao conceito de Constituição
2. Estado e poder político estadual
3. Teoria do poder constituinte
4. Três experiências constituintes exemplares:
    4.1. A revolução inglesa;
    4.2. A Constituição norte-americana;
    4.3. O constitucionalismo francês.
5. Tendências gerais do constitucionalismo português
6. A história da Constituição de 76. Fontes de trabalhos preparatórios
7. Os princípios fundamentais da Constituição:
    7.1. Conceito de princípios fundamentais

---

[635] A leitura dos sumários destas duas disciplinas revela que não só se registou um desfasamento do ensino na passagem do 1º para o 2º semestre – sendo os princípios já dados no início deste – como essencialmente se anota o facto de não ter havido tempo para leccionar a importante parte da garantia da Constituição.

[636] Cfr. o *Guia da Faculdade 2000/2001*, pp. 30 e 36.

7.2. O princípio do Estado de Direito
7.3. O princípio democrático; a unidade da República
b) Direito Constitucional II:
1. Os direitos fundamentais na Constituição:
    1.1. Conceito;
    1.2. Tipologia;
    1.3. Regime geral;
    1.4. Regime específico dos direitos, liberdades e garantias.
2. A organização do poder político:
    2.1. Introdução. Órgãos, actos e funções do Estado;
    2.2. Teoria dos sistemas de governo. O sistema português;
    2.3. O Presidente da República. Eleição e competências;
    2.4. A Assembleia da República. Eleição, organização e competências;
    2.5. O Governo. Estrutura, responsabilidade e competências.
3. O sistema de fontes na Constituição:
    3.1. A lei;
    3.2. O decreto-lei;
    3.3. O regulamento administrativo;
    3.4. As normas comunitárias.
4. A garantia da Constituição.
    4.1. A revisão da Constituição;
    4.2. O sistema de controlo da constitucionalidade das normas[637].

VIII. No ano lectivo 2001/2002, MARIA LÚCIA AMARAL PINTO CORREIA seguiu o mesmo programa, assim distribuído pelos dois cursos semestrais que lhe corresponderam[638]:
a) Direito Constitucional I:
1. Introdução ao conceito de Constituição
2. Estado e poder político estadual
3. Teoria do poder constituinte
4. Três experiências constituintes exemplares:
    4.1. A revolução inglesa;
    4.2. A Constituição norte-americana;
    4.3. O constitucionalismo francês
5. Tendências gerais do constitucionalismo português

---

[637] A observação dos sumários, tal como no caso do ano anterior, mostra a leccionação de matéria do 1º semestre já no 2º semestre e a uma referência muito rápida – apenas de uma aula – à fiscalização da constitucionalidade, nem sequer qualquer alusão se fazendo à revisão constitucional.
[638] Cfr. o *Guia da Faculdade 2001/2002*, pp. 31 e 36.

6. A história da Constituição de 76. Fontes e trabalhos preparatórios
7. Os princípios fundamentais da Constituição:
   7.1. Conceito de princípios fundamentais;
   7.2. O princípio do Estado de Direito;
   7.3. O princípio democrático; a unidade da República.
b) Direito Constitucional II:
1. Os direitos fundamentais na Constituição:
   1.1. Conceito;
   1.2. Tipologia;
   1.3. Regime geral;
   1.4. Regime específico dos direitos, liberdades e garantias.
2. A organização do poder político:
   2.1. Introdução. Órgãos, actos e funções do Estado;
   2.2. Teoria dos sistemas de governo. O sistema português;
   2.3. O Presidente da República. Eleição e competências;
   2.4. A Assembleia da República. Eleição, organização e competências;
   2.5. O Governo. Estrutura, responsabilidade e competências.
3. O sistema de fontes na Constituição:
   3.1. A lei;
   3.2. O decreto-lei;
   3.3. O regulamento administrativo;
   3.4. As normas comunitárias.
4. A garantia da Constituição:
   4.1. A revisão da Constituição;
   4.2. O sistema de controlo da constitucionalidade das normas[639].

IX. Para o ano lectivo de 2002/2003, o programa é praticamente idêntico ao que serviu nos anos anteriores, assim se organizando, conforme se pode observar[640]:
a) Direito Constitucional I:
1. Introdução ao conceito de Constituição
2. Estado e poder político estadual
3. Teoria do poder constituinte
4. Três experiências constituintes exemplares:
   4.1. A revolução inglesa;

---

[639] A leitura dos sumários referentes a este ano lectivo evidencia a derrapagem dos princípios fundamentais para o Direito Constitucional II, bem como a escassez lectiva atribuída à fiscalização da constitucionalidade, só lhe tendo sido reservada a aula de 25 de Maio de 2002.

[640] Cfr. o *Guia da Faculdade 2002/2003*, pp. 33 e 39.

4.2. A Constituição norte-americana;
4.3. O constitucionalismo francês
5. Tendências gerais do constitucionalismo português
6. A história da Constituição de 76. Fontes e trabalhos preparatórios
7. Os princípios fundamentais da Constituição:
   7.1. Conceito de princípios fundamentais;
   7.2. O princípio do Estado de Direito;
   7.3. O princípio democrático; a unidade da República[641].

b) Direito Constitucional II:
1. Os direitos fundamentais na Constituição:
   1.1. Conceito;
   1.2. Tipologia;
   1.3. Regime geral;
   1.4. Regime específico dos direitos, liberdades e garantias.
2. A organização do poder político:
   2.1. Introdução. Órgãos, actos e funções do Estado;
   2.2. Teoria dos sistemas de governo. O sistema português;
   2.3. O Presidente da República. Eleição e competências;
   2.4. A Assembleia da República. Eleição, organização e competências;
   2.5. O Governo. Estrutura, responsabilidade e competências.
3. O sistema de fontes na Constituição:
   3.1. A lei;
   3.2. O decreto-lei;
   3.3. O regulamento administrativo;
   3.4. As normas comunitárias.
4. A garantia da Constituição:
   4.1. A revisão da Constituição;
   4.2. O sistema de controlo da constitucionalidade das normas[642].

---

[641] A informação colhida na Biblioteca desta Faculdade, quanto ao programa anunciado no *Guia*, é bastante divergente, na medida em que se propõe, para o **Direito Constitucional I**, os seguintes conteúdos: Capítulo I – *Introdução ao conceito de Contituição*; Capítulo II – *O constitucionalismo*; Capítulo III – *A Constituição da República Portuguesa (1976). História*; Capítulo IV – *Os princípios fundamentais da Constituição da República Portuguesa*.

[642] O facto de a leccionação ainda decorrer no presente ano lectivo não nos permitiu observar os sumários das matérias preleccionadas.

53. O ensino dos Direitos Fundamentais e do Direito Constitucional III

I. A verdade, porém, é que o **Direito Constitucional I** e o **Direito Constitucional II** não esgotam o ensino que na Faculdade de Direito da Universidade Nova de Lisboa se tem realizado sobre os temas jurídico--constitucionais, numa visão policêntrica que é mister referir, sem que isso possa ser considerado numa qualquer indigesta miscelânea pedagógica.

A leitura do plano de estudos da Faculdade de Direito da Universidade Nova de Lisboa permite considerar a existência de duas outras disciplinas mais recentes, especificamente associadas às matérias jurídico-constitucionais, ainda que dentro de uma óptica de especialização, de feição optativa:
– **Direitos Fundamentais**; e
– **Direito Constitucional III**.

II. A primeira é a que tem funcionado há mais tempo, embora não tenha sido ela posta em prática desde o início da leccionação da Faculdade, que ocorreu em 1997.

A disciplina de **Direitos Fundamentais** já contou até hoje com duas edições, a cargo de José Carlos Vieira de Andrade, nos anos lectivos 2000/2001 (2º semestre) e 2001/2002 (1º semestre)[643], que sempre ofereceu o seguinte programa da disciplina, no qual se assume a preocupação de estudar a teoria geral dos direitos fundamentais, numa densa perspectiva dogmático-positiva:
1. Evolução histórica dos direitos fundamentais;
2. Âmbito e sentido dos direitos fundamentais na CRP;
3. A aplicação dos direitos, liberdades e garantias:
    3.1. a aplicabilidade directa;
    3.2. a vinculação do legislador;
    3.3. a vinculação das entidades privadas.
4. Os limites dos direitos, liberdades e garantias:
    4.1. a restrição legislativa;
    4.2. os conflitos entre direitos.

---

[643] Cfr., respectivamente, o *Guia da Faculdade 2000/2001*, p. 44, e o *Guia da Faculdade 2001/2002*, pp. 41 e 42.

Em matéria de elementos de estudo de cunho doutrinal, o apoio ao ensino desta disciplina ficou muito beneficiado pela nova edição, a segunda, da obra de JOSÉ CARLOS VIEIRA DE ANDRADE, *Os direitos fundamentais na Constituição Portuguesa de 1976* [644].

III. A outra disciplina pretende ser o aprofundamento de um dos temas que têm sido tradicionalmente incluídos no **Direito Constitucional II**: a justiça constitucional, com a designação **Direito Constitucional III**.

Novamente a sua regência foi atribuída a MARIA LÚCIA AMARAL PINTO CORREIA, assim acumulando, simultaneamente num só ano lectivo, três disciplinas de Direito Constitucional: o I, o II e, agora, ainda o III.

A leitura do *Guia da Faculdade 2002/2003* revela que esse programa, ao contrário do que sucedeu com os programas de Direito Constitucional I e de Direito Constitucional II, não se apresenta por tópicos.

O texto desse programa que aqui se transcreve tem a preocupação geral de estudar "o regime de defesa da Constituição através de meios jurisdicionais de controlo da constitucionalidade das normas"[645]:

A) Parte A – determinação do conceito de "justiça constitucional", justificação da sua escolha como título da disciplina e o estabelecimento das relações entre a teoria da constituição e a justiça constitucional;

B) Parte B – Apresentação dos dois grandes modelos culturais de exercício deste tipo de justiça: o modelo americano, difuso e concreto, e o modelo europeu – de Tribunal Constitucional – concentrado e abstracto;

C) Parte C – análise da natureza mista do regime português, definido na Constituição e na lei.

D) Parte D – apreciação de alguns casos exemplares da justiça constitucional portuguesa, em comparação com a actividade de outros tribunais constitucionais europeus.

Até ao momento, o ensino desta disciplina não foi favorecido pela produção de qualquer obra de natureza doutrinal que permitisse acompanhar as correspondentes prelecções.

---

[644] JOSÉ CARLOS VIEIRA DE ANDRADE, *Os direitos fundamentais na Constituição Portuguesa de 1976*, 2ª ed., Coimbra, 2001.

[645] Cfr. o *Guia da Faculdade 2002/2003*, p. 45.

54. O ensino de disciplinas não jurídicas afins do Direito Constitucional

I. A Faculdade de Direito da Universidade Nova de Lisboa, no seio das múltiplas novidades que trouxe ao ensino do Direito em Portugal, também inscreve como preocupação fundamental não deixar aprisionar o plano de estudos da sua licenciatura nas disciplinas apenas jurídico-normativas.

Daí que esse plano de estudos contenha múltiplas disciplinas atinentes a várias ciências sociais não jurídicas: história, sociologia, economia, antropologia, *etc...*

As que ostentam uma particular pertinência com o ensino do Direito Constitucional, ainda que sob a lógica específica em que se posicionam, são as seguintes:
- **História do Direito Português**;
- **História das Ideias Políticas**;
- **História do Estado**; e
- **Ciência Política**.

II. Destas diferentes disciplinas, que podem de alguma forma dobrar os conteúdos do Direito Constitucional I e II, a primeira delas – a **História do Direito Português** – é a única que surge como obrigatória e logo no 2º semestre do 1º ano, sob a regência de ANTÓNIO MANUEL HESPANHA.

Como é claramente assumido, o respectivo ensino visa "...a exposição da história da tradição intelectual e doutrinal do Direito da Europa Continental Ocidental, desde as suas raízes no Direito Comum medieval até aos seus últimos desenvolvimentos, já na segunda metade do séc. XX"[646].

Ainda se acrescenta que o "...curso é orientado para os modelos profundos do Direito, tanto dos modelos do discurso, como dos modelos das práticas institucionais"[647].

III. Já dentro do leque das disciplinas optativas, a primeira a considerar é a **História das Ideias Políticas**, que mantém uma conexão com

---

[646] Cfr. o *Guia da Faculdade 2002/2003*, p. 38.
[647] Cfr. o *Guia da Faculdade 2002/2003*, p. 38.

o Direito Constitucional no plano da ideologia liberal, numa mesma época que desembocou no constitucionalismo, que aí foi beber as suas raízes.

No presente ano lectivo, esta disciplina, sob a regência de ANTÓNIO MANUEL HESPANHA, é oferecida no 1º semestre e tem por tema básico o liberalismo político, nas suas limitações e nos seus críticos.

Como se escreve na apresentação do respectivo programa, "Os liberalismos clássicos – tal como aparecem nas obras paradigmáticas e muito influentes de Jeremy Bentham, Benjamin Constant, Alexis de Tocqueville, François Guizot e Stuart Mill – serão contrastados, quer com o pensamento político pré-revolucionário (Joseph de Maistre, L. J. M de Bonald), quer com o realismo político dos finais do séc. XIX (tal como aparece nas obras de Auguste Comte, Léon Duguit e Santi Romano) e do socialismo (centrando a análise na obra de P. J. Proudhon, Karl Marx e do socialismo catedrático)..."[648].

IV. Com as mesmas características de ser optativa e igualmente oferecida no 1º semestre, a **História do Estado**, do mesmo modo ainda assentada na mesma época histórica, dedica-se ao estudo do Estado liberal, "...com especial destaque para o Estado português oitocentista"[649].

Tal como o respectivo programa é apresentando, ainda sob a regência de ANTÓNIO MANUEL HESPANHA, "A história das constituições formais – desde os projectos de reforma pré-liberais até às últimas modificações da Carta Constitucional – será complementada pela história dos aparelhos institucionais do Estado, bem como da evolução do seu âmbito de acção, do seu pessoal, dos seus rendimentos e despesas, bem como dessa "constituição oculta", constituída pelas normas que regulam a liberdade de actuação jurídica privada, contidas no direito privado liberal"[650].

V. A **Ciência Política**, identicamente optativa e oferecida no 1º semestre, sob a regência de ARMANDO MARQUES GUEDES (filho), direcciona-se no estudo do tema geral da "crise estrutural dos Estados modernos face aos processos de globalização", tendo em atenção as "...reformulações em curso em noções como as de cidadania, de representação, de territorialidade, de soberania, e de ordem interna e externa".

---

[648] Cfr. o *Guia da Faculdade 2002/2003*, p. 43.
[649] Cfr. o *Guia da Faculdade 2002/2003*, p. 43.
[650] Cfr. o *Guia da Faculdade 2002/2003*, pp. 43 e 44.

O programa desta disciplina, tal como o mesmo é apresentado, abrange vários tópicos, dentro da ideia geral de que se pretende estudar "...as novas localizações e as mudanças em curso na distribuição e na natureza do poder, nas suas dimensões políticas e jurídicas"[651], de que cumpre evidenciar:

- "A proliferação de novas entidades supra-estatais e a multiplicação de novas entidades transnacionais, as alterações nas ordens jurídicas e políticas e os novos constitucionalismos, os federalismos e os arranjos territoriais, os novos modelos pluralistas e os multiculturalismos, enquanto estratégias de reajustamento estrutural dos Estados modernos";
- "Tipos de reacção dos Estados democráticos e dos não-democráticos";
- "A cristalização recente de novos movimentos político-ideológicos como resposta àqueles processos quanto a estas reacções";
- "O político e os Estados modernos"[652].

---

[651] Cfr. o *Guia da Faculdade 2002/2003*, p. 44.
[652] Cfr. o *Guia da Faculdade 2002/2003*, p. 44.

§ 13º Apreciação crítica sobre o ensino do Direito Constitucional na Faculdade de Direito da Universidade Nova de Lisboa

55. Apreciação crítica na generalidade

I. O avanço de uma Faculdade – ou, no caso concreto, o aperfeiçoamento de um plano de estudos – tem necessariamente de se sujeitar à observação crítica.

É o que faremos neste ponto do presente Relatório, imbuídos de um espírito construtivo, que na nossa modesta opinião poderá ajudar à melhoria do ensino do Direito Constitucional na Faculdade de Direito da Universidade Nova de Lisboa, num tributo também à vivência da liberdade académica, domínio em que esta instituição, arrostando com tantas contrariedades injustas, já deu importantes testemunhos, pessoais e institucionais.

Dentro das disciplinas constitucionais cujos programas tivemos ocasião de apresentar, vamos concentrar a nossa atenção na apreciação crítica do **Direito Constitucional I** e do **Direito Constitucional II**, só episodicamente aludindo ao **Direito Constitucional III** e não observando os **Direitos Fundamentais**.

Estas nossas observações críticas limitam-se aos programas de Maria Lúcia Amaral Pinto Correia – dado corresponderem à essência da leccionação daquelas disciplinas nos últimos anos – e agrupam-se em quatro aspectos fundamentais, os dois primeiros na generalidade e os outros dois na especialidade:

– a divisão de matérias entre o Direito Constitucional I e o Direito Constitucional II;
– a metodologia adoptada na distribuição das matérias, contrapondo-se um Direito Constitucional abstracto a um Direito Constitucional concreto;

– o carácter incompleto de alguns capítulos versados, incompleições parciais e algumas totais; e
– a verificação de algumas contradições lógicas na análise de outros tantos temas.

II. Não obstante o carácter recente deste ensino, como da própria Escola, o certo é que já concitou mordazes críticas de alguém que se insere na Faculdade de Direito da Universidade de Lisboa, precisamente a propósito do ensino do Direito Constitucional.

É o caso de CARLOS BLANCO DE MORAIS, que comenta da seguinte forma o ensino desenvolvido por MARIA LÚCIA AMARAL PINTO CORREIA: "A influência das Escolas de Direito alemãs e norte-americanas na regente da disciplina, Professor Lúcia Amaral, doutorada na Faculdade de Direito de Lisboa, faz supor que a metodologia adoptada para o respectivo ensino seja marcado por uma visão jurisprudencialista"[653].

Só que estas não são críticas certeiras:

– primeiro, porque assentam numa mera suposição, não numa observação atenta e real, como qualquer crítica justa deve fazer, para ser metodologicamente aceitável;
– depois, porque revelam o desconhecimento dos conteúdos preleccionados, que não se limitam àquela "absorção" germânica e norte-americana;
– por último, porque confundem o jurisprudencialismo – que em si seria sempre criticável – com o recurso, ainda que abundante, ao auxílio da jurisprudência na leccionação das disciplinas, que é o que efectivamente acontece: goste-se ou não, é hoje irrealista ensinar Direito Constitucional sem o apoio da jurisprudência e da apreciação de alguns *leading cases*, em que o papel conformador do Tribunal Constitucional seja determinante.

III. A nossa primeira crítica, de ordem geral, dirige-se ao modo como se opera a divisão das matérias entre o **Direito Constitucional I** e o **Direito Constitucional II**, o mesmo é dizer, o esquema por que se transita do 1º para o 2º semestre.

A proposta de MARIA LÚCIA AMARAL PINTO CORREIA, embora tenha sofrido algumas oscilações, é a de fazer estacionar essa linha de fronteira

---

[653] CARLOS BLANCO DE MORAIS, *Direito Constitucional II*..., p. 156.

já dentro da parte referente ao estudo sistemático da Constituição Portuguesa, ficando no 1º semestre a matéria dos princípios fundamentais. O 2º semestre, nesta ordem de ideias, iniciar-se-ia com os direitos fundamentais.

Consideramos inconveniente esta localização divisória, logo num momento em que se inicia o grande último bloco lectivo – a específica análise da Constituição de 1976. Assim o estudante perderá o sentido sistemático da conexão da matéria com o todo da ordem constitucional portuguesa, ou tenderá a esquecer esses princípios, os quais ficaram etereamente localizados algures nalguma "gaveta psicológica" da Teoria Constitucional.

Pensamos que a passagem do primeiro ao segundo semestres deve ser tudo menos arbitrária, jamais se posicionando no momento em que para o professor, leccionando a matéria, vai soar o último minuto lectivo do ano civil prestes a findar. A não ser assim, ressurge aqui, em latência, uma "concepção anualista" do Direito Constitucional, que, não obstante ser a prática de outras Faculdades, não é certamente a da Faculdade de Direito da Universidade Nova de Lisboa.

IV. Outra crítica de ordem geral que também julgamos pertinente é de timbre metodológico e repousa na dicotomia que se pratica entre um Direito Constitucional de feição introdutória e o Direito Constitucional da Constituição de 1976.

Estaria correcta, do nosso ponto de vista, esta concepção metodológica se pudesse corresponder a uma repartição entre o Direito Constitucional Geral e o Direito Constitucional Especial, este focalizando-se sobre certos domínios constitucionais específicos[654].

Só que, por aquilo que percebemos, não é isso o que sobressai: o que sobressai é, de um lado, uma Teoria do Direito Constitucional, uma História do Direito Constitucional e um Direito Constitucional Comparado, e do outro lado, um estudo analítico, jurídico-exegético, da Constituição, esta sendo uma parte totalmente divorciada da anterior.

É metodologicamente claudicante uma concepção que possa fazer esta separação algo esquizofrénica, como se os conceitos não tivessem sobretudo uma essência dogmática, a ser construídos num dado sistema jurídico-constitucional positivo.

---

[654] Sendo esse, aliás, o nosso entendimento quanto à *summa divisio* a efectuar dentro do Direito Constitucional. Cfr. *infra* o capítulo V deste Relatório.

56. Apreciação crítica na especialidade

I. Já dentro de uma óptica de especialidade, consideramos que os programas propugnados por MARIA LÚCIA AMARAL PINTO CORREIA padecem de várias lacunas, assim não permitindo ao estudante recém-chegado à Faculdade uma formação jusconstitucional cabal, sendo:
– incompletos nas experiências constitucionais analisadas: essa incompleição é bem posta a nu no facto de se reduzir este estudo às experiências constitucionais do Reino Unido, dos Estados Unidos da América e da França, sabendo-se hoje que são muitos os outros contributos que fazem engrossar o conjunto das instituições jurídico-constitucionais que viriam para ficar, como o constitucionalismo soviético, o suíço ou o alemão, num claro empobrecimento histórico-dogmático do ensino do Direito Constitucional, sem qualquer paralelo, aliás, noutras Faculdades;
– incompletos no estudo da sistematicidade do Direito Constitucional: porque não se vê em lugar algum, embora numa primeira versão isso tivesse sido referido, qualquer alusão aos princípios e às normas constitucionais, ou à sua interpretação, integração e aplicação no tempo e no espaço, aspectos fundamentais para o entendimento do Direito Constitucional, matéria de resto altamente formativa e mesmo complementar da Introdução ao Direito;
– incompletos na organização do poder político: embora se perceba que a questão do sistema de governo se joga essencialmente entre os órgãos politicamente activos, numa descrição da organização política do Estado que pretenda ser aceitável não pode ser olvidada a estrutura judicial, cada vez mais importante para a grande dicotomia que separa os tribunais dos órgãos politicamente activos, para onde se vai gradualmente deslocando a hodierna separação de poderes;
– incompletos na apreciação dos mecanismos de garantia da Constituição: passa-se completamente ao lado destas estruturas de defesa extraordinária da Constituição, sendo certo que representam a última resposta contra o colapso da Constituição, sem prejuízo de se acalentar sempre a esperança de nunca facticamente se chegar a esse ponto.

II. Ainda dentro de uma perspectiva de especialidade, note-se que o tratamento de alguns temas suscita-nos a maior das reticências, aparecendo com uma muito difícil aceitação no plano da melhor pedagogia: é o que se passa com a matéria das fontes do Direito, da maior delicadeza, quanto mais não fosse pela ligação forçosa que tem com a disciplina de **Introdução ao Direito**.

O primeiro aspecto que merece alusão cifra-se na circunstância de, pelo menos nos programas publicitados, não se aludir às leis regionais, nem a outros actos jurídico-públicos que, não sendo leis em sentido formal, podem almejar ser plenas fontes do Direito, como acontece com algumas resoluções da Assembleia da República, no contexto dos actos políticos em geral.

Parece-nos inadmissível que esta indicação das matérias possa sequer inculcar uma qualquer assimilação das fontes legais de Direito constitucionalmente possíveis às que são ali referenciadas. Tudo isto para já não falar da relevância, que assim fica excluída, do costume e da jurisprudência, com importantes implicações mesmo ao nível do Direito Constitucional.

Quanto às opções expressas de tratar as diversas fontes apontadas, merece-nos a maior das reservas a alusão feita às normas comunitárias, ainda por cima abaixo dos regulamentos, dando com isso a entender – claro que erradamente – a sua colocação infra-regulamentar.

Ora, o problema é descortinar-se a viabilidade pedagógica de estudar as normas comunitárias sem se ter antes estudado a incorporação do Direito Internacional Público no Direito Estadual. Entenderá o aluno médio o mecanismo da relevância interna do Direito Comunitário derivado sem ter previamente apreendido a incorporação do Direito Internacional Público, nele se incluindo o Direito Comunitário originário? Certamente que não.

III. Aludindo agora especificamente ao programa de **Direito Constitucional III**, manifestamos as nossas mais fundas dúvidas em relação aos conteúdos que foram escolhidos para a sua leccionação, partindo do pressuposto de que é uma disciplina optativa que pode ser frequentada por estudantes que ingressam no segundo ano de licenciatura[655].

---

[655] Grande parte dos inscritos nessas disciplinas, no presente ano lectivo 2002//2003, ingressou na Faculdade no ano lectivo transacto.

A questão fundamental reside no facto de se ter escolhido o Direito Constitucional Processual, em que se discutem as mais delicadas questões do processo constitucional, não só numa óptica histórico-filosófica como também – e primacialmente – numa perspectiva de índole técnico--processual.

Só que a disciplina, sendo optativa, e pretendendo ter um forte cunho de especialização, pode ser logo frequentada pelos estudantes que imediatamente antes terminaram o seu primeiro ano universitário, porventura julgando tratar-se de uma "suave" continuação do **Direito Constitucional II**.

Mas a experiência, havendo o acento tónico numa vertente técnico--processual, sendo isso que dá sentido à disciplina, pode ser altamente frustrante, dada que o estudante se confrontará com uma total falta de conhecimentos básicos de natureza jurídico-processual.

Portanto, de duas, uma: ou a disciplina deve ser estruturada com outros conteúdos; ou deve ser protegida do acesso dos estudantes mais atrasados nos anos da licenciatura.

PARTE II

OS PROGRAMAS, OS CONTEÚDOS E OS MÉTODOS DE ENSINO DO DIREITO CONSTITUCIONAL

CAPÍTULO IV

OS PROGRAMAS DE DIREITO CONSTITUCIONAL

§ 14º As coordenadas pedagógicas do Direito Constitucional

57. A elaboração do programa de Direito Constitucional e os seus elementos condicionantes

I. A exposição que tivemos ocasião de fazer, a respeito de múltiplas e diversificadas experiências de ensino do Direito Constitucional, não teve apenas um intuito informativo, que se afigura fundamental neste tipo de relatório – constituiu também uma importante lição para a nossa concepção acerca do ensino do Direito Constitucional, nos seus aspectos específicos de programas, conteúdos e métodos, com o que muito, abertamente o confessamos, pudemos aprender.

Cumpre-nos agora expor a nossa visão acerca do ensino do Direito Constitucional, importando traçar algumas considerações gerais, para depois concluirmos com a apresentação dos tópicos programáticos que ousamos sugerir, especificamente para cada uma das duas disciplinas em causa.

II. Ora, a primeira tarefa que se coloca ao professor é a da elaboração de um programa, pelo que se deve precisar o que esta noção legal – mas sobretudo pedagógica – quer dizer.

De acordo com a proposta de DIOGO FREITAS DO AMARAL, o "...«programa» de uma disciplina é, quanto a nós, o conjunto de normas que definem genericamente as principais matérias a incluir no conteúdo de ensino, bem como o ordenamento dessas matérias numa certa sequência e a respectiva calendarização no ano escolar"[656].

Estamos em crer que esta é a melhor definição de programa de uma disciplina, perfilhando-se uma acepção que, integrando os principais temas, não tenha uma extensão excessiva, não chegando ao ponto, que nos pareceria pedagogicamente incorrecto, da sua apresentação minuciosa, como se de um índice analítico de um manual se tratasse[657].

III. Mais importante do que saber o que é o programa, é ainda perceber as diversas funções que lhe podem ser assacadas, e que no nosso ponto de vista são fundamentalmente três:
– uma função temática;
– uma função tipológica; e
– uma função ordenadora.

A função temática implica que com o programa se definam os diversos núcleos seleccionados para empreender a tarefa do ensino: há um núcleo geral, que corresponde ao ensino de certa matéria, vista na constelação geral das disciplinas que compõem a unidade da licenciatura; mas também há núcleos específicos, que se apresentam até com certa mobilidade, cuja escolha deve ser rigorosamente ponderada, dependendo do factor tempo, do tipo de profundidade a imprimir ao ensino e das disciplinas que com ele estejam mais conexas.

A função tipológica significa que o programa de uma disciplina não se pode limitar a dizer, com frases vagas, o que vai ser ensinado, dentro de um certo ramo do Direito: obriga a que se faça um posterior esforço de especificação dessas matérias a leccionar, não só assim se aumentando o conhecimento imediato delas, como também elas melhor se posicionando relativamente a outras disciplinas vizinhas, com o que ainda se dá conta do tipo de intensidade que se pretende conferir ao ensino.

A função ordenadora representa o esforço da boa localização cronológica e sobretudo lógica das matérias, esforço que, longe de ser neutro, pode assaz contribuir para o sucesso pedagógico, levando-se em linha de conta os primeiros passos que os alunos dão, num grau crescente de dificuldade, assim paralelamente se acompanhando o ensino de outras disciplinas vizinhas.

---

[656] DIOGO FREITAS DO AMARAL, *Relatório...*, p. 281.

[657] Embora outros autores distingam entre diversas acepções de programa: assim, fazendo esta diferenciação, VASCO PEREIRA DA SILVA, *Ensinar Direito...*, pp. 50 e 51.

IV. Sendo o programa necessário e conveniente, e tendo o programa de uma disciplina as funções que ficaram assinaladas, é incontroverso que o mesmo se deve sujeitar a condicionamentos, que são naturais, embora alguns possam ser especificamente fruto de cada sistema de ensino adoptado.

Isto significa que na elaboração do programa de **Direito Constitucional I** e de **Direito Constitucional II** se assinalam os seguintes elementos que vamos autonomamente ponderar, antes das escolhas programáticas propriamente ditas:

– o tempo disponível para a leccionação, em razão do sistema de cada estabelecimento de ensino;
– as matérias a ensinar, em razão da inserção curricular das disciplinas;
– a sequência das matérias, em razão da articulação com outras disciplinas conexas.

O primeiro factor a levar em consideração é o do tempo disponível: havendo o objectivo de ensinar uma disciplina de Direito – o Direito Constitucional ou qualquer outra disciplina jurídica – é operação prévia a observação do calendário escolar e nele contabilizar as aulas disponíveis. O tempo é um factor externo, mas que se afigura crucial, porque é normalmente pouco: como relembra Marcelo Rebelo de Sousa, "O elenco das matérias programadas para o ensino teórico e prático é, quase sem excepção, muito vasto para o número de unidades lectivas disponíveis. E uma das tentações ou pechas de um Relatório desta natureza pode mesmo consistir na apresentação de um Plano de Curso ambicioso e aparentemente sedutor, mas que é inexequível"[658].

É também de atentar no objecto da disciplina em relação à qual se pretende elaborar o programa e apreendê-lo na sua essência, para além do facto de ser necessário seleccionar os tópicos que o vão integrar. A tarefa é sobretudo espinhosa no caso de ser forçoso, perante uma acentuada pluralidade de temas, deixar alguns de fora ou, não tão drasticamente, reparti-los por outras disciplinas que tenham conteúdos conexos, sendo recomendável uma sua harmónica distribuição com os respectivos regentes.

Após essa fixação de conteúdos e de selecção dos tópicos, surge a tarefa da respectiva ordenação, não sendo de descurar diversos factores:

---

[658] Marcelo Rebelo de Sousa, *Direito Constitucional I – Relatório...*, p. 68.

o encadeamento lógico que muito temas têm entre si e a incipiente formação jurídica dos estudantes, sem excluir a necessidade de um bom posicionamento para poderem ser melhor entendidos no mesmo ritmo que o mesmo tema possa ter em disciplinas paralelas, embora não se tratando de um caso de sobreposição material.

58. O Direito Constitucional I e o Direito Constitucional II como disciplinas semestrais

I. A escolha das disciplinas de **Direito Constitucional I** e de **Direito Constitucional II** para objecto do presente relatório não é ainda inteiramente esclarecedora, pois que importa observar, com alguma detença, o esquema de funcionamento das disciplinas da licenciatura que a Faculdade de Direito da Universidade Nova de Lisboa ministra.

Dentro do vasto leque de novidades que esta recente Escola de Direito veio trazer ao panorama nacional do ensino do Direito, conta-se o facto de as disciplinas serem todas semestrais e, pelo contrário, se ter afastado o figurino das disciplinas anuais.

II. Note-se que essa não é a experiência comum das universidades portuguesas quanto ao ensino do Direito, as quais estão em grande medida estruturadas, inversamente, em disciplinas de duração anual.

De resto, a recente reforma curricular que a Faculdade de Direito da Universidade de Lisboa empreendeu até foi no sentido de reforçar a "anualização" das disciplinas, operando "casamentos" de algumas cadeiras, nalguns casos bastante problemáticos face à disparidade de conteúdos.

Se o Direito Constitucional que idealmente se pudesse ensinar nas universidades públicas apenas tivesse assuntos para um semestre, esta seria uma explicação ociosa, dado que a duração semestral, apenas com a existência de uma só disciplina de Direito Constitucional, tudo resolveria.

Simplesmente, o Direito Constitucional, numa tendência crescente, indubitavelmente que contém matérias para uma disciplina anual, nalguns casos extravasando mesmo para mais de um ano lectivo, assim se aceitando que outras disciplinas constitucionais possam introduzir – ao lado do Direito Constitucional geral – subtemas de especialização, aprofundando alguns tópicos, apenas superficialmente estudados no âmbito apenas de um ano lectivo.

III. Se naturalmente se deve levar em linha de conta aquilo que acontece noutros estabelecimentos de ensino, bem como a extensão das matérias constitucionais, não é menos seguro que também se deve atentar nas características peculiares do ensino que a Faculdade de Direito da Universidade Nova de Lisboa pôs inovatoriamente em prática.

Na arrumação das disciplinas da licenciatura que foi adoptada desde a sua criação, e que se tem mantido firme (a qual, aliás, faz mesmo parte da ossatura fundamental da Faculdade), só há disciplinas semestrais e foram abolidas as disciplinas anuais, com a única excepção de isso suceder com o inglês jurídico, o mesmo também acontecendo com as disciplinas de pós-graduação leccionadas nos programas de doutoramento e de mestrado.

Essa característica, para o caso das disciplinas que normalmente carecem de, pelo menos, um ano de leccionação, tem forçado à concepção de duas disciplinas com o mesmo nome, mas que se dissociam por uma numeração, de I e de II. A disposição das matérias em cada uma delas obedece habitualmente a um critério mais cronológico do que científico, proporcionalmente às semanas de leccionação que o calendário escolar prevê para cada uma delas.

IV. Qual a razão de ser desta total semestralização do plano de estudos da licenciatura da Faculdade de Direito da Universidade Nova de Lisboa?

As razões são mais práticas do que teóricas, dentro do artificialismo que sempre é dividir temporalmente o ensino por disciplinas semestrais, o que de certo jeito também não deixa de acontecer com as disciplinas anuais.

Há, em primeiro lugar, um desejo flexibilidade da leccionação, seja na definição dos programas, seja na escolha das regências. Uma duração mais curta – neste caso, uma duração semestral – facilita a escolha, permite um melhor domínio das matérias, aumenta as possibilidades de contratação de professores.

Há, em segundo lugar, um propósito de eficiência na avaliação, pois que se quer que a Faculdade de Direito da Universidade Nova de Lisboa seja uma Faculdade de aulas e de ensino, e não uma Faculdade de exames, de testes e de avaliações permanentes. Só a semestralização permite a abolição de uma terceira época de exames, que tem tido perversas consequências nos estabelecimentos em que acontecem, multiplicando excessivamente os exames e roubando um tempo precioso ao ensino e à investigação dos professores e dos alunos, as duas tarefas indeclináveis da Universidade.

Há, em terceiro lugar, um objectivo de especialização material das disciplinas a leccionar. A existência de disciplinas semestrais, aumentando o seu número e integrando a abundância de opções facultativas, permite escolhas mais precisas e a definição mais fácil dos contornos programáticos. Por outro lado, numa menor dimensão material – e, consequentemente, temporal –, permite-se uma mais fácil localização temática, não se perdendo tanto no gigantismo programático das disciplinas anuais, isso também facilitando o estudo dos próprios alunos.

Há, em quarto lugar, um fito de aperfeiçoamento pedagógico, quer por parte de quem ensina, quer por parte de quem aprende. A lógica da relação ensino-aprendizagem é totalmente diferente se pensarmos em termos anuais ou em termos semestrais. Para o professor, o prolongamento do ensino por um longo ano é de mais difícil gestão, dada a variação legislativa e dada a distância das noções que se vão perdendo ao longo do tempo. Para o aluno, é também mais penoso estudar uma disciplina anual do que uma disciplina semestral, pois que naquela é necessário concentrar o esforço num leque de assuntos muito mais vasto, com o consequente menor domínio em temas que se espraiam por todo um ano lectivo.

V. Uma vez que não há disciplinas anuais na Faculdade de Direito da Universidade Nova de Lisboa, e sendo este relatório apresentado em concurso para preenchimento de vaga no grupo das disciplinas de Direito Público dessa Faculdade, obviamente que está posta de lado a concepção do ensino do Direito Constitucional num formato anual, sendo assim necessariamente semestral, com o que, de resto, estamos plenamente de acordo.

Os programas que vamos propor, incidindo em **Direito Constitucional I** e em **Direito Constitucional II**, vão naturalmente assumir uma divisão que seja mais lógica do que cronológica:

– no **Direito Constitucional I**, as matérias introdutórias e a parte geral do Direito Constitucional; e

– no **Direito Constitucional II**, as matérias referentes à parte especial do Direito Constitucional, considerando aspectos paradigmáticos da ordem constitucional.

Mas claro que não haverá qualquer mal de fazer, sempre que possível, alusões a outros tópicos porventura já leccionados ou a leccionar, com isso se assinalando que, por detrás da divisão temporal e programática, subsiste uma unidade material no Direito Constitucional, assim como também subsiste uma unidade na Ordem Jurídica.

VI. É extremamente difícil proceder, em abstracto, à segmentação do ensino do Direito Constitucional por cada tempo lectivo, até porque os semestres não são sempre iguais, podendo os dias feríados previstos no calendário variar no tocante aos respectivos dias úteis.

O primeiro semestre, para o Direito Constitucional I, começa em princípios de Setembro e termina em meados de Dezembro, ao passo que o segundo semestre, para o Direito Constitucional II, se inicia em meados de Fevereiro e termina em meados de Maio.

Quer isto dizer que o 1º semestre acaba por ser um pouco mais longo, não obstante o facto de haver alguns dias feríados e de o início do ano lectivo, em Setembro, poder sofrer atrasos pela recepção dos novos estudantes[659]. Esta duração ligeiramente maior do 1º semestre é muito benéfica pelo carácter mais introdutório do Direito Constitucional I, pela quantidade de matérias a versar e pela necessidade de se imprimir um ritmo mais lento à respectiva leccionação.

Já o 2º semestre é normalmente um pouco mais curto, devido ao facto de as férias da Páscoa forçarem a uma paragem de duas semanas, o que acaba por ser compensado pela capacidade de responder no âmbito da aprendizagem aumentar à medida que se aproxima o fim do ano lectivo, estando os estudantes mais adaptados às novas realidades do ensino universitário e, em particular, ao Direito Constucioinal.

---

[659] É praticamente impossível que a escolha dos alunos que acedem ao ensino superior esteja resolvida em princípios de Setembro. Deve ainda dizer-se que o último semestre no calendário é também povilhado por alguns feríados, que também implicam um certo atraso na leccionação, como são os feríados da Implantação da República (5 de Outubro), da Solenidade de Todos os Santos (1 de Novembro), da Restauração da Independência (1 de Dezembro) e da Imaculada Conceição de Maria (8 de Dezembro).

59. O Direito Constitucional I e o Direito Constitucional II como disciplinas jurídico-normativas, mas metodologicamente abertas

I. Dentro do vasto leque de disciplinas que a Faculdade de Direito da Universidade Nova de Lisboa insere no seu plano de estudos, como seria de esperar, avultam as de índole jurídica, de entre elas sobressaindo as de Direito Constitucional.

Mas o facto de estas disciplinas serem maioritárias não significa que sejam exclusivas e, deste modo, é possível deparar com a leccionação de outras disciplinas de cunho não jurídico-normativo, seja numa abordagem metodológica diversa, seja mesmo sobre temas diversos dos temas jurídicos.

Esta vem a ser uma outra proposta inovadora desta Escola, que se destina a complementar a perspectiva do aluno, que, sendo no futuro um jurista, não se pretende que seja um jurista "empedernido" pela percepção de uma única visão da sociedade que lhe seja eventualmente dada por um mero esquema jurídico-formal.

Um verdadeiro jurista é também sensível a outras dimensões, assim como o Direito se integra no meio social, em que se vislumbram diferentes linhas de natureza material e metodológica.

II. É assim que no plano curricular desta Faculdade se abre as portas à consideração de outros saberes, particularmente os que são oriundos de várias ciências sociais.

E essa diversidade é levada tão a sério que inclusivamente se exige que o estudante, para concluir a licenciatura, frequente uma disciplina de cada um dos quatro grupos atinentes às disciplinas de opção restrita, as quais revelam uma preocupação de formação diversificada, de óptica interdisciplinar, dentro do seguinte esquema[660]:
- Grupo das Ciências Históricas;
- Grupo das Ciências Económicas;
- Grupo das Ciências Sociológicas; e
- Grupo das Ciências Políticas[661].

Assim se crê que o jurista fica beneficiado com esta abertura de horizontes. É de resto esta a perspectiva, se bem que em menor grau, que

---

[660] Cfr. o art. 6°, n° 1.1., al. b), do Regulamento Curricular e Pedagógico, e o seu Anexo II.

está subjacente ao plano de estudos da licenciatura da Faculdade de Direito da Universidade de Lisboa, em cujo elenco de disciplinas se assinala a existência de várias cadeiras não jurídico-normativas, como no grupo de Ciências Histórico-Jurídicas ou no grupo de Ciências Jurídico--Económicas.

Foi também este o bom espírito que brotou da sua Comissão de Reestruturação, em cujo Relatório se pode ler algo dito com toda a veemência: "Isto significa que a estrutura pedagógica da Faculdade deve ser aberta, num duplo sentido. Primeiro, no de que há-de permitir, sem prejuízo do leccionamento das cadeiras jurídicas fundamentais, o acesso de estudantes a outras disciplinas científicas que ajudam à compreensão do fenómeno jurídico: a História (que não seja simples história jurídica em sentido estrito), a Economia, a Ciência Política, a Filosofia do Direito e do Estado"[662].

III. Só que seria sempre limitado perceber que com esta abertura metodológica se estaria a colocar em risco o carácter jurídico do curso de Direito ou a "abastardar" a sua essência, que continua pertencendo ao domínio do jurídico.

Não fundamos esta nossa conclusão numa qualquer profissão de fé, ou numa qualquer visão subjectiva das coisas, mas antes olhando para o plano de estudos da Faculdade de Direito da Universidade Nova de Lisboa, e aí vendo verdadeiramente o que se estabelece de obrigatoriedade na aprovação por parte dos seus estudantes, com um elenco de disciplinas obrigatórias e de disciplinas de opção orientada em que avultam, com larga maioria, as disciplinas jurídicas.

É por isso que, no nosso modo de ver as coisas, não são procedentes alguns comentários críticos que têm sido dirigidos ao plano curricular desta Faculdade. É o que sucede, por exemplo, com as observações de PAULO PITTA E CUNHA, que afirma o seguinte: "Mas, por outro lado, algo contraditoriamente, a preocupação revelada pelos promotores da nova Faculdade de abordarem ambicioso número de matérias envolventes faz

---

[661] Estas são as disciplinas pertença do grupo introdutório, assim definidas pelo Princípio Orientador nº 7 da Faculdade: "Incluirá disciplinas jurídicas de carácter propedêutico, bem como disciplinas não jurídicas indispensáveis à compreensão do mundo moderno".

[662] Cfr. o *Relatório da Comissão de Reestruturação...*, p. 666.

correr o risco de vir a faltar o espaço para o ensino das disciplinas propriamente jurídicas..."[663]. Salvo o devido e muito respeito, este professor refere-se a risco manifestamente infundado, como se passa a explicar.

Quem se dá ao trabalho de analisar o plano de estudos da Faculdade de Direito da Universidade de Lisboa, rapidamente repara que os conteúdos da Economia Política ali ensinados são bastante semelhantes aos conteúdos das disciplinas leccionadas na Faculdade de Direito da Universidade Nova de Lisboa, pendor económico tanto mais acentuado quanto é certo à Economia Política, por exemplo, ter sido recentemente insuflada uma feição bem "economicista", como se atesta pelo ensino marcante de FERNANDO ARAÚJO, que publicou lições, de grande qualidade, com todo esse enfoque[664]. Pelos vistos, a adopção de uma visão não jurídico-normativa não é exclusiva da Faculdade de Direito da Universidade Nova de Lisboa, o que nem sequer está directamente relacionado com o facto de o regente ter ou não uma formação jurídica de base, crítica de PAULO PITTA E CUNHA que fica assim dotada de um óbvio efeito *boomerang*...

Por outro lado, é também bastante fácil perceber que o elenco das disciplinas da Faculdade de Direito da Universidade Nova de Lisboa, ao contrário do que insinua PAULO PITTA E CUNHA, equivocadamente, é maioritariamente constituído por disciplinas jurídicas. Para o efeito, bastará consultar o nosso site na Internet ou o Regulamento Curricular e Pedagógico, por este modo instantaneamente se desfazendo tal entendimento.

IV. O mesmo tipo de crítica, igualmente injusta, foi recentemente produzida, bem na esteira desta opinião de PAULO PITTA E CUNHA, por LUÍS MENEZES LEITÃO, ao escrever que "...o espírito que preside a essas inovações é essencialmente o do movimento dos *Critical Legal Studies*, um movimento pós-realista surgido nos Estados Unidos a partir dos anos 70, com repercussões na Europa, que procura contestar os fundamentos tradicionais da legitimidade do discurso jurídico, considerando esse discurso como um simples elemento do combate político" [665].

---

[663] PAULO DE PITTA E CUNHA, *A segunda Faculdade Pública de Direito em Lisboa*, in *Revista da Faculdade de Direito da Universidade de Lisboa*, XL, nºs 1 e 2 de 1999, p. 710.

[664] Cfr. FERNANDO ARAÚJO, *Introdução à Economia*, Coimbra, 2002.

[665] LUÍS MENEZES LEITÃO, *O ensino*..., p. 258.

Por aquilo que entendemos do ensino na Faculdade de Direito da Universidade Nova de Lisboa, como decerto acontecerá em relação à esmagadora maioria dos seus professores, não é essa concepção que podemos comprovar, pelo que Luís MENEZES LEITÃO – numa observação que fazemos com o muito respeito que este insigne professor nos merece – certamente estará a referir-se a outro estabelecimento de ensino, mas não a esta Faculdade. É que basta observar os conteúdos dos programas de muitas das suas disciplinas, naturalmente a começar pelos de Direito Constitucional, para se compreender quão inexacta é a sua conclusão.

Também não é verdadeira a afirmação de Luís MENEZES LEITÃO, segundo a qual "...esta concepção vem a ter reflexos na estrutura do plano de estudos desta Faculdade, privilegiando-se a criação de disciplinas extra-jurídicas, sociológicas ou práticas, mais úteis para a descoberta da realidade social, o que corresponde à introdução entre nós do denominado "modelo social" de organização do curso de Direito"[666].

É que, se assim fosse, essas disciplinas deveriam ser as disciplinas maioritárias, em número absoluto e no conjunto das disciplinas obrigatórias. A consulta do Regulamento Curricular e Pedagógico da Faculdade, uma vez mais, desmente categoricamente esta opinião, pelo que se lamenta que esta apreciação não tenha levado em linha de conta um real conhecimento da instituição, mas decerto uma imagem preconceituosamente concebida, fundada numa qualquer conspiratória e peregrina ideia de que a Faculdade de Direito da Universidade Nova de Lisboa foi criada – como afirma o próprio Luís MENEZES LEITÃO noutro passo – através de "...campanhas de imprensa contra a Faculdade de Direito de Lisboa..."[667], campanhas que são desconhecidas e, pelo contrário, sendo bem conhecidos os textos de professores da Faculdade de Direito da Universidade de Lisboa clamando pela criação de uma outra Faculdade Pública de Direito em Lisboa. É o caso de ISABEL DE MAGALHÃES COLLAÇO e JORGE MIRANDA, em textos publicados na *Revista da Faculdade de Direito da Universidade de Lisboa*[668].

---

[666] Luís MENEZES LEITÃO, *O ensino...*, p. 260.
[667] Luís MENEZES LEITÃO, *O ensino...*, p. 260.
[668] Cfr. a proposta de JORGE MIRANDA ao Conselho Pedagógico para a criação de uma 2ª Faculdade Pública de Direito em Lisboa, bem como a opinião de ISABEL MAGALHÃES COLLAÇO, ambos os textos publicados na *Revista da Faculdade de Direito da Universidade de Lisboa*, XXXVIII, nº 2 de 1997, respectivamente, pp. 586 e 588 e ss.

V. No que ao Direito Constitucional diz respeito, o I e o II, eis duas disciplinas que facilmente se posicionam numa perspectiva jurídico--normativa, já que o seu objecto é uma parcela do Direito – o Direito Constitucional – e que é olhado no dever-ser que nele se encontra ínsito.

Contudo, tal não implica que seja apenas essa perspectiva jurídico--normativa, conquanto seja obviamente essencial, aquela que se encontra presente no seu modo de ensinar, o que também reversamente não significa, apesar dos "fantasmas" que alguns sempre querem remoçar, dissolvê-la numa qualquer outra realidade metodológica.

Ouçamos, a este propósito, as sempre sábias palavras de JORGE MIRANDA, que não é professor da Faculdade de Direito da Universidade Nova de Lisboa, mas que formula opinião que neste estabelecimento de ensino sempre seria sentida como oriunda de um dos seus mais ilustres professores: "É preciso não negligenciar os contributos de outras disciplinas e principalmente da realidade política, económica, social e cultural – que alguns apelidam de realidade constitucional – que, simultaneamente, vai condicionar a Constituição e que por esta também vai ser condicionada"[669].

A concretização desta múltipla perspectiva, sendo a principal a jurídica e as outras algo acessórias desta, bem transparece na observação do Direito Constitucional Positivo, naquilo que o mesmo impõe, mas sem descurar outros tratamentos ao nível histórico-comparatístico, ou mesmo em contributos trazidos pela Ciência Política e pela Filosofia Política.

VI. Consequentemente, o Direito Constitucional, na fixação do programa que propomos para o seu ensino na Faculdade de Direito da Universidade Nova de Lisboa, deve apresentar-se com um carácter eminentemente transversal, até certo ponto decorrente do seu cunho introdutório.

Essa transversalidade implica que a perspectiva metodológica sobre um mesmo tema – no caso, o Estado e a Constituição – se apresente múltipla, não tendo de ser, simplesmente, uma perspectiva jurídico--normativa, antes se fazendo apelo frequente, embora a título lateral, a outras metodologias das ciências sociais.

Diversificação metodológica que deve ser vista, contudo, *cum grano salis*, porque o ensino do Direito Constitucional não pode nunca descurar aquilo que ele é – um ramo do Direito, dotado de normatividade.

---

[669] JORGE MIRANDA, *L'enseignement...*, p. 121.

Ora, isto implica que o respectivo ensino seja sempre encarado valorizando um repositório de condutas impostas pelas normas e pelos princípios, assim se afastando qualquer outra concepção que desvitalize a normatividade própria do Direito Constitucional.

Todavia, isto não impede que, em zonas marginais do programa, não se possa fazer apelo a metodologias próprias das ciências sociais, na estrita medida em que sejam auxílios à compreensão teorética e dogmática do Direito Constitucional.

Como refere MARCELO REBELO DE SOUSA, "...a Ciência do Direito Constitucional não deve temer a investigação e o ensino de disciplinas complementares ou auxiliares, nem a aproximação a Ciências Sociais não normativas, que tenham por objecto realidade vizinha ou condicionante daquela que representa o seu domínio de eleição"[670].

60. O Direito Constitucional I e o Direito Constitucional II como disciplinas introdutórias

I. As opções fundamentais na elaboração de um programa para o ensino do Direito Constitucional I e II, atendendo ao contexto peculiar do sistema de ensino da Faculdade de Direito da Universidade Nova de Lisboa, não podem ser opacas à sua natureza indubitavelmente introdutória[671].

Para essa mesma natureza introdutória alerta a sua colocação no primeiro ano da licenciatura, não se esquecendo que o sistema de precedências recomendadas obriga a que a respectiva frequência seja praticamente uma constante para os alunos que entram na Faculdade pela primeira vez.

Esse carácter introdutório assume-se ainda como pleno na medida em que não se limita a ocupar um dos semestres e, ao invés, prolonga-se pelo tempo lectivo de um ano, incluindo, portanto, os dois semestres.

---

[670] MARCELO REBELO DE SOUSA, *Direito Constitucional I – Relatório...*, p. 21.

[671] Para esta mesma característica chama a atenção MARCELO REBELO DE SOUSA (*Direito Constitucional I – Relatório...*, p. 73), ao versar o enquadramento pedagógico do Direito Constitucional I na Faculdade de Direito da Universidade de Lisboa: "Finalmente, a localização da disciplina de Direito Constitucional I no 1º ano do plano de estudos da licenciatura em Direito, na Universidade de Lisboa, implica uma especial atenção à sua natureza introdutória, quer na elaboração e explanação de conceitos dogmático-jurídicos básicos, quer na radicação de métodos de estudo universitário."

II. Todos temos um pouco a ideia do que é entrar, pela primeira vez, numa Faculdade de Direito e aí começar a frequentar a licenciatura: é uma experiência bem difícil, mas que, no caso do Direito, surge com algumas dificuldades adicionais.

As dificuldades de natureza geral estão associadas ao salto que é dado na passagem do ensino secundário para o ensino superior, o que se pode averiguar em muitos elementos:

- no contacto com um conjunto mais alargado de pessoas, desde o maior número de colegas, aos diferentes professores e funcionários;
- na dispersão de instalações, não apenas propriamente daquelas onde o curso é ministrado, mas em relação a todos os restantes equipamentos, como as bibliotecas, os refeitórios e os espaços de convívio;
- na linguagem utilizada, num tom mais formal, e destinada a uma maior audiência, em correspondência também a uma população mais amadurecida.

Este novo ciclo que se alcança na transição do ensino secundário para o ensino superior é peculiarmente acentuado no caso do ingresso nas Faculdades de Direito, o que se pode explicar por várias circunstâncias específicas:

- na maior dificuldade da linguagem jurídica, muito mais formal e solene, quando não mesmo intrinsecamente rebuscada, apelando frequentemente a conceitos totalmente desconhecidos;
- no genérico pouco à-vontade dos professores com as novas tecnologias de comunicação áudio-visual, em grande parte por elas não se mostrarem tão necessárias em relação ao que sucede noutros ramos do saber;
- na diferença acentuada de disciplinas novas da licenciatura em Direito, com escassa ou nenhuma correspondência com as disciplinas dos últimos anos do ensino secundário, bastando pensar nas disciplinas de Direito Constitucional, História do Direito ou Introdução ao Direito, o que se agrava no segundo ano, aí não havendo qualquer paralelo com o que se ministra no ensino secundário.

III. Pensando na sua colocação no dealbar da licenciatura, o Direito Constitucional vai desempenhar uma importante função introdutória, a servir de ponte entre o saber próprio do ensino secundário e o saber universitário, o saber universitário jurídico e o saber universitário do Direito Público. Esta não é uma missão fácil, mas por isso mesmo ela se apresenta particularmente aliciante.

A feição introdutória do Direito Constitucional, na definição do respectivo programa, deve estar então presente nos seguintes aspectos que são cruciais:
– na clareza e simplicidade de linguagem, não podendo isso de jeito algum acarretar a sua incorrecção técnica;
– na inclusão de tópicos programáticos que possam fazer a ligação com as matérias leccionadas no ensino secundário, como é o caso da História e da Filosofia;
– na ordenação das matérias de forma a prosseguir do que é mais geral – e, por isso, mais próximo da cultura do ensino secundário – para o que é mais específico e técnico da cultura jurídica.

No que toca ao primeiro aspecto, esta exigência significa a vantagem de se evitar uma linguagem complexiva, porventura mais apropriada tecnicamente, mas que determinaria uma maior distância relativamente aos destinatários, os alunos recém-chegados do ensino secundário.

Quanto ao segundo ponto referido, importa aludir nas diversas matérias aos respectivos lastros histórico-filosóficos, fazendo com os estudantes não se sintam totalmente perdidos perantes novos conceitos e, pelo contrário, consigam situar-se nos conhecimentos que trazem do ensino secundário.

Relativamente ao terceiro considerando, é preciso registar que a sequência das matérias não é arbitrária, por várias razões, sendo uma delas a que se prende com a conveniência de gradualmente fazer entrar o estudante num mundo mais específico, com isso e sempre que possível reservando para mais tarde conteúdos acentuadamente técnico-jurídicos.

61. O Direito Constitucional I e o Direito Constitucional II como disciplinas obrigatórias

I. Outra dimensão que não pode ser descurada nas opções programáticas relativas ao ensino do Direito Constitucional é o facto de as disciplinas de que estamos cuidando – o Direito Constitucional I e o Direito Constitucional II – terem um cunho obrigatório.

Por outras palavras: a conclusão da licenciatura em Direito na Faculdade de Direito da Universidade Nova de Lisboa obedece a um figurino que inclui a aprovação nessas disciplinas para que o grau académico seja atribuído.

É isso mesmo o que resulta do Regulamento Curricular e Pedagógica da Faculdade, que precisamente inscreve o **Direito Constitucional I** e o **Direito Constitucional II** no elenco das disciplinas consideradas obrigatórias, sendo leccionadas, respectivamente, no primeiro e no segundo semestres[672].

II. Note-se que, não obstante essa circunstância, a licenciatura em Direito na Faculdade de Direito da Universidade Nova de Lisboa é o primeiro grau académico do género feito em Portugal através do sistema dos créditos. Até ao momento, nenhum outro curso de Direito se estruturou desta forma, o que implica a adopção de algumas especificidades[673].

Um dos domínios em que se procurou fazer adptações respeitou ao elenco das disciplinas de aprovação obrigatória para se poder concluir a licenciatura em Direito, em que se incluem as seguintes[674]:

– Introdução ao Direito, I e II;
– Sistemas Jurídicos Comparados;
– Filosofia do Direito I;
– Direito Internacional Público I;
– Direito Comunitário I;
– Direito Constitucional, I e II;
– Direito Administrativo, I e II;
– Teoria Geral do Direito Civil, I e II;
– Direito das Obrigações, I e II;
– Direitos Reais;
– Direito da Família I;

---

[672] Cfr. o respectivo art. 6º, nº 1.1., juntamente com o Anexo I, que se referem a essas duas disciplinas.

[673] Cfr. o art. 6º, 1.1, no seu proémio, do Regulamento Curricular e Pedagógico, em que se afirma que, para obter o grau de licenciado, "...cada estudante deve satisfazer os seguintes requisitos (...) Realização de um número de créditos (UC) entre o mínimo de 140 e o máximo de 148...".

[674] Cfr. o Anexo I do referido Regulamento Curricular e Pedagógico, bem como o Princípio Orientador nº 7 dos *Princípios Orientadores da Faculdade de Direito da Universidade Nova de Lisboa*.

- Direito das Sociedades;
- Direito Processual Civil, I e II;
- Direito Penal, I e II;
- Direito Processual Penal I;
- Macroeconomia;
- Microeconomia;
- História do Direito Português;
- Profissões Jurídicas e Deontologia;
- Prática Jurídica Interdisciplinar, I e II;
- Informática para juristas.

A opção de fundo foi a de escolher o menor número possível de disciplinas obrigatórias e fazer alargar bastante o número de disciplinas optativas, dando à escolha do estudante cinco áreas de especialização académica, com substituição das denominações clássicas vigentes noutras Faculdades[675], bem como fazendo crescer o seu número:

- Área Forense;
- Área de Administração Pública;
- Área Internacional;
- Área Empresarial; ou
- Área Social.

No entanto, essa redução não poderia tolher nunca as disciplinas de Direito Constitucional, I e II, dada a sua essencialidade na formação do licenciado em Direito, que assim sem manteve incólume.

III. A inscrição do Direito Constitucional I e II no elenco das disciplinas obrigatórias é outro elemento a ponderar para se conceber os respectivos programas, esforço que é essencialmente comparatístico com os programas de outras disciplinas afins e sobretudo que não sejam de aprovação obrigatória para a conclusão da licenciatura.

A explicação radica na circunstância de ser forçoso sopesar os conteúdos do Direito Constitucional I e II, naquilo que se julga ser de exigir na formação geral de qualquer jurista, por contraste com o que pode ser

---

[675] Cfr. o art. 9°, n° 1, do Regulamento Curricular e Pedagógico, bem como o Princípio Orientador n° 4 dos *Princípios Orientadores da Faculdade de Direito da Universidade Nova de Lisboa*.

leccionado em disciplinas que não são de aprovação obrigatória, embora devam ser frequentadas sob a óptica específica de alguma ou algumas daquelas menciondas áreas de especialização.

Só uma visão relacional, dentro da lógica global de um curso de licenciatura em que se multiplicam as disciplinas, pode ser uma fonte de entendimento para a construção do programa de Direito Constitucional.

IV. Do ponto de vista das disciplinas obrigatórias que digam respeito às matérias de natureza constitucional, ficamos a saber que o Direito Constitucional I e o Direito Constitucional II são as únicas obrigatórias.

Não havendo no plano de estudos nenhuma outra disciplina de Direito Constitucional de aprovação forçada, isso vai provocar naquelas disciplinas a necessidade de uma concentração dos tópicos programáticos que se considerem fundamentalíssimos para a formação geral do jurista, especialmente aquele que não prossiga numa área de especialização que lhe seja próxima.

Diga-se também que, dentro das mencionadas cinco áreas de especialização, nenhuma delas se apresenta como peculiarmente sensível ao fenómeno político-constitucional, pelo que também por aí não podemos descobrir uma parcela de juristas que possam beneficiar dos contributos de outras disciplinas optativas, de frequência obrigatória para quem quisesse seguir por essa especialização, que não existe *qua tale*.

Daí que os tópicos programáticos devam ser bastante amplos, podendo ainda surgir algo concentrados, de acordo com o tempo lectivo que é disponibilizado, que são dois semestres.

§ 15º O programa de Direito Constitucional I

62. A introdução ao Direito Constitucional

I. O Direito Constitucional I, correspondendo ao primeiro semestre de aulas sobre matérias constitucionais, deve conter, no contexto de todos esses temas, um leque de noções de cariz mais introdutório e de índole mais heterogénea.

É assim natural que se possam inserir no primeiro semestre, e se possível logo nas primeiras semanas, as noções de feição mais geral, mas que permitem uma maior aproximação ao lastro pedagógico que os estudantes trazem do ensino secundário.

A leccionação do Direito Constitucional, como é compreensível, inicia-se pela sua *Introdução*, a qual, tal como propomos, respeita aos seguintes núcleos temáticos:

– o conceito e o âmbito do Direito Constitucional como ramo jurídico dotado de algumas particularidades;
– a ideia de Estado, nos seus elementos e na sua evolução histórica;
– uma perspectiva comparatística, abrangendo os contributos dos principais sistemas constitucionais para a formação dos institutos de referência deste ramo do Direito;
– uma perspectiva histórica, explicando o actual ponto de situação do texto constitucional português, bem como as suas múltiplas origens, próximas e remotas.

Assim se percebe que esta Introdução não o é apenas formalmente, como aconteceria se se limitasse a apresentar uma definição de Estado, de Constituição ou de Direito Constitucional. Sendo isso obviamente importante, esta introdução quer ser mais do isso, desse jeito se despertando os alunos para mais entusiasticamente começarem a estudar as questões constitucionais.

II. É natural que a definição do Direito Constitucional ocupe um lugar de evidência, pois que numa licenciatura em Direito, nas disciplinas jurídicas, seria sempre imperdoável que a mesma não arrancasse com uma delimitação, ainda que mínima, do sector do Direito sobre a qual se debruça.

No entanto, isso saberia sempre pouco se depois tais explicitações não pudessem desabrochar numa alusão a aspectos de natureza jurídico--metodológica, informando os estudantes dos diversos métodos de incursão científica que o Direito Constitucional aceita.

Por outro lado, afigura-se sempre vital relacionar o ramo do Direito em questão com outros ramos jurídicos afins, dessa forma melhor o situando no mapa-mundi do ordenamento jurídico.

III. Feita esta referência inicial, importará associar o Direito Constitucional ao próprio Estado, sendo certo que este ramo do Direito é, por excelência, o Direito do Estado, embora não o seja exclusivamente.

Até podemos dizer que hoje o Direito Constitucional é, a um tempo, mais e menos do que o Estado: é mais porque condiciona, pela sua força irradiante, todos os restantes sectores do ordenamento jurídico, incluindo os sectores do Direito Privado; é menos porque, ao lado do Direito Constitucional, e servindo de auxílio para a sua efectivação, o Estado deve contar com outros sectores jurídicos, como é essencialmente o Direito Administrativo, não sendo por acaso que na Alemanha é frequente aparecerem conjuntamente sob a denominação de Direito do Estado (*Staatsrecht*).

Ora, impõe-se aqui perceber o Estado:
- nas instituições que com ele se possam aparentar, distinguindo-se de outras realidades jurídico-conceptuais;
- na evolução histórica, pondo a nu as metamorfoses por que passou, com natural evidência para as características que o Estado actualmente apresenta, assim se descobrindo a sua razão de ser.

IV. Interessa observar de seguida como alguns dos Estados mais evoluídos do Mundo – evoluídos no plano histórico-cultural, mas também no plano dogmático-científico – foram caminhando e modelando as suas instituições jurídico-constitucionais.

Trata-se de uma perspectiva metodologicamente compósita, na qual entram considerações históricas específicas, mas em que igualmente se frisam – talvez com mais vigor – preocupações comparatísticas, numa análise que tende a sublinhar as respectivas singularidades, em face de uma identidade de problemas que todos estes Estados puderam enfrentar e resolver.

Certamente que a escolha dos Estados é criticável por não ser completa: houve que fazer escolhas face à limitação do tempo disponível, elas se justificando, noutro prisma, pela importância das respectivas "invenções constitucionais", assim se devendo dedicar mais atenção a uns do que a outros.

V. Em íntima conexão com essa primeira e geral aproximação histórico-comparatística, também é necessário dedicar uma atenção especial, e sistematicamente autónoma, à evolução histórica do Direito Constitucional Português.

Não escondemos que muitos dos factos e acontecimentos directamente relevantes no Direito Constitucional Português vigente se inserem nos caminhos trilhados durante algumas experiências constitucionais anteriores.

Porém, isso nunca seria suficiente se as não enquadrássemos em lugar próprio, unificando essa mesma evolução desde os primórdios do nosso constitucionalismo até à actualidade, e também nele divisando períodos e tendências antagónicas, que possam nitidamente caracterizá-los.

63. A parte geral do Direito Constitucional

I. Relativamente à parte geral do Direito Constitucional, que também se deve inserir no **Direito Constitucional I**, ela versa um conjunto de temas que devem integrar uma Teoria Geral do Direito Constitucional.

Mas esta contraposição entre a parte geral e a parte especial do Direito Constitucional deve ser cuidadosamente considerada, pois que, em Portugal, ela não tem sido assumida, pelo menos nestes termos.

Dentro de um mesmo Direito Constitucional, ela implica que haja matérias e temas de repercussão geral, que esvoaçam todo esse ordenamento jurídico, e que haja outros temas, naturalmente comungando daquela perspectiva, que só suscitam problemas peculiares, exclusivos no seu âmbito e que aqui requerem uma adaptação de princípios e conceitos gerais.

Estamos em crer que esta diferente perspectiva metodológica permite dar a devida dimensão aos problemas, os gerais numa dimensão geral e os especiais numa dimensão especial.

II. É prudente lembrar que esta divisão não se prende com uma tendência metodológica antiga, hoje manifestamente obsoleta, que diferenciava entre uma teoria geral do Direito Constitucional e uma análise do Direito Constitucional Positivo.

Esta lógica seria a seguinte: de um lado, colocar todo o manacial de conceitos e de fórmulas que pudessem ter uma validade geral, independentemente de saber se os mesmos se precipitariam nalgum sistema constitucional positivo; do outro lado, apreciar-se-ia o texto de uma Constituição Positiva, dele extraindo, mais ou menos exegeticamente, o seu significado, concluindo depois sobre se haveria ou não a adopção dos conceitos gerais, ali teoreticamente construídos.

Como se percebe, esta é uma metodologia que pode ser apodada de conceptualismo, e que por isso mesmo deve merecer a nossa reprovação. Seria impensável fazer-se o estudo do Direito Constitucional, que é sempre uma realidade jurídico-cultural, com total independência de uma realidade jurídico-normativa concreta.

A denominada parte geral do Direito Constitucional não se pode confundir com a parte teórica do Direito Constitucional: é que ali igualmente se estuda um sistema jurídico-constitucional concreto, com exemplos que do mesmo se retiram, mas que se distingue de uma parte especial porque tem uma vocação aplicativa a todo e a qualquer segmento do Direito Constitucional visto no seu conjunto.

III. É também por isto mesmo que a parte geral do Direito Constitucional, apoiada como está numa sede jurídico-positiva, deve apartar-se do estudo sistemático efectuado pelas perspectivas histórico-comparatísticas globais de outros sistemas constitucionais, que não lhe pertencem. No nosso plano, tivemos mesmo de remetê-las para o seu lugar próprio: a Introdução ao Direito Constitucional.

O que deve integrar a parte geral do Direito Constitucional são os temas que directamente se relacionam com o texto constitucional vigente, embora aí se possam também colocar alguns temas que eventualmente assumam uma aplicação mais específica, mas que assim ficam valendo a duplo título:

– é o caso da revisão constitucional, não apenas uma vicissitude que se projecta sobre toda a ordem constitucional, mas que levanta problemas específicos no seu regime no contexto da garantia da Constituição;

– é o caso da interpretação das normas constitucionais, em que há uma parte geral, mas em que também se pode vislumbrar uma adaptação imposta pelo contexto dos direitos fundamentais.

IV. Importa, então perguntar: qual é o conteúdo da parte geral do Direito Constitucional, encarado este como uma parcela do Direito em geral e do Direito Público em especial?

Julgamos que se justifica deslindar quatro grandes núcleos:

– um núcleo relativo às fontes do Direito Constitucional, sendo este um ramo do Direito que regista a formação e a revelação de normas e princípios jurídicos, tendo sentido partir dessa noção, observando as peculiaridades que o mesmo impõe, ao nível do conceito de Constituição e da relevância de algumas fontes normativas;
– um núcleo relativo à dinâmica constitucional, o qual se assume como singularidade, claramente se explicando por a temática do nascimento e das vicissitudes constitucionais assumir contornos que exigem um tratamento específico, indo para além do que sucede com a Teoria Geral das fontes legais do Direito;
– um núcleo relativo aos problemas de interpretação, integração e aplicação no tempo e espaço do Direito Constitucional, matérias em que, não obstante a proximidade à Teoria Geral do Direito, se anotam algumas fortes peculiaridades;
– um núcleo relativo à sistematicidade do Direito Constitucional, permitindo que este seja visto no seu interior, pontificando, segundo as mais modernas tendências metodológicas, a destrinça entre normas e princípios constitucionais;
– um núcleo atinente ao fundamento do Direito Constitucional, uma vez que, de todos os ramos do Direito Positivo, é ao Direito Constitucional que se defere uma especial missão de contacto com o Direito Suprapositivo, aqui se discutindo a interessante questão das normas constitucionais inconstitucionais.

64. Articulação com a Ciência Política e a História do Estado

I. Sendo certo que a leccionação do **Direito Constitucional I** não aparece isolada no plano de estudos da licenciatura, impõe-se ainda um relance sobre algumas hipóteses de articulação com os programas de outras disciplinas, evidenciando-se tanto a **Ciência Política** como a **História do Estado**.

Certamente que não se trata de criticar a sua existência, nem sequer de verberar qualquer margem de sobreposição, que acabará por ser inevitável e até sendo mesmo salutar.

Cura-se apenas de melhor acomodar os conteúdos de ambas as perspectivas, numa óptica em que o grande beneficiário – espera-se – seja o estudante, o destinatário por excelência do trabalho do professor.

II. No que respeita à **Ciência Política**, que no plano de estudos da licenciatura tem a virtualidade de não aparecer integrada no Direito Constitucional, esta disciplina tem sido tradicionalmente associada a dois conteúdos programáticos acentuadamente dispares.

Durante uma primeira fase, em que foi regente JOÃO CARLOS ESPADA, a Ciência Política foi de alguma sorte o complemento contemporâneo da **História das Ideias Políticas**. Não podendo aqui o ensino chegar até aos autores contemporâneos, foi a Ciência Política utilizada para estudar os grandes filósofos e pensadores políticos do século XX.

Já na segunda fase que estamos vivendo, em que tem sido regente ARMANDO MARQUES GUEDES (filho), reorientou-se o ensino desta disciplina para uma óptica mais próxima do fenómeno estadual à escala internacional, assim paredes-meias com a disciplina de **Relações Internacionais**, entretanto também atribuída àquele mesmo professor.

III. Num caso como no outro, a **Ciência Política** assume como contornos fundamentais não só aparecer intimamente ligada à problemática de outras disciplinas da área não jurídica como também estar essencialmente afastada das matérias que têm sido preleccionadas no Direito Constitucional.

Sem beliscar a autonomia pedagógica e curricular dessas disciplinas, o certo é que haveria vantagem numa certa aproximação de posições programáticas com o Direito Constitucional, até porque aqui o tempo não tem sido muito abundante, podendo a Ciência Política servir de importante auxílio.

Para que isso pudesse ser viável, seria necessário dotá-la de alguns tópicos que, não sendo dados pelo Direito Constitucional, se inscreveriam numa importante lógica de "ataque conjunto" nesta matéria.

Até porque qualquer Ciência Política que se preze nunca poderia desconsiderar algo que lhe é fundamental, o mesmo sucedendo com o Direito Constitucional: estudar o poder público e, em especial, o poder público estadual.

Não haveria, porém, sincretismo: haveria, sim, complementaridade, numa análise politológica, com isso se quebrando uma certa dependência da Ciência Política relativamente ao Direito Constitucional ou, pior, a sua subalternização face à predominância do método normativista do Direito Constitucional, que a tem abafado doutrinariamente em Portugal.

Daí que não seria de estudar no Direito Constitucional o seguinte conjunto de temas, muito mais apropriadamente a remeter para a Ciência Política:

– formas de Estado;
– regimes políticos;
– sistemas eleitorais;
– sistemas de partidos.

IV. Relativamente à **História do Estado**, é de registar que, não sendo uma disciplina integrada logo no início do plano de estudos, se tem estabilizado em torno do constitucionalismo português, sobretudo do constitucionalismo liberal.

A regência que tem sido desenvolvida por ANTÓNIO MANUEL HESPANHA, em parte também articulada com a **História do Direito Português**, tem frisado a obrigação de se olhar a uma História da Constituição informal, a qual estaria "subterraneamente" localizada por referência aos textos constitucionais considerados formais.

É extremamente significativo este tratamento, na medida em que a História não pode ser apenas uma História de nomes ou de leis, mas também deve ser uma História de factos religiosos, sociais e económicos.

V. Simplesmente, olhando para o programa de **Direito Constitucional I**, aí deparamos com um tópico, integrado na *Introdução*, que diz precisamente respeito à História do Direito Constitucional Português.

A nosso ver, não há qualquer nefasta sobreposição, quanto mais não seja por o Direito Constitucional ser uma disciplina obrigatória e a História do Estado ser uma disciplina optativa, ainda que de opção restrita.

Com certeza que é irrecusável reconhecer um mesmo objecto de análise: a sucessão de textos constitucionais e as respectivas motivações político-sociais. Mas enquanto que no **Direito Constitucional I** essa é uma análise normativo-institucional, sendo necessário conhecer os textos e, sobretudo, perceber a evolução das diversas instituições jurídico-constitucionais que foram nascendo, já na **História do Estado** se pretende perceber a adesão social a esses textos e a sua projecção noutros níveis do ordenamento jurídico, bem como nas profissões jurídicas.

65. As opções programáticas do Direito Constitucional I

Feito este conjunto de considerações, é altura de apresentarmos o programa de **Direito Constitucional I**, que se divide em duas grandes partes:
- uma *Introdução*, bastante extensa, mas teoricamente menos pesada, e sobretudo de feição mais preliminar;
- uma *Parte I*, incidindo directamente nos conteúdos constitucionais, dentro de uma lógica geral.

PARTE I – INTRODUÇÃO AO DIREITO CONSTITUCIONAL

Capítulo I – O Direito Constitucional enquanto sector jurídico e científico
 § 1º O Direito Constitucional na Enciclopédia Jurídica
 § 2º A Ciência do Direito Constitucional

Capítulo II – O Estado como sujeito do Direito Constitucional
 § 3º O Estado enquanto estrutura do poder público
 § 4º A evolução do Estado na História Universal
 § 5º O Estado Constitucional da Idade Contemporânea

Capítulo III – Experiências de Direito Constitucional Comparado
 § 6º Aspectos metodológicos
 § 7º O sistema constitucional britânico
 § 8º O sistema constitucional norte-americano
 § 9º O sistema constitucional francês
 § 10º O sistema constitucional soviético
 § 11º O sistema constitucional brasileiro
 § 12º Os sistemas constitucionais da África Lusófona
 § 13º Outros sistemas constitucionais

Capítulo IV – Evolução do Direito Constitucional Português
 § 14º Aspectos de ordem geral

§ 15º Fases da evolução histórica
§ 16º O actual sistema constitucional

PARTE II - A PARTE GERAL DO DIREITO CONSTITUCIONAL

Capítulo V - As fontes do Direito Constitucional
§ 17º A Constituição como fonte intencional e privilegiada do Direito Constitucional
§ 18º Outras fontes de Direito Constitucional

Capítulo VI - A dinâmica do Direito Constitucional
§ 19º O poder constituinte
§ 20º As vicissitudes constitucionais
§ 21º A revisão constitucional

Capítulo VII - A interpretação e a integração do Direito Constitucional
§ 22º A interpretação das fontes constitucionais
§ 23º A integração das lacunas constitucionais

Capítulo VIII - A aplicação no tempo e no espaço do Direito Constitucional
§ 24º A aplicação no tempo das fontes constitucionais
§ 25º A aplicação no espaço das fontes constitucionais

Capítulo IX - A sistematicidade do Direito Constitucional
§ 26º Os princípios constitucionais
§ 27º As normas constitucionais
§ 28º Direito Constitucional e Direito Infraconstitucional

Capítulo X - O fundamento do Direito Constitucional
§ 29º A relevância suprapositiva do Direito Constitucional
§ 30º Os limites suprapositivos do Direito Constitucional
§ 31º As normas constitucionais inconstitucionais

§ 16º O programa de Direito Constitucional II

66. A parte especial do Direito Constitucional

I. O **Direito Constitucional II**, feita a introdução a este ramo do Direito e depois de leccionada a parte geral do **Direito Constitucional I**, versa especificamente outro módulo igualmente pertinente com esta matéria, que é a *parte especial* do Direito Constitucional, a ministrar no segundo semestre.

Longe de se tratar de uma divisão estanque de matérias, tem-se a preocupação de, a partir de um dado ordenamento jurídico-constitucional, ensinar os diversos temas que nele exigem reflexão. Tudo isto numa óptica mais específica e pormenorizada, naturalmente também mais técnica, assim se podendo avançar um pouco para além da mera apreciação geral que se pôde fazer na parte geral do Direito Constitucional.

II. Assim cremos que podemos reanimar a dicotomia parte geral-parte especial que, noutros ramos do Direito, tem sido seguida e com tão bons frutos, mas que infelizmente ainda não chegou às paragens do Direito Constitucional.

Tal já acontece no Direito Civil, em que se dissocia a Teoria Geral do Direito Civil, para onde têm sido transferidas muitas matérias, dos Direitos Civis em especial, uns de natureza comum, como é o caso do Direito das Obrigações e dos Direitos Reais, outros de natureza institucional, como é o caso do Direito da Família e do Direito das Sucessões. De resto, os próprios Direitos Reais igualmente assentam na *summa divisio* entre considerações comuns a qualquer direito real e considerações específicas de certas categorias de direitos reais.

Isso mesmo ocorre no Direito Penal, ramo em que, pedagogicamente falando, é frequente distinguir a Teoria Geral do Direito Penal – quer quanto à lei penal, quer quanto à infracção penal – das infracções penais em especial, nos particularismos dos crimes construídos em função dos bens jurídicos protegidos.

III. E repare-se que esta nossa orientação de destrinçar entre uma parte geral e uma parte especial já nos tinha acompanhado noutras experiências pedagógicas desenvolvidas na Faculdade de Direito da Universidade Nova de Lisboa.

Foi isso o que fizemos no programa de **Direito da Igualdade Social**, num esforço pioneiro em Portugal. Durante os dois anos lectivos em que ministrámos essa disciplina, feita a partir do zero, logo distinguimos uma teoria geral da igualdade, essencialmente assentando nas questões postas pelo princípio da igualdade, e uma parte especial, implicada a grupos específicos de pessoas reivindicando espaços de libertação e de protecção pelo princípio da igualdade[676].

Do mesmo modo nos animámos para assim proceder na elaboração do programa de **Direito Fiscal I**, em que inovatoriamente concebemos o respectivo ensino, numa calendarização semestral, incluindo aspectos introdutórios, aspectos gerais e aspectos especiais[677].

IV. Esta dicotomia entre parte geral e parte especial consiste na necessidade de separar entre conceitos e princípios que se apresentam comuns a todo um ramo do Direito, de um lado, e analisar os temas que, sendo específicos, têm enquadramentos teóricos e dogmáticos próprios, carecendo de uma apreciação parcelar, do outro lado.

Uma primeira e mais óbvia vantagem que se descobre neste método é a de permitir construir o conhecimento do Direito Constitucional em várias escalas, assim se evitando desnortear o próprio estudante, pois que sempre saberá da existência de um registo geral – por definição, utilizável em que qualquer instituto – e de um registo especial – que tendencialmente levará ao aprofundamento de certos temas, para além ou no lugar do próprio enquadramento geral.

Por outro lado, só assim se justifica e possibilita um aprofundamento mínimo das matérias, que é indispensável à formação básica do jurista. Será neste segundo semestre que o estudante, indo além das

---

[676] Cfr. JORGE BACELAR GOUVEIA, *Direito da Igualdade Social – guia...*, p. 7, *summa divisio* que depois acompanharia a elaboração dos respectivos sumários (cfr. JORGE BACELAR GOUVEIA, *Direito da Igualdade Social – guia...*, pp. 9 e ss., bem como a publicação do livro contendo a legislação fundamental nessa matéria – JORGE BACELAR GOUVEIA, *Direito da Igualdade Social – fontes normativas*, Lisboa, 2000, pp. 14 e ss.).

[677] Cfr. JORGE BACELAR GOUVEIA, *Direito Fiscal – guia...*, respectivamente, pp. 9 e ss., e pp. 31 e ss.

discussões de natureza geral, experimentará questões e problemas jurídicos muito mais específicos.

V. Quais são as opções programáticas que o ensino da parte especial do Direito Constitucional nos merece? Sendo variadíssimos, é de toda a vantagem aqui acompanhar a sistemática do texto constitucional português, que nesse aspecto nos parece particularmente bem conseguido, assim se frisando os seguintes tópicos:

– a caracterização geral do Estado, de acordo com os seus elementos constitutivos e de acordo com os princípios que, nele, definem diversas opções de fundo do Direito Constitucional e, por efeito irradiante, de toda a Ordem Jurídica;
– a apreciação dos direitos fundamentais, identicamente numa óptica geral como numa óptica especial, ainda se diferenciando ali entre os traços comuns do respectivo subsistema e algumas particularidades impostas por certas classificações de direitos fundamentais regimentalmente mais relevantes;
– a referência, não muito intensa porque também objecto de tratamento noutros ramos do Direito, aos sistemas económico, financeiro e fiscal, hoje um capítulo fundamental dos textos constitucionais, que não se justifica postergar só por não corresponderem às zonas tradicionalmente constitucionais, ultrapassadas que estão as concepções liberais e estatutárias que lhes subjaziam;
– o estudo da organização do poder político, repartido por diversas perspectivas, tanto organizacionais como funcionais, assim se explicando todo o mundo complexo do poder público, embora se reservando uma maior atenção ao poderes públicos constitucionais, político e legislativo, em detrimento do poder administrativo e do poder judicial, estes objecto de mais amplo desenvolvimento noutras disciplinas obrigatórias;
– a observação dos diversos mecanismos de garantia da Constituição, quer numa perspectiva estática – de defesa do que está, como é o caso do estado de excepção e da fiscalização da constitucionalidade – quer numa visão dinâmica – visando melhor adaptar o texto constitucional às novas realidades, como sucede com a revisão constitucional.

67. Articulação com o Direito Constitucional III e os Direitos Fundamentais

I. Não seria sensato, na concepção do programa de **Direito Constitucional II**, desconsiderar modalidades de articulação com outras disciplinas que eventualmente pudesse estar intimamente relacionadas com os conteúdos programáticos nele referenciados.

Este, porém, não vem a ser um esforço necessariamente glório, uma vez que, tanto no caso do **Direito Constitucional III** como no caso dos **Direitos Fundamentais,** estamos em face, de disciplinas que apresentam índole bastante diversa, que se pode resumir nos seguintes traços:

- o seu carácter especializado, não tanto introdutório e geral, como sucede com o Direito Constitucional I e o Direito Constitucional II;
- o seu carácter optativo, assim contribuindo para avolumar uma óptica de especialização académica, dentro das várias que são oferecidas pela Faculdade;
- o seu carácter variável, pois correspondem a uma sã preocupação do plano de estudos da Faculdade de o moldar às exigências do corpo docente, em termos de recursos humanos e financeiros, mas também às exigências da evolução do próprio ordenamento jurídico e da Ciência do Direito.

II. Quanto ao **Direito Constitucional III**, que recebeu o nome específico de "justiça constitucional", não deixa de ser criticável o facto de conter, na actual e única experiência lectiva, um programa quase sobreposto àquilo que é ensinado no 1º ano em **Direito Constitucional II**, o que se agrava pela proximidade com que a disciplina é ensinada, precisamente logo no ano seguinte, constituindo como que um "prolongamento" daquele.

Não obstante esta crítica, estamos em que crer que não é legítimo questionar a validade da disciplina, desde que observadas duas condições que reputamos fundamentais:

- uma condição formal, que diz respeito à colocação da disciplina na licenciatura;
- uma condição material, que é directamente concernente ao conteúdo que é oferecido nessa disciplina.

No tocante ao primeiro aspecto, é nossa opinião que a disciplina deveria localizar-se mais à frente no percurso do estudante e não permitir que ela fosse entendida, algo capciosamente, como a continuação do **Direito Constitucional II** e dos conteúdos aqui preleccionados.

De um ponto de vista material, a nossa opção passaria pela modificação radical dos conteúdos do Direito Constitucional III, na medida em que este se deve adaptar a outros domínios científicos, de natureza variável e conforme as necessidades sentidas. E decerto seria sempre necessário não sobrepor os dois cursos, o que encerra em si a tentação ainda maior de "atirar" para o Direito Constitucional III aquilo que não se conseguiu ensinar em Direito Constitucional II, como porventura sucederá com a justiça constitucional, que é exactamente o último dos núcleos deste.

Aliás, é assim que as coisas têm evoluído noutras Faculdades, não tão avançadas quanto a Faculdade de Direito da Universidade Nova de Lisboa, mas que neste ponto se mostram mais aperfeiçoadas.

Quais seriam os conteúdos do **Direito Constitucional III** ou do **Direito Constitucional IV**, outra disciplina a igualmente considerar neste contexto?

Eis algumas possibilidades, algumas delas já experimentadas, para além dos conteúdos que estão neste momento em leccionação[678]:
– Direito Parlamentar;
– Direito Eleitoral;
– Direito Regional;
– Direito Constitucional Económico;
– Direito Constitucional Ambiental;
– Direito Constitucional da Integração Europeia;
– Direito Constitucional da Defesa.

III. No tocante aos **Direitos Fundamentais**, a tarefa de articulação já não será tão problemática, dado que o seu ensino para alunos mais adiantados no plano da licenciatura permite que esta disciplina possa desempenhar outras funções, numa idêntica preocupação de "refrescamento" e de "amadurecimento" técnico-jurídico.

---

[678] Experiência pedagógica que no presente ano lectivo de 2002/2003 foi realizada por JORGE MIRANDA, na leccionação de Direito Constitucional III, na Faculdade de Direito da Universidade de Lisboa.

É precisamente isso o que tem sucedido com as experiências pedagógicas já levadas a cabo por JOSÉ CARLOS VIEIRA DE ANDRADE, que tem privilegiado certos tópicos mais difíceis na teoria e na dogmática dos direitos fundamentais.

Para o **Direito Constitucional II**, fica a localização sistemática do tema, bem como a apresentação mais formal de algumas categorias, bem como dos regimes dos direitos fundamentais.

Para os **Direitos Fundamentais**, justifica-se uma maior densificação material quanto a alguns dos seus problemas, como as teorias explicativas dos mesmos, a restrições e as colisões de direitos fundamentais, assim como o estudo pormenorizado de alguns dos direitos fundamentais em especial.

68. As opções programáticas do Direito Constitucional II

As opções programáticas do ensino do **Direito Constitucional II** incluem os seguintes temas, que esquematicamente apresentamos, mantendo-se a sua numeração sequenciada, que vem já do **Direito Constitucional I**:

PARTE III – A PARTE ESPECIAL DO DIREITO CONSTITUCIONAL

Capítulo XI – Os princípios fundamentais

§ 32º A caracterização do Estado
§ 33º O princípio do Estado de Direito e a limitação substancial do poder público
§ 34º O princípio republicano e a forma institucional de governo
§ 35º O princípio democrático e o regime político
§ 36º O princípio do Estado unitário e descentralizado e a forma de Estado
§ 37º O princípio social e os fins do Estado

Capítulo XII – Os direitos fundamentais

§ 38º A importância dos direitos fundamentais
§ 39º Evolução histórica
§ 40º Relance comparatístico
§ 41º O sistema constitucional de direitos fundamentais

§ 42º O regime geral dos direitos fundamentais
§ 43º O regime dos direitos, liberdades e garantias em especial
§ 44º Alguns direitos fundamentais em especial

Capítulo XIII – A organização económica

§ 45º O regime económico
§ 46º O regime financeiro
§ 47º O regime fiscal

Capítulo XIV – A organização do poder político

§ 48º As funções jurídico-públicas
§ 49º Os órgãos jurídico-públicos
§ 50º Os actos jurídico-públicos
§ 51º Os actos legislativos em especial
§ 52º O procedimento legislativo parlamentar nacional
§ 53º Entidades infra-estaduais regionais e locais

Capítulo XV – A garantia da Constituição

§ 54º A garantia da Constituição em geral
§ 55º A inconstitucionalidade dos actos jurídico-públicos
§ 56º As consequências dos actos jurídico-públicos inconstitucionais
§ 57º A fiscalização da constitucionalidade
§ 58º A revisão da Constituição
§ 59º A defesa extraordinária da Constituição

CAPÍTULO V

OS CONTEÚDOS DO DIREITO CONSTITUCIONAL

§ 17º Os conteúdos do Direito Constitucional I

Feita a apresentação do programa de **Direito Constitucional I**, é o momento de se pormenorizar tais reflexões, então apenas vertidas em programa, no conjunto de conteúdos que lhes estão conformes, assim se aprofundando um pouco mais a orientação que preside ao respectivo ensino:

PARTE I – INTRODUÇÃO AO DIREITO CONSTITUCIONAL

Capítulo I – O Direito Constitucional enquanto sector jurídico e científico

   § 1º O Direito Constitucional na Enciclopédia Jurídica
   1. Conceito de Direito Constitucional
      1.1. Conceito
      1.2. Elemento material
      1.3. Elemento formal
      1.4. Terminologia
   2. Sectores do Direito Constitucional
      2.1. As divisões do Direito Constitucional
      2.2. A *summa divisio* Direito Constitucional Material e Direito Constitucional Organizatório
      2.3. Direito Constitucional dos Direitos Fundamentais
      2.4. Direito Constitucional Económico
      2.5. Direito Constitucional Financeiro
      2.6. Direito Constitucional Fiscal

2.7. Direito Constitucional Procedimental
2.8. Direito Constitucional Parlamentar
2.9. Direito Constitucional Eleitoral
2.10. Direito Constitucional Regional
2.11. Direito Constitucional Militar
2.12. Direito Constitucional Processual
3. Características específicas do Direito Constitucional
   3.1. Carácter de Direito Público
   3.2. Força suprema
   3.3. Transversalidade
   3.4. Juventude
   3.5. Politicidade
   3.6. Legalismo
   3.7. Abertura
   3.8. Mobilidade
4. Relações com outros sectores do Direito
   4.1. Ramos do Direito Público e do Direito Privado
   4.2. Direito Constitucional e Direito Político
   4.3. Direito Administrativo
   4.4. Direito Internacional Público
   4.5. Direito Penal
   4.6. Direito Processual
   4.7. Direito Económico
   4.8. Direito Financeiro
   4.9. Direito Fiscal
   4.10. Direito Civil
   4.11. Direito do Trabalho
   4.12. Outros ramos do Direito

§ 2º A Ciência do Direito Constitucional

5. A Ciência do Direito Constitucional e as respectivas perspectivas metodológicas
   5.1. O objecto da Ciência do Direito Constitucional
   5.2. O método da Ciência do Direito Constitucional
   5.3. A História Constitucional
   5.4. O Direito Constitucional Comparado
   5.5. A Dogmática Constitucional
   5.6. A Teoria Constitucional
6. As Ciências afins
   6.1. Conceito de afinidade científica: objecto e método
   6.2. A Ciência Política

6.3. A Teoria Geral do Estado
6.4. A Sociologia Política
6.5. A Filosofia Política
6.6. A Política Constitucional
7. As Ciências auxiliares
   7.1. Conceito do carácter auxiliar
   7.2. A História Política
   7.3. A História das Ideias Políticas
   7.4. A Sociologia Comparada
   7.5. A Geografia
   7.6. A Antropologia
8. A Ciência do Direito Constitucional em Portugal
   8.1. Fases de evolução
   8.2. Os grandes nomes
9. A autonomia da Ciência do Direito Constitucional
   9.1. A importância da autonomia
   9.2. A autonomia didáctica
   9.3. A autonomia regulativa
   9.4. A autonomia dogmática
10. Elementos de estudo
   10.1. Elementos doutrinais
      10.1.1. Doutrina nacional
      10.1.2. Doutrina estrangeira
   10.2. Elementos documentais
      10.2.1. Elementos legislativos
      10.2.2. Elementos jurisprudenciais
      10.2.3. Outros elementos relevantes

Capítulo II – O Estado como sujeito do Direito Constitucional

§ 3º O Estado enquanto estrutura do poder público
11. O conceito de Estado
   11.1. Conceito proposto
   11.2. Elementos constitutivos
   11.3. Elementos ou condições de existência?
12. Os elementos integrantes do Estado
   12.1. O elemento pessoal: o povo
      12.1.1. Conceito
      12.1.2. Figuras afins
   12.2. O elemento funcional: o poder soberano
      12.2.1. Conceito

12.2.2. Soberania interna
12.2.3. Soberania externa
12.2.4. Soberanias limitadas
12.3. O elemento espacial: o território
12.3.1. Conceito
12.3.2. Modalidades de território
12.3.3. Espaços afins
13. O nome de Estado
13.1. Os diversos nomes ao longo da História
13.2. O contributo de Nicolau Maquiavel
14. As características do Estado
14.1. A institucionalização do poder
14.2. A autonomia finalística
14.3. A complexidade organizacional
14.4. A sedentariedade territorial
14.5. A coercibilidade material
15. Entidades políticas pré-estaduais
15.1. O clã
15.2. A tribo
15.3. Outras modalidades
16. Entidades políticas infra-estaduais
16.1. As entidades autárquicas
16.2. As entidades associativas
16.3. As entidades empresariais
16.4. As entidades institucionais
17. Entidades políticas supra-estaduais
17.1. As associações de Estados
17.2. As organizações internacionais
17.3. Rumo a um Estado mundial?
18. A origem do poder estadual
18.1. As teorias teocráticas
18.2. As teorias naturalistas
18.3. As teorias monocráticas
18.4. As teorias contratualistas

§ 4º A evolução do Estado na História Universal
19. A periodificação da evolução do Estado
19.1. A necessidade de uma periodificação
19.2. Os critérios relevantes dessa periodificação
20. Tipos históricos de Estado
20.1. O grande contributo de GEORG JELLINEK
20.2. Tipologia proposta: os critérios relevantes

21. O Estado oriental: a Mesopotânia
    21.1. A extensão territorial
    21.2. A fusão entre o poder religioso e o poder político
    21.3. A forma monárquica de governo
    21.4. A intensa estratificação social
22. O Estado grego: Atenas e Esparta
    22.1. A exiguidade territorial
    22.2. A separação entre o factor religioso e o factor político
    22.3. A diversidade de regimes políticos
    22.4. A afirmação embrionária da igualdade de participação
    22.5. A distinção entre o individual e o social
23. O Estado romano: as metamorfoses da organização política de Roma
    23.1. Os três períodos: monarquia, república e império
    23.2. Principais características
    23.3. A complexificação do poder público
    23.4. A separação entre o poder público e o poder religioso
    23.5. A distinção entre Direito Público e Direito Privado
    23.6. As primeiras garantias formais individuais
24. O Estado medieval: a Europa germânica e cristã
    24.1. A predominância do regime monárquico
    24.2. A grande extensão territorial
    24.3. A desagregação do poder estadual: a *Respublica Christiana* e o Sacro Império Romano-Germânico
    24.4. A desagregação do poder estadual: o feudalismo e os reinos
    24.5. O Cristianismo e os direitos das pessoas
    24.6. A cultura, as universidades e o comércio
25. O Estado moderno: as características e as fases
    25.1. A laicidade do poder público
    25.2. A reconstrução da soberania
    25.3. A afirmação nacional
    25.4. A fase do Estado estamental
    25.5. A fase do Estado Absoluto
    25.6. A fase do Estado de Polícia

§ 5º O Estado Constitucional da Idade Contemporânea
26. Periodificação da evolução do Estado Constitucional
    26.1. Tipo histórico ou fase ulterior do Estado Moderno?
    26.2. A invenção da Constituição
    26.3. Os direitos fundamentais
    26.4. A afirmação republicana
    26.5. A democracia representativa
    26.6. A separação de poderes

27. Tipos constitucionais de Estado
    27.1. O Estado Liberal de Direito
        27.1.1. A instituição do governo representativo
        27.1.2. O direito de sufrágio e as suas limitações
        27.1.3. A ausência dos partidos políticos
        27.1.4. Os direitos de defesa perante o Estado
        27.1.5. O liberalismo económico
    27.2. O Estado totalitário de direita
        27.2.1. As experiências fascistas na Europa
        27.2.2. A Itália de Mussolini
        27.2.3. A Alemanha de Hitler
        27.2.4. A Espanha de Franco
        27.2.5. O Portugal de Salazar e Caetano
        27.2.6. A adulteração do sistema político liberal em concentração de poderes
        27.2.7. O sistema económico nacionalista, dirigido e corporativo
        27.2.8. A despiciência e nominalização dos direitos fundamentais de defesa
        27.2.9. A ausência de liberdade político-partidária
    27.3. O Estado totalitário de esquerda
        27.3.1. A revolução comunista
        27.3.2. O monopólio de uma ideologia de transformação social
        27.3.3. A ideia da Constituição balanço-programa
        27.3.4. A funcionalização dos direitos fundamentais
        27.3.5. A unidade do poder público
        27.3.6. O centralismo democrático
        27.3.7. O monopartidarismo político
        27.3.8. A colectivização da economia
    27.4. O Estado Social de Direito
        27.4.1. As experiências europeias da segunda metade do século XX
        27.4.2. Os prenúncios do Estado Social
        27.4.3. Os direitos fundamentais sociais e dos trabalhadores
        27.4.4. As Constituições económicas
        27.4.5. A interdependência dos poderes e o fim de um dogma
        27.4.6. A universalização do sufrágio
        27.4.7. A progressiva jurisdicionalização do poder público
    27.5. O Estado Pós-Social de Direito: o pós-modernismo estadual
        27.5.1. A crise do Estado Social na Europa
        27.5.2. A concorrência entre sistemas públicos e privados
        27.5.3. A parcelarização do poder político por níveis infra e supra-estaduais

27.5.4. A contratualização decisória e legislativa
27.5.5. A globalização e a pulverização democrática

Capítulo III – Experiências de Direito Constitucional Comparado

§ 6º Aspectos metodológicos
28. A diversidade de sistemas constitucionais no Mundo
    28.1. O elevado número de Estados e de sistemas constitucionais
    28.2. A impossibilidade e a inutilidade da sua consideração global
    28.3. A importância dos sistemas constitucionais matriciais e precursores
29. Os critérios da macro-comparação constitucional
    29.1. Macro-comparação e micro-comparação – distinções metodológicas
    29.2. A necessidade da grelha comparatística
    29.3. A aproximação institucional, não funcional
30. A construção dos principais sistemas constitucionais
    30.1. A escolha limitada de alguns sistemas constitucionais
    30.2. A preferência pelos sistemas precursores
    30.3. A preferência pelos sistemas mais desenvolvidos
    30.4. Os sistemas constitucionais que se filiam numa matriz comum

§ 7º O sistema constitucional britânico
31. A formação do Reino Unido
    31.1. Alguns elementos de história política britânica
    31.2. As suas principais características
    31.3. Zonas de influência
32. A formação histórica do sistema constitucional: lentidão e gradualismo
    32.1. Os tempos iniciais
    32.2. A transição da monarquia para a democracia
    32.3. A democracia parlamentar de gabinete
33. Constituição consuetudinária e flexível
    33.1. O sistema essencialmente consuetudinário
    33.2. O carácter flexível e parcelar dos textos
    33.3. Os principais documentos em vigor
34. Os direitos fundamentais e a limitação do poder público
    34.1. A afirmação dispersiva de alguns direitos fundamentais
    34.2. O "rule of law"
    34.3. A relevância da Convenção Europeia dos Direitos do Homem
35. A força dos tribunais e a *common law*
    35.1. A organização judicial britânica

35.2. A *precedent rule*
35.3. A interligação entre normas costumeiras e normas legais
36. O parlamentarismo de gabinete
    36.1. A Coroa
    36.2. As Câmaras dos Comuns e dos Lordes
    36.3. O Governo
    36.4. O Conselho Privado
    36.5. A responsabilidade política do Governo perante a Câmara dos Comuns
    36.6. O parlamentarismo de gabinete – a proeminência do Primeiro-Ministro

§ 8º O sistema constitucional norte-americano
37. A formação dos Estados Unidos da América
    37.1. Alguns elementos de história
    37.2. Primeiro eram as colónias...
    37.3. Os prenúncios de independência
    37.4. A Revolução Americana de 1776
    37.5. Vicissitudes posteriores nos séculos XIX e XX
38. A rápida formação do ordenamento constitucional
    38.1. A Confederação de 1781
    38.2. A União Federal de 1787
    38.3. O Bill of Rights de 1791
    38.4. Zonas de influência
39. A estabilidade e a elasticidade da Constituição Norte-Americana
    39.1. As poucas emendas constitucionais
    39.2. O procedimento de revisão constitucional
    39.3. A adaptabilidade constitucional a novos tempos
40. O federalismo real e equilibrado
    40.1. A ideia do federalismo
    40.2. A repartição de poderes entre Federação e Estados
    40.3. Os limites constitucionais dos Estados federados
41. A força defensiva dos direitos fundamentais
    41.1. A positivação constitucional limitada de direitos fundamentais
    41.2. O alargamento jurisprudencial a novos direitos fundamentais
42. A fiscalização judicial difusa e concreta da constitucionalidade das leis
    42.1. A precocidade da fiscalização da constitucionalidade
    42.2. A fiscalização judicial e difusa
    42.3. A importância do Supremo Tribunal Federal
43. O presidencialismo perfeito
    43.1. O Presidente da União

43.2. O Congresso bicameral
43.3. Os tribunais
43.4. Os *checks and balances*

§ 9º O sistema constitucional francês
44. A afirmação política da França na Europa Constitucional
    44.1. Elementos de história da França
    44.2. A relevância da Revolução Francesa
    44.3. Zonas de influência
45. Fases e ciclos da História Constitucional Francesa
    45.1. A descoberta dos ciclos
    45.2. Os ciclos constitucionais: válidos no século XIX, mas inoperativos no século XX
46. A turbulência e a sucessão dos diversos textos constitucionais
    46.1. Uma história de rupturas constitucionais
    46.2. A Constituição monárquica de 1791
    46.3. O Acto Constitucional de 1793
    46.4. A Constituição de 1795
    46.5. A Constituição Consular de 1799
    46.6. O Senatus-Consultus de 1802
    46.7. A Constituição imperial de 1804
    46.8. A Carta Constitucional de 1814 e o Acto Adicional de 1815
    46.9. A Carta Constitucional de 1830
    46.10. A Constituição Presidencial de 1848
    46.11. A Constituição Imperial de 1852
    46.12. A Constituição de 1870
    46.13. As Leis Constitucionais de 1875
    46.14. A Lei Constitucional de 1940
    46.15. A Constituição de 1946
    46.16. A Constituição de 1958
47. A actual Constituição de 1958 da V República
    47.1. O contexto de um parlamentarismo instável do II pós-guerra
    47.2. Uma nova Constituição da iniciativa de Charles de Gaulle
48. A deficiente positivação constitucional dos direitos fundamentais
    48.1. A ausência de um catálogo interno de direitos fundamentais
    48.2. A remissão para o preâmbulo da Constituição de 1946
    48.3. A Declaração dos Direitos do Homem e do Cidadão
    48.4. Os princípios fundamentais constantes das leis fundamentais da República
    48.5. Os princípios fundamentais necessários ao nosso tempo
49. O semipresidencialismo "gaullista"
    49.1. O Presidente da República

49.2. A Assembleia Nacional
49.3. O Senado da República
49.4. O Governo
49.5. O Conselho Constitucional e o Conselho de Estado
49.6. A proeminência do Chefe de Estado e a responsabilidade política do Governo
50. A fiscalização para-jurisdicional da constitucionalidade
  50.1. A ausência de uma fiscalização jurisdicional da constitucionalidade
  50.2. O papel do Conselho Constitucional
  50.3. Composição e estatuto
  50.4. Competências de fiscalização obrigatória e preventiva

§ 10º O sistema constitucional soviético

51. A formação revolucionária do sistema constitucional soviético: as doutrinas de Karl Marx e Vladimir Lenine
  51.1. O marxismo como socialismo científico
  51.2. O leninismo como marxismo de Estado
  51.3. Outros contributos
  51.4. Zonas de influência
52. Ascensão e queda do constitucionalismo soviético e os seus principais momentos
  52.1. A revolução bolchevique de 1917 e os seus antecedentes
  52.2. A Declaração de Direitos do Povo Trabalhador e Explorado de 1918
  52.3. A Constituição da Rússia de 1918
  52.4. A Constituição Federal de 1924
  52.5. A Constituição de 1936
  52.6. A Constituição de 1977
  52.7. O fim da União Soviética
53. A concentração de poderes e o sistema de governo convencional
  53.1. A concentração de poderes e a ideologia única
  53.2. A prevalência dos órgãos colegiais
  53.3. A estrutura piramidal do poder público
54. A força do partido ideológico e o monopartidarismo
  54.1. O Partido Comunista da União Soviética
  54.2. O paralelismo entre as estruturas de poder e as estruturas partidárias
55. A funcionalização dos direitos fundamentais e o princípio da legalidade socialista
  55.1. A proeminência dos direitos económicos e sociais
  55.2. A lateralização do papel dos tribunais

§ 11º O sistema constitucional brasileiro
56. A formação do Brasil: elementos do seu percurso político
    56.1. Antes da descoberta portuguesa
    56.2. Pedro Álvares Cabral e o Brasil Português
    56.3. O sistema de administração colonial
    56.4. O Reino do Brasil
    56.5. O "Grito de Ipiranga"
57. A sucessão de textos constitucionais brasileiros
    57.1. A periodificação da História Constitucional Brasileira – critérios e fases
    57.2. A Carta Constitucional de 1824
    57.3. A Constituição Republicana de 1891
    57.4. A Constituição de 1934
    57.5. A Constituição de 1937
    57.6. A Constituição de 1946
    57.7. A Constituição de 1967-69
    57.8. A Constituição de 1988
58. A actual Constituição de 1988
    58.1. A questão das directas
    58.2. A transição constitucional
    58.3. As emendas constitucionais
59. O federalismo fictício
    59.1. Repartição de competências entre os níveis federal e estadual
    59.2. O desequilíbrio entre Estados federados e o predomínio da Federação
60. A diversidade e a extensão dos direitos fundamentais
    60.1. A necessidade da afirmação normativa dos direitos fundamentais
    60.2. A positivação de todas as gerações dos direitos fundamentais
    60.3. A preocupação com a garantia jurisdicional dos direitos fundamentais
61. O presidencialismo imperfeito
    61.1. O Presidente da República, o Governo e o poder executivo
    61.2. O Congresso e o poder legislativo
    61.3. Os tribunais e o poder judiciário
    61.4. O presidencialismo imperfeito

§ 12º Os sistemas constitucionais da África Lusófona
62. As ligações histórico-culturais dos Estados Africanos de Língua Portuguesa com Portugal
    62.1. Os descobrimentos portugueses dos séculos XV e XVI na África e na Ásia
    62.2. Algumas vicissitudes político-territoriais

62.3. As independências na década de setenta
62.4. A primeira fase de inspiração no modelo de matriz soviética
62.5. A queda do bloco comunista e as diversas transições constitucionais
62.6. A segunda fase do constitucionalismo democrático
62.7. Características comuns do constitucionalismo africano lusófono
63. A Constituição são-tomense de 1990
    63.1. Os projectos de Constituição
    63.2. A aprovação por referendo popular
    63.3. O semi-presidencialismo indefinido
    63.4. A fiscalização política da constitucionalidade
    63.5. A revisão constitucional bloqueada e consumada
64. A Constituição moçambicana de 1990
    64.1. A aprovação da Constituição
    64.2. A 1ª revisão constitucional e o Acordo Geral de Paz de 4 de Outubro de 1992
    64.3. A equilibrada positivação de direitos fundamentais
    64.4. O sistema de governo presidencializante
    64.5. O sistema de ficalização da constitucionalidade de influência francesa
65. A Lei Constitucional angolana de 1992
    65.1. A negociação do Acordo de Bicesse e a Lei Constitucional provisória
    65.2. As eleições gerais de 1992 e a promessa da Constituição
    65.3. A guerra civil de novo
    65.4. O fim da guerra civil e o compromisso constitucional de 2002
    65.5. Um sistema de governo presidencializante
    65.6. Um sistema de fiscalização da constitucionalidade inacabado
66. A Constituição cabo-verdiana de 1992
    66.1. A formação da Constituição e o seu amadurecimento pelas revisões constitucionais
    66.2. O incremento de direitos fundamentais de participação política
    66.3. A parlamentarização progressiva do sistema de governo
    66.4. A intensificação da fiscalização jurisdicional da constitucionalidade
67. A Constituição guineense de 1993
    67.1. As turbulências constitucionais
    67.2. Uma revisão constitucional frustrada
    67.3. Um sistema de governo presidencializante
    67.4. A deficiente implantação do poder judicial
68. A Constituição timorense de 2002
    68.1. A luta pela independência política

68.2. O sistema político
68.3. O sistema social
68.4. O sistema económico
69. Características do constitucionalismo africano lusófono
    69.1. A ligação a Portugal – normativa e doutrinária
    69.2. A tendência para a presidencialização do sistema de governo
    69.3. A colectivização da terra em economia de mercado
    69.4. A dificuldade na afirmação da fiscalização jurisdicional da constitucionalidade

§ 13º Outros sistemas constitucionais

70. O sistema constitucional suíço
    70.1. Os textos constitucionais suíços e as suas revisões
    70.2. O actual texto constitucional suíço
    70.3. O federalismo localista
    70.4. O sistema de governo directorial
    70.5. A democracia directa e referendária
    70.6. A iniciativa legislativa popular
71. O sistema constitucional italiano
    71.1. As duas Constituições italianas de 1848 e de 1947
    71.2. A actual Constituição Italiana e a sua aprovação
    71.3. O parlamentarismo corrigido
    71.4. O regionalismo político-legislativo total
    71.5. A dignidade humana nos direitos fundamentais
72. O sistema constitucional alemão
    72.1. Os textos constitucionais de 1871, de Weimar e de 1949
    72.2. A actual Lei Fundamental de Bona
    72.3. O relevo dos direitos fundamentais
    72.4. O sistema federal
    72.5. O parlamentarismo racionalizado
    72.6. A importância da fiscalização da constitucionalidade
73. O sistema constitucional espanhol
    73.1. A sucessão dos textos constitucionais
    73.2. A actual Constituição Espanhola de 1978
    73.3. A monarquia constitucional
    73.4. O regionalismo político-legislativo
    73.5. O parlamentarismo racionalizado
    73.6. A fiscalização da constitucionalidade

Capítulo IV – Evolução do Direito Constitucional Português

§ 14º Aspectos de ordem geral

74. A periodificação da evolução do Direito Constitucional Português
   74.1. As várias periodificações possíveis
   74.2. O constitucionalismo monárquico-liberal
   74.3. O constitucionalismo republicano-liberal
   74.4. O constitucionalismo autoritário-corporativo
   74.5. O constitucionalismo democrático-social
75. Factores jurídicos e factores políticos
   75.1. Factores jurídicos: os diversos textos constitucionais e as respectivas revisões e reformas
   75.2. Factores políticos: as concepções ideológicas subjacentes e a prática política dos sistemas
76. Grandes tendências na História do Constitucionalismo Português
   76.1. A diversa longevidade dos textos constitucionais
   76.2. A natureza formal-legal dos textos constitucionais
   76.3. A estabilidade dos conteúdos constitucionais
   76.4. A razoável adequação à realidade constitucional
   76.5. Outros aspectos

§ 15º Fases da evolução histórica

77. A Constituição de 1822
   77.1. A Revolução Liberal de 1820
   77.2. As Bases Constitucionais de 1821
   77.3. A aprovação da Constituição de 1822
   77.4. As duas vigências da Constituição de 1822: de 1822 a 1823 e de 1836 a 1838
   77.5. A união real com o Brasil
   77.6. Os direitos fundamentais de defesa e a humanização do Direito e Processo Penais
   77.7. A monarquia constitucional-presidencial
   77.8. O monismo parlamentar democrático
78. A Carta Constitucional de 1826
   78.1. A pacificação entre liberais e legitimistas
   78.2. A outorga da Carta Constitucional de 1826
   78.3. As três vigências de 1826-1828, 1834-1836 e 1842-1910
   78.4. Os vários actos adicionais
   78.5. O sistema semiparlamentar e o poder moderador
   78.6. A desvalorização dos direitos fundamentais
   78.7. A reafirmação do princípio aristocrático
   78.8. A prática parlamentar: fases

79. A Constituição de 1838
    79.1. A Revolução Setembrista de 1836
    79.2. A Constituição de 1838 e a sua efémera vigência
    79.3. A revalorização dos direitos fundamentais
    79.4. A revitalização do princípio monárquico e a forma pactuada da Constituição
    79.5. O compromisso parlamentar entre aristocracia e democracia
80. A Constituição de 1911
    80.1. A Revolução Republicana de 5 de Outubro de 1910
    80.2. O programa republicano
    80.3. A aprovação da Constituição de 1911
    80.4. As diversas revisões constitucionais
    80.5. O interregno de Sidónio Pais
    80.6. A prática republicana
    80.7. O regime republicano e laico
    80.8. A novidade de alguns direitos fundamentais
    80.9. O parlamentarismo de assembleia
    80.10. A fiscalização judicial da constitucionalidade
81. A Constituição de 1933
    81.1. A Revolução do Estado Novo
    81.2. Da ditadura militar à elaboração da Constituição de 1933
    81.3. A aprovação da Constituição de 1933 e o plebiscito fraudulento
    81.4. As revisões constitucionais
    81.5. A nominalização dos direitos fundamentais
    81.6. O antiparlamentarismo e o sistema de chanceler de concentração de poderes
    81.7. O antipartidarismo e a prática do partido único
    81.8. O corporativismo estadual e a economia dirigida
    81.9. O problema ultramarino e as relações com as colónias

§ 16º O actual sistema constitucional
82. A Revolução de 25 de Abril de 1974
    82.1. O sentido da Revolução de Abril
    82.2. As causas próximas: as questões salariais e de carreira dos militares intermédios
    82.3. As causas remotas: o apodrecimento do regime e a questão ultramarina
    82.4. Do golpe de Estado à revolução política e social
    82.5. O programa do Movimento das Forças Armadas
83. Os momentos relevantes na afirmação da III República
    83.1. De 25 de Abril a 28 de Setembro de 1974
    83.2. De 28 de Setembro de 1974 a 11 de Março de 1975

83.3. De 11 de Março de 1975 a 25 de Novembro de 1975
83.4. De 25 de Novembro de 1975 a 25 de Abril de 1976
83.5. A legislação constitucional provisória
84. A Constituição de 2 de Abril de 1976 e os pactos MFA-Partidos
   84.1. A Assembleia Constituinte
   84.2. O 1º Pacto MFA-Partidos
   84.3. O 2º Pacto MFA-Partidos
   84.4. O processo constituinte e as suas vicissitudes
85. As cinco revisões constitucionais
   85.1. A revisão constitucional de 1982 e a questão da extinção do poder revolucionário
      85.1.1. A extinção do Conselho da Revolução
      85.1.2. A criação do Tribunal Constitucional
      85.1.3. A introdução do referendo local
      85.1.4. O fim do regime constitucional transitório
   85.2. A 2ª revisão constitucional de 1989 e a abertura do sistema constitucional à economia social de mercado
      85.2.1. O fim da irreversibilidade das nacionalizações
      85.2.2. A adopção do referendo político e legislativo
      85.2.3. Outros aspectos
   85.3. A 3ª revisão constitucional de 1992 e o aprofundamento da integração europeia depois de Maastricht
      85.3.1. A caminho da união política e monetária de Maastricht
      85.3.2. Portugal e a moeda única
      85.3.3. A cidadania europeia
   85.4. A 4ª revisão constitucional de 1997 e o aperfeiçoamento do sistema constitucional
      85.4.1. O fim da questão constitucional
      85.4.2. O reforço de alguns direitos fundamentais
      85.4.3. A generalização do voto dos emigrantes
      85.4.4. A intensificação das competências legislativas parlamentares
      85.4.5. O aprofundamento da autonomia regional
      85.4.6. A extinção dos tribunais militares
   85.5. A 5ª revisão constitucional de 2001 e a vinculação ao Tribunal Penal Internacional
      85.5.1. A formalização do Português como língua oficial de Portugal
      85.5.2. A admissibilidade do Tribunal Penal Internacional
      85.5.3. A instauração de uma comunidade lusófona alargada
      85.5.4. O sindicalismo policial enfraquecido
   85.6. A próxima revisão constitucional

85.6.1. Questões procedimentais
85.6.2. Questões substanciais
85.6.3. A necessidade de uma urgente revisão constitucional
86. As principais características da Constituição de 1976
    86.1. A hiper-rigidez constitucional
    86.2. A escassez das normas constitucionais extravagantes
    86.3. Os muitos compromissos constitucionais
    86.4. Os paradoxos e as contradições do sistema constitucional
87. Um sistema constitucional de matriz portuguesa?
    87.1. Os ingredientes de um sistema constitucional com identidade própria
    87.2. Identidades formais e identidades substanciais
    87.3. Um constitucionalismo de matriz portuguesa em termos limitados

PARTE II – A PARTE GERAL DO DIREITO CONSTITUCIONAL

Capítulo V – As fontes do Direito Constitucional

§ 17º A Constituição como fonte intencional e privilegiada do Direito Constitucional

88. A lei em geral como fonte normativa intencional
    88.1. O conceito de lei como fonte do Direito
    88.2. As diversas acepções de lei
    88.3. A lei em sentido formal e material
89. A Constituição como uma lei singular
    89.1. Uma lei suprema do Direito Positivo
    89.2. Uma lei nuclear do Direito Positivo
90. Diversas acepções de Constituição
    90.1. A polissemia do termo Constituição
    90.2. A Constituição institucional
    90.3. A Constituição material
    90.4. A Constituição formal
    90.5. A Constituição documental
    90.6. Relações de coincidência
    90.7. Relações de indiferença
    90.8. Relações de conflito
91. Algumas classificações de Constituição
    91.1. As diversas classificações de Constituição: materiais e formais
    91.2. As Constituições liberais e sociais

91.3. As Constituições estatutárias e programáticas
91.4. As Constituições flexíveis, rígidas e hiper-rígidas
91.5. As Constituições simples e complexas
91.6. As Constituições democráticas, autoritárias e socialistas
91.7. As Constituições normativas, nominais e semânticas
92. A Constituição como lei suprema positiva
　92.1. A supremacia hierárquica
　92.2. O princípio da constitucionalidade
　92.3. Os desvalores dos actos jurídico-públicos inconstitucionais
93. A Constituição como núcleo do ordenamento jurídico
　93.1. As matérias constitucionais e as matérias não constitucionais
　93.2. Critérios de definição: poucas certezas e muitas dúvidas
94. A Constituição como código constitucional: as leis constitucionais extravagantes
　94.1. O conceito de código constitucional
　94.2. A importância da codificação constitucional
　94.3. A existência de normas formalmente constitucionais extravagantes
　94.4. Esquemas possíveis de pertença formal à Constituição

§ 18º Outras fontes de Direito Constitucional
95. A relevância do costume constitucional
　95.1. A decrescente importância do costume como fonte normativa: a certeza que a sociedade de informação requer
　95.2. As diversas concepções filosóficas sobre a relevância do costume constitucional
　95.3. Os problemas específicos da relevância do costume constitucional em relação ao sistema político
　95.4. Classificação dos sistemas constitucionais por relação com o costume: sistemas essencialmente consuetudinários, sistemas semi-consuetudinários e sistemas subsidiariamente consuetudinários
　95.5. A plena relevância dos costumes constitucionais: *secundum legem, praeter legem* e *contra-legem*
96. A importância da jurisprudência
　96.1. A jurisprudência na realização do Direito
　96.2. O peculiar relevo da jurisprudência na aplicação do Direito Constitucional
　96.3. A rejeição da jurisprudência como fonte geral de Direito Constitucional
　96.4. As decisões do Tribunal Constitucional de índole criativa
97. O lugar da doutrina constitucional

97.1. A progressiva despiciência da doutrina como fonte de Direito
97.2. A maior dificuldade da afirmação doutrinária por via do carácter pluralista do Direito Constitucional
97.3. A rejeição da doutrina como fonte de Direito Constitucional
98. Outros aspectos
    98.1. As praxes constitucionais
    98.2. As convenções constitucionais

Capítulo VI – A dinâmica do Direito Constitucional

§ 19º O poder constituinte

99. Poder constituinte e nascimento da Constituição
    99.1. O poder de auto-organização do Estado
    99.2. A titularidade do poder constituinte
    99.3. Manifestações originárias e supervenientes do poder constituinte
100. As características do poder constituinte
    100.1. As concepções absolutistas do poder constituinte: independência, absolutidade e permanência
    100.2. Um poder constituinte democrático
    100.3. Um poder constituinte limitado
    100.4. Um poder constituinte cultural
101. Poder constituinte material e formal
    101.1. O poder constituinte material: a afirmação de um novo projecto de Direito
    101.2. O poder constituinte formal: a redacção de uma Constituição
102. Manifestações típicas do poder constituinte
    102.1. A criação do Estado e da sua Constituição
    102.2. A revolução constitucional
    102.3. A transição constitucional
103. O procedimento constituinte e os respectivos actos
    103.1. A procedimentalização do poder constituinte
    103.2. Os actos constituintes unilaterais singulares
    103.3. Os actos constituintes unilaterais plurais
    103.4. Os actos constituintes bilaterais

§ 20º As vicissitudes constitucionais

104. As vicissitudes constitucionais como factos normativos supervenientes
    104.1. A permanência da Constituição
    104.2. A modificação da Constituição
    104.3. A cessação da Constituição
    104.4. Outros possíveis efeitos

105. Critérios de organização das vicissitudes constitucionais
    105.1. Critério da intencionalidade ou espontaneidade dos efeitos
    105.2. Critério da duração permanente ou temporária dos efeitos
    105.3. Critério do alcance normativo ou concreto dos efeitos
    105.4. Critério da afectação ou não da identidade constitucional
    105.5. Critério da conformidade ou desconformidade relativamente à constitucionalidade formal
106. Tipos de vicissitudes constitucionais
    106.1. Conceito e figuras afins
    106.2. A revolução constitucional
    106.3. A transição constitucional
    106.4. A ruptura não revolucionária
    106.5. A excepção constitucional
    106.6. A derrogação constitucional
    106.7. O costume constitucional
    106.8. A caducidade constitucional

§ 21º A revisão constitucional

107. Conceito de revisão constitucional
    107.1. Alcance revogatório
    107.2. Alcance modificatório
    107.3. Outros efeitos possíveis (suspensivos e repristinatórios)
108. O poder de revisão constitucional e o poder constituinte
    108.1. As diversas concepções
    108.2. Posição adoptada
109. Os limites da revisão constitucional
    109.1. Os limites orgânicos
    109.2. Os limites procedimentais
    109.3. Os limites temporais
    109.4. Os limites circunstanciais
110. Os limites materiais à revisão constitucional
    110.1. Sentido e alcance dos limites materiais
    110.2. Manutenção ou descaracterização da ordem constitucional vigente
    110.3. A força jurídica da cláusula de limites materiais à revisão constitucional

Capítulo VII – A interpretação e a integração do Direito Constitucional

§ 22º A interpretação das fontes constitucionais

111. O problema da interpretação jurídica em geral

111.1. A interpretação como tarefa necessária
111.2. O objecto da interpretação
111.3. O fim da interpretação
111.4. Os elementos da interpretação
111.5. Os resultados da interpretação
112. A peculiar complexidade da hermenêutica constitucional
    112.1. A proximidade da actividade política e a definição de espaços de discricionariedade política
    112.2. O carácter fragmentário do Direito Constitucional
113. Interpretação constitucional e interpretação conforme à Constituição
    113.1. A interpretação constitucional como tarefa hermenêutica do texto constitucional
    113.2. A interpretação conforme à Constituição como tarefa interpretativa de fontes infraconstitucionais
    113.3. Os pressupostos necessários: a escolha, de entre várias soluções possíveis por outros elementos, da que for mais conforme à Constituição
    113.4. Os resultados indesejáveis: a criação de uma situação de inconstitucionalidade
114. Orientações específicas da interpretação constitucional
    114.1. A possibilidade da afirmação de regras hermenêuticas específicas
    114.2. A regra do *in dubio pro libertate*
    114.3. O carácter compromissório do texto constitucional

§ 23º A integração das lacunas constitucionais

115. O problema da integração de lacunas em geral
    115.1. A incompleição da ordem jurídica
    115.2. O carácter indesejável dessa incompleição
    115.3. Lacuna de Direito e situação extra-jurídica
    115.4. As diversas espécies de lacunas de Direito
    115.5. A necessidade do preenchimento das lacunas jurídicas
    115.6. Os diversos critérios da *analogia legis* e da *analogia iuris*
116. A especial dificuldade da integração das lacunas constitucionais
    116.1. A proximidade da actividade política pura e a necessidade de espaços de liberdade decisória
    116.2. O carácter fragmentário do Direito Constitucional
117. Lacuna constitucional e omissão legislativa
    117.1. A lacuna constitucional como a incompleição não querida do Direito Constitucional
    117.2. A omissão legislação como a ausência, total ou parcial, formal ou substancial, de fontes infra-constitucionais

118. Orientações específicas da integração das lacunas constitucionais
   118.1. A necessidade de orientações particulares na integração das lacunas constitucionais
   118.2. Casos de proibição de integração de lacunas constitucionais

Capítulo VIII – A aplicação no tempo e no espaço do Direito Constitucional

§ 24º A aplicação no tempo das fontes constitucionais
119. O problema da aplicação das fontes normativas no tempo
   119.1. A dimensão temporal
   119.2. O início da vigência
   119.3. O termo da vigência
   119.4. A sucessão de fontes
120. O princípio da aplicação livre das fontes constitucionais
   120.1. A livre determinação da aplicação das normas constitucionais: eficácia prospectiva e retroactiva
   120.2. Casos de retroactividade proibida
121. Constituição nova e Constituição anterior
   121.1. Revogação sistemática
   121.2. Revogação pontual
   121.3. Caducidade
   121.4. Desconstitucionalização temporária
   121.5. Recepção material
122. Constituição nova e Direito Infraconstitucional anterior
   122.1. Novação
   122.2. Constitucionalização
   122.3. Caducidade
   122.4. Outros aspectos

§ 25º A aplicação no espaço das fontes constitucionais
123. O problema da aplicação das fontes normativas no espaço
   123.1. A dimensão espacial
   123.2. A eficácia territorial
124. O princípio da territorialidade
   124.1. A limitação ao território estadual
   124.2. Aplicações territoriais fortes e fracas
125. Aplicação externa de fontes constitucionais
   125.1. A aplicação externa de fontes constitucionais
   125.2. Os direitos atribuídos aos cidadãos portugueses
   125.3. O estatuto dos funcionários portugueses
   125.4. Outros aspectos

126. Aplicação interna de fontes constitucionais estrangeiras
　　126.1. A aceitação interna de fontes constitucionais estrangeiras, ao nível constitucional e ao nível infraconstitucional
　　126.2. O Direito Canónico em matéria familiar e educacional
　　126.3. O Direito da União Europeia
　　126.4. O Direito Internacional Público

Capítulo IX – A sistematicidade do Direito Constitucional

§ 26º Os princípios constitucionais
127. Os princípios constitucionais
　　127.1. A singularidade dogmática dos princípios jurídicos
　　127.2. A aplicação optimizada dos princípios
　　127.3. Outros aspectos
128. Modalidades de princípios constitucionais
　　128.1. A diversidade de princípios constitucionais
　　128.2. Quanto à matéria: princípios materiais, organizatórios, procedimentais e processuais
　　128.3. Quanto à posição hierárquica: princípios transcendentes, imanentes e heterónomos
129. Os princípios constitucionais e o preâmbulo constitucional
　　129.1. A força jurídica dos preâmbulos constitucionais
　　129.2. O valor auxiliar do preâmbulo português
　　129.3. Os princípios constitucionais em geral
130. Funções dos princípios constitucionais
　　130.1. A diversidade funcional dos princípios constitucionais
　　130.2. A função legitimadora
　　130.3. A função correctiva
　　130.4. A função interpretativa
　　130.5. A função integradora

§ 27º As normas constitucionais
131. As normas constitucionais
　　131.1. A dualidade estrutural das normas jurídicas
　　131.2. A previsão normativa
　　131.3. A estatuição normativa
132. Modalidades de normas constitucionais
　　132.1. A variedade das classificações de normas constitucionais: gerais e específicas
　　132.2. Normas primárias e normas secundárias e sancionatórias
　　132.3. Normas impositivas e normas permissivas

132.4. Normas gerais, especiais e excepcionais
132.5. Normas materiais e normas remissivas
132.6. Normas substantivas e normas adjectivas
132.7. Normas materiais, orgânicas, formais e procedimentais
132.8. Outras modalidades
133. Normas preceptivas e normas programáticas
    133.1. Os diversos critérios propostos
    133.2. O critério da eficácia imediata ou mediata
134. Normas autoexequíveis e normas heteroexequíveis
    134.1. Os diversos critérios propostos
    134.2. O critério da eficácia directa ou indirecta

§ 28º Direito Constitucional e Direito Infraconstitucional
135. Os conceitos constitucionais autónomos e não autónomos
136. A liberdade de conformação normativa infraconstitucional
    136.1. Pressupostos
    136.2. Limites

Capítulo X – O fundamento do Direito Constitucional

§ 29º A relevância suprapositiva do Direito Constitucional
137. Direito Constitucional e Direito Suprapositivo
    137.1. O dualismo Direito Positivo e Direito Suprapositivo
    137.2. A positividade do Direito
    137.3. A relevância jurídico-positiva do Direito Suprapositivo
138. As concepções pré-constitucionais
    138.1. As concepções cosmológicas
    138.2. As concepções teológicas
    138.3. As concepções racionalistas
139. As concepções imanentistas liberais
    139.1. As concepções historicistas
    139.2. As concepções legalistas
    139.3. As concepções sociológicas
    139.4. As concepções normativistas
140. A renovada fundamentação jusnaturalista do Direito Constitucional no Século XX
    140.1. O holocausto e o renascer do Direito Natural
    140.2. A dignidade da pessoa humana
    140.3. A insuficiência das concepções processualistas e formalistas
    140.4. A necessidade de uma resposta substancialista

§ 30º Os limites suprapositivos do Direito Constitucional
141. Os limites ao poder constitucional
   141.1. O poder constitucional como poder limitado
   141.2. As diversas concepções
142. As técnicas da imposição de limites
   142.1. A rigidez constitucional
   142.2. A separação de poderes
   142.3. As declarações de direitos
   142.4. A fiscalização da constitucionalidade
143. Modalidades de limites ao poder constitucional
   143.1. Os limites de carácter material
   143.2. Os limites de carácter formal

§ 31º As normas constitucionais inconstitucionais
144. A descoberta de OTTO BACHOF
   144.1. O livro *Normas constitucionais inconstitucionais*?
   144.2. Evolução da controvérsia
   144.3. A gradual rejeição das normas constitucionais inconstitucionais
   144.4. Os argumentos da natureza substantiva
   144.5. Os argumentos de natureza processual
145. Os dados objectivamente relevantes
   145.1. A não infalibilidade do legislador constitucional
   145.2. As contradições lógicas e valorativas do texto constitucional
146. A pertinência das normas constitucionais inconstitucionais
   146.1. A diferente relevância suprapositiva das normas constitucionais positivas
   146.2. Casos de normas constitucionais inconstitucionais

§ 18º Os conteúdos do Direito Constitucional II

Tal como fizemos para Direito Constitucional I, cumpre também, em relação ao **Direito Constitucional II**, avançar com a indicação das opções de conteúdo que possam melhor substanciar o programa oportunamente apresentado:

PARTE III – A PARTE ESPECIAL DO DIREITO CONSTITUCIONAL

Capítulo XI – Os princípios fundamentais

§ 32º **A caracterização do Estado**
147. Os elementos do Estado
    147.1. O povo
    147.2. O poder
    147.3. O território
148. Os cidadãos portugueses como comunidade política
    148.1. A escassez das orientações constitucionais
    148.2. As normas internacionais aplicáveis
    148.3. A Lei da Nacionalidade
    148.4. Os critérios do *ius sanguinis* e do *ius soli* na atribuição da nacionalidade
    148.5. Aquisição superveniente da nacionalidade
    148.6. Perda da nacionalidade
    148.7. Aspectos processuais
149. O poder político português como independente e soberano
    149.1. As relações externas de Portugal e as respectivas limitações
    149.2. A distribuição interna do poder legislativo e administrativo
150. As diversas parcelas do território português
    150.1. A relevância do território
    150.2. O território terrestre
    150.3. O território aéreo
    150.4. O território marítimo
    150.5. Espaços de aplicação enfraquecida do Direito Português

§ 33º O princípio do Estado de Direito e a limitação substancial do poder público

151. A contenção do poder público
    151.1. O poder público e os seus limites
    151.2. Os limites formais e os limites materiais
    151.3. A arbitrariedade e a regulação do poder público
152. A dignidade da pessoa humana
    152.1. Os limites substanciais ao poder público
    152.2. A natureza suprapositiva da dignidade da pessoa humana
    152.3. Os direitos fundamentais como normas de competência negativa
    152.4. As diversas concepções da dignidade da pessoa humana
153. O princípio da juridicidade
    153.1. A limitação formal do poder público
    153.2. O respeito pela hierarquia das normas e dos actos do poder público
    153.3. A unidade formal do ordenamento jurídico
    153.4. O princípio da constitucionalidade em especial
154. O princípio da separação de poderes
    154.1. A formulação clássica de Locke e Montesquieu
    154.2. A visão liberal mecanicista da separação de poderes
    154.3. A visão moderna da interdependência de poderes
    154.4. A separação horizontal de poderes na dicotomia *gobernaculum-iurisdictio*
    154.5. Outras separações de poderes: verticais e sectoriais
155. Os princípios da protecção da confiança e da prospectividade dos actos do poder público
    155.1. A protecção da confiança e as normas retroactivas
    155.2. A prospectividade das normas e a entrada em vigor e a respectiva publicidade
156. Outros subprincípios fundamentais
    156.1. O princípio da igualdade
    156.2. O princípio da proporcionalidade
    156.3. O princípio da tutela judicial efectiva
    156.4. O princípio da responsabilidade

§ 34º O princípio republicano e a forma institucional de governo

157. A forma institucional de governo
    157.1. O carácter simbólico e funcional do Chefe de Estado
    157.2. A questão das relações entre o poder público e o fenómeno religioso

158. A monarquia e a república
    158.1. Critérios de distinção
    158.2. Quanto à duração do cargo
    158.3. Quanto ao modo de designação
    158.4. Outros aspectos
159. A legitimidade republicana do Chefe de Estado
    159.1. A legitimidade democrática directa
    159.2. A legitimidade democrática indirecta
160. O princípio da temporariedade dos cargos públicos
    160.1. O exercício temporário das funções públicas
    160.2. A duração pré-determinada dos cargos públicos
    160.3. A limitação temporal dos cargos públicos
    160.4. A limitação sucessiva dos cargos públicos
161. A separação entre o poder e as confissões religiosas
    161.1. O poder religioso e o poder público
    161.2. A fusão entre o poder religioso e o poder público
    161.3. A separação entre o poder religioso e o poder público
    161.4. A oposição entre o poder religioso e o poder público

§ 35º O princípio democrático e o regime político
162. O regime político
    162.1. Diversidade de critérios
    162.2. Elementos jurídicos
    162.3. Elementos políticos
163. Regime democráticos e regimes ditatoriais
    163.1. Formas ditatoriais
    163.2. Formas democráticas
164. A democracia representativa e as eleições
    164.1. Representação política e direito de sufrágio
    164.2. Conceito e modalidades de sufrágio
    164.3. Os sistemas eleitorais: proporcionais, maioritários e de minorias
    164.4. O procedimento eleitoral: fases
165. A democracia referendária e o referendo nacional
    165.1. Democracia semi-directa e referendo jurídico-público
    165.2. Conceito e modalidades de referendo
    165.3. O procedimento referendário
166. A democracia participativa e os partidos políticos
    166.1. Democracia participativa e opinião pública
    166.2. Os direitos fundamentais de participação política
    166.3. Conceito e modalidades de partidos políticos
    166.4. Evolução histórica dos partidos políticos

166.5. Funções dos partidos políticos
166.6. Sistemas partidários: várias classificações

§ 36º O princípio do Estado unitário e descentralizado e a forma de Estado
167. Formas de organização estadual
    167.1. As diversas combinações na organização do poder estadual
    167.2. Os Estados unitários
        167.2.1. Os Estados unitários centralizados
        167.2.2. Os Estados unitários administrativamente descentralizados
        167.2.3. Os Estados unitários legislativamente regionalizados
    167.3. Os Estados compostos
        167.3.1. As uniões reais
        167.3.2. As federações
        167.3.3. Outras figuras
168. Portugal como Estado unitário, parcialmente regionalizado
    168.1. A unidade essencial da República
    168.2. A regionalização político-administrativa insular
    168.3. A descentralização administrativa autárquica
    168.4. Outras modalidades de descentralização administrativa

§ 37º O princípio social e os fins do Estado
169. A problemática dos fins do Estado
    169.1. O sentido da existência do Estado
    169.2. A pluralidade de pontos de vista
170. Os fins do Estado Liberal
    170.1. A segurança interna e externa
    170.2. A justiça comutativa
171. Os fins do Estado Social
    171.1. Manutenção dos fins do Estado Liberal
    171.2. A justiça distributiva
    171.3. O bem-estar material e espiritual
172. A discussão dos fins do Estado no século XXI
    172.1. Concepção individualistas
    172.2. Concepções comunitaristas
    172.3. Situação actual na redução do Estado Social

Capítulo XII – Os direitos fundamentais

§ 38º A importância dos direitos fundamentais
173. Conceito e elementos dos direitos fundamentais
    173.1. Conceito
    173.2. Elemento subjectivo – a titularidade no Estado-comunidade
    173.3. Elemento formal – positivação jusconstitucional
    173.4. Elemento material – posição activa
    173.5. Terminologia
174. A protecção da pessoa noutros ramos jurídicos
    174.1. O Direito Civil e os direitos da personalidade
    174.2. O Direito Administrativo e os direitos subjectivos públicos e as garantias dos administrados
    174.3. O Direito Fiscal e as garantias dos contribuintes
    174.4. O Direito Internacional Público e os direitos do homem
175. Modalidades de direitos fundamentais
    175.1. Classificações possíveis
    175.2. Critério do sujeito
    175.3. Critério do conteúdo
    175.4. Critério da eficácia
176. Realidade afins dos direitos fundamentais
    176.1. Garantias institucionais
    176.2. Interesses difusos
    176.3. Situações funcionais
    176.4. Direitos dos povos
    176.5. Garantias instrumentais
    176.6. Deveres fundamentais
177. Os deveres fundamentais em especial
    177.1. Função subjectiva
    177.2. Função objectiva
178. Concepções teórico-filosóficas
    178.1. Diversidade de propostas
    178.2. Teoria liberal
    178.3. Teoria democrática
    178.4. Teoria social
    178.5. Teoria marxista
    178.6. Teoria dos valores

§ 39º Evolução histórica
179. O itinerário da juridificação dos direitos fundamentais: fases possíveis e gerações sucessivas
    179.1. Os prenúncios pré-constitucionais

179.2. As Declarações de Direitos do Liberalismo
179.3. A Questão Social e os trabalhadores
179.4. Os direitos sociais e o Estado Social de Direito
179.5. Os direitos do Estado Pós-Social
180. Os tempos pré-constitucionais
    180.1. O papel da Grécia Antiga
    180.2. O impulso fundador do Cristianismo na construção da pessoa
    180.3. O contributo de Roma
    180.4. Os textos ingleses
    180.5. Outros contributos
181. A constitucionalização dos direitos fundamentais de 1ª geração no século XIX
    181.1. A matriz do liberalismo individualista
    181.2. O homem e o cidadão
    181.3. A positivação constitucional, tipológica e aberta
    181.4. As grandes liberdades públicas
    181.5. A humanização do Direito Penal e do Direito Processual Penal
182. A constitucionalização dos direitos fundamentais de 2ª geração do século XX
    182.1. A Questão Social e o Século XX
    182.2. O personalismo
    182.3. O cidadão e o trabalhador
    182.4. Os direitos dos trabalhadores
    182.5. Os direitos económicos e sociais
183. Aspectos recentes nos novos direitos fundamentais
    183.1. A internacionalização dos direitos do homem
    183.2. Os novos direitos fundamentais para o século XXI
    183.3. Os direitos de 3ª e 4ª geração
184. Os direitos fundamentais na História do Direito Constitucional Português
    184.1. Tendências constantes
    184.2. Aspectos específicos de cada período

§ 40º Relance comparatístico
185. Os principais sistemas constitucionais de direitos fundamentais
    185.1. Traços comuns
    185.2. Particularidades mais significativas
186. Alguns sistemas estrangeiros de direitos fundamentais
    186.1. O sistema britânico
    186.2. O sistema norte-americano
    186.3. O sistema italiano

186.4. O sistema alemão
186.5. O sistema francês
186.6. O sistema espanhol

§ 41º O sistema constitucional de direitos fundamentais
187. A concepção pluralista dos direitos fundamentais
    187.1. Do monismo liberal ao pluralismo actual
    187.2. As diversas teorias sobre os direitos fundamentais
    187.3. A teoria liberal
    187.4. A teoria social
    187.5. A teoria democrática
    187.6. A teoria marxista
188. A positivação dos direitos fundamentais
    188.1. A positivação constitucional-formal
    188.2. A descrição tipológica
    188.3. O carácter exemplificativo
189. A interpretação e a integração de lacunas
    189.1. O papel da Declaração Universal dos Direitos do Homem
    189.2. O princípio *in dubio pro libertate*
    189.3. Outros aspectos
190. A destrinça entre direitos, liberdades e garantias e direitos económicos, sociais e culturais
    190.1. A localização sistemática dos direitos
    190.2. Critérios propostos
    190.3. O critério adoptado
    190.4. As consequências quanto aos regimes aplicáveis

§ 42º O regime geral dos direitos fundamentais
191. O regime geral
    191.1. A indefinição dos conteúdos
    191.2. As principais vicissitudes
192. Atribuição dos direitos fundamentais
    192.1. O princípio da universalidade
    192.2. O princípio da igualdade
193. Exercício dos direitos fundamentais
    193.1. Concorrência
    193.2. Colisão
    193.3. Os limites do art. 29º, nº 2, da Declaração Universal dos Direitos do Homem
194. Tutela dos direitos fundamentais
    194.1. A tutela jurisdicional

194.2. A tutela não jurisdicional
194.3. A responsabilidade civil

§ 43° O regime dos direitos, liberdades e garantias em especial
195. Conceito de regime específico dos direitos, liberdades e garantias
    195.1. Acepções amplas
    195.2. Acepções restritas
    195.3. Posição adoptada
196. A eficácia imediata e directa dos direitos, liberdades e garantias
    196.1. A aplicação imediata e as normas preceptivas
    196.2. A aplicação directa e as normas autoexequíveis
197. Vinculação das entidades públicas e privadas aos direitos, liberdades e garantias
    197.1. A vinculação dos poderes públicos: poder constitucional, poder legislativo, poder governativo, poder administrativo e poder jurisdicional
    197.2. A vinculação das entidades privadas: vinculação directa e indirecta
198. Regulação dos direitos, liberdades e garantias
    198.1. Conceito e figuras afins
    198.2. Modalidades: regulamentação e concretização
    198.3. Fontes: pelo poder constitucional e pelo poder legislativo
199. Limites dos direitos, liberdades e garantias
    199.1. Os limites constitucionais explícitos
    199.2. Os limites constitucionais implícitos
    199.3. Os limites relativos a pessoas com estatutos especiais: militares e reclusos, estrangeiros e apátridas
200. A restrição em especial
    200.1. Conceito e realidades afins
    200.2. Condições formais
    200.3. Condições materiais
        200.3.1. Princípio da proporcionalidade
        200.3.2. Princípio da generalidade
        200.3.3. Princípio da abstracção
        200.3.4. Princípio da prospectividade
    200.4. Finalidades a prosseguir
        200.4.1. Segurança do Estado e segurança pública
        200.4.2. Protecção do ambiente e defesa do ordenamento do território
        200.4.3. A dignidade da pessoa humana
        200.4.4. Outros motivos do bem comum

201. Defesa dos direitos, liberdades e garantias
    201.1. O direito de resistência
    201.2. A legítima defesa
    201.3. A responsabilidade civil e criminal
202. Suspensão dos direitos, liberdades e garantias
    202.1. Modalidades de suspensão
    202.2. Direitos fundamentais abrangidos
    202.3. Suspensão e estado de excepção

§ 44º Alguns direitos fundamentais em especial
203. Os direitos fundamentais em especial
    203.1. A tipificação pelo objecto
    203.2. A tipificação pelo conteúdo
204. Alguns direitos fundamentais em especial
    204.1. Direitos fundamentais pessoais
    204.2. Direitos fundamentais laborais
    204.3. Direitos fundamentais políticos
    204.4. Direitos fundamentais sociais

Capítulo XIII – A organização económica

§ 45º O regime económico
205. Sistema económico e regime económico
    205.1. Sistemas económicos
        205.1.1. Sistema capitalista
        205.1.2. Sistema colectivista
        205.1.3. Outros sistemas económicos: comunitário e cooperativo
    205.2. O regime económico português
        205.2.1. Elementos normativos a considerar
        205.2.2. Caracterização possível
206. A intervenção do poder público na economia
    206.1. A ordenação económica
    206.2. A intervenção económica
    206.3. A actuação económica
207. Os sectores de propriedade
    207.1. A relevância constitucional da propriedade dos meios de produção
    207.2. O sector público
    207.3. O sector social
    207.4. O sector privado
208. As reprivatizações
    208.1. Da irreversibilidade à possibilidade

208.2. A lei-quadro das reprivatizações
208.3. As condições formais
208.4. As condições materiais

§ 46º O regime financeiro
209. Os princípios constitucionais financeiros
    209.1. O princípio da legalidade da actividade financeira
    209.2. O princípio democrático na decisão financeira
    209.3. O princípio do controlo da actividade financeira
210. O orçamento do Estado
    210.1. Conceito e funções
    210.2. Estática
    210.3. Dinâmica
211. As regras constitucionais de enquadramento orçamental
    211.1. A anualidade
    211.2. A plenitude
    211.3. A discriminação
    211.4. O equilíbrio
    211.5. A publicidade
212. O controlo da actividade financeira pública
    212.1. O controlo parlamentar
    212.2. O controlo jurisdicional
        212.2.1. A singularidade da sindicabilidade jurisdicional das actividade financeira pública
        212.2.2. O Tribunal de Contas: organização e funcionamento
        212.2.3. O Tribunal de Contas: as diversas competências: de fiscalização prévia, concomitante, sucessiva e de efectivação da responsabilidade financeira

§ 47º O regime fiscal
213. Os princípios constitucionais fiscais materiais
    213.1. O princípio da generalidade
    213.2. O princípio da capacidade contributiva
    213.3. Outros princípios: a imunidade fiscal de rendimentos elementares
214. Os princípios constitucionais fiscais organizatórios
    214.1. O princípio da legalidade fiscal
    214.2. O princípio da tipicidade fiscal
    214.3. O princípio da determinação fiscal
    214.4. O princípio da irretroactividade fiscal
    214.5. O princípio da territorialidade fiscal

214.6. O princípio da proibição do referendo fiscal
214.7. Outros princípios
215. Orientações específicas quanto ao sistema fiscal
    215.1. O carácter unitário dos impostos sobre o rendimento
    215.2. O carácter progressivo do imposto sobre o rendimento das pessoas singulares, considerando o agregado familiar
    215.3. A tributação real como regra no imposto sobre o rendimento de pessoas colectivas
    215.4. A tributação do património e a igualdade entre os cidadãos
    215.5. A tributação agravada dos consumos de luxo

Capítulo XIV – A organização do poder político

§ 48º As funções jurídico-públicas
216. A importância das funções do poder público
    216.1. A complexidade funcional do poder público
    216.2. Poder público estadual e poder público não estadual
    216.3. As funções do Estado como instrumentos de consecução dos fins do poder público
217. O debate doutrinal sobre as funções do Estado
    217.1. A descoberta de John Locke e de Montesquieu
    217.2. O contexto do constitucionalismo e as funções constitucional e política
    217.3. A progressiva interpenetração das funções do Estado
    217.4. A interdependência actual entre os poderes estaduais
    217.5. Outras modalidades da separação de poderes
218. Quadro das funções jurídico-públicas
    218.1. Critérios materiais
    218.2. Critérios formais
    218.3. Critérios orgânicos
219. A função constitucional
    219.1. A função constituinte
    219.2. A função de revisão constitucional
220. A função legislativa
    220.1. Conteúdo normativo
    220.2. Forma legal
    220.3. Liberdade e democraticidade
221. A função política
    221.1. Conteúdo não normativo
    221.2. Forma não legislativa
    221.3. Liberdade máxima

222. A função administrativa
    222.1. Conteúdo regulamentar e não normativo
    222.2. Formas livres e condicionadas
    222.3. Dependência hierárquica
223. A função jurisdicional
    223.1. Conteúdo aplicatório do Direito
    223.2. Independência e imparcialidade
    223.3. Tribunais arbitrais e tribunais judiciais

§ 49° Os órgãos jurídico-públicos
224. O poder público e os seus órgãos e agentes
    224.1. A imputação funcional
    224.2. Os agentes políticos
    224.3. A titularidade
    224.4. O cargo
    224.5. A competência
225. Modalidades de órgãos públicos
    225.1. Classificações estruturais
        225.1.1. Órgão simples e órgão complexo
        225.1.2. Órgão singular e órgão colegial
        225.1.3. Órgão principal e órgão subsidiário
        225.1.4. Órgão constitucional e órgão não constitucional
    225.2. Classificações funcionais
        225.2.1. Órgão deliberativo e órgão consultivo
        225.2.2. Órgão externo e órgão interno
        225.2.3. Órgão independente e órgão hierarquizado
        225.2.4. Órgão legislativo, governativo, administrativo e jurisdicional
    225.3. Classificações mistas
226. Realidades afins
    226.1. Representação de Direito Privado
    226.2. Representação política fiduciária
    226.3. Delegação de poderes
227. Modos de designação dos titulares
    227.1. Modos de designação por efeito do Direito
        227.1.1. Inerência
        227.1.2. Sorteio
        227.1.3. Rotação
        227.1.4. Antiguidade
        227.1.5. Herança
    227.2. Modos de designação por efeito do Direito e da vontade
        227.2.1. Eleição

227.2.2. Nomeação
227.2.3. Cooptação
227.2.4. Aquisição revolucionária
227.2.5. Aclamação
228. Os órgãos colegiais em especial
    228.1. O funcionamento
    228.2. As reuniões e as sessões
    228.3. O quórum deliberativo
    228.4. As formas de votação
    228.5. As maiorias deliberativas
229. Vicissitudes dos órgãos
    229.1. Vicissitudes objectivas
    229.2. Vicissitudes subjectivas
230. Órgãos de soberania, órgãos constitucionais e órgãos do Estado
    230.1. Órgãos de soberania
        230.1.1. Critério da função do Estado
        230.1.2. Critério da decisão cogente
        230.1.3. Critério adoptado
    230.2. Órgãos constitucionais
    230.3. Órgãos do Estado
    230.4. Outros órgãos de pessoas colectivas
231. O Presidente da República
    231.1. Definição
    231.2. Designação e mandato
    231.3. Competências
232. A Assembleia da República
    232.1. Definição
    232.2. Composição
    232.3. Designação e mandato
    232.4. Funcionamento
    232.5. Competências
        232.5.1. Competências legislativas
        232.5.2. Competências internacionais
        232.5.3. Outras competências
233. O Governo
    233.1. Definição
    233.2. Composição
        233.2.1. Membros necessários: Primeiro-Ministro, Ministros e Secretários de Estado
        233.2.2. Membros eventuais: Vice-Primeiro-Ministros e Sub-secretários de Estado
    233.3. Formação e mandato

233.4. Funcionamento
    233.4.1. Órgão complexo
    233.4.2. Conselho de Ministros, normal e especializado
    233.4.3. Primeiro-Ministro
    233.4.4. Ministros e Secretários de Estado
233.5. Competências
    233.5.1. Competências políticas
    233.5.2. Competências legislativas
    233.5.3. Competências administrativas
    233.5.4. Outras competências
234. Os Tribunais
    234.1. A pluralidade dos tribunais
    234.2. Critérios de estruturação da judicatura
    234.3. O Tribunal Constitucional
    234.4. O Tribunal de Contas
    234.5. O Supremo Tribunal Administrativo
    234.6. O Supremo Tribunal de Justiça
    234.7. Outros tribunais
235. Outros órgãos do Estado
    235.1. Provedor de Justiça
    235.2. Alta Autoridade para a Comunicação Social
    235.3. Comissão Nacional para a Protecção de Dados Informatizados
    235.4. Comissão de Acesso a Dados Administrativos
    235.5. Conselho Económico e Social
    235.6. Comissão Nacional de Eleições
    235.7. Ministério Público
    235.8. Outras entidades
236. O sistema de governo nacional
    236.1. As modificações ocorridas ao longo das revisões constitucionais
    236.2. As diversas modalidades de sistema de governo
    236.3. O debate entre semipresidencialismo e parlamentarismo mitigado
    236.4. Um semipresidencialismo de tendência parlamentar

§ 50º Os actos jurídico-públicos
237. O acto jurídico-público em geral
    237.1. Elementos subjectivos
    237.2. Elementos objectivos
    237.3. Elementos formais
    237.4. Elementos funcionais
    237.5. Os pressupostos subjectivos
    237.6. Os pressupostos objectivos

237.7. Modalidades de actos do poder público
237.8. Os requisitos de existência, validade e eficácia
238. Aspectos gerais do regime dos actos jurídico-públicos
   238.1. A ideia e a importância da fundamentação
   238.2. Os actos tácitos
   238.3. O tempo no actos do poder público
239. Os actos constitucionais
   239.1. Definição e características
   239.2. Os actos constituintes
   239.3. As leis de revisão constitucional
240. Os actos internacionais
   240.1. Definição e características
   240.2. Os tratados
   240.3. Os acordos
   240.4. Os regulamentos comunitários
   240.5. As directivas comunitárias
   240.6. Outras fontes internacionais
241. Os actos legislativos
   241.1. Definição e características
   241.2. As leis da Assembleia da República
   241.3. Os decretos-leis do Governo
   241.4. Os decretos legislativos regionais das Assembleias Legislativas Regionais
242. Os actos políticos
   242.1. Definição e funções
   242.2. A eleição
   242.3. O referendo
   242.4. Os decretos presidenciais
   242.5. As moções parlamentares
   242.6. As resoluções das Assembleia da República
   242.7. As resoluções do Conselho de Ministros
243. Os actos administrativos
   243.1. Definição e características
   243.2. Os regulamentos administrativos
   243.3. Os actos administrativos *stricto sensu*
   243.4. Os contratos administrativos
244. Os actos jurisdicionais
   244.1. Definição e características
   244.2. As decisões arbitrais
   244.3. As sentenças
   244.4. Os acórdãos

245. Relações entre os actos do poder público
    245.1. A ausência de referências constitucionais
    245.2. Relações de prevalência hierárquica
    245.3. Relações de prevalência cronológica
    245.4. Relações de prevalência funcional
    245.5. Relações de prevalência material

§ 51º Os actos legislativos em especial

246. Competência legislativa e reserva de lei
    246.1. Força de lei
    246.2. Reserva de lei
    246.3. Competência legislativa
    246.4. A necessidade legislativa
    246.5. O primado parlamentar
247. As leis reforçadas
    247.1. O debate doutrinário anterior a 1997
    247.2. A recepção constitucional do conceito em 1997
    247.3. A pluralidade conceptual do conceito
    247.4. A relevância prática: resistência à revogação e fiscalização da legalidade
    247.5. Natureza
248. As leis orgânicas
    248.1. Objecto
    248.2. Forma
    248.3. Procedimento
    248.4. Fiscalização da constitucionalidade
    248.5. Natureza
249. As autorizações legislativas
    249.1. Conceito
    249.2. Modalidades
    249.3. Matérias
    249.4. Requisitos
    249.5. Limites
    249.6. Natureza
250. A apreciação de decretos-leis
    250.1. Conceito
    250.2. Significado jurídico-político
    250.3. Pressupostos
    250.4. Procedimento
    250.5. Efeitos
    250.6. Natureza

251. As leis da Assembleia da República
    251.1. Competência parlamentar comum
    251.2. Competência parlamentar reservada
    251.3. Forma de lei
252. Os decretos-leis do Governo
    252.1. Competência governamental comum
    252.2. Competência governamental exclusiva
    252.3. O procedimento legislativo governamental

§ 52º O procedimento legislativo parlamentar nacional
253. O procedimento legislativo em geral
    253.1. Os elementos do procedimento
    253.2. As funções do procedimento
    253.3. Os princípios procedimentais
    253.4. O procedimento legislativo em especial
    253.5. Outros procedimentos legislativos: referendários
    253.6. Modalidades de procedimento legislativo: geral e especiais; normais e urgentes; nacionais e regionais
254. A iniciativa
    254.1. A iniciativa legislativa e os impulsos legiferantes
    254.2. Modalidades de iniciativa legislativa
    254.3. Quanto à entidade: externa e interna
    254.4. Quanto à prática: livre e reservada
    254.5. Quanto ao momento: originário e superveniente
    254.6. Quanto ao objecto: geral e especial
255. A instrução
    255.1. O sentido da fase instrutória
    255.2. A instrução em geral e os poderes da entidade competente
    255.3. A instrução da legislação laboral em especial
    255.4. A instrução da legislação atinente às Regiões Autónomas
256. A deliberação
    256.1. O sentido da fase deliberatória
    256.2. A aprovação parlamentar na generalidade
    256.3. A aprovação parlamentar na especialidade
    256.4. A aprovação parlamentar final global
    256.5. A promulgação do Chefe de Estado
    256.6. A referenda ministerial do Governo
257. A eficácia
    257.1. A fase da eficácia
    257.2. Os esquemas de publicitação das leis
    257.3. A publicação no Diário da República
    257.4. Outras eventuais possibilidades

§ 53º Entidades infra-estaduais regionais e locais
258. A organização política das Regiões Autónomas
    258.1. As Regiões Autónomas como pessoas colectivas públicas
    258.2. Os órgãos de governo próprio regional
        258.2.1. A Assembleia Legislativa Regional
        258.2.2. O Governo Regional
        258.2.3. Outros órgãos regionais
    258.3. O Ministro da República
259. A função legislativa regional
    259.1. Pressupostos positivos
    259.2. Limites negativos
    259.3. Modalidades de actos legislativos regionais
    259.4. O procedimento legislativo regional
260. As autarquias locais
    260.1. Conceito e modalidades
    260.2. Estrutura e funcionamento
    260.3. Regime administrativo
    260.4. Regime financeiro

Capítulo XV – A garantia da Constituição

§ 54º A garantia da Constituição em geral
261. A necessidade da garantia da Constituição
    261.1. A garantia da Constituição em geral
    261.2. Auto-garantia e hetero-garantia da Constituição
    261.3. As garantias gerais e as garantias especiais da Constituição
262. As garantias gerais da Constituição
    262.1. A fiscalização da constitucionalidade
    262.2. O estado de excepção constitucional
263. As garantias especiais da Constituição
    263.1. A proibição dos partidos inconstitucionais
    263.2. O ilícito criminal político
    263.3. A proibição das associações totalitárias
    263.4. O direito de resistência
    263.5. A desobediência civil
    263.6. A objecção de consciência

§ 55º A inconstitucionalidade dos actos jurídico-públicos
264. Conceito, elementos e perspectivas
    264.1. Uma relação de desconformidade
    264.2. Entre dois actos do poder público
    264.3. Constitucionalmente relevante

264.4. Inconstitucionalidade e ilegalidade
264.5. Inconstitucionalidade e hierarquia
264.6. Inconstitucionalidade, ilicitude e actos jurídico-privados
265. Modalidades de inconstitucionalidade
    265.1. A diversidade de classificações possíveis
    265.2. Quanto à conduta inconstitucional: inconstitucionalidade por acção e por omissão
    265.3. Quanto ao elemento ou pressuposto violado: inconstitucionalidade material, formal, procedimental ou orgânica
    265.4. Quanto à extensão: inconstitucionalidade total ou parcial
    265.5. Quanto ao momento da sua verificação: inconstitucionalidade originária e superveniente
    265.6. Quanto à vigência do padrão aferidor: inconstitucionalidade presente ou pretérita
    265.7. Quanto à relação principal ou acessória sobre o parâmetro constitucional violado: inconstitucionalidade antecedente e consequente

§ 56º As consequências dos actos jurídico-públicos inconstitucionais
266. Os desvalores dos actos inconstitucionais
    266.1. O desvalor como consequência negativa para os actos inconstitucionais
    266.2. Distinção da ineficácia jurídica
    266.3. Modalidades: invalidade, inexistência e irregularidade
    266.4. A invalidade como nulidade e anulabilidade; o regime geral dos actos inconstitucionais como invalidade mista
    266.5. A inexistência e alguns exemplos
    266.6. A irregularidade e alguns exemplos
267. A responsabilidade por actos inconstitucionais
    267.1. A responsabilidade como consequência para os autores dos actos inconstitucionais
    267.2. Modalidades: responsabilidade política, penal, civil, disciplinar e contra-ordenacional
    267.3. A responsabilidade civil em especial
    267.4. Responsabilidade e diversidade de actos jurídico-públicos inconstitucionais

§ 57º A fiscalização da constitucionalidade
268. Fiscalização da constitucionalidade, princípio da constitucionalidade e separação de poderes
    268.1. A necessidade de mecanismos adjectivos de fiscalização da constitucionalidade

268.2. A separação entre defender a Constituição e violar a Constituição
269. Os critérios teóricos da fiscalização da constitucionalidade
   269.1. Os diversos critérios possíveis e a sua praticabilidade
   269.2. Quanto à natureza do órgão fiscalizador: fiscalização política comum, política especial, jurisdicional comum, jurisdicional especial, soluções mistas
   269.3. Quanto ao número de órgãos intervenientes (dentro da fiscalização judicial): fiscalização difusa, concentrada e soluções mistas
   269.4. Quanto aos actos sindicáveis: fiscalização de todos os actos ou de alguns; fiscalização por acção ou por omissão
   269.5. Quanto ao momento de efectivação: fiscalização preventiva ou sucessiva
   269.6. Quanto à via processual: fiscalização principal ou incidental
   269.7. Quanto à forma processual: fiscalização por via de acção ou por via de excepção
   269.8. Quanto aos interesses prevalecentes: fiscalização subjectiva ou objectiva
   269.9. Quanto às circunstâncias: fiscalização abstracta e concreta
   269.10. Quanto ao tipo de decisões: fiscalização declarativa e constitutiva
270. A cristalização dos principais modelos de fiscalização da constitucionalidade
   270.1. A fiscalização política de matriz francesa
   270.2. A fiscalização judicial difusa de matriz norte-americana
   270.3. A fiscalização jurisdicional concentrada de matriz austríaca
271. A fiscalização da constitucionalidade em Portugal: apontamento histórico
   271.1. A fiscalização política monárquico-liberal
   271.2. A fiscalização judicial difusa republicano-liberal
   271.3. A limitação substantiva da fiscalização judicial autoritário-corporativa
272. A fiscalização da constitucionalidade em Portugal: aspectos gerais
   272.1. Órgãos de fiscalização: o Tribunal Constitucional e os restantes tribunais
   272.2. Objecto de fiscalização: os actos jurídico-públicos normativos; conceito funcional de norma jurídica
   272.3. Os princípios estruturantes do processo constitucional
   272.4. A função do processo constitucional
   272.5. Aspectos da marcha do processo constitucional
273. A fiscalização preventiva da constitucionalidade

273.1. A discussão quanto à sua conveniência
273.2. A produção de actos jurídico-públicos
273.3. A legitimidade processual activa pública e restrita
273.4. Os efeitos da pronúncia pela inconstitucionalidade
274. A fiscalização concreta da constitucionalidade
    274.1. Os actos jurídico-públicos normativos e as situações da vida individual e concreta
    274.2. A legitimidade processual
    274.3. A intervenção dos tribunais em geral
    274.4. A intervenção do Tribunal Constitucional
    274.5. Os efeitos do julgamento pela inconstitucionalidade
275. A fiscalização abstracta da constitucionalidade
    275.1. Os actos jurídico-públicos normativos eficazes
    275.2. A legitimidade processual
    275.3. Os efeitos da declaração da inconstitucionalidade com força obrigatória geral
    275.4. Esquemas possíveis de modelação dos efeitos
276. A fiscalização da inconstitucionalidade por omissão
    276.1. As omissões legislativas relevantes
    276.2. A legitimidade processual
    276.3. Os efeitos da verificação da inconstitucionalidade por omissão
277. A fiscalização da ilegalidade reforçada
    277.1. O sentido funcional deste tipo de fiscalização
    277.2. O parâmetro da legalidade reforçada
    277.3. Os actos jurídico-públicos sindicáveis
    277.4. Aspectos de índole processual

§ 58º A revisão da Constituição
278. A necessidade da revisão constitucional
    278.1. O sentido da revisão constitucional
    278.2. Delimitação frente a outras realidades
    278.3. As funções da revisão constitucional
279. Rigidez e flexibilidade constitucionais
    279.1. A descoberta de James Bryce
    279.2. A aplicação da distinção em sistema constitucional formal
280. O procedimento de revisão constitucional
    280.1. A iniciativa e o prazo de condensação
    280.2. A instrução
    280.3. A deliberação parlamentar por maioria agravada
    280.4. A obrigatoriedade da promulgação presidencial
    280.5. A ausência de referenda ministerial
    280.6. A publicação consolidada no *Diário da República*

281. Os limites à revisão constitucional
    281.1. Os limites orgânicos: a competência exclusiva da Assembleia da República
    281.2. Os limites temporais: revisão ordinária e revisão extraordinária
    281.3. Os limites procedimentais: na iniciativa, na deliberação e na publicação
    281.4. Os limites circunstancais: estado de excepção constitucional
282. Os limites materiais à revisão constitucional em especial
    282.1. A polémica doutrinal
    282.2. Distinguir questões: os limites substantivos e a cláusula sobre os limites
    282.3. A natureza dos limites materiais
    282.4. Preterição dos limites e consequências sobre a ordem constitucional
    282.5. A prática nas diversas revisões constitucionais

§ 59º A defesa extraordinária da Constituição
283. A necessidade da defesa extraordinária da Constituição
    283.1. Defesa extraordinária e ordinária da Constituição
    283.2. O estado de excepção constitucional
    283.3. Excepção constitucional e necessidade constitucional
    283.4. Fundamento do estado de excepção
    283.5. Limites do estado de excepção
284. A transversalidade da defesa extraordinária da Constituição
    284.1. A relevância material nos direitos fundamentais
    284.2. A relevância organizatória na estrutura do poder público
285. As fontes normativas do estado de excepção
    285.1. As principais fontes constitucionais
    285.2. As escassas fontes internacionais
    285.3. As pormenorizadas fontes legais
286. Coordenadas fundamentais do sistema de excepção
    286.1. Traços comuns ao estado de sítio e ao estado de emergência
    286.2. Traços diferenciadores entre o estado de sítio e o estado de emergência
287. Aspectos da estática do estado de excepção
    287.1. Pressupostos
    287.2. Efeitos
    287.3. Aplicação
288. Aspectos da dinâmica do estado de excepção
    288.1. Procedimento
    288.2. Vicissitudes
    288.3. Controlo

CAPÍTULO VI

OS MÉTODOS DE ENSINO DO DIREITO CONSTITUCIONAL

§ 19º Aspectos gerais nos métodos de ensino do Direito Constitucional

69. A tarefa do ensino universitário em Direito

I. Um dos aspectos centrais a analisar no ensino não pode deixar de ser o modo como o mesmo se perspectiva quanto à opção fundamental sobre o que ele deve verdadeiramente ser.

Eis uma busca incessante ao longo dos tempos, que sempre se renova e sobre a qual também importa reflectir um pouco.

Segundo KARL JASPERS, podemos atribuir quatro grandes funções à Universidade[679]:

– a investigação;
– a formação e a educação;
– a comunicação entre os investigadores, alunos e professores; e
– a representação do conjunto das ciências[680].

---

[679] Citado por MIGUEL TEIXEIRA DE SOUSA, *Aspectos metodológicos...*, p. 375.

[680] Não deixam de ser impressivas, sobre a missão da Universidade, as palavras contidas no *Relatório* elaborado pela Comissão de Reestruturação da Faculdade de Direito de Lisboa, distinguindo peculiarmente nas Faculdades de Direito três funções (Cfr. o *Relatório da Comissão de Reestruturação...*, pp. 657 e 658):
– "formar juristas com a preparação científica fundamental para o desempenho das tarefas que na sociedade lhes são atribuídas, designadamente as que correspondem a profissões jurídicas que requerem uma formação universitária;
– cultivar, investigar e ensinar as ciências jurídicas e as restantes ciências envol-

Sem discordar desta excelente síntese, achamos que na dimensão universitária o acento tónico deve também ser colocado na dicotomia que tão bem a caracteriza, como em geral o pensamento humano: a certeza e a dúvida.

A certeza porque o saber universitário permite a progressão e o crescimento, elevando o Homem a mais longínquos horizontes de conhecimento. A dúvida na medida em que, afora a sempre necessária atitude psicológica da humildade, ela se apresenta como o melhor acicate para ir mais além, na busca de novos e melhores conhecimentos.

Como escrevia ANTERO DE QUENTAL, "Duvidar não é só uma maneira de propor os grandes problemas: é já um começo de resolução deles..."[681].

II. A essencialidade da função universitária de ensino, não sendo o Direito qualquer excepção, tem que pressupor um método, sendo aliás hoje a Pedagogia uma ciência em verdadeira expansão, após um momento inicial de difícil afirmação científica[682].

Mas a Pedagogia – e o ensino que cada professor, no seu restrito âmbito, realiza – não pode paralelamente deixar de ser vista como uma arte: a arte de ensinar. E aqui os esquemas científicos valem pouco[683] e são substituídos por um dom natural para ministrar conhecimentos e fazer os alunos progredir[684].

---

vidas na preparação antes referida, designadamente as ciências políticas e económicas;
– promover a formação de professores dessas ciências".

[681] E ANTERO DE QUENTAL ainda acrescenta (*Tendências Gerais da Filosofia na Segunda Metade do Século XIX*, Lisboa, 1991, p. 53): "Duvidar não é só uma maneira de propor os grandes problemas: é já um começo de resolução deles, porque é a dúvida que lhes circunscreve o terreno e que os define: ora, um problema circunscrito e definido é já uma certa verdade adquirida e uma preciosa indicação para muitas outras verdades possíveis".

[682] Sobre a pedagogia universitária, v., de entre outros, POL DUPONT e MARCELO OSSANDON, *A Pedagogia Universitária*, Coimbra, 1988, pp. 61 e ss.

[683] Esta é uma conclusão praticamente intuitiva e no nosso percurso na licenciatura não foram poucas as situações em que nos pudemos confrontar com ela: como era verdade que para alguns professores a ciência pedagógica se afigurava tão necessária, pois da arte pedagógica pouco ou nada dispunham!

[684] Como tão bem escreve JOSÉ MANUEL SÉRVULO CORREIA (*Direito...*, p. 269), "O gosto pelo ensino é, em boa medida, inato e espontâneo. Mas isso não significa que não possa e não deva ser cultivado. Fá-lo-á por certo quem sinta como vocação e assuma como missão a transmissão de um saber personalizadamente organizado".

III. Daí que o ensino universitário tenha de ser identicamente observado da óptica do professor, a quem subjectivamente incumbe essa nobre tarefa de ensinar. Não é assim de espantar que se tenha estabelecido a preocupação em torno de saber o que é ser bom professor ou quais são, na realidade, as boas práticas pedagógicas.

Podemos recorrer aos sete princípios enunciados pela *American Association for Higher Education*, que assim os sintetiza[685] com grande felicidade:

– encorajar os contactos entre docentes e discentes;
– usar técnicas de participação activa na aprendizagem;
– desenvolver a reciprocidade e a cooperação entre os estudantes;
– responder prontamente às solicitações dos alunos;
– salientar a necessidade de dispêndio de tempo nas tarefas escolares;
– incutir nos alunos o desejo de excelência;
– respeitar a diversidade de talentos e dos estilos de aprendizagem.

Simplesmente, não se pense que esta é uma discussão de hoje: já há mais de dois séculos, um grande pedagogo português, LUÍS ANTÓNIO VERNEY, assim entendia a profissão de professor de Direito: "Se segue a Universidade, pouco tenho que lhe advertir: deve seguir o método que lhe propus, internando-se bem na notícia de todas aquelas coisas e na antiga erudição, para saber explicar do melhor modo os textos, responder aos contrários, *etc...* Para isto quer-se notícia fundada da História e da Língua Latina e Grega, pois sem esta erudição, será sempre discípulo, que lê pelos outros, mas nunca mestre que descubra por si, ou entenda bem, os que descobriram o sentido das Leis. Deve escrever os tratados de Direito, como apontámos, e pôr-se em estado de ensinar, não só a especulação seca, mas a doutrina útil para a prática, que é o fim da Lei; e tudo isto, pelo método mais fácil que pode ser"[686].

---

[685] Cfr. FERNANDO ARAÚJO, *O ensino...*, p. 309.
[686] LUÍS ANTÓNIO VERNEY, *Carta Décima Terceira*, in REINALDO DE CARVALHO e PAULO FERREIRA DA CUNHA, *História da Faculdade de Direito de Coimbra*, V, Porto, 1990, p. 48.

70. O Decálogo do Bom Professor de Direito Constitucional

I. Não sendo este o lugar ou o tempo para fazer pedagogia sobre o ensino do Direito, não podemos deixar de referir a nossa posição relativamente àquilo que deve ser um bom professor de Direito, do Direito em geral mas também pensando nalgumas particularidades do professor de Direito Constitucional[687].

Sinteticamente, estamos em crer que há dez mandamentos, afirmados pela positiva e não pela negativa, que resumem aquilo que o professor de Direito Constitucional deve mostrar para justamente poder reivindicar esse título:

- ser sábio nos domínios científicos que lecciona;
- ser humilde na aceitação da opinião dos outros e nos seus próprios conhecimentos;
- tratar com respeito os alunos e, em geral, todos os agentes do processo educativo;
- ser loquaz na aulas, falando com brilho e entusiasmo;
- ser claro e sintético nos escritos pedagógicos;
- ter capacidade de organização burocrática;
- mostrar-se disponível e interessado nas dificuldades dos estudantes;
- avaliar com sentido de justiça, não cedendo a pressões e aplicando o princípio da igualdade;
- mostrar erudição nas matérias que discute; e
- estar e ser alegre, encarando o ensino como um prazer.

Vejamos com alguma minúcia o sentido que atribuímos a cada uma destas qualidades, sem as quais profundamente se oblitera a proficiência do verdadeiro professor de Direito Constitucional.

II. A boa preparação científica é certamente um dos requisitos mais significativos: se é verdade que a investigação não significa bom professorado, também não é menos verdade que não se pode ensinar aquilo que não se sabe ou, pior, aquilo que se sabe erradamente. Julgamos que o ensino do Direito jamais poderá estar desligado da investigação científica, ainda que formalmente essas sejam duas carreiras separadas.

---

[687] Sobre as diversas teorias da educação em geral, v., por todos, YVES BERTRAND, *Théories contemporaines de l'éducation*, 4ª ed., Montréal, 1998, pp. 11 e ss.

Como bem refere MARCELO REBELO DE SOUSA, "...sem investigação científica, a Universidade estiola e morre. E sem preparação de docentes, ela torna-se um corpo fechado, que elabora cientificamente, mas não pode nem informar nem formar novas gerações susceptíveis de assegurarem a sua renovação futura"[688]. Ou como explicita VASCO PEREIRA DA SILVA, "...entre investigação e ensino não deve existir qualquer ruptura, ante uma lógica de permanente continuidade"[689].

A sabedoria que o bom professor de Direito Constitucional deve possuir faz com que a sua actividade esteja intimamente associada à investigação, estudando e escrevendo sobre novas realidades, enquanto que procura novas soluções e se actualiza perante os novos problemas que permanentemente se colocam ao Direito Constitucional.

III. Esta sabedoria do professor – diga-se sabedoria nos temas jurídico-constitucionais, o que não tem de excluir outras sabedorias – tem igualmente de ser sopesada com a necessária humildade que o deve caracterizar, implicando que o seu conhecimento não só se reconheça limitado como sobretudo desportivamente aceitando a crítica, pois até hoje ainda não conhecemos ninguém que tivesse nascido bom professor de Direito Constitucional.

Eis uma atitude que muitas vezes não é fácil de assumir porque os professores tendem normalmente a tomar uma veste errada: pensam que só pelo facto de o serem, ou pelo facto de estudarem muito, ficam automaticamente imbuídos de uma espécie de "infalibilidade científica", com a manifesta pretensão de saberem tudo quanto lhes seja inquirido.

O reverso da medalha desta atitude despropositada é a adesão à ideia de que o aluno nunca sabe nada e, questionando o professor, aquele assume um acto de desafio à sabedoria de que o professor é inelutavelmente portador.

Nada disso: nem o professor é infalível, nem o aluno pode alguma vez estar impedido de inquirir o professor sobre qualquer matéria e de, nalgum aspecto, até ter razão e saber mais do que ele.

---

[688] MARCELO REBELO DE SOUSA, *Direito Constitucional I – Relatório...*, p. 18.

[689] VASCO PEREIRA DA SILVA, *Ensinar Direito...*, p. 28. E o autor depois acrescenta: "Porque o Direito existe para ser caracterizado, os resultados da investigação nas ciências jurídicas necessitam de ser comunicados, nomeadamente àqueles a quem possam ser mais úteis, que são os seus aplicadores (actuais e futuros), sendo a docência uma das formas possíveis (e das mais eficazes) dessa transmissão".

A humildade científica é tão necessária quanto a sabedoria científica: só assim se facilita a relação entre professor e aluno como se aviva o desejo de o professor poder progredir mais e mais no seu estudo e na sua reflexão.

IV. Sendo o professor de Direito Constitucional também alguém que se insere no meio estudantil, tem de possuir uma boa capacidade de relacionamento humano com todos os membros da comunidade académica, o que se assinala por entender os outros com consideração e respeito.

Claro que em primeiro lugar estão os alunos, em função de quem – é bom sempre recordá-lo – tem razão de ser o ensino, e sem os quais o ensino não faria qualquer nexo.

Todavia, isso não é tudo porque o ensino não se resume à relação entre professor e aluno: é importante também o respeitoso relacionamento entre colegas e com os funcionários não docentes.

Aqui o respeito tem o sentido profundo de aceitarmos as diferenças dos outros, no reconhecimento da diversidade e da pluralidade pedagógicas e científicas, sem o que verdadeiramente se adulteraria o espírito universitário.

V. Mas o professor, num sistema que vive da presencialidade, carece de uma boa capacidade de falar em público, com uma boa dicção e exprimindo-se num tom de voz que seja audível por todos os estudantes sentados na sala.

Não será decerto bom professor quem tiver medo de enfrentar muita gente junta, quem não tiver capacidade vocal para se fazer ouvir ou ainda quem tiver uma dicção tão má que não seja perceptível por parte dos alunos.

Estes podem ser aspectos de natureza essencialmente física, até certo ponto insuperáveis, por maior que seja o esforço pessoal no sentido do aperfeiçoamento. Contudo, no nosso entender, são exigências inelimináveis na condição de professor universitário, para quem quiser ser respeitado e queira ser minimamente eficiente no seu ensino do Direito Constitucional.

Para a profissão de professor de Direito – e sobretudo quando o professor é forçado a falar a maiores conjuntos de alunos, nos anos iniciais de uma Faculdade, como sucede com o Direito Constitucional – as suas condições vocais e de dicção, bem como o modo como articula o discurso oral, são condições peculiares para um bom desempenho profissional, as quais não podem ser obviamente descuradas.

VI. Essa capacidade de expressão também se projecta na sua escrita, devendo ser claro nos seus textos, sobretudo porque está em diálogo com estudantes que estão a aprender, trazendo a linguagem rebuscada normalmente péssimos resultados.

Ao lado da vertente oral, o professor tem de exibir uma boa expressão escrita, capaz de, com síntese, versar os tópicos programáticos, assim contribuindo para que o estudante possa compreender os seus ensinamentos.

É mau professor aquele que pretende servir-se da escrita para confundir os alunos ou até para esconder as suas próprias debilidades de percepção e de compreensão. A clareza e a simplicidade da linguagem – e, sobretudo, o seu carácter intelegível – são tesouros preciosos a colocar em favor do bom professor de Direito Constitucional.

VII. O trabalho de professor é ainda um trabalho apreciavelmente burocrático, implicando o fornecimento dos elementos de estudo, bem como toda a gestão da inscrição dos alunos e das notas que lhes sejam dadas, ao que acresce o facto de o professor ser muitas vezes o elo de ligação entre os estudantes e a própria instituição em relação a notícias e a eventos científicos.

Ora, isto quer dizer que o bom professor de Direito Constitucional deve possuir uma razoável capacidade de organização nos seus papéis, não se esquecer dos livros ou dos apontamentos, ou não perder documentos – como os exames finais! – que são vitais no desenvolvimento da sua actividade.

Aspecto que peculiarmente revela esta boa capacidade de organização é atinente aos deveres de assiduidade e de pontualidade, não faltando às aulas e, mais do que isso, chegando e saindo dentro do horário escolar estabelecido.

VIII. Qualidade que igualmente se apresenta inevitável é a da disponibilidade para, atenciosamente, o professor estar com os estudantes, os destinatários do seu ensino.

Esta disponibilidade diz respeito, em primeiro lugar, a uma dimensão informal, em tudo o que projecte na espontaneidade da relação com o aluno, seja no princípio e no fim das aulas, seja nas instalações da

Faculdade. O professor de Direito Constitucional tem a obrigação de se mostrar sempre com vontade de falar aos seus estudantes, esclarecendo as dúvidas que os mesmos eventualmente coloquem.

Esta disponibilidade diz respeito, por outra parte, a uma dimensão formal, sendo certo que se exige que o professor assuma o dever de ter um tempo de atendimento aos alunos, devidamente anunciado e que se destina a com eles conversar mais amplamente sobre temas relacionados com a vida académica.

IX. Ainda que elencada quase no fim, talvez uma das mais importantes qualidades do professor seja a de possuir um apurado sentido de justiça, devendo avaliar cada estudante segundo aquilo que ele merece.

A principal manifestação desta qualidade de ser justo reside, como se compreenderá, no momento da produção da avaliação. Esse é um momento crítico, mas que deve ser visto como o coroar do seu desempenho de professor de Direito Constitucional.

Decerto que esse resultado depende fundamentalmente do sistema de avaliação e do esforço que os estudantes tiverem demonstrado para corresponder às exigências que foram colocadas no desenvolvimento do ensino.

Mas não se pense que se trata apenas de uma tarefa apenas a cargo do estudante. Ao professor exige-se paralelamente algumas cautelas no momento da avaliação, as quais se resumem nestes três aspectos fundamentais:

- fazer incidir as perguntas dos exames sobre matérias efectivamente leccionadas, dando mais cotação àquelas que são verdadeiramente determinantes;
- corrigir com cuidado e tempo os exames, não se deixando apressar ou revelando-se desleixado no esforço comparativo que é sempre inevitável efectuar entre os diversos exames;
- dar as notas com base em elementos objectivos manifestados pelos alunos, não se deixando impressionar pelas simpatias, interesses ou influências que eventualmente os estudantes possam contra ele mover.

X. O professor de Direito Constitucional não é apenas um prelector ou alguém que, quase teatralmente, assume um papel e explica os conteúdos da sua disciplina.

Dimensão obviamente necessária no bom professor é a erudição, através da qual mostra que os seus conhecimentos, longe de se limitarem a uma boa preparação técnico-científica no Direito Constitucional, largamente a transcendem para o plano cultural.

Esta qualidade é tanto mais precisa quanto é certo ser o Direito Constitucional o ramo jurídico que melhor se articula com outros domínios do saber, num momento em que os estudantes mais disso carecem, tendo ingressado há tão pouco tempo no ambiente universitário.

O professor de Direito Constitucional deve ser um professor erudito na medida em que pode aliar à sua sabedoria específica uma vasta gama de conhecimentos de índole cultural, mostrando, com facilidade, quão interessante é certo tema ou como o mesmo pode receber a melhor resposta do Direito Constitucional.

XI. A alegria é, por último, uma qualidade que deve necessariamente acompanhar a leccionação do professor de Direito Constitucional, por mais estranho que isso possa aparentemente parecer.

Claro que a alegria, sendo um estado de alma, depende de muitos factores que vão para além do ensino do Direito Constitucional, em que se incluem outras tantas considerações de ordem pessoal.

Não obstante tratar-se de uma situação psicologicamente complexa, estamos em crer que o bom professor se deve esforçar por ser ou estar alegre nas aulas e na relação com os alunos.

Em que é que se manifesta esta alegria do professor? São vários os factores que para ela inequivocamente apontam:

– ter um aspecto simpático e sorridente no modo de se relacionar, brincando com os estudantes, deste modo introduzindo um ambiente descontraído;
– contar histórias e até anedotas nas aulas, as quais podem, sem atrasar a leccionação, aliviar a pressão e o formalismo do ensino;
– referir-se a episódios da sua vida pessoal ou à de colegas, com isso dando a imagem de que os acontecimentos da vida, longe de serem nefastos ou distantes, são próximos e de que deles é muitas vezes possível obter situações de boa disposição geral.

71. Uma permanente abertura ao meio envolvente

I. Antes propriamente de entrarmos na apreciação das questões que especificamente se colocam no ensino do Direito Constitucional, como ramo do saber pertencente a uma ciência social que é o Direito, tem todo o interesse ainda efectuar um conjunto de considerações gerais, as quais permitem melhor vislumbrar as opções que, no nosso ponto de vista, devem ser tomadas em cada uma dessas sedes.

Naturalmente que no ensino há algo de inato, que não depende do esforço individual, mas que nasce com alguém que sente em si uma peculiar vocação para dar aulas. Certamente que essa vocação pode crescer, ainda que em certa medida ela esteja dentro de cada um.

Isto, porém, não nos pode fazer esquecer que o ensino é também algo que depende de muitas envolventes, em que o trabalho do professor, numa óptica pedagógica, pode ser decisivo.

Em parte esse esforço deve ser adaptado ao modo de ser de cada um, mas também em parte esse esforço se apresenta directamente relacionado com a natureza da disciplina que se pretende ensinar.

II. Um dos aspectos em que muito se evidencia a necessidade de um esforço de aperfeiçoamento pedagógico, no que tange ao ensino do Direito Constitucional, é o da abertura ao meio envolvente, sendo certo que o Direito Constitucional, em Portugal ou no estrangeiro, se caracteriza pelo tratamento de questões de interesse geral.

Na nossa opinião, é aí que talvez radique o seu sucesso junto dos alunos que o frequentam, o que essencialmente se atesta pelos bons resultados que normalmente se verificam.

Todavia, essa abertura ao mundo envolvente tem de ser devidamente acompanhada pelo professor, a quem incumbe o mérito de a melhor canalisar, não permitindo que ela seja excessiva, mas também não a desaproveitando:

– não pode ser excessiva porque, além de se perder no rigor jurídico, ela implicará o tratamento superficial dos temas, para além da perda de tempo de leccionação;
– mas também tem de ser estimulada sob pena de os estudantes se sentirem totalmente desinseridos da realidade que os rodeia, não encontrando na Faculdade – concretamente, no ensino de uma disciplina – respostas para os seus anseios e para as suas salutares curiosidades.

III. Com base na necessidade de se considerar a relevância do mundo envolvente, põe-se justamente o problema de saber como efectivá-la no plano de leccionação.

Provavelmente a melhor forma de o ilustrar é fazendo apelo a exemplos que sejam originados do mundo exterior, quer na exposição de natureza mais teórica, quer no trabalho das aulas práticas.

Só que ela também se pode manifestar noutras modalidades igualmente pedagógicas, como os comentários de notícias de jornal, a escolha de certas instituições para visitas de estudo, ou a recomendação de certos livros.

É também por aqui que se afirma a peculiaridade da Universidade: como afirma MARCELO REBELO DE SOUSA, "O universitário é hoje, por definição, um homem universal, como qualquer outro cidadão. E não pode mesmo deixar de o ser mais ainda do que os demais cidadãos, já em atenção à universalidade do saber científico, já em homenagem à dimensão cultural que deve completar a mera formação num específico campo desse saber"[690].

72. Uma relação próxima entre professor e estudante

I. A relação entre professor e aluno é outro elemento fundamental no bom êxito do ensino, embora no ensino superior essa questão tenha um enquadramento necessariamente diverso daquele de que beneficia no ensino básico, sendo uma situação intermédia aquela que se vive no ensino secundário.

É que no ensino básico a função do professor vai bastante além das estritas exigências que se associam ao ensino de determinada disciplina, pois que aqui avultam outras dimensões do mesmo modo relevantes, de acordo com as funções próprias da parentalidade ou da formação moral. O professor, no ensino básico e até certo ponto no ensino secundário, é também visto com o papel de pai ou mãe e com o papel de educador.

No caso do ensino superior, a função do professor é de feição mais técnico-intelectual, não sendo tão essenciais aqueles traços emocionais ou comportamentais, pelo menos tal como eles irrompem no ensino básico e, por vezes, no ensino secundário.

---

[690] MARCELO REBELO DE SOUSA, *Direito Constitucional I – Relatório...*, p. 17.

II. A clara localização da função do professor do ensino universitário é já um sinal seguro daquilo que ele deve ser no tocante ao aluno. Postos de parte os problemas de natureza emocional e educacional, tornam-se despiciendas as questões associadas à disciplina, que são muito próprias dos ensinos básico e secundário.

Daí que o exercício da actividade do professor universitário seja mais fácil, não tendo de suportar todos os inconvenientes das complicações insertas naquelas dimensões, que raramente se encontram presentes.

O professor universitário pode assim dedicar-se à essencialidade do seu múnus: o ensino das disciplinas de cuja regência foi incumbido. E aí avulta uma perspectiva essencialmente intelectual, em que o professor deve ser visto como alguém que, sendo mais velho, sabe mais sobre aquela matéria, mas que tem também a preocupação que os seus alunos venham a saber tanto quanto ele.

III. Por isso mesmo, a relação entre professor e aluno é essencialmente uma relação simétrica, não se justificando já, pelo menos no nosso modo de pensar, as atitudes próprias de uma postura de relacionamento frio, distante e desnivelado.

Infelizmente, foi essa a nossa experiência na licenciatura em relação a alguns professores. Lembramo-nos de, certo dia, tendo colocado uma dúvida a um professor, este, não respondendo à pergunta, nem sequer se dignou parar o passo.

Isto para já não falar de outros sinais de indisponibilidade ou de arrogância intelectual em que por vezes se cai, de que são exemplos os comentários escritos nos exames, os apartes proferidos durante a realização de provas orais ou, em geral, as desconsiderações de quem encara os alunos, num futuro muito próximo, como potenciais inimigos, pela quota de mercado que irão preencher nos pareceres que vão elaborar ou na carreira académica que vão percorrer.

Em resumo: tudo sinais daquilo que não deve ser um professor universitário, a fazer lembrar a célebre frase de alguém que só não considerava a universidade perfeita por causa da existência dos alunos[691].

---

[691] Esta ideia do novo relacionamento entre professor e aluno fica bem explícita naquilo que DIOGO FREITAS DO AMARAL escreveu quando da abertura da Faculdade de Direito da Universidade de Lisboa aos primeiros alunos que recebeu, em Setembro de 1997: "**Novos métodos de ensino**: a aula teórica monologada será substituída pela aula dialogada, com activa participação dos alunos; tanto as aulas teóricas como as práticas

IV. Não basta, porém, proclamar uma relação próxima entre o professor e o aluno, mas identificar as atitudes que podem verdadeiramente avivá-la.

Um dos momentos mais relevantes dessa atitude é precisamente durante as aulas, no decurso do acto de comunicação, seja nas aulas teóricas, seja nas aulas práticas. Nas aulas teóricas, é sobremaneira relevante a expressão fácil do professor, a sua disposição e o seu à-vontade, não dando a entender aos alunos que está a "fazer um frete" ou que detesta mais a matéria do que o pior dos alunos presentes. Situação em que se pode observar bem esse estado de espírito é na capacidade que o professor deve demonstrar para manter o bom humor na sala de aula, naturalmente nunca à custa dos próprios alunos, evitando comentários jocosos a seu respeito, como às vezes é uma tentação, quando os estudantes não sabem responder ou respondem erradamente.

Pensa-se ser igualmente necessário assumir essa relação de proximidade entre o professor e o aluno nos intervalos das aulas e no início e no fim das mesmas, evitando-se atitudes de distância, que são deslocadas. É frequente que no fim do tempo lectivo os estudantes se acerquem do professor, colocando-lhe dúvidas e fazendo perguntas. Sem obliterar o tempo de intervalo, esse é um momento azado para efectuar tais esclarecimentos.

É ainda preciso evitar comportamentos particularmente agressivos por parte do professor, como aqueles que consistem, por vezes, em rígidas proibições de entrada na sala aos alunos que se atrasam cinco ou dez minutos, ou noutras quaisquer proibições equivalentes.

De um modo mais sistemático, é finalmente importante – sendo, além do mais, um dever específico inserto no ECDU – que o professor dedique tempo ao atendimento individual dos alunos, devendo para o efeito publicitar, pelo meio adequado, as horas da semana em que para tal se disponibiliza.

V. Em termos mais gerais, o sinal porventura mais amadurecido dessa relação próxima entre o professor e o estudante passa pela solicitude com que aquele acolhe tolerantemente a aprendizagem deste, dentro do pluralismo de opiniões que forçosamente caracteriza o espírito universitário.

---

serão dadas pelo professor da cadeira; haverá testes de aproveitamento frequentes; será estreitado o contacto dos professores com os alunos; haverá atendimento individual dos alunos...". Cfr. o *Guia da Faculdade 97/98*, pp. 4 e 5.

Dentro da liberdade de ensino que é constitucionalmente reconhecida, é possível a criação de estabelecimentos de ensino superior fundados num específico projecto educativo, que é mister preservar, tal regra não se afirmando explicitamente no ensino superior público.

Só que, no ensino público, embora não possa haver qualquer doutrinação específica, não se pode esperar que os professores sejam propriamente assépticos, tendo o direito de exprimir o seu pensamento e de exercer a liberdade de ensino. Assim como os estudantes também devem gozar da sua liberdade de aprendizagem.

Como quer que seja, uma coisa tem de permanecer intocável, que é o pluralismo: como muito bem escreve MARCELO REBELO DE SOUSA, "Numa sociedade democrática, a formação universitária, que sempre envolve valores objecto de transmissão e de debate, é indissociável do respeito pelo pluralismo de opiniões, que resulta da plena expressão da livre criatividade individual"[692].

73. A avaliação de conhecimentos e a realização de testes e exames

I. Um dos temas mais recorrentes de outros relatórios congéneres é a alusão ao modo como se efectua a avaliação de conhecimentos realizada durante a disciplina para que se propõe um programa[693].

Obviamente que se mete pelos olhos dentro a importância do momento da avaliação, o qual representa o culminar do esforço conjunto do professor e do aluno: aquele que conseguiu ensinar, fazendo com que o aluno saiba Direito Constitucional; este que conseguiu aprender, ficando habilitado a perceber os meandros do Direito Constitucional e a fazer a respectiva aplicação.

Só que também não se pode pensar que o programa a elaborar quanto ao ensino de uma disciplina é susceptível de se condicionar pelo esquema de avaliação. De alguma sorte, o regime de avaliação está extramuros do âmbito deste relatório, na medida em que vem a ser imposto pelo Regulamento da Faculdade em questão, não tendo propriamente que ver com os aspectos pedagógicos e metodológicos.

---

[692] MARCELO REBELO DE SOUSA, *Direito Constitucional I – Relatório...*, p. 17.

[693] Quanto à questão dos métodos de avaliação em geral, v., por todos, GEORGES NOIZET e JEAN-PAUL CAVERNI, *Psicologia da avaliação escolar*, Coimbra, 1985, pp. 9 e ss.

II. No caso da Faculdade de Direito da Universidade Nova de Lisboa, foram feitas importantes e inovadoras opções no tocante à problemática da avaliação dos conhecimentos[694].

Em matéria de exames final, prescindiu-se em geral da realização de provas orais, que só podem suceder para melhoria de nota, mediante a autorização expressa do Conselho Científico. A regra geral, portanto, é a da realização de um exame escrito final, logo que termine o tempo de leccionação, teórica e prática[695].

Do mesmo modo se admite, quanto às disciplinas optativas e que tenham poucos alunos, a substituição do exame final escrito pela apresentação de um trabalho, a apresentar e a discutir perante o professor, embora neste caso sejam escassas as garantias de objectividade e de igualdade na avaliação a fazer[696].

É assim também original a bitola de classificação dos alunos, os valores de 0, 1 e 2 como notas negativas e os valores de 3, 4, 5 e 6 como notas positivas[697]. Nos restantes estabelecimentos de ensino do país, a classificação é sempre de zero a vinte valores.

A classificação final, que consiste numa média ponderada em razão da diferente relevância das disciplinas em que o estudante obteve aprovação, expressa-se naquela mesma classificação[698], podendo ela ser convertida na escala de 0 a 20 valores[699].

III. A razão fundamental para a adopção deste novo esquema de avaliação associa-se à intenção de se pretender evitar a repetição inusitada dos exames escritos, no que as Faculdades de Direito têm sido bastante pródigas[700].

---

[694] Cfr. o Capítulo VII do Regulamento Curricular e Pedagógico.
[695] Cfr. o art. 28º, nº 1, do Regulamento Curricular e Pedagógico.
[696] Cfr. o art. 28º, nº 2, do Regulamento Curricular e Pedagógico.
[697] Cfr. o art. 30º do Regulamento Curricular e Pedagógico.
[698] Cfr. o art. 39º do Regulamento Curricular e Pedagógico.
[699] Cfr. o art. 40º do Regulamento Curricular e Pedagógico.
[700] SANDRA DUARTE FERREIRA (*Licenciatura em Direito*, p. 61), depois de expor o sistema de avaliação da Faculdade de Direito da Universidade Nova de Lisboa, no aspecto específico de só haver duas épocas de exames, logo imediatamente após o termo de cada semestre, remata o seu texto da seguinte forma: "Não há exames em Setembro. Os alunos desta Universidade têm, por esse motivo, um período de férias mais alargado".

No que este comentário tenha de pejorativo para esta Faculdade, na insinuação

Para além disso, no estrangeiro, quanto ao modo de avaliação, tem dominado a escassez do exame oral, sem se esquecer ainda ser de utilidade reduzida, gastando-se muito tempo na definição de uma nota que pouca ou nenhuma relevância terá no currículo do aluno.

IV. A orientação da avaliação dos conhecimentos, como se compreende, integra ainda uma preocupação pela personalização dessa actividade pedagógica essencial.

Isso quer dizer que o ensino é feito a cada estudante, no sentido de o mesmo ser inquirido a respeito dos seus conhecimentos, no mais amplo sentido desta palavra, em razão do programa ministrado.

Mas também é óbvio que a avaliação deve levar em consideração aspectos peculiares de cada aluno, na sua inserção específica na comunidade escolar e nas condições de que dispôs para levar por diante a tarefa de aprender.

São claramente de rejeitar todos os colectivismos pedagógicos, muito em voga há algum tempo atrás, que frisavam a tarefa de avaliação como uma expressão pseudo-democrática das bases ou das populações estudantis.

Rejeição essa que não pode conduzir ao extremo oposto de cairmos no individualismo educativo, no qual o estudante não passa de um mero número, abstractamente considerado numa tarefa educativa de tipo maquinal.

Deve-se, equilibradamente, fomentar um personalismo educativo, em que na avaliação, sendo essencialmente individual, se pode levar em consideração aspectos colectivos e aspectos concretos dos estudantes.

Como bem afirma MARCELO REBELO DE SOUSA, "E essa personalização não pode quedar-se numa mera abstracção, antes implica o apelo ao ensino, à apreensão de conhecimentos, à livre criação e expressão de cada discente"[701].

---

subliminar de que nela se estuda menos porque se fazem menos exames, é observação crítica que só podemos repudiar, a qual assenta no equívoco de se pensar que se tem mais férias por não haver tantos exames, quando se deve ver a questão sobretudo no modo como os estudantes organizam o seu tempo para a realização dos exames nas épocas pré-fixadas.

[701] MARCELO REBELO DE SOUSA, *Direito Constitucional I – Relatório...*, p. 18.

74. Os elementos de estudo

I. A disponibilização dos elementos de estudo é outro dos assuntos muito relevantes na esquematização do ensino do Direito em geral, o mesmo sucedendo com o Direito Constitucional.

Na verdade, seria sempre impensável que o ensino desta disciplina se pudesse fazer apenas com base na relação entre o professor e o aluno ocorrida durante a sala de aula, por mais fascinantes que fossem as técnicas áudio-visuais utilizadas, ou por mais atraente que fosse o modo como o professor ensinasse e cativasse os seus estudantes.

Por isso, torna-se indispensável que os estudantes lancem mão de elementos de estudos, os quais vão apoiar a sua aprendizagem do Direito Constitucional.

E estamos em crer que nessa tarefa da formação dos elementos de estudo ao professor de Direito Constitucional compete um papel insubstituível.

II. Os elementos de estudo a considerar são de variadíssima gama, sendo possível equacionar diversas categorias, embora de importâncias distintas, mas também cumprindo missões diferenciadas.

Da nossa parte, evidenciamos as seguintes:

– os escritos pedagógicos;
– a legislação constitucional e infra-constitucional;
– as decisões jurisprudenciais;
– outros textos e documentos.

É também por aqui que passa um dever instrumental de o professor fornecer aos alunos, no início de cada ano, para além do esforço que possa fazer em cada uma das valências ali enunciadas, um guia de estudo, com a indicação das referências dos elementos considerados relevantes na tarefa da aprendizagem[702].

---

[702] Tem sido essa a nossa prática quase constante: cfr. JORGE BACELAR GOUVEIA, *Direito da Igualdade Social – guia de estudo*, Lisboa, 2000, *Direito Financeiro – elementos de estudo*, Lisboa, 2002, *Direito Internacional Público I – elementos de estudo*, Lisboa, 2002, *Ciência Política – guia de estudo*, Lisboa, 2002, e *Direito Fiscal – guia de estudo*, Lisboa, 2002.

III. Os escritos pedagógicos são, a par com os textos normativos, uma das peças fundamentais dos elementos de estudo de que os estudantes devem dispor. É por esses escritos – tomando a forma de manuais impressos ou policopiados – que os estudantes acompanharão o andamento das matérias e melhor perceberão as aulas teóricas que sejam ministradas.

Como escreve JORGE MIRANDA, "As aulas não dispensam um texto escrito, um texto escrito não substitui as aulas. No texto podem os alunos encontrar uma versão mais rigorosa, mais sintética e com mais informações do que a que resulta da linguagem oral. Mas são as aulas que rasgam as barreiras da inteligibilidade, que, de ano para ano, emprestam uma visão ou uma coloração variada aos assuntos e que os conseguem tornar, ainda os mais áridos, acessíveis e até (por que não?) agradáveis"[703].

Ou como refere ANTÓNIO MENEZES CORDEIRO, "...a resposta é inequívoca: nas circunstâncias actuais, os conhecimentos trasmitem-se, no essencial, através de *lições escritas actualizadas*, elaboradas pelos docentes responsáveis pelas disciplinas"[704], depois rematando que "As lições escritas actualizadas tornam-se, assim, no elemento fulcral e imprescindível de qualquer ensino jurídico honesto e responsável"[705].

Mas esses escritos devem ser verdadeiramente pedagógicos, e não ser outra coisa que não permita a apreensão dos conhecimentos, o que se pode aferir por diversos relevantes índices:

- pela linguagem utilizada: devendo ser claros e simples, devidamente apropriados aos estudantes que ingressam na Faculdade, embora em caso algum possam colocar em crise a correcção técnica de quem ensina;
- pela completude das matérias: se cada disciplina tem um programa, é natural que os textos escritos que auxiliam esse ensino devam abranger a totalidade das matérias dadas, rejeitando-se visões parcelares;
- pela actualização da informação: o Direito Constitucional, talvez não tanto quanto outros ramos do Direito, também padece de problemas de desactualização, pelo que deve ser feito um esforço suplementar para se proceder à actualização dos escritos.

---

[703] JORGE MIRANDA, *Relatório...*, p. 551.
[704] ANTÓNIO MENEZES CORDEIRO, *Teoria Geral...* p. 490.
[705] ANTÓNIO MENEZES CORDEIRO, *Teoria Geral...*, p. 495.

Julgamos que é um dever indeclinável do professor de uma disciplina fornecer escritos pedagógicos seus, mas também se pode colocar numa situação em que não lhe seja possível cumprir tal dever: por estar há pouco tempo na regência, por não ficar muito tempo na regência, por excesso de disciplinas ou por se situar fora da sua área de investigação. Nesse caso, a responsabilidade pela ausência de um manual será decerto a partilhar com a própria instituição que fez a escolha do professor para essa disciplina.

De qualquer modo, não parece que os escritos a adoptar possam ser "escritos únicos" relativamente às fontes que aos alunos se permite consultar. A existência de manuais de estudo não pode nunca significar a proibição da consulta de outros manuais, não podendo assim o aluno ficar condicionado no acompanhamento que tem o direito de fazer do ensino teórico por outras fontes[706]. Aqui – como em tudo na vida universitária – exige-se a liberdade académica, que também passa pela possibilidade de se estudar por textos pedagógicos alternativos.

IV. Outro ponto fundamental no âmbito dos elementos de estudo diz respeito à legislação de que o estudante deve munir-se para realizar a sua aprendizagem do Direito Constitucional.

Sendo este ramo jurídico uma parcela do Direito Positivo de um Estado, essa legislação consiste essencialmente no texto constitucional, que normalmente se chama Constituição, como é o caso português.

Essa não é, porém, a única dimensão a referir: nas perspectivas histórico-comparatísticas, é ainda interessante que o estudante possa compulsar os textos de outras Constituições, estrangeiras[707] ou históricas

---

[706] Não resistimos a transcrever, a este propósito, o seguinte trecho de TRINDADE COELHO: "Bom estudante, em geral, era, pois, o que manejava a sebenta com habilidade – e alguns havia de tal modo peritos que a sugavam sem lhe deixar uma gota, e o lente nem percebia... Olho na sebenta, olho no lente, *passando-a* através do livro se era preciso voltar as folhas, parecia até que nem tinham sebenta; e os outros, menos habilidosos, esses ou a extractavam em pedaços de papel onde só figurava de *apontamentos*, ou então resumiam nas margens o texto das páginas, e, deixando as margens fora de um livro, ou em geral de um folheto qualquer que se pudesse enrolar em forma de batuta, *cantavam a sebenta* como uns papagaios – e ia-se a ver não sabiam palavra!". Cfr. TRINDADE COELHO, *A sebenta*, in REINALDO DE CARVALHO e PAULO FERREIRA DA CUNHA, *História...*, V, p. 244.

[707] Cfr. a nossa publicação, numa edição inédita em língua portuguesa, JORGE BACELAR GOUVEIA, *As Constituições dos Estados da União Europeia*, Lisboa, 2000.

portuguesas[708], assim melhor concretizando o estudo que sobre as mesmas está a fazer.

Cumpre ainda dizer que o Direito Constitucional, não obstante estar formalmente localizado no topo do ordenamento jurídico, muitas vezes se desenvolve por diversa legislação ordinária, não sendo raro que as compilações que integram o texto actualizado da Constituição incorporem outros textos normativos infraconstitucionais, como a Lei do Tribunal Constitucional e o Regimento da Assembleia da República[709].

V. As decisões de natureza jurisprudencial constituem outro tipo de elemento de estudo muito útil nas aulas práticas, o que não se confunde com qualquer exigência de observação diuturna do trabalho dos tribunais na aplicação do Direito Constitucional, de entre eles avultando, claro está, o trabalho do Tribunal Constitucional.

É muitas vezes pela leitura e estudo das decisões jurisprudenciais que melhor se vivencia o Direito Constitucional, sobretudo nos espaços de conformação e interpretação que o mesmo permite para os diversos actos jurídico-públicos praticados pelos órgãos constituídos.

Para uma melhor apreensão do Direito Constitucional, com o que isso tem de tratamento aprofundado, é necessário recorrer às decisões jurisprudenciais, que assim permitem tomar contacto directo com uma sua importante aplicação, com a adicional vantagem de se referirem a casos reais, e não a casos imaginários.

VI. Outras informações há que identicamente se inscrevem nesta preocupação de fornecer aos estudantes os convenientes elementos de estudo.

É bastante útil que possam ter acesso aos exames anteriormente produzidos pelo regente da disciplina, não obviamente porque se irão repetir, mas porque se percebe o "estilo" do professor, embora não se deva considerar que a Faculdade exista para os exames, mas sim que os exames existem para a Faculdade.

---

[708] Cfr. o importante trabalho de JORGE MIRANDA, *As Constituições Portuguesas*, 4ª ed., Lisboa, 1997.

[709] Realizámos essa tarefa em fins de 2001, publicando o texto entretanto modificado da Constituição Portuguesa, bem como de diversa legislação complementar: JORGE BACELAR GOUVEIA, *Constituição da República Portuguesa e Legislação Complementar*, 2ª ed., Lisboa, 2001.

Atentando nas novas tecnologias, outra hipótese extremamente frutificante em matéria de elementos de estudo é a consulta de sítios na Internet, sendo cada vez mais vulgar a possibilidade de aí se alcançarem importantes documentos, da mais variada natureza: legislativos, jurisprudenciais, históricos, políticos, ou outros.

75. O uso das novas técnicas áudio-visuais de comunicação

I. O ensino universitário do Direito Constitucional, tal como ele é visto na Faculdade de Direito da Universidade Nova de Lisboa, é um ensino de matriz presencial, o qual requer por isso a presença dos estudantes e o seu contacto com os professores, que ali se deslocam para dar as aulas.

Assim também sucede com o Direito Constitucional, facto particularmente mais óbvio se se pensar no seu carácter de disciplina introdutória e tematicamente mais difusa, a exigir uma específica e forte orientação presencial por parte do professor que dela seja incumbido.

Isto, porém, não nos pode fazer esquecer que o ensino superior não é necessariamente presencial, havendo instituições que, com bastante êxito, têm promovido o ensino a distância, como é o caso, em Portugal, da Universidade Aberta.

II. A natureza presencial do ensino do Direito Constitucional – como do ensino do Direito em geral – implica que o meio de comunicação seja por excelência, no acto de aula, o discurso oral. É através da fala que o professor ensina o Direito Constitucional, aspecto que depois se complementa pelos textos escritos que eventualmente produza.

O avanço da Ciência e da Técnica tem, contudo, provocado a emergência de uma gama apreciável de novos esquemas de comunicação, os quais podem ser claramente aproveitados em benefício da comunicação pedagógica, que assim já não tem de exclusivamente escorar-se naquele discurso oral.

Não é difícil perceber a sua extraordinária importância no campo das ciências matemáticas ou da natureza. Mas elas igualmente são úteis no campo das ciências sociais, incluindo o Direito. Para este mesmo progresso apontam os *Princípios Orientadores da Faculdade de Direito da Universidade Nova de Lisboa*: "A FDUNL utilizará no seu ensino as novas tecnologias e os meios áudio-visuais, quer de carácter geral, quer de índole jurídica"[710].

No entanto, esta utilidade intrínseca das novas tecnologias de comunicação para o ensino presencial – como é o caso da projecção de transparências em retroprojector, o *power point* ou o *data show* – não pode ser vista como gerando uma idêntica utilidade pedagógica, porquanto ela se relaciona apenas com alguns símbolos da comunicação e apenas com a essência de algumas matérias a ensinar.

III. O certo, porém, é que o ensino do Direito em geral, não fugindo a essa regra o ensino do Direito Constitucional, se tem mostrado bastante avesso à introdução dessas novas tecnologias. Ao entrarmos numa sala de aula, é raro encontrarmos a presença de meios audio-visuais, panorama totalmente diferente em estabelecimentos de ensino de outras áreas científicas.

É necessário perceber que o discurso jurídico não tem tanta aptidão a uma revelação audio-visual, segundo estas novas tecnologias, como outras ciências certamente o têm, mas isso não determina a sua impossibilidade ou inutilidade.

Pelo contrário: parece que se impõe um esforço de fazer uso dessas tecnologias sempre que possível, através da apresentação de esquemas ou desenhos, que impressiva e instantaneamente comunicam aquilo que pode demorar minutos a ser feito pela via do discurso oral.

A fraca adesão por parte dos professores a estas novas tecnologias radica, segundo cremos, não tanto na sua inadequação para o ensino do Direito, quanto essencialmente pelo trabalho de preparação que elas convocam, o que deve ser analisado no quadro dos deveres a que os professores se submetem no domínio da preparação das suas aulas.

---

[710] Princípio Orientador nº 12 dos *Princípios Orientadores da Faculdade de Direito da Universidade Nova de Lisboa*.

§ 20º O ensino teórico do Direito Constitucional

76. O modelo do ensino magistral e as suas limitações

I. O ensino teórico do Direito nas Faculdades Portuguesas, quanto ao modo como se organiza, tem sido tributário do designado método magistral.

Este modelo consiste no ensino em que o professor regente das disciplinas, apenas leccionando aulas teóricas, expõe as matérias aos alunos, que guardam o maior silêncio e, na maior parte das vezes, também muita atenção àquilo que é dito[711].

O professor de aulas teóricas, neste modelo, é o depositário do saber, cuja porta vai gradualmente abrindo para permitir o acesso dos que se pretendam aproximar e, assim, poderem com ele partilhar desse mesmo conhecimento.

Segundo o programa que é definido, o professor procede à leccionação com base numa sequência ali ferreamente estabelecida, cabendo-lhe o dever de fazer uma exposição mais ou menos conceptual de um conjunto de noções e de ideias, numa base essencialmente legalista, tomando como ponto de partida os textos jurídico-positivos.

II. É mister reconhecer alguns méritos a este modelo, porquanto permite, com formalismo, a identificação das matérias que são leccionadas, bem como a sua arrumação linear, de acordo com a cadência programaticamente definida.

Noutra perspectiva, este modelo de ensino teórico permite normalmente um bom desempenho no ritmo da leccionação, não sendo difícil ao professor calibrar bem o tempo dispendido em cada matéria, assim também conseguindo chegar ao fim sem grandes adaptações.

---

[711] Quanto a este método de ensino, v., de entre outros, JAIME PUJOL BALCELLS e JOSÉ LUÍS FONS MARTIN, *Os métodos no ensino universitário*, Lisboa, 1985, pp. 21 e ss.

III. Mas também ostenta algumas desvantagens, as quais se mostram sobretudo visíveis na secura das aulas, bem como na rigidez da sequência das matérias.

Porém, talvez o pior seja o facto de trazer o inconveniente de fazer perder a atenção e o interesse dos alunos, uma vez que dificilmente se sentem participantes no processo de ensino-aprendizagem.

Em vez de se considerarem elementos activos, quedam-se marginalizados, deste modo falhando na sua capacidade de apreender os conhecimentos que estão a ser ministrados.

Calha bem aludir, a este propósito, a um conhecido escrito de PLATÃO, o *Ménon,* em que se bem evidencia o facto de parte do saber ser algo de inato, que deve ser habilmente extraído pelo professor, numa atitude oposta à do professor que só ensina magistralmente: "E, pelo menos, agora (há pouco, como num sonho), as referidas opiniões vieram à tona, dentro desse homem. E, se uma pessoa lhe continuar a fazer perguntas, muitas vezes e de vários modos, sobre os mesmos assuntos, ficas a saber que ele acabará por conhecer os ditos assuntos, com não menor exactidão do que qualquer outra criatura"[712].

77. Um modelo misto de ensino teórico na Faculdade de Direito da Universidade Nova de Lisboa

I. Muitas razões estiveram na génese da Faculdade de Direito da Universidade Nova de Lisboa. Mas talvez uma das mais fortes de todas sublinha a criação desta Faculdade com o fito específico de mudar o panorama do ensino do Direito em Portugal, numa senda também atinente aos métodos de ensino a abraçar.

Isso mesmo foi profusamente afirmado em diversas ocasiões, por diversas pessoas, assim sendo assumido em textos normativos que são a coluna vertebral desta instituição de ensino: como se pode ler nos *Princípios Orientadores da Faculdade de Direito da Universidade Nova de Lisboa,* "A FDUNL afirma uma preferência marcada pela substituição da aula teórica, monologada, por aulas teórico-práticas, dialogadas"[713].

---

[712] PLATÃO, *Ménon,* 2ª ed., Lisboa, 1993, p. 91.

[713] Princípio Orientador nº 10 dos *Princípios Orientadores da Faculdade de Direito da Universidade Nova de Lisboa.*

Neste aspecto, o desejo – e a progressiva concretização desse desejo, que se vive diuturnamente numa experiência que já tem de seis anos – de mudança do método de ensino assume-se por contraponto ao paradigma que até há bem pouco tempo tinha sido o único modelo adoptado em Portugal pelas outras Faculdades de Direito: o paradigma do ensino magistral.

II. No que ao método do ensino teórico diz respeito, esta mudança passa, segundo podemos interpretar, pela conjugação entre o modelo magistral e o modelo dialógico, em que se apela à intervenção e ao diálogo com os alunos presentes na sala de aula.

Ora, a Faculdade de Direito da Universidade Nova de Lisboa pretende rasgar com o modelo magistral, se entendido como modelo único, e permitir que o ensino das disciplinas jurídicas possa igualmente socorrer-se de outros métodos pedagógicos.

Deste modo, assume-se o objectivo de suavizar o carácter magistral das aulas teóricas com o apelo à intervenção dos alunos, fazendo com que as aulas sejam também espaços de diálogo, e não apenas circunstâncias de monólogo magistral[714].

Tal não significa, reversamente, que o professor deixe de dar aulas teóricas, ou que se descobriu, algo genialmente, um método que afasta o anterior. O que está em causa é tão-só uma conciliação entre dois modelos distintos, mas que podem andar a par:
– o modelo magistral; e
– o modelo dialógico.

III. O modelo magistral, reduzido no seu alcance, continua a ser decisivo no ensino do Direito, na medida em que é através da comunicação do professor que o aluno toma conhecimento das matérias e que pode apreendê-las.

Não se pode comparar a leitura da bibliografia de estudo com as aulas do professor, porquanto sendo o discurso oral necessariamente diverso do discurso escrito, o aluno ficará sempre a beneficiar das características do discurso oral, que é mais sintético, interessante e preciso.

---

[714] Como se diz no art. 15º, nº 1, do Regulamento Curricular e Pedagógico, "As aulas teóricas ou teórico-práticas devem obedecer a um modelo dialogado e participado pelos alunos".

Noutra óptica, o discurso oral é sempre muito mais adaptável e actualizável perante as mudanças jurídicas e políticas ocorridas. Esta é uma boa ocasião para ensinar algo que nos livros está desactualizado ou para introduzir pequenos apartes, anedotas ou histórias que tornam o ensino muito mais atractivo, fazendo despertar no aluno o gosto pelas matérias.

IV. O facto de o ensino magistral ser fundamental, mantendo o seu lugar, não quer dizer que seja o único, do princípio ao fim da aula. É também de toda a conveniência que as aulas possam ser entendidas de acordo com o método dialógico.

Este consiste na faculdade dada aos alunos de poderem interromper o discurso do professor, que não falará durante todo o tempo da lição. O sentido dessa interrupção é o da colocação de dúvidas ou de sugestão de temas, permitindo ao professor desenvolver matérias laterais ou esclarecer assuntos mal explicitados.

A vantagem deste sistema reside essencialmente no facto de o aluno não ser, durante todo o tempo de aula, uma mero espectador, que escreve ou sublinha aquilo que o professor diz. Pelo contrário, a sua atenção e interesse aumentam substancialmente porque:

– ao sentir dúvidas, não se sente excluído, e no momento próprio as coloca, não se lhe quebrando o fio do pensamento, todos nós sabendo quão difícil é perguntar algo que está deslocado do momento propício para o fazer;

– ao sentir interesse por certo aspecto, permite ao professor tornear uma linha demasiado rígida de exposição e proporcionar-lhe um momento de especial conversação.

V. Todavia, não se pense que este ensino dialógico não tem também as suas desvantagens, porque igualmente as tem, devendo por isso ser utilizado com toda a prudência.

O ponto fundamental é que este método não pode estar em consideração como um substituto do método magistral, antes sendo ambos os métodos complementares um do outro.

E porquê? Porque o método dialógico, se na verdade permite ao aluno colocar as suas dúvidas e torná-lo um sujeito activo do processo ensino-aprendizagem, não é menos verdade que é pouco sistemático e muito dispersivo.

É pouco sistemático porque o diálogo professor-aluno, como aliás, qualquer diálogo, não se submete a uma grelha previamente definida. E isso tem o risco de potenciar repetições ou abordagens de temas fora da sua pertinência pedagógica.

É muito dispersivo porque, se levado ao extremo, acicata a curiosidade do aluno para temas mais imediatos, não tendo normalmente o aluno a disciplina de, por vontade própria, avançar para novos conceitos e novas zonas temáticas. Assim se corre o risco de o programa perder o seu ritmo normal, com o prejuízo de, no final do semestre, não ser possível cobrir todos os tópicos constantes dos objectivos inicialmente desenhados.

78. O ensino teórico misto no Direito Constitucional

I. Por aqui se percebe que a essência do método do ensino teórico na Faculdade de Direito da Universidade Nova de Lisboa corresponde a um sistema misto, baseado no modelo magistral, mas em que o modelo dialógico também assume o seu relevante papel[715].

Claro que em abstracto é impossível determinar ao certo o exacto esquema de como, em cada aula, se deve estabelecer esse equilíbrio, de acordo com a necessidade de sublinhar as vantagens de cada um desses modelos, ao mesmo tempo se pretendendo suavizar ou mesmo eliminar as respectivas desvantagens.

Eis uma tarefa que se integra na essência da actividade do professor, na qual ele vai revelar toda a sua arte, apenas se podendo dizer que pode depender de alguns factores fundamentais, igualmente considerando a disciplina que está em causa:

– o número dos alunos presentes na sala;

---

[715] Vem a ser essa a proposta de CARLOS FERREIRA DE ALMEIDA (*Direito Comparado...*, p. 162), feita sobre o modelo oficial, essencialmente magistral, da Faculdade de Direito da Universidade de Lisboa: "Entretanto, algumas adaptações se podem introduzir no sistema «oficial». Por um lado, permitir e até estimular intervenções orais dos estudantes durante as «aulas teóricas», para a formulação de dúvidas e de comentários. Tais interregnos na exposição do regente, desde que controladas, são compatíveis com a adequada articulação de discurso, em especial se, como tem sucedido, o número de presentes não atingir a centena de alunos. Por outro lado, dedicar algumas das aulas plenárias à explicação dialogada de matérias mais difíceis e dirigir pessoalmente algumas aulas em subturma".

- o seu grau de amadurecimento jurídico;
- a natureza das matérias a ministrar; e
- a extensão dos conteúdos programáticas a leccionar.

II. Já DIOGO FREITAS DO AMARAL, em trabalho para provas académicas, defendia este sistema misto, pensando numa disciplina de Direito Público, que era Direito Administrativo: "Consideramos, com efeito, que deve haver semanalmente um número de horas de aulas práticas igual ou superior ao das aulas teóricas e somos, por outro lado, francamente favoráveis à transformação de uma parte significativa das aulas teóricas no que se tem chamado *aulas teórico-práticas*, ou seja, aulas em que numa mesma sessão se combinam momentos de exposição do professor com momentos de participação activa dos alunos"[716].

Esta proposta pedagógica recebeu recentemente, porém, uma tão contundente quanto despropositada crítica de CARLOS BLANCO DE MORAIS, ao afirmar, em trabalho sobre o ensino do Direito Constitucional, contra esta posição e contra a sua aplicação episódica na Faculdade de Direito da Universidade de Lisboa, que "Julgamos não ser impressiva a substituição das aulas teóricas e práticas por teórico-práticas, já que tal implica um retrocesso dos métodos de ensino universitário, o qual se aproximaria perigosamente dos que são utilizados no ensino secundário"[717].

Não pondo em questão as virtualidades pedagógicas do ensino secundário, que decerto tem a vantagem de ter apostado mais na formação pedagógica dos respectivos professores, comparativamente àquilo que sucede com o ensino superior, eis uma crítica – a de haver o perigo de transformar o ensino superior em ensino secundário só por haver aulas teórico-práticas – que se apresenta totalmente destituída de fundamento, assentando num claro complexo de inferioridade do professor universitário.

III. Defendendo a validade científico-pedagógica deste sistema misto magistral-dialógico, importa olhar especificamente ao modo como o mesmo se pode efectivar no ensino do Direito Constitucional.

Atendendo àqueles diversos factores mencionados, até estamos em crer que o Direito Constitucional representa um boa base "laboratorial" para a conjugação destes dois modelos de ensino:

- relativamente ao número de alunos, o facto de não ser muito

---

[716] DIOGO FREITAS DO AMARAL, *Relatório...*, p. 316.
[717] CARLOS BLANCO DE MORAIS, *Direito Constitucional II...*, p. 306.

extenso, atendendo ao limite máximo de 100, dos quais frequentarão as aulas cerca de metade, facilmente se proporciona que, ao lado do ensino magistral, possa haver interpelações, sem com isso se obliterar o tempo essencial que àquele deve atribuir-se;
– no que toca ao amadurecimento intelectual, a colocação das disciplinas no primeiro ano, embora possa a base dialógica ser prejudicada por uma maior indisciplina própria da idade, sem dúvida que favorece o diálogo, dado que os alunos enfrentam o discurso jurídico pela primeira vez, muito carecendo de pontes comunicacionais com o seu anterior mundo liceal;
– no que tange à natureza das matérias a ensinar, essencialmente pondo em relevo os pontos histórico-comparatísticos, bem como a proximidade do Direito Constitucional da actividade política, podem ser muito úteis as interpelações dos alunos, na medida em que essas matérias confiram uma boa base de inspiração na atenção e na aprendizagem que venham a fazer.

§ 21º O ensino prático do Direito Constitucional

79. As aulas práticas e a sua leccionação

I. A perspectiva complementar que é dada pela utilização simultânea do método magistral e do método dialógico está também relacionada com as aulas práticas, que na Faculdade de Direito da Universidade Nova de Lisboa existem com autonomia pedagógica, em função delas também se avaliando da importância das disciplinas para a ponderação da média final de curso.

O sentido que academicamente se atribui às aulas práticas é o de aí se permitir uma aproximação por parte dos alunos da realidade jurídica que foi previamente ministrada nas aulas teóricas, numa concepção radicalmente distinta da que se pratica nestas.

Outro ponto importante é o de que as aulas práticas não servem para a leccionação de matérias novas, antes se devendo debruçar sobre matérias já previamente dadas[718].

II. A regra estabelecida na Faculdade de Direito da Universidade Nova de Lisboa é a de que as aulas práticas são dirigidas pelo mesmo professor que tem o encargo da regência dessa disciplina nas aulas teóricas[719].

---

[718] Como bem escreve MARCELO REBELO DE SOUSA (*Direito Constitucional I – Relatório...*, p. 19), "*O ensino da Ciência do Direito (...) deve assegurar o equilíbrio adequado entre o ensino teórico e o prático*, dando a este tanto maior relevo quanto ele constitua o meio mais adequado para convidar à análise concreta das normas jurídicas, à ponderação dos valores que elas visam consagrar, à identificação das estruturas condicionantes da sua génese e vigência".

[719] Ainda se estabelecendo, como se preceitua no art. 15º, nº 2, do Regulamento Curricular e Pedagógico, que "As aulas práticas não poderão, em princípio, ser utilizadas para ministrar matéria nova".

E também se dizendo no Princípio Orientador nº 15 dos *Princípios Orientadores*

Eis mais uma situação em que se efectiva uma mudança profunda relativamente às experiências pedagógicas de outros estabelecimentos de ensino do Direito em Portugal.

Sendo a carreira académica composta por dois grandes grupos de docentes – os docentes doutorados e os docentes não doutorados –, tem sido tradição confiar as aulas teóricas aos professores, com pontuais excepções, e as aulas práticas aos docentes não doutorados (assistentes, assistentes estagiários e até monitores).

Mas não se pode esconder que esta é uma prática que vai contando com excepções cada vez mais numerosas, fazendo com que o ensino por parte dos doutores se vá reduzindo substancialmente, como sucede quando o ensino das aulas teóricas, por falta de doutores, tem de ser atribuído a assistentes.

III. É nossa profunda convicção – sendo este igualmente um aspecto fundamental do edifício pedagógico da Faculdade de Direito da Universidade Nova de Lisboa – que há inúmeras vantagens associadas à leccionação simultânea das aulas teóricas e práticas por parte do mesmo docente, no caso com a acrescida exigência de se tratar de um doutor.

Uma primeira vantagem é logo visível no objectivo da qualidade. Se o docente é doutorado, por força das provas académicas a que se submeteu, tendo presumivelmente mais qualidade do que um docente não doutorado, é natural que isso também se reflicta no seu ensino, ficando os alunos duplamente a beneficiar da sua leccionação nas duas modalidades de aulas.

Outra vantagem possível é atinente à melhor coordenação dos trabalhos teóricos e dos trabalhos práticos. Se as aulas teóricas e práticas são dadas pela mesma pessoa, é de crer que isso, por si só, garanta uma maior unidade na leccionação das matérias, o que também se obtém com menor esforço burocrático, não sendo necessário marcar reuniões para coordenar o que quer que seja.

Terceira vantagem que se pode experimentar liga-se ao ritmo da leccionação, uma vez que, sendo a mesma pessoa a ter as duas responsabilidades, pode melhor aperceber-se do grau de entendimento dos alunos

---

da Faculdade de Direito da Universidade Nova de Lisboa que "A leccionação efectiva das aulas teóricas, teórico-práticas e práticas competirá aos professores, não podendo ser delegada, salvo casos pontuais e excepcionais, em assistentes".

nos dois "andamentos" – o teórico e o prático – e assim também podendo, durante o semestre lectivo, melhor direccionar os seus esforços pedagógicos, em ordem a obter melhores resultados.

IV. Por uma questão de honestidade pedagógica, não nos podemos esquecer de aludir a um ou outro aspecto que pode ser prejudicial neste esquema de simultânea leccionação das aulas teóricas e das aulas práticas pelo mesmo professor.

É que, sendo o mesmo docente, é provável que se possa limitar algo que é muito caro na vida académica, que é o contacto com novos professores, na convicção de que há potencialmente maior riqueza científico-pedagógica em duas pessoas, que comunicam regularmente com os seus alunos, do que numa só pessoa, ao aparecer na dupla veste de professor das aulas teóricas e das aulas práticas.

Por outro lado, psicologicamente, a diferença entre o professor das aulas teóricas e o professor das aulas práticas pode ser benéfica, pelo contacto que os alunos têm, numa mesma matéria, com duas personalidades distintas, as quais podendo eventualmente compensar-se nos seus traços psico-pedagógicos.

Contudo, não parece que estas desvantagens possam ser superiores às vantagens que se associam ao ensino ministrado por um único docente – este sistema é economicamente mais vantajoso e mais motivador do percurso académico.

Além do mais, torna o ensino superior ainda mais desafiante porque sinceramente acreditamos que é mais difícil dar uma aula prática do que uma aula teórica[720].

80. A resolução de casos práticos

I. Enquadradas as aulas práticas, bem como feito o esclarecimento sobre quem recai o respectivo encargo, resta observar alguns dos seus conteúdos[721], não se pretendendo falar de todos os que são conjecturavelmente possíveis.

---

[720] Não obstante a opinião contrária, por exemplo, de VASCO PEREIRA DE SILVA, *Ensinar Direito...*, p. 119.

[721] Cfr. as interessantes sugestões feitas por DIOGO FREITAS DO AMARAL, *Relatório...*, pp. 317 e ss.; JORGE MIRANDA, *Relatório...*, pp. 552 e ss.; VASCO PEREIRA DA SILVA, *Ensinar Direito...*, pp. 122 e ss.; MARIA TERESA PIZARRO BELEZA, *Direito Processual...*, pp. 57 e ss.

Sendo o Direito em geral uma realidade profundamente concreta, ao condicionar a vida das pessoas organizadas em sociedade, não seria aceitável nele descurar uma dimensão prática, que pudesse chegar às muitas situações da vida de todos nós.

Ora, o mesmo é inteiramente verdade para o Direito Constitucional, importando vislumbrar os aspectos específicos por que esse objectivo se pode tornar real.

II. O principal eixo do trabalho lectivo que se deve desenvolver nas aulas práticas é constituído pela resolução de casos ou hipóteses, as quais traduzem a descrição de situações da vida – umas inventadas, outras reais – em que se pode pôr à prova a aplicação do Direito em questão.

Para além de ser essencial no Direito em geral, a resolução dos casos práticos é também essencial no Direito Constitucional, embora não tenha sido essa durante algum tempo a tendência dominante. É que para certos autores, o Direito Constitucional mostrar-se-ia demasiado afastado dos cidadãos, para suscitar da parte deles a resolução de casos.

Não é isso o que se passa hoje, resultado essencialmente justificado por o Direito Constitucional ter sido acrescentado em alguns novos conteúdos, numa dupla vertente:
– numa vertente social, com o aparecimento e consolidação dos direitos fundamentais;
– numa vertente institucional, com o surgimento dos mecanismos de fiscalização da constitucionalidade.

III. O facto de a actividade de resolução dos casos práticos nas aulas práticas poder ser a actividade principal não significa que toda a matéria do Direito Constitucional seja susceptível de sustentar a respectiva realização.

Se os casos práticos implicam uma dimensão concreta do Direito Constitucional, só se justifica que esses exercícios sejam levados a cabo perante o Direito Constitucional vigente.

Ora, olhando aos diversos núcleos do programa de Direito Constitucional, verificamos que nem todos eles viabilizam a sua resolução.

É o que sucede com as seguintes matérias:
– matérias de natureza conceptual;
– matérias de natureza filosófica;
– matérias de natureza histórica;
– matérias de natureza comparativa.

Essencialmente no que toca a estas últimas, não se coloca qualquer óbice de índole pedagógica porque se trata de Direitos Constitucionais vigentes, não em Portugal, mas noutros Estados, relativamente aos quais os respectivos métodos de ensino igualmente favorecem a resolução de casos práticos.

Só que estando nós em Portugal, e tendo um leque tão vasto de matérias para versar, pouco sentido faria a resolução de casos práticos de Direitos Constitucionais Estrangeiros.

Já relativamente aos outros núcleos temáticos do programa de Direito Constitucional, a justificação para sobre eles não haver a resolução de casos práticos parece ser mais substancial:

– ou porque, pura e simplesmente, tal se revela impossível, como sucede nas matérias mais conceptuais e filosóficas;
– ou porque, menos drasticamente, como sucede com as matérias históricas, não se julga que tenha qualquer utilidade fazer recuar no passado os alunos na aplicação de normas que já não vigoram hoje, afirmação tanto mais certeira quanto mais distantes forem essas soluções históricas das soluções actuais.

IV. Sendo uma actividade principal das aulas práticas, a resolução dos casos práticos deve ser concebida como uma actividade continuamente desenvolvida ao longo dos semestres de leccionação.

Não se afigura lógico, por isso, que a respectiva colocação possa ser remetida para o final do tempo lectivo, ou de alguma forma se possa sectorizá-la em função de certos conteúdos que pudessem melhor fundamentar essa opção.

Isso seria sempre anti-pedagógico porque concebemos a resolução dos casos não apenas como meio de tornar as matérias constitucionais mais atractivas como igualmente uma via para a intensificação do grau de percepção dos respectivos problemas.

V. O modo como os casos práticos são trabalhados nas aulas práticas deve adequar-se às condicionantes próprias do ensino que está a ser especificamente feito.

Tendo cada aula a duração de 75 minutos, o caso não pode ser excessivamente longo, não obstante o facto de esse ser um tempo bastante suficiente para se proceder à respectiva dilucidação.

Por outro lado, embora seja mais fácil para os alunos o método da indicação de perguntas concretas às quais se quer uma resposta directa, é de toda a conveniência que o exercício seja aberto a outras questões ou que, simplesmente, o caso não tenha perguntas específicas, analisando-se cada tema versado e, relativamente ao mesmo, ensaiando-se mais de uma explicação.

Por fim, a resolução do caso prático deve ser feita de forma a que possa participar o maior número possível de alunos, cabendo ao professor a incumbência de diversificar os alunos convidados, assim também evitando que sejam sempre os mesmos a responder.

81. A análise de decisões jurisprudenciais

I. Outra linha importantíssima a desenvolver no trabalho das aulas práticas de Direito Constitucional refere-se à análise de casos resolvidos pela jurisprudência.

E esta, uma vez mais, nem sequer vem a ser uma realidade específica do Direito Constitucional, sendo, ao invés, uma necessidade genericamente sentida em qualquer ramo do Direito.

Eis uma tarefa prática tanto mais fácil de executar quanto é certo a importância da jurisdição constitucional – independentemente do sistema de fiscalização utilizado – ter continuamente aumentado pelo incremento das intervenções jurisprudenciais aplicando o Direito Constitucional.

Claro que no caso do Direito Constitucional de Portugal, a existência de um Tribunal Constitucional, já com 20 anos de vida, permite tornar essa possibilidade bem mais real.

II. A importância que se atribui à análise das decisões jurisprudenciais radica na natureza eminentemente prática do Direito, a qual igualmente explica a conveniência da resolução de casos práticos.

Simplesmente, agora o prisma é um pouco diferente, porquanto não só os casos são reais – e não fictícios, como sucede normalmente nos casos práticos – como igualmente incluem uma intervenção cogente da entidade jurisdicional, que aplica o Direito Constitucional.

Tal circunstância torna o caso prático, que já é uma situação da vida solucionada pela entidade jurisdicional, muito mais interessante. Uma coisa é o aluno resolver uma hipótese prática que sabe que nunca se verificou; outra coisa é apreciar a aplicação do Direito Constitucional a pessoas e situações determinadas e concretas, tendo aí produzido efeitos reais.

O fundamental a sublinhar não é, contudo, isso: é que os casos jurisprudenciais se afirmam como um momento essencial na aplicação do Direito Constitucional, tanto mais relevantes quanto maior for o contributo densificador do Tribunal Constitucional.

Certamente que não estamos a advogar a erecção do Tribunal Constitucional a órgão genericamente produtor de normas constitucionais, nem isso sequer seria felizmente possível pelo enquadramento histórico-metodológico do sistema jurídico a que pertencemos na Europa Continental.

Todavia, tal não obsta a que o papel do Tribunal Constitucional possa ser relevante nas situações em que o legislador constitucional lhe deferiu uma margem de conformação jurisprudencial, no preenchimento de conceitos indeterminados e na tipificação de cláusulas gerais, para além de outros factores que tornam mais apreciável o papel da jurisprudência.

Não se pode esconder finalmente uma razão prático-estratégica para a utilidade de conhecer os momentos fundamentais da jurisprudência constitucional: é que na aplicação do Direito Constitucional a fazer pelos futuros profissionais do Direito, aqui avultando os advogados que lidam cada vez mais com estas questões de contencioso constitucional, é bom saber-se as diversas correntes jurisprudenciais, com o que se prevê mais facilmente o sucesso das respectivas intervenções forenses.

É certo que nem sempre podemos concordar com as tendências constitucionais que se estabelecem, sendo até frequente que a doutrina constitucional as ponha em causa, por vezes com toda a veemência. Mas não é menos certo que os tribunais mais facilmente aplicarão decisões já por si anteriormente tomadas do que novas doutrinas que não provêm do seu seio, por mais justas e acertadas que sejam.

III. No caso do Direito Constitucional Português, a jurisprudência com que vale mais a pena trabalhar é a dos acórdãos do Tribunal Constitucional, embora alguns dos pareceres e decisões da anterior Comissão Constitucional possam revelar-se de grande importância, nos momentos iniciais e agudos da implantação da nova ordem constitucional. Estamos a pensar concretamente em pareceres relativos a questões da Constituição económica.

O facto de esta maior relevância dever ser posta no Tribunal Constitucional e, eventualmente, na Comissão Constitucional, não afasta em absoluto ainda a possibilidade da análise de decisões de outros tribunais. O sistema português de fiscalização da constitucionalidade não entrega o monopólio da fiscalização ao Tribunal Constitucional, podendo os outros tribunais igualmente exercer um poder jurisdicional próprio – ainda que não definitivo e estando subordinado ao Tribunal Constitucional – de fiscalizar a conformidade dos actos normativos para com a Constituição.

IV. Actualmente, o conjunto das decisões jurisprudenciais do Tribunal Constitucional, pensando agora especificamente neste órgão, é de tal forma gigante que legitimamente se pergunta como fazer uma necessária selecção, já que se mete pelos olhos dentro que apenas poucos desses acórdãos é possível comentar nas aulas práticas.

A acumulação dos muitos acórdãos que já foram produzidos coloca, por outra parte, a questão da necessidade de escolher os mais recentes, ainda que por vezes os *leading cases* sejam os mais antigos, para os quais aqueles se limitam a remeter.

Estamos em crer que essa busca deve levar em linha de conta, na sua essência, a variedade de questões, abrangendo os diversos núcleos do Direito Constitucional, jamais os programas das disciplinas limitando a escolha a um ou dois desses núcleos.

Escolher-se-ão os acórdãos que permitam observar, da parte do Tribunal Constitucional, situações em que o seu contributo doutrinário foi maior, não apenas num mero esforço de optar por uma das várias posições doutrinárias que já estivessem em cima da mesa. Tem-se aqui em vista também uma tarefa densificadora do Direito Constitucional que o Tribunal Constitucional por vezes leva a cabo.

As diversas recolhas jurisprudenciais que têm sido editadas podem ser um bom ponto de partida, não obstante o seu carácter já algo desactualizado.

V. Uma última pergunta: como articular a análise das decisões jurisprudenciais com a resolução dos casos práticos de Direito Constitucional?

Dentro da economia das aulas práticas, a maior fatia deve ser conferida à resolução dos casos práticos, até porque se apresentam como um instrumento muito mais dúctil na direccionação das matérias, em conformidade com o respectivo ritmo programático.

Nem sempre se consegue encontrar decisões jurisprudenciais que ilustrem alguns dos temas das aulas teóricas, ou quando isso sucede, nem sempre esses acórdãos são interessantes no plano da respectiva substância argumentativa e decisória.

Simplesmente, isso não significa que os acórdãos a analisar não sejam vários, devendo distribuir-se intercaladamente pelos casos práticos, podendo ainda motivar um estudo caseiro ou mesmo a realização de debates dentro da sala de aula.

82. Os trabalhos de investigação

I. A realização de trabalhos de investigação é outro aspecto que assume extrema importância no desenvolvimento das aulas práticas, do mesmo modo se alinhando com o propósito de permitir uma formação cabal ao aluno que pretende ter aproveitamento no Direito Constitucional.

Os trabalhos de investigação implicam, no entanto, um enquadramento distinto tanto da resolução de casos práticos como da análise das decisões jurisprudenciais, uma vez que se mostram ser necessariamente facultivos.

No entanto, não deixam de ser elementos importantes das aulas práticas, ao permitirem o desenvolvimento da escrita, individualmente ou em grupo, a respeito de um tema específico, indo o estudo assim para além das noções preleccionadas nas aulas ou das leituras efectuadas nos manuais gerais.

II. As vantagens que estão associadas aos trabalhos de investigação são de natureza vária, vantagens essas que recomendam a sua elaboração.

Um trabalho de investigação é, em primeiro lugar, um momento escrito, que permite ao estudante desenvolver a sua escrita, para uma finalidade escolar, fora do estrito âmbito dos exames finais. É uma ocasião de maior descontracção, podendo aí o estudante espraiar-se e ser mais autónomo na construção de um texto jurídico, de maior extensão e profundidade em relação ao texto escrito que constitui o exame final.

Acresce que este trabalho, sendo verdadeiramente de investigação, proporciona ao estudante a consulta de outras fontes bibliográficas que até então desconhecia. No aprofundamento de um tema, é levado a consultar outra bibliografia, geral ou específica, para além daquela que lhe é genericamente disponibilizada. Assim também toma contacto com as bibliotecas e com os mais recônditos meandros da investigação jurídica, tanto nos artigos de revista como nas bases de dados que possam ser oferecidas *on line*.

Diga-se ainda – sendo isto provavelmente o essencial – que a realização destes trabalhos não raro suscita no estudante a descoberta de argumentos ou de soluções originais para determinado problema jurídico-constitucional que se propôs trabalhar. O seu contributo torna-se ainda mais valioso porque não só complementa o seu estudo nalguma área temática mais específica como igualmente, na estrita medida da exigência que se lhe pode fazer, permite avançar um pouco mais a Ciência do Direito Constitucional.

III. A realização de trabalhos de investigação não se apresenta isenta de dificuldades, pelo que é necessário que o professor esteja atento a várias condicionantes desse tipo de tarefa a desenvolver nas aulas práticas.

Uma delas diz respeito à escolha dos temas sobre os quais os estudantes tenham escolhido fazer trabalhos de investigação. Apesar de ao estudante dever ser concedida a total liberdade de seleccionar o tema, a atitude do professor deve ser activa na persuasão sobre temas menos debatidos ou mais polémicos, devendo ainda pronunciar-se especificamente sobre o modo como os estudantes querem efectuar a respectiva estruturação. De outro modo, o contributo desses trabalhos pode ser escasso, senão mesmo nulo, como sucederá no caso em que tais trabalhos se limitem a reproduzir, por outras palavras, aquilo que está já escrito nos manuais utilizados na disciplina.

Outra preocupação que deve ser atendida é relativa à autoria dos trabalhos de investigação. Um dos problemas situa-se nos trabalhos que sejam efectuados em co-autoria, hipótese em que muitas vezes não se consegue deslindar bem o contributo de cada um, o que complica muito a sua avaliação. Em grupo ou individualmente, os trabalhos de investigação levantam sempre um problema de certificação da respectiva autoria, não sendo propriamente raros os casos em que aparecem trabalhos cujo autoria não coincide com os estudantes que formalmente os apresentam. É por isso que nestes casos importa que tais trabalhos sejam confirmados por intervenções orais ou pelo exame escrito final.

Estes são dois óbices que, de todo o modo, não inviabilizam o recurso à realização de trabalhos de investigação, antes fazem com que os professores tenham o dever de estar particularmente atentos na escolha do tema e na verificação da respectiva autoria.

83. Os professores convidados

I. As aulas práticas não têm de ser sempre dadas pelo professor regente da disciplina, sendo aconselhável que o ensino se possa abrir à colaboração de outros especialistas, para o efeito convidados.

Esta é uma verdade que quase não careceria de apreciação dada a liberdade intrínseca que caracteriza o ser humano e, em particular, o espírito universitário. São hoje imensas as possibilidades de aprendizagem em múltiplos canais que se oferecem ao interessado.

Deste modo, o professor de uma disciplina de Direito Constitucional, no âmbito das suas aulas práticas, tem o dever de promover a intervenção de outros especialistas, que são assim convidados a nelas estar presentes.

II. A intenção destes convites é, assim, a de facultar aos estudantes o contacto com outros especialistas – professores, mas não só – e deles alcançar a excelência dos seus específicos contributos, que assumidamente o professor regente não tem de ter.

Isso sucede muito com as pessoas que exerçam certas funções públicas, as quais deste modo se disponibilizam para dirigir as aulas práticas, relatando as suas experiências e resolvendo as dúvidas inerentes ao exercício das tarefas que desempenham.

Isso também sucede com outros professores ou, mais latamente, com os juristas em geral, que possam através de uma aula prática dar o seu contributo específico, desenvolvendo um tema ou mostrando uma posição original e até contraposta à do professor regente.

III. Esta não pode ser, porém, uma actividade muito frequente, sob pena de enfrentarmos a subversão total do sentido que devemos atribuir às aulas práticas.

O convite a especialistas, para colaborarem na leccionação dessas aulas, deve ser limitado em número, bem como cuidado no tocante aos temas propostos, assumindo-se como uma faculdade pedagógica de uso excepcional.

O pior que poderia acontecer, se esse número se multiplicasse para além do razoável, seria a substituição do trabalho prático do professor regente pelo trabalho dos especialistas convidados, que assim dominariam as aulas práticas, pulverizando tematicamente o seu ritmo, também se esquivando o professor regente de fazer o trabalho a que estaria funcionalmente adstrito.

84. As visitas de estudo institucionais

I. A experiência pedagógica do processo de ensino-aprendizagem tem ainda uma dimensão física, que é o local da Universidade, que em si representa a comunidade académica, de professores, alunos e funcionários.

Assim sendo, o ensino do Direito – e também o ensino do Direito Constitucional – tem uma dimensão física e presencial, assentando na relação pessoal entre o professor e o aluno, projectada num espaço físico.

Não obstante este ponto de partida, sobretudo na perspeciva das aulas práticas, importa levar em consideração outros aspectos que igualmente contribuem para o ensino do Direito Constitucional, sendo esse o caso das visitas de estudo.

II. Pode parecer algo infantil ou adolescente referir neste momento a importância da realização das visitas de estudo. O certo, porém, é que elas são um instrumento primordial no ensino do Direito Constitucional, afirmação que se fundamenta, no que nos toca, tanto na posição que já tivemos de estudantes como na actual posição docente.

Se hoje temos a predilecção que temos pelo Direito Constitucional, em parte isso ficou a dever-se ao facto de, no 1º da Faculdade de Direito da Universidade de Lisboa, sob a regência de JORGE MIRANDA, termos tido a ocasião de visitar diversas instituições jurídico-constitucionais, como foi o caso da Assembleia da República e do Presidente da República.

Experiência que, posteriormente, já como docentes, repetimos por diversas vezes, sempre com enorme êxito pedagógico nos alunos que maciçamente não perdiam essas oportunidades.

III. Esta importância radica de novo na dimensão eminentemente prática que o Direito Constitucional possui, isso permitindo tomar contacto directo com a sua aplicação pelas pessoas que se apresentam investidas de certas funções públicas ou nos lugares onde se vivificam as instituições.

Com isso se favorece a conclusão de que a realidade do Direito Constitucional não é etérea, mas antes se mostra próxima dos cidadãos, ainda facultando a observação da sua aplicação e da necessidade da sua adaptação às circunstâncias quotidianas.

Para além disso, essas visitas de estudo também são um momento peculiar de convívio entre os estudantes e de colocação de dúvidas e de comentários, agora aos protagonistas dos diversos órgãos do poder público, nos lugares de projecção do exercício das respectivas actividades funcionais.

BIBLIOGRAFIA GERAL
DE DIREITO CONSTITUCIONAL

I – DIREITO CONSTITUCIONAL PORTUGUÊS

1) Obras de carácter geral, manuais e monografias da actualidade

ANDRADE, JOSÉ CARLOS VIEIRA DE
—— *Os direitos fundamentais na Constituição Portuguesa de 1976*, 2ª ed., Coimbra, 2001

CANOTILHO, J. J. GOMES
—— *Constituição Dirigente e Vinculação do Legislador*, 2ª ed., Coimbra, 2001
—— *Direito Constitucional*, 6ª ed., Coimbra, 1993
—— *Direito Constitucional e Teoria da Constituição*, 6ª ed., Coimbra, 2002

CANOTILHO, J. J. GOMES / MOREIRA, VITAL
—— *Fundamentos da Constituição*, 2ª ed., Coimbra, 1993
—— *Constituição da República Portuguesa anotada*, 3ª ed., Coimbra, 1993

CUNHA, PAULO FERREIRA DA
—— *Teoria da Constituição II: Direitos humanos e direitos fundamentais*, Lisboa/São Paulo, 2000
—— *Teoria da Constituição I: mitos, memórias, conceitos*, Lisboa/São Paulo, 2002

GUEDES, ARMANDO M. MARQUES
—— *Instituições e sistemas políticos*, Lisboa, 1984

LEITÃO, JOÃO / PASCOAL, JOSÉ LUCAS
—— *Direito Constitucional*, Lisboa, 1977

MEDEIROS, RUI
—— *A decisão de inconstitucionalidade*, Lisboa, 1999

MIRANDA, JORGE
—— *A Constituição de 1976 – formação, estrutura, princípios fundamentais*, Lisboa, 1978
—— *Manual de Direito Constitucional*: I tomo – Preliminares, o Estado e os sistemas constitucionais, 7ª ed., Coimbra, 2003; II tomo – Constituição, 4ª ed., Coimbra, 2000; III tomo – Estrutura constitucional do Estado, 4ª ed., Coimbra, 1998; IV tomo – Direitos fundamentais, 3ª ed., Coimbra, 2000; V tomo – Actividade constitucional do Estado, 2ª ed., Coimbra, 2000; VI tomo – Inconstitucionalidade e garantia da Constituição, Coimbra, 2002
—— *Teoria do Estado e da Constituição*, Coimbra, 2002

MOREIRA, VITAL MARTINS
—— *Elementos de Ciência Política*, Coimbra, 2003

PINTO, RICARDO LEITE / CORREIA, JOSÉ DE MATOS / SEARA, FERNANDO ROBOREDO
—— *Ciência Política – Direito Constitucional – Introdução à Teoria Geral do Estado*, Oeiras, 2000

PIRES, FRANCISCO LUCAS
—— *Teoria da Constituição de 1976 – a transição dualista*, Coimbra, 1988

ROSA, COSTA
—— *Direito Constitucional*, Lisboa, 1977

SILVA, MARIA MANUELA MAGALHÃES / ALVES, DORA RESENDE
—— *Noções de Direito Constitucional e Ciência Política*, Lisboa, 2000

SILVA, ANTÓNIO DUARTE / RAPOSO, JOÃO
—— *Direito Constitucional*, Lisboa, 1978

SOUSA, MARCELO REBELO DE
—— *Direito Constitucional I – Introdução à Teoria da Constituição*, Braga, 1979
—— *Direito Constitucional I – Relatório*, Lisboa, 1986
—— *Ciência Política – conteúdos e métodos*, Coimbra, 1989

VAZ, MANUEL AFONSO
—— *Lei e reserva de lei*, Porto, 1992

2) Obras de carácter geral e monográfico de natureza histórica

CAETANO, MARCELLO
—— *Manual de Ciência Política e Direito Constitucional*, I, 6ª ed., Coimbra, 1989
—— *Manual de Ciência Política e Direito Constitucional*, II, 6ª ed., Lisboa, 1972

FERREIRA, SILVESTRE PINHEIRO
—— *Cours de Droit Public Interne et Externe*, Paris, 1830
—— *Principes du Droit Public Constitutionnel, Administratif et des Gens ou Manuel du Citoyen sous un Gouvernment Représentatif*, Paris, 1934
—— *Précis d'un Cours de Droit Public, Administratif et des Gens*, Lisboa, 1845

GUEDES, ARMANDO M. MARQUES
—— *Direito Constitucional*, Lisboa, 1961
—— *Teoria Geral do Estado*, II, Lisboa, 1963
—— *Introdução ao Estudo do Direito Político*, Lisboa, 1969

LARANJO, JOSÉ FREDERICO
—— *Princípios de Direito Político e Direito Constitucional Português*, Coimbra, 1898

MELO, MARTINHO NOBRE
—— *Direito Constitucional*, Lisboa, 1957

MIRANDA, JORGE
—— *Contributo para uma teoria da inconstitucionalidade*, Lisboa, 1968

MOREIRA, JOSÉ CARLOS
—— *Direito Constitucional* (elementos coligidos por A. J. MACHADO GONÇALVES E GRACIANO ALVES), Coimbra, 1951-1952

PRAÇA, JOSÉ JOAQUIM LOPES
—— *Estudos sobre a Carta Constitucional de 1826 e o Acto Adicional de 1852*, 3 vols., Coimbra, 1878, 1879 e 1880

REIS, JOSÉ ALBERTO DOS
—— *Ciência Política e Direito Constitucional*, Coimbra, 1908

SOARES, ROGÉRIO
—— *Lições de Direito Constitucional*, Coimbra, 1971

Sousa, Marnoco e
—— *Lições de Direito Político,* Coimbra, 1900
—— *Direito Político – Poderes do Estado,* Coimbra, 1910
—— *Constituição Política da República portuguesa – Comentário,* Coimbra, 1913

Tavares, José
—— *Ciência do Direito Político,* Coimbra, 1909

Teles, Miguel Galvão
—— *Direito Constitucional Português vigente – sumários,* Lisboa, 1970 e 1971

Vital, Fezas
—— *Direito Constitucional,* Coimbra, 1945-1946

3) **Comentários e anotações constitucionais**

Canotilho, J. J. Gomes / Moreira, Vital
—— *Constituição da República Portuguesa,* 3ª ed., Coimbra, 1993

Lacão, Jorge
—— *Constituição da República Portuguesa – 5ª revisão,* Porto, 2001

Magalhães, José
—— *Dicionário da Revisão Constitucional,* 2ª ed., Lisboa, 1999

Martínez, Pedro Soares
—— *Comentários à Constituição Portuguesa de 1976,* Lisboa/São Paulo, 1978

Morais, Isaltino / Almeida, José Mário F. de / Pinto, Ricardo Leite
—— *Constituição da República Portuguesa anotada e comentada,* Lisboa, 1983

Nadais, António / Vitorino, António / Canas, Vitalino
—— *Constituição da República Portuguesa – texto e comentários à Lei nº 1/82,* Lisboa, 1982

Pinheiro, Alexandre Sousa / Fernandes, Mário João
—— *Comentários à IV revisão constitucional,* Lisboa, 1999

Ribeiro, Vinício
—— *Constituição da República Portuguesa,* Coimbra, 1993

Sousa, Marcelo Rebelo de / Alexandrino, José de Melo
—— *Constituição da República Portuguesa comentada*, Lisboa, 2000

Vitorino, António
—— *Constituição da República Portuguesa*, Lisboa, 1989

4) **Obras colectivas de índole doutrinal**

AAVV
—— *Estudos sobre a Constituição* (org. de Jorge Miranda), Lisboa, I, 1977, II, 1978, e III, 1979
—— *Nos Dez Anos da Constituição* (org. de Jorge Miranda e Marcelo Rebelo de Sousa), Lisboa, 1986
—— *Portugal – O Sistema Político e Constitucional* (org. de Mário Baptista Coelho), Lisboa, 1989
—— *Études de Droit Constitutionnel Franco-Portugais*, Paris, 1992
—— *Estudos sobre a Jurisprudência do Tribunal Constitucional*, Lisboa, 1993
—— *Legitimidade e legitimação da Justiça Constitucional*, Coimbra, 1995
—— *Perspectivas Constitucionais – Nos 20 Anos da Constituição* (org. de Jorge Miranda), Coimbra, I, 1996, II, 1997, e III, 1998
—— *Nos 20 Anos da Constituição de 1976 – Jornadas de Coimbra* (org. de J. J. Gomes Canotilho), Coimbra, 1999
—— *Nos 25 Anos da Constituição da República Portuguesa de 1976 – Evolução Constitucional e Perspectivas Futuras*, Lisboa, 2001

5) **Compilações de textos e documentos**

AAVV
—— *Guia da Jurisprudência do Tribunal Constitucional*, 2 volumes, Coimbra, 2000

Canotilho, J. J. Gomes / Moreira, Vital
—— *Constituição da República e Lei do Tribunal Constitucional*, 6ª ed., Coimbra, 2001

Comissão Constitucional
—— *Pareceres da Comissão Constitucional*, 21 volumes, Lisboa, 1976-1982

Ferreira, Eduardo Paz / Ferreira, Rogério Fernandes / Amador, Olívio Mota
—— *Textos de Jurisprudência Fiscal Constitucional*, 2 volumes, Lisboa, 1996

GOUVEIA, JORGE BACELAR
—— *Legislação de direitos fundamentais*, Coimbra, 1990
—— *Legislação eleitoral*, Lisboa, 1995
—— *Constituição da República Portuguesa e Legislação Complementar – actualizada com a 5ª revisão constitucional*, 2ª ed., Lisboa, 2001

MIRANDA, JORGE
—— *Jurisprudência Constitucional Escolhida*, I, II e III, Lisboa, 1997-1998
—— *As Constituições Portuguesas*, 4ª ed., Lisboa, 1997

MIRANDA, JORGE / SILVA, JORGE PEREIRA DA
—— *Constituição da República Portuguesa*, 3ª ed., Lisboa, 2002

TRIBUNAL CONSTITUCIONAL
—— *Acórdãos do Tribunal Constitucional*, Lisboa, 1983-2001

II – DIREITOS CONSTITUCIONAIS ESTRANGEIROS

A) Direito Constitucional Alemão

1) Obras doutrinais de carácter geral

AAVV
—— *Handbuch des Verfassungsrechts der Bundesrepublik Deutschland* (org. BENDA, ERNST/MAIHOFER, WERNER/VOGEL, HANS-JOCHEN), Berlin /New York, 2ª ed., 2 vols., 1995
—— *Handbuch des Staatsrechts* (org. de JOSEF ISENSEE e PAUL KIRCHHOF), I, II, III, IV, V, VI, VII e VIII, Heidelberg, 1992

ARNDT, HANS WOLFGANG / RUDOLF, WALTER
—— *Öffentliches Recht*, 10ª ed., München, 1994

ARNIM, HANS HERBERT
—— *Staatslehre der Bundesrepublik Deutschland*, München, 1984

BADURA, PETER
—— *Straatsrecht*, 2ª ed., München, 1996

BATTIS, ULRICH/GUSY, CHRISTOPH
—— Einführung in das Staatsrecht, 3ª ed., Heidelberg, 1991

BLECKMANN, ALBERT
—— Staatsrecht, Köln / Berlin / Bonn / München: I – Staatsorganisationsrecht, 1993; II – Die Grundrechte, 4ª ed., 1997

DEGENHART, CHRISTOPH
—— Staatsrecht, 11ª ed., Heidelberg, 1995

DENNINGER, E.
—— Staatsrecht, Reinbeck, I, 1973, II, 1979

DOEHRING, K.
—— Staatsrecht der Bundesrepublik Deutschland, 3ª ed., Frankfurt am Main, 1984

ERICHSEN, H. U.
—— Staatsrecht und Verfassungsgerichtsbarkeit, I, 3ª ed., München, 1982; II, Bochum, 1979

HAMEL, W.
—— Deutsches Staatsrecht: I, Berlin, 1971; II, Berlin, 1974

HESSE, KONRAD
—— Grundzüge des Verfassungsrechts der Bundesrepublik Deutschland, 20ª ed., Karlsruhe/Heidelberg, 1993

KATZ, ALFRED
—— Staatsrecht, 13ª ed., Heidelberg, 1996

KRIELE, MARTIN
—— Einführung in die Staatslehre, 4ª ed., Hamburg, 1990

LUCIFREDI, PIER GIORGIO
—— Appunti di Diritto Costituzionale Comparato – il sistema tedesco, IV, 5ª ed., Milano, 1992

MAGEN, ROLF-PETER
—— Staatsrecht – eine Einführung, 7ª ed., Berlin, 1985

MAUNZ, THEODOR/ZIPELLIUS, REINHOLD
—— Deutsches Staatsrecht, 29ª ed., München, 1994

MÜNCH, INGO VON
—— *Staatsrecht*, I, 5ª ed., Stuttgart/Berlin/Köln, 1993
—— *Grundbegriffe des Staatsrechts*: I, 6ª ed., Stuttgart, 2001; II, 5ª ed., Stuttgart, 1991

PETERS, HANS
—— *Geschichtliche Entwicklung und Grundfragen der Verfassung*, Berlin, 1969

PIEROTH, BODO/ SCHLINK, BERNHARD
—— *Staatsrecht, II*, 15ª ed., Heidelberg, 1999

SACHS, MICHAEL
—— *Verfassungsrecht II – Grundrechte*, Springer, 2000

SCHOLZ, GEORG
—— *Grundgesetz*: I, 6ª ed., München, 1990; II, 5ª ed., München, 1987

SCHRAMM, TH.
—— *Staatsrecht:* I, 2ª ed., Köln, 1977; II, 2ª ed., 1979; III, 2.ª ed., 1980

SCHUNCK C./CLERK, H.
—— *Allgemeines Staatsrecht und Staatsrecht des Bündes und der Länder,* 15ª ed., 1995

SCHWEITZER, MICHAEL
—— *Staatsrecht III*, 5ª ed., Heidelberg, 1995

STAFF, J.
—— *Verfassungsrecht,* Baden-Baden, 1976

STARCK, CHRISTIAN
—— *El concepto de la ley en la Constitución Alemana*, Madrid, 1979
—— *La Constitution – cadre et mesure du Droit,* Paris – Aix en Provence, 1994

STEIN, EKKEHART
—— *Staatsrecht*, 12ª ed., Tübingen, 1990
—— *Lehrbuch des Staatsrechts,* 17ª ed., Tübingen, 2000

STERN, KLAUS
—— *Das Staatsrecht der Bundesrepublik Deutschland:* vol. I, 2ª ed., 1982; vol. II, 1ª ed., 1980; vol. III/1, 1989; vol. III/2, 1994; vol. V, 2000

WEBER-FAS, R.
—— *Das Grundgesetz*, Berlin, 1983

ZIPPELIUS, REINHOLD
—— *Allgemeine Staatslehre*, 11ª ed., München, 1991

2) Comentários constitucionais e recolhas de textos

AAVV
—— *Grundgesetz Kommentar* (org. de THEODOR MAUNZ e GÜNTER DÜRIG), I, II, III, IV e V, München, 1996
—— *Kommentar zum Grundgesetz für die Bundesrepublik Deutschland, Reihe Alternativ Kommentar*, (org. de WASSERMANN), 2 vols., Luchterland, 2ª ed., 1989
—— *Grundgesetz. Kommentar* (org. de H. DREIER), Tübingen: vol. I, 1996; vol. II, 1998; vol. III, 2000

GIESE, F./SCHUNCK, E.
—— *Grundgesetz für die Bundesrepublik Deutschland vom 23. Mai 1949*, 9ª ed., Frankfurt am Main, 1976

HAMMANN, A./LENZ, H.
—— *Grundgesetz für die Bundesrepublik Deutschland*, München, 3ª ed., Berlin, 1970

HESSELBERGER, DIETER
—— *Das Grundgesetz – Kommentar für die politische Bildung*, 11ª ed., Neuwied, 1999

JARASS, HANS D./PIEROTH, BODO
—— *Grundgesetz für die Bundesrepublik Deutschland*, 5ª ed., München, 2000

LEIBHOLZ, GERHARD / RINCK, HANS-JUSTUS J. / HESSELBERGER, DIETER
—— *Grundgesetz für die Bundesrepublik Deutschland – Kommentar an Hand der Rechtsprechung des Bundesverfassungsgerichts*, 7ª ed., Köln, 1993

MANGOLD, HERMANN VON / KLEIN, FRIEDRICH / STARCK, CHRISTIAN
—— *Bonner Grundgesetz Kommentar*: vol. I, 4ª ed., München, 1999; vol. II, 4ª ed., München, 2000; vol. III, 4.ª ed., München, 2001

MODEL, OTTO / MÜLLER, KLAUS
—— *Grundgesetz für die Bundesrepublik Deutschland*, 11.ª ed., Köln/Berlin/Bonn/München, 1996

SCHMIDT-BLEIBTREU, BRUNO/KLEIN, FRANZ
—— *Grundgesetz für die Bundesrepublik*, 9ª ed., Neuwied, 1999

SEIFERT, KARL-HEINZ / HÖMIG, DIETER
—— *Grundgesetz für die Bundesrepublik Deutschland*, 5ª ed., Baden-Baden, 1995

B) **Direito Constitucional Argentino**

CALDERÓN, JUAN A. GONZÁLEZ
—— *Curso de Derecho Constitucional*, 6ª ed., Buenos Aires, 1988

CAMPOS, GERMAN J. BIDART
—— *Derecho Constitucional*, Buenos Aires, 1964
—— *Manual de Derecho Constitucional Argentino*, Buenos Aires, 1979
—— *Tratado Elemental de Derecho Constitucional Argentino*, Buenos Aires, 1992
—— *Lecciones Elementales de Política*, 5ª ed., Buenos Aires, 1996

LAVIÉ, HUMBERTO QUIROGA
—— *Curso de Derecho Constitucional*, Buenos Aires, 1987

LINARES QUINTANA, A.
—— *Tratado de la Ciencia del Derecho Constitucional*, Buenos Aires, 1953

NINO, CARLOS S.
—— *Fundamentos de Derecho Constitucional*, Buenos Aires, 1992

PADILLA, M. M.
—— *Derecho Constitucional*, Buenos Aires, 1998

ROMERO, CÉSAR ENRIQUE
—— *Introducción al Derecho Constitucional*, 2ª ed., Buenos Aires, 1976

SAGUÈS, NESTOR PEDRO
—— *Elementos de Derecho Constitucional*, Buenos Aires, 1993

VANOSSI, J. REINALDO
—— *Teoria Constitucional,* Buenos Aires, 1975

ZARINI, HELIO JUAN
—— *Derecho Constitucional,* 2ª ed., Buenos Aires, 1999

ZIULU, ADOLFO GABINO
—— *Derecho Constitucional,* Buenos Aires: I, 1997; II, 1998

C) Direito Constitucional Austríaco

1) Obras doutrinais de carácter geral

ADAMOVICH, LUDWIG K. / FUNK, BERND-CHRISTIAN / HOLZINGER, GERHART
—— *Österreichisches Staatsrecht,* Wien/New York: 1, 1997; 2, 1998

ERMACORA, FELIX (actualizado por GERHARD BAUMGARTNER e GERHARD STREJCEK)
—— *Österreichische Verfassungslehre,* Wien, 1998

FUNK, BERND-CHRISTIAN
—— *Einführung in das österreichische Verfassungsrecht,* 8ª ed., Graz, 1995

KLECATSKY, HANS
—— *Das österreichische Bundesverfassungsrecht,* 9ª ed., Wien, 1999

KLECATSKY, HANS / MORSCHER, SIEGBERT
—— *Das österreichische Bundesverfassungsrecht,* 9ª ed., Wien, 1999

KOJA, FRIEDRICH
—— *Das Verfassungsrecht der österreichischen Bundesländer,* Wien, 2ª ed., 1988
—— *Allgemeine Staatslehre,* Wien, 1993

ÖHLINGER, THEO
—— *Verfassungsrecht,* 3ª ed., Wien, 1997

PERNTHALER, PETER
—— *Allgemeine Staatslehre und Verfassungslehre,* 2ª ed., Wien/New York, 1996

WALTER, ROBERT
—— *Österreichisches Bundesverfassungsrecht,* Wien, 1972

WALTER, ROBERT/ MAYER, HEINZ
—— *Grundriss des österreichischen Bundesverfassungsrechts,* 8ª ed., Wien, 1996

2) Comentários constitucionais e recolhas de textos

ERMACORA, FELIX
—— *Die österreichischen Bundesverfassungsgesetz,* 9ª ed., 1980

KELSEN, HANS / FRÖEHLICH, H./ MERKL, ADOLF
—— *Die Bundesverfassung vom 1. Oktober 1920,* 1922

MAYER, HEINZ
—— *Das österreichische Bundes-Verfassungsrecht – kurzkommentar,* Wien, 1994

SCHÄFFER, HEINZ
—— *Österreiche Verfassungs-und Verwaltungsgesetze,* desde 1981

D) Direito Constitucional Belga

ALEN, ANDRÉ
—— *Constitutional Law of Belgium,* The Hague / London / Boston, 1992

DELPÉRÉE, FRANCIS
—— *Le Droit Constitutionnel de la Belgique,* Bruxelles/Paris, 2000

UYTTENDAELE, MARC
—— *Précis de Droit Constitutionnel Belge,* Bruxelles, 2001

WIGNY, PIERRE
—— *Droit Constitutionnel – Principes et Droit Positif,* I e II, Bruxelles, 1952

E) Direito Constitucional Brasileiro

1) Obras doutrinárias de carácter geral

ACCIOLI, W.
—— *Instituições de Direito Constitucional,* 3ª ed., Rio de Janeiro, 1984

ANDRADE, A.
—— Lições de Direito Constitucional, Rio de Janeiro, 1973

ARAÚJO, LUIZ ALBERTO DAVID/VIDAL, SERRANO NUNES JÚNIOR
—— Curso de Direito Constitucional, 5ª ed., São Paulo, 2001

BARROSO, LUÍS ROBERTO
—— Interpretação e Aplicação da Constituição, 3ª ed., São Paulo, 1999
—— O Direito Constitucional e a efetividade de suas normas, 3ª ed., Rio de Janeiro, 1996

BASTOS, CELSO RIBEIRO
—— Elementos de Direito Constitucional, São Paulo, 1975
—— Hermenêutica e interpretação constitucional, São Paulo, 1997
—— Curso de Direito Constitucional, 22ª ed., São Paulo, 2001

BONAVIDES, PAULO
—— Curso de Direito Constitucional, 11ª ed., São Paulo, 2001
—— Direito Constitucional, 3ª ed., Rio de Janeiro, 1988
—— Teoria do Estado, 3ª ed., São Paulo, 2001

BULOS, ADI LAMMÊGO
—— Manual de Interpretação Constitucional, São Paulo, 1997

CAETANO, MARCELLO
—— Direito Constitucional, 2ª ed., Rio de Janeiro, 1987: I volume – Direito Comparado, Teoria Geral do Estado e da Constituição, As Constituições do Brasil; II volume – Direito Constitucional Brasileiro

CLEVE, CLEMERSON MERLIN
—— Temas de Direito Constitucional, São Paulo, 1993

COELHO, INOCÊNCIO MÁRTIRES
—— Interpretação Constitucional, Porto Alegre, 1997

CRETELLA JÚNIOR, JOSÉ
—— Elementos de Direito Constitucional, 4ª ed., São Paulo, 2001

CUNHA, FERNANDO WHITAKER DA
—— Direito Constitucional do Brasil, Rio de Janeiro, 1990

DANTAS, IVO
—— *Princípios Constitucionais e Interpretação Constitucional,* Rio de Janeiro, 1995

FERREIRA, LUIZ PINTO
—— *Direito Constitucional Resumido,* 3ª ed., Rio de Janeiro, 1987
—— *Estado de Direito e Constituição,* São Paulo, 1988
—— *Manual de Direito Constitucional,* Rio de Janeiro, 1989
—— *Curso de Direito Constitucional,* 11ª ed., São Paulo, 2001

FILHO, MANOEL GONÇALVES FERREIRA
—— *Curso de Direito Constitucional,* 28ª ed., São Paulo, 2002
—— *Direito Constitucional Comparado – Poder Constituinte,* São Paulo, 1974

FILHO, VALMIR PONTES
—— *Curso Fundamental de Direito Constitucional,* Recife, 2001

FRANCO, A. A. de M.
—— *Curso de Direito Constitucional,* Rio de Janeiro, 1958

FRIEDE, REIS
—— *Curso Analítico de Direito Constitucional e de Teoria Geral do Estado,* 3ª ed., Rio de Janeiro, 2002

HORTA, RAUL MACHADO
—— *Estudos de Direito Constitucional,* Belo Horizonte, 1995
—— *Direito Constitucional,* 2ª ed., Belo Horizonte, 1999

JACQUES, PAULINO
—— *Curso de Direito Constitucional,* 9.ª ed., Rio de Janeiro, 1983

MALUF, SAHID
—— *Direito Constitucional,* 12ª ed., São Paulo, 1980

MENDES, GILMAR FERREIRA
—— *Direitos Fundamentais e Controle de Constitucionalidade – Estudos de Direito Constitucional,* 2ª ed., São Paulo, 1999

MIGUEL, JORGE
—— *Curso de Direito Constitucional,* 2ª ed., São Paulo, 1995

MORAES, ALEXANDRE DE
—— *Direito Constitucional*, 10ª ed., São Paulo, 2001

ROSA, ANTÓNIO JOSÉ FEU
—— *Direito Constitucional*, São Paulo, 1998

RUSSOMANO, R.
—— *Curso de Direito Constitucional*, 2.ª ed., São Paulo, 1972

SILVA, JOSÉ AFONSO DA
—— *Direito Ambiental Constitucional*. 2ª ed., São Paulo, 1998
—— *Aplicabilidade das normas constitucionais*, São Paulo, 1998
—— *Curso de Direito Constitucional Positivo*, 20ª ed., São Paulo, 2002

TEMER, MICHEL
—— *Elementos de Direito Constitucional*, 18ª ed., São Paulo, 2002

VELLOSO, CARLOS MÁRIO DA SILVA
—— *Temas de Direito Público*, Belo Horizonte, 1994

2) **Comentários constitucionais e recolhas de textos**

BARROSO, LUÍS ROBERTO
—— *Constituição da República Federativa do Brasil anotada*, São Paulo, 1998,

BASTOS, CELSO RIBEIRO / MARTINS, IVES GANDRA DA SILVA
—— *Comentários à Constituição do Brasil de 1988*, 15 vols. São Paulo, 1998

CRETELLA JUNIOR, JOSÉ
—— *Comentários à Constituição Brasileira de 1988*, 9 vols., Rio de Janeiro

FILHO, MANOEL GONÇALVES FERREIRA
—— *Comentários à Constituição Brasileira*, 4 vols., São Paulo, 1989-1995,

FERREIRA, LUIZ PINTO
—— *Comentários à Constituição Brasileira*, 7 vols., São Paulo, 1989

F) Direito Constitucional Britânico

1) Obras doutrinais de carácter geral

BARENDT, E.
—— *An Introduction to Constitutional Law,* Oxford, 1998

BLACKSTONE, WILLIAM
—— *Commentaries on the Laws of England,* I, II, III e IV, Chicago/London, 1979

CALVERT, HARRY
—— *British Constitutional Law,* London, 1985

DICEY, ALBERT VENN
—— *Introduction to the Study of the Law of the Constitution,* 10.ª ed., London, 1959

FENWICK, HELEN
—— *Constitutional & Administrative Law,* London, 1993

HARVEY, J./BATHER, L.
—— *British Constitution and Politics,* London, 1982

JENNINGS, IVOR
—— *The Law and the Constitution,* 5ª ed., London, 1967
—— *A Constituição Britânica,* Brasília, 1981

LOEWENSTEIN, KARL
—— *Staatspraxis von Grossbritannien,* Berlin / Heidelberg / New York, 1967

LOVELAND, IAN
—— *Constitutional Law – A Critical Introduction,* Londres, 1996

LUCIFREDI, PIER GIORGIO
—— *Appunti di Diritto Costituzionale Comparato – il sistema britannico,* II, 6ª ed., Milano, 1992

MACPHAIL, I. M. M.
—— *An Introduction to the British Constitution,* London, 1970

MARSHALL, GOEDFREY
—— *Constitutional Theory,* Oxford, 1980

MCELDOWNEY, JOHN F.
—— *Public Law*, Londres, 1994

MITCHELL, J. D. B.
—— *Constitutional Law*, 2ª ed., Edimburgh, 1968

PHILLIPS, O. HOOD
—— *Constitutional and Administrative Law*, 7ª ed., London, 1983

PHILLIPS, O. HOOD / JACKSON, PAUL
—— *Constitutional and Administrative Law*, 7ª ed., London, 1987

SMITH, STANLEY DE
—— *Constitutional and Administrative Law*, 5ª ed., London, 1985

WADE, E. C.S./PHILLIPS, O. HOOD
—— *Constitutional Law*, 11ª ed., London, 1993

YARDLEY, DAVID C. M.
—— *Introduction to British Constitutional Law*, 7ª ed., London, 1990

2) Comentários constitucionais e recolhas de textos

BALEY, S. H. / HARRIS, D. J. / JONES, B. L.
—— *Civil Liberties: Cases and materials*, 3ª ed., London/Dublin/Edinburg, 1991

KEIR, D./LAWSON, F. H.
—— *Cases Constitutional Law*, 6ª ed., Oxford, 1979

PHILLIPS, O. HOOD
—— *Leading on Constitutional Law*, 2ª ed., London, 1957

POLLARD/HUGHES, D.
—— *Constitutional and Administrative Law. Text and Materials*, London, 1990

TURPIN, C.
—— *British Government and the Constitution Text, Cases and Materials*, 2ª ed., London, 1990

WILSON, G.
—— *Cases and materials on the Constitutional and Administrative Law*, Cambridge, 1966

G) Direito Constitucional Espanhol

1) Obras doutrinárias de carácter geral

AGESTA, LUÍS SANCHEZ
—— *Sistema Político de la Constitución Española de 1978*, 7ª ed., Madrid, 1994

ANTONIO, ÁNGEL LUIS ALONSO DE / ANTONIO, JOSÉ ANTONIO ALONSO DE
—— *Derecho Constitucional Español*, Madrid, 2002

APARÍCIO, M. A.
—— *Introducción al Sistema Politico y Constitucional Español*, 1980

BADÍA, JUAN FERRANDO
—— *Teoría de la Constitución*, Valencia, 1992

CASANOVA, J. GONZÁLEZ
—— *Teoría del Estado y Derecho Constitucional*, Barcelona, 3.ª ed., 1987

CLIVILLÉS, F. M.
—— *Introducción al Derecho Constitucional Español*, Madrid, 1975

CONDE, ENRIQUE ÁLVAREZ
—— *El regimen político español*, 2ª ed., Madrid, 1985
—— *Curso de Derecho Constitucional*, I, Madrid, 1993; II, Madrid, 2002

ESTEBAN, JORGE DE / GONZÁLEZ-TREVIJANO, PEDRO J.
—— *Curso de Derecho Constitucional Español*, Madrid: I, 1992; II, 1993; III, 1994

FERRIZ, REMEDIO SÁNCHEZ
—— *Introducción al Estado Constitucional*, Barcelona, 1993

GUERRA, LUIS LÓPEZ / ESPÍN, EDUARDO / MORILLO, JOAQUÍN GARCÍA / TREMPS, PABLO PÉREZ / SATRÚSTEGUI, MIGUEL
—— *Derecho Constitucional*, Valencia, 1991

LATAILLADE, IÑIGO CAVERO / RODRÍGUEZ, TOMÁS ZAMORA
—— *Introducción al Derecho Constitucional*, Madrid, 1996

MANTECA, RAFAEL RUIZ / OLIVENCIA, ANTÓNIO-RAFAEL HERNÁNDEZ / LÓPEZ, JAVIER FERNÁNDEZ
—— *Introducción al Derecho y Derecho Constitucional*, Valladolid, 1994

MENAUT, ANTONIO CARLOS PEREIRA
—— *Lecciones de Teoria Constitucional*, 2ª ed., Madrid, 1987

MÉRCHAN, JOSÉ FERNANDO MERINO / COROMINA, MARIA PÉREZ-UGENA / SANTOS, JOSÉ MANUEL VERA
—— *Lecciones de Derecho Constitucional*, Madrid, 1995

MOLAS, ISIDRE
—— *Derecho Constitucional*, Madrid, 1998

MORAL, ANTONIO TORRES DEL
—— *Principios de Derecho Constitucional Español*, Madrid, 4ª ed., 1998

OTTO, IGNACIO DE
—— *Lecciones de Derecho Constitucional*, Oviedo, 1980
—— *Derecho Constitucional – Sistema de Fuentes*, 2ª ed., Barcelona, 1995

RODRÍGUEZ-VALCÁRCE, LUIS CANGA
—— *Derecho Constitucional Español*, Madrid, 1993

ROYO, JAVIER PÉREZ
—— *Curso de Derecho Constitucional*, 8ª ed., Madrid, 2002

SEGADO, FRANCISCO FERNÁNDEZ
—— *El Sistema Constitucional Español*, Madrid, 1992

VALDÉS, ROBERTO L. BLANCO
—— *Introducción a la Constitución de 1978*, Madrid, 1998

VERDÚ, PABLO LUCAS
—— *Curso del Derecho Político:* I, 2ª ed, Madrid, 1992; II, 3.ª ed., Madrid, 1986; III, Madrid, 1985; IV, Madrid, 1984

VILLAAMIL, OSCAR ALZAGA
—— *Derecho Político Español, según la Constitución de 1978*, I, Madrid, 1996

2) Comentários constitucionais e recolhas de textos

AAVV
—— *La Constitución Española de 1978* (org. de PREDIERI, ALBERTO/ENTERRIA, GARCIA DE), 2ª ed., Madrid, 1981
—— *Comentarios a la Constitución Española de 1978* (org. de VILLAAMIL, ÓSCAR ALZAGA), Madrid: I, 1983, II, 1984, III, 1984, IV, 1984, V, 1997, VI, 1996, VII, 1998, VIII, 1998; IX, 1998, X, 1998, XI, 1996, XII, 1996

ANUA J./ AULESTIA E./ CASTELLS, M.
—— *La Constitución Española*, S. Sebastian, 1978

FALLA, G. F.
—— *Comentarios a la Constitución*, 2ª ed., Madrid, 1985

GOYANES, S. E.
—— *Constitución Española comentada*, Madrid, 1979

RODRIGUES, F. T.
—— *Lecturas sobre la Constitución Española*, 2 vols., Madrid, 1978

H) Direito Constitucional Francês

1) Obras doutrinais de carácter geral

ARDANT, PHILIP
—— *Institutions Politiques et Droit Constitutionnel*, 14ª ed., Paris, 2002

AUBY, JEAN-MARIE
—— *Droit Public*, 2ª ed., Paris, 1989

AUBY, JEAN-MARIE / AUBY, JEAN-BERNARD
—— *Droit Public – Droit Constitutionnel*, 12ª ed., Paris, 1996

AUBY, JEAN-MARIE / DUCOS-ADER, ROBERT
—— *Droit Public – Droit Constitutionnel*, I, 9ª ed., Paris, 1984

BURDEAU, GEORGES
—— *Manuel de Droit Constitutionnel et Institutions Politiques*, 25ª ed., Paris, 1997

Burdeau, Georges / Hamon, Francis / Troper, Michel
—— *Droit Constitutionnel*, 27ª ed., Paris, 2001

Cabanne, J. C.
—— *Introduction à l'étude du Droit Constitutionnel et de la Science Politique*, Toulouse, 1981

Cadart, Jacques
—— *Institutions Politiques et Droit Constitutionnel*, I e II, 3.ª ed., Paris, 1990 e 1991

Cadoux, Ch.
—— *Droit Constitutionnel et Institutions Politiques*, I, 4.ª ed., Paris, 1998; II, 3.ª ed., Paris, 1991

Chagnollaud, Dominique
—— *Droit Constitutionnel Contemporain*, I e II, 2ª ed., Paris, 2001

Chantebout, Bernard
—— *Droit Constitutionnel*, 19ª ed., Paris, 2002

Cohendet, Marie-Anne
—— *Droit Constitutionnel*, 2ª ed., Paris, 2002

Debbasch, Charles / Pontier, Jean-Marie / Bourdon, Jacques / Ricci, Jean-Claude
—— *Droit Constitutionnel et Institutions Politiques*, 4ª ed., Paris, 2001

Duhamel, Olivier
—— *Droit Constitutionnel et Politique*, Paris, 1994
—— *Droit Constitutionnel I – Le pouvoir politique en France*, 4ª ed., Paris, 1999
—— *Droit Constitutionnel II – Les démocraties*, 3ª ed., Paris, 2000

Duverger, Maurice
—— *Institutions Politiques et Droit Constitutionnel*, I, 18ª ed., Paris, 1990; II, 21ª ed., Paris, 1996
—— *Eléments de Droit Public*, 13ª ed., Paris, 1995

Fabre, Michel Henri
—— *Principes républicains de Droit Constitutionnel*, 4ª ed., Paris, 1984

FAVOREU, LOUIS / GAÏA, PATRICK / GHEVONTIAN, RICHARD / MESTRE, JEAN-LOUIS / ROUX, ANDRÉ / PFERSMANN, OTTO / SCOFFONI, GUY
—— *Droit Constitutionnel,* 4ª ed., Paris, 2001

GABORIT, P./GAXIE, D.
—— *Droit Constitutionnel et Institutions Politiques,* Paris, 1978

GEORGES, PHILIPPE / SIAT, GUY
—— *Droit Public,* 12ª ed., Paris, 2001

GICQUEL, JEAN
—— *Droit Constitutionnel et Institutions Politiques,* 18ª ed., Paris, 2002

GUCHET, Y.
—— *Droit Constitutionnel,* Paris, 1996

HAURIOU, A.
—— *Droit Constitutionnel et Institutions Politiques,* 11ª ed., Paris, 1991

JACQUÉ, JEAN-PAUL
—— *Droit Constitutionnel et Institutions Politiques,* 4ª ed., Paris, 2000

JEANNEAU, B.
—— *Droit Constitutionnel et Institutions Politiques,* 9ª ed., Paris, 1991

LAVROFF, DMITRI GEORGES
—— *Le Droit Constitutionnel de la Ve République,* 3ª ed., Paris, 1999

LECLERQ, CLAUDE
—— *Droit Constitutionnel et Institutions Politiques,* 9ª ed., Paris, 1995

LUCIFREDI, PIER GIORGIO
—— *Appunti di Diritto Costituzionale Comparato – il sistema francese,* I, 7ª ed., Milano, 1994

MASCLET, JEAN-CLAUDE / VALETTE, JEAN-PAUL
—— *Droit Constitutionnel et Institutions Politiques,* 2ª ed., Paris, 1996

MERKHANTAR, J.
—— *Droit Politique et Constitutionnel,* 1997

OLIVA, ERIC
—— *Droit Constitutionnel*, 2ª ed., Paris, 2000

PACTET, PIERRE
—— *Institutions Politiques et Droit Constitutionnel*, 21ª ed., Paris, 2002

PORTELLI, HUGUES
—— *Droit Constitutionnel*, 4ª ed., Paris, 2001

PRÉLOT M./BOULOUIS, J.
—— *Institutions Politiques et Droit Constitutionnel*, 11.ª ed., Paris, 1990

ROUVILLOIS, FRÉDÉRIC
—— *Droit Constitutionnel – fondements et pratiques*, Paris, 2002

TROTABAS, LOUIS / ISOART, PAUL
—— *Manuel de Droit Public*, 22ª ed., Paris, 1992

TURPIN, DOMINIQUE
—— *Droit Constitutionnel*, 4ª ed., Paris, 1999

VIALLE, P.
—— *Droit Constitutionnel et Institutions Politiques*, 2ª ed., Paris, 1998

ZOLLER, ELISABETH
—— *Droit Constitutionnel*, 2ª ed., Paris, 1999

2) **Comentários constitucionais e recolhas de textos**

CARCASSONNE, GUY
—— *La Constitution*, Paris, 1996

DUHAMEL, O./MENY, Y.
—— *Dictionnaire Constitutionnel*, Paris, 1992

FAVOREU, LOUIS/PHILIP, LOÏC
—— *Les grandes décisions du Conseil Constitutionnel*, 11ª ed., Paris, 2001

GODECHOT, JACQUES
—— *Les Constitutions de la France depuis 1789*, Paris, 1995

LUCHAIRE, FRANÇOIS/ COÑAC, GERARD
—— *La Constitution de la République Française*, 2ª ed., Paris, 1987

PACTET, PIERRE
—— *Textes de Droit Constitutionnel*, 2ª ed., Paris, 1992

I) **Direito Constitucional Italiano**

1) **Obras doutrinais de carácter geral**

AMATO, GIULIANO/BARBERA, AUGUSTO
—— *Mannuale di Diritto Pubblico*, 5.ª ed., Bologna, 1999

BARILE, PAOLO
—— *Istituzioni di Diritto Publico*, 6.ª ed., Padova, 1991

BOZZI, A.
—— *Istituzionni di Diritto Pubblico*, Milano, 1977

CARETTI, PAOLO/SIERVO, UGO DE
—— *Istituzioni di Diritto Pubblico*, 2.ª ed., Torino, 1994

CELSO, MANLIO MAZZIOTTI DI
—— *Lezioni di Diritto Costituzionale*, I e II, Milano, 1985

CELSO, MANLIO MAZZIOTTI DI/SALERNO, G. M.
—— *Manuale di Diritto Costituzionale*, Padova, 2002

CERETI, CARLO
—— *Corso di Diritto Costituzionale Italiano*, 5ª ed., Torino, 1958

CRISAFULLI, VEZIO
—— *Lezioni do Diritto Costituzionale*, 6.ª ed., Padova, 1993

CROSA, EMILIO
—— *Diritto Costituzionale*, 3ª ed., Torino, 1951

CUOCOLO, FAUSTO
—— *Istituzioni di Diritto Pubblico*, 10.ª ed., Milano, 1998

—— *Principi di Diritto Costituzionale*, 2.ª ed., Milano, 1999

DOGLIANI, M.
—— *Introduzione al Diritto Costituzionale*, Bologna, 1994

FALCON, GIANDOMENICO
—— *Lineamenti di Diritto Pubblico*, 6.ª ed., Padova, 1998

FODERARO, SALVATORE
—— *Manuale di Diritto Pubblico*, Padova, 1971

LABRIOLA, SILVANO
—— *Elementi di Diritto Costituzionale*, Padova, 2001

LAVAGNA, CARLO
—— *Istituzioni di Diritto Pubblico*, 6.ª ed., Torino, 1985

MARTINES, TEMISTOCLES
—— *Diritto Costituzionale*, 9.ª ed., Milano, 1997

MAZZIOTI, M.
—— *Lezioni di Diritto Costituzionale*, 2.ª ed., Milano, 1993

MELONCELLI, ACHILLE
—— *Diritto Pubblico*, 2ª ed., Rimini, 1991

MORTATI, COSTANTINO
—— *Istituzioni di Diritto Pubblico*, 10ª ed., Padova, 1975 (actualizada por Franco Modugno, António Baldassarre e Carlo Mezzanotte)

MUSSO, ENRICO SPASSA
—— *Diritto Costituzionale*, 4ª ed., Padova, 1992

PALADIN, LIVIO
—— *Diritto Costituzionale*, 2.ª ed., Padova, 1995

PERGOLESI, FERRUCCIO
—— *Diritto Costituzionale*, 16.ª ed., Padova, 1962/1968

PIZZORUSSO, ALESSANDRO
—— *Lezioni di Diritto Costituzionale*, Roma, 1978
—— *Sistema istituzionali di Diritto Pubblico Italiano*, 2.ª ed., Napoli, 1992

—— *Manuale di Istituzioni di Diritto Pubblico,* Napoli, 1998

RESCIGNO, GIUSEPPE UGO
—— *Corso di Diritto Pubblico,* 5.ª ed., Bologna, 2000

RUFFÌA, PAOLO BISCARETTI DI
—— *Diritto Costituzionale – Istituzioni di Diritto Pubblico,* 15.ª ed., Napoli, 1989

SCOTTO, IGNAZIO
—— *Diritto Costituzionale,* 2ª ed., Milano, 1992

VERGOTTINI, GIUSEPPE DE
—— *Diritto Costituzionale,* Padova, 1998

VIGNOCCHI, GUSTAVO / GHETT, GIULIO
—— *Corso di Diritto Pubblico,* 2ª ed., Milano, 1986

VIGNUDELLI, A.
—— *Diritto Costituzionale,* Torino, 1999

VIRGA, PIETRO
—— *Diritto Costituzionale,* 9.ª ed., Milano, 1979

ZAGREBELSKY, GUSTAVO
—— *Manuale di Diritto Costituzionale,* I, Torino, 1987

2) **Comentários constitucionais e recolhas de textos**

AGRO, A. S./LAVAGNA, C./SCOCA, F./VITUCCI, P.
—— *La Costituzione Italiana,* Torino, 1979

CALAMANDREI, P./LEVI, A.
—— *Commentario sistematico alla Costituzione italiana,* Firenze, 1960

CRISAFULLI, VEZIO/PALADIN, LIVIO
—— *Commentario breve alla Costituzione,* Padova, 1990

FALZONE, F./PALERMO, F./COSENTINO, F.
—— *La Costituzione della Repubblica Italiana,* 2ª ed., Milano, 1991

Nacci, Paolo Giocoli / Loiodice, Aldo
—— *Costituzione Italiana*, Bari, 1991

Pescatore, Gabriele / Felicetti, Francesco / Marziale, Giuseppe / Sgroi, Carmelo
—— *Costituzione e leggi sul processo costituzionale e sui referendum*, 2ª ed., Milano, 1992

J) Direito Constitucional Mexicano

a) Obras doutrinais de carácter geral

Borja, Rodrigo
—— *Derecho Político y Constitucional*, 2ª ed., México, 1991

Burgoa, Ignacio
—— *Derecho Constitucional Mexicano*, 7.ª ed., México, 1989

Carmona, S. V.
—— *Derecho Constitucional Mexicano a fin de siglo*, México, 1995

Fix-zamudio, H./Valencia Carmona, S.
—— *Derecho Constitucional Mexicano y Comparado*, México, 1999

Moreno, Daniel
—— *Derecho Constitucional Mexicano*, 12.ª ed., México, 1990

Nava, Elisur Arteaga
—— *Derecho Constitucional Estatal*, México, 1988

Ramirez, F. T.
—— *Derecho Constitucional Mexicano*, 29.ª ed., México, 1995

2) Comentários constitucionais e recolhas de textos

AAVV
—— *Constitución Política de los Estados Unidos Mexicanos, Comentada*, 14.ª ed., México, 1998

Carpizzo, J.
—— *La Constitución Mexicana de 1917*, 2.ª ed., México, 1985

K) Direito Constitucional Norte-Americano

1) Obras doutrinárias de carácter geral

BARRON, JEROME A / DIENES, C. THOMAS
—— *Constitutional Law*, 3ª ed., St. Paul, 1995

LOCKHART, WILLIAM B./KAMISAR, YALE / CHOPER, JESSE H. / SCHIFRIN, STEVEN H.
—— *Constitutional Law,* 7ª ed., St. Paul, 1991

NOWAK, JOHN. E. / ROTUNDA, RONALD D. / J. YOUNG
—— *Constitutional Law,* 4ª ed., 1993

PRITCHTT, C. H.
—— *The American Constitution,* 3ª ed., New York, 1977

REDLICH, NORMAN / SCHWARTZ, BERNARD / ATTANASIO, JOHN
—— *Understanding Constitutional Law*, Danvers, 1998

SCHWARTZ, BERNARD
—— *American Constitutional Law,* Cambridge, 1955
—— *Constitutional Law – A Textbook,* New York, 1978

STEAMER, ROBERT J. / MAIMAN, RICHARD J.
—— *American Constitutional Law*, New York, 1992

STONE, G.
—— *Constitutional Law,* 2ª ed., New York, 1996

TRIBE, LAURENCE H.
—— *Constitutional Choices*, Cambridge/London, 1985
—— *American Constitutional Law,* 3ª ed., New York, 1998

WILLIAMS, JERRE S.
—— *Constitutional Analysis*, St. Paul, 1979

2) Comentários constitucionais e recolhas de textos

CORWIN, EDUARD S.
—— *The Constitution of the U.S.A – Analysis and Interpretation,* Washington, 1959

—— *A Constituição Norte-Americana e seu significado atual*, Rio de Janeiro, 1978

FORRESTER, M. R.
—— *Cases on Constitutional Law*, St. Paul, 1959

FREUD, P./SUTHERLAND, A./HOWE, M./BROWN, E.
—— *Constitutional Law. Cases and other Problems*, 3ª ed., Boston/ Toronto, 1967

GUNTHER, GERALD
—— *Cases and Materials on Constitutional Law*, 9ª ed., Brooklyn, 1979

KILLIAN, J. H.
—— *The Constitution of the United States of America – Analysis and Interpretation*, Washington, 1987

NOWAK, JOHN E./ROTUNDA, RONALD D.
—— *Constitutional Law*, 5ª ed., St. Paul, 1995

SCHWARTZ, BERNARD
—— *A Commentary on the Constitution of the U. S.*, 5 vols., New York, 1963/68

L) Direito Constitucional Suíço

1) Obras doutrinais de carácter geral

AUBERT, J.
—— *Traité de Droit Constitutionnel suisse*, Neuchâtel, 1967

BRIDEL, M.
—— *Précis de Droit Constitutionnel et Public suisse*, Lausanne, 1965

FLEINER, F./GIACOMETI, Z.
—— *Schweizerisches Bundesstaatsrecht*, 2.ª ed., Zürich 1965

HANGARTNER, Y.
—— *Grundzüge des scheweizerischen Staatsrechts*, I, Zürich, 1982

SALADIN, PETER
—— *Grundrecht im Wandel*, Bern, 1982

2) **Comentários constitucionais e recolhas de textos**

AUBERT, J. F.
—— *Commentaire de la Constitution Féderale de la Conféderation Suisse,* Bern/
/Zürich, 1987

BURCKHARDT, W.
—— *Kommentar der schweizerischen Bundesverfassung vom 29 Mai 1874,* 3.ª
ed., Bern, 1931

M) **Outros Direitos Constitucionais**

AAVV
—— *Les Constitutions des Pays Arabes,* Bruxelles, 1999

BASSON, DION / VILJOEN, HENNING
—— *South African Constitutional Law,* Cape Town / Johannesburg, 1988

BOGDANOVSKAIA, IRINA / VASSILIEVA, TATIANA
—— *Constitutional Law – the Russian Federation,* 36, The Hague/London/
Boston, 2000

CARPENTER, GRETCHEN
—— *Introduction to South African Constitutional Law,* Durban, 1987

CASEY, JAMES
—— *Constitutional Law in Ireland,* 2ª ed., London, 1992

GHAI, YASH
—— *Hong Kong Constitutional Order,* 2ª ed., Hong Kong, 2001

MESA, VLADIMIRO NARANJO
—— *Teoría Constitucional e Instituciones Políticas,* 6ª ed., Santa Fé de Bogotá,
1995

TREMBLAY, ANDRÉ
—— *Droit Constitutionnel – principes,* Montréal, 1993

VALLE, RUBEN HERNÁNDEZ
—— *El Derecho de la Constitución*, I e II, San José (Costa Rica), 1993

III – TEXTOS E DOCUMENTOS DE DIREITOS CONSTITUCIONAIS ESTRANGEIROS

BERLIA, GEORGE/BASTID, PAUL
—— *Corpus Constitutionnel*, Leiden, 1970

CATANIS, A./MARTIN, M. L.
—— *Les Constitutions d'Afrique Francophone*, Paris, 1999

DELPÉRÉE, FRANCIS / VERDUSSEN, MARC / BIVER, KARINE
—— *Recueil des Constitutions Européennes*, Bruxelles, 1994

DUVERGER, MAURICE
—— *Constitutions et documents politiques*, Paris, 1996

ESTEBAN, JORGE DE
—— *Constituciones Españolas y Estrangeras*, I e II, Madrid, 1977

GODECHOT, JACQUES
—— *Les Constitutions de la France depuis 1789*, Paris, 1977
—— *Les constitutions du Proche et du Moyen Orient*, Paris, 1957

GONIDEC, P. F.
—— *Les Constitutions des États de la Communauté*, Paris, 1959

GOUVEIA, JORGE BACELAR
—— *Constituições de Estados Lusófonos*, 2.ª ed., Lisboa, 2000
—— *Constituições dos Estados da União Europeia*, Lisboa, 2000

LAVROFF, DIMITRI G./PEISER, G.
—— *Les Constitutions Africaines*, Paris, 1961

LLORENTE, FRANCISCO RUBIO / PELÁEZ, MARIANO DARANAS
—— *Constituciones de los Estados de la Unión Europea*, Madrid, 1997

MIRANDA, JORGE
—— *Textos constitucionais estrangeiros*, Lisboa, 1974

—— *Constituições de Diversos Países*, 3.ª ed., Lisboa, I, 1986, II, 1987
—— *As Constituições Portuguesas*, 4.ª ed., Lisboa, 1997

ORFANEL, GERMÁN GÓMEZ
—— *Las Constitutiones de los Estados de la Unión Europea*, Madrid, 1996

REYNTJENS, F.
—— *Constitutiones Africae,* Bruxelles/Paris, 1988

RUFFÌA, PAOLO BISCARETTI DI
—— *Costituzioni Stranieri Contemporanee,* 4.ª ed., Milano, 1985

ÍNDICE GERAL

Nota Prévia 7
Plano 9

INTRODUÇÃO

§ 1º O concurso para professor associado em Direito Público

1. A função do professor associado 11
2. O concurso público documental para professor associado 14
3. A abertura de concurso nas disciplinas de Direito Público da Faculdade de Direito da Universidade Nova de Lisboa 16
4. A escolha do Direito Constitucional no contexto das disciplinas de Direito Público 18

§ 2º O Direito Constitucional como disciplina de escolha óbvia e apaixonada

5. A não leccionação do Direito Constitucional na Faculdade de Direito da Universidade Nova de Lisboa 21
6. Um percurso interno de leccionação por disciplinas com afinidades constitucionais 24
7. Algumas experiências de leccionação de disciplinas constitucionais noutros estabelecimentos de ensino 36
8. Uma preocupação constante pelo Direito Constitucional na investigação científica e no trabalho profissional não universitário ... 38

§ 3º O sentido do concurso para professor associado na evolução da carreira académica

9. As críticas dirigidas ao concurso para professor associado 41

10. A conveniência do procedimento de concurso público documental.... 44

§ 4º As opções fundamentais do relatório sobre o ensino do Direito Constitucional

11. A ausência de uma tradição na Faculdade de Direito da Universidade Nova de Lisboa 49
12. Um relatório sobre o ensino, não um manual de uma disciplina ou uma monografia filosófico-metodológica 52
13. A sistematização adoptada 54

PARTE I
O ENSINO DO DIREITO CONSTITUCIONAL NUMA PERSPECTIVA HISTÓRICO-COMPARATÍSTICA

CAPÍTULO I
O ENSINO DO DIREITO CONSTITUCIONAL EM PORTUGAL

§ 5º Evolução histórica do ensino do Direito Constitucional

14. Uma possível periodificação geral do ensino do Direito Constitucional . 61
15. O período pré-constitucional 63
16. O período monárquico-constitucional 66
17. O período republicano-liberal 67
18. O período autoritário-corporativo 68
19. O período democrático-social 69

§ 6º O ensino do Direito Constitucional na Faculdade de Direito da Universidade de Coimbra

20. O ensino do Direito Constitucional – das origens à actualidade 73
21. As disciplinas de Direito Constitucional na Faculdade de Direito da Universidade de Coimbra 83
22. O Direito Constitucional e Ciência Política 85

23. O Direito Constitucional 112
24. O ensino de José Joaquim Gomes Canotilho 114

§ 7º O ensino do Direito Constitucional na Faculdade de Direito da Universidade de Lisboa

25. O ensino do Direito Constitucional – dos primórdios à actualidade 119
26. As disciplinas de Direito Constitucional na Faculdade de Direito da Universidade de Lisboa 129
27. A Ciência Política e Direito Constitucional I 131
28. O Direito Constitucional II e Direito Internacional Público I 137
29. O Direito Constitucional III e os Direitos Fundamentais 143
30. O ensino de Jorge Miranda 148
31. O ensino de Marcelo Rebelo de Sousa 154

§ 8º O ensino do Direito Constitucional noutras instituições universitárias portuguesas

32. A Escola de Direito da Universidade do Minho 161
33. A Faculdade de Direito da Universidade do Porto 168
34. A Faculdade de Direito da Universidade Católica Portuguesa – Lisboa 174
35. A Faculdade de Direito da Universidade Católica Portuguesa – Porto 188
36. A Universidade Lusíada 197
37. A Universidade Autónoma de Lisboa – Luís de Camões 205
38. A Universidade Internacional – Lisboa e Figueira da Foz 224
39. A Universidade Portucalense – Infante D. Henrique – Porto 230
40. A Universidade Moderna – Porto 240
41. A Universidade Independente 245
42. A Universidade Lusófona de Humanidades e Tecnologias 254
43. Apreciação crítica geral 258

CAPÍTULO II

O ENSINO DO DIREITO CONSTITUCIONAL NO ESTRANGEIRO

§ 9º Aspectos gerais

44. A importância da observação de experiências estrangeiras 261

§ 10º As principais experiências pedagógicas europeias

45. Itália 265
46. Alemanha 271
47. França 275
48. Espanha 283

§ 11º Algumas experiências pedagógicas em Estados de Língua Portuguesa

49. Brasil 293
50. Angola, Moçambique e Guiné-Bissau 302

CAPÍTULO III
O ENSINO DO DIREITO CONSTITUCIONAL NA FACULDADE DE DIREITO DA UNIVERSIDADE NOVA DE LISBOA

§ 12º Evolução do ensino das disciplinas constitucionais principais, optativas e afins

51. A criação da Faculdade de Direito da Universidade Nova de Lisboa e um novo plano de estudos da licenciatura 327
52. O ensino do Direito Constitucional I e do Direito Constitucional II 329
53. O ensino dos Direitos Fundamentais e do Direito Constitucional III 337
54. O ensino de disciplinas não jurídicas afins ao Direito Constitucional 339

§ 13º Apreciação crítica sobre o ensino do Direito Constitucional na Faculdade de Direito da Universidade Nova de Lisboa

55. Apreciação crítica na generalidade 343
56. Apreciação crítica na especialidade 346

PARTE II
OS PROGRAMAS, OS CONTEÚDOS E OS MÉTODOS DE ENSINO DO DIREITO CONSTITUCIONAL

CAPÍTULO IV
OS PROGRAMAS DE DIREITO CONSTITUCIONAL

§14º As coordenadas pedagógicas do Direito Constitucional

57. A elaboração do programa de Direito Constitucional e os seus elementos condicionantes 351
58. O Direito Constitucional I e o Direito Constitucional II como disciplinas semestrais 354
59. O Direito Constitucional I e o Direito Constitucional II como disciplinas jurídico-normativas, mas metodologicamente abertas 358
60. O Direito Constitucional I e o Direito Constitucional II como disciplinas introdutórias 363
61. O Direito Constitucional I e o Direito Constitucional II como disciplinas obrigatórias 365

§ 15º O programa de Direito Constitucional I

62. A introdução ao Direito Constitucional 369
63. A parte geral do Direito Constitucional 371
64. Articulação com a Ciência Política e a História do Estado 373
65. As opções programáticas do Direito Constitucional I 376

§ 16º O programa de Direito Constitucional II

66. A parte especial do Direito Constitucional 379
67. Articulação com o Direito Constitucional III e os Direitos Fundamentais 382
68. As opções programáticas do Direito Constitucional II 384

CAPÍTULO V
OS CONTEÚDOS DO DIREITO CONSTITUCIONAL

§ 17º Os conteúdos do Direito Constitucional I 387

§ 18º Os conteúdos do Direito Constitucional II 413

CAPÍTULO VI
OS MÉTODOS DE ENSINO DO DIREITO CONSTITUCIONAL

§ 19º Aspectos gerais nos métodos de ensino do Direito Constitucional

69. A tarefa do ensino universitário em Direito 435
70. O Decálogo do Bom Professor de Direito Constitucional 438
71. Uma permanente abertura ao meio envolvente 444
72. Uma relação próxima entre professor e estudante 445
73. A avaliação de conhecimentos e a realização de testes e exames 448
74. Os elementos de estudo 451
75. O uso das novas técnicas audio-visuais de comunicação 455

§ 20º O ensino teórico do Direito Constitucional

76. O modelo do ensino magistral e as suas limitações 457
77. Um modelo misto de ensino teórico na Faculdade de Direito da Universidade Nova de Lisboa 458
78. O ensino teórico misto no Direito Constitucional 461

§ 21º O ensino prático do Direito Constitucional

79. As aulas práticas e a sua leccionação 465
80. A resolução de casos práticos 467
81. A análise de decisões jurisprudenciais 470
82. Os trabalhos de investigação 473
83. Os professores convidados 475
84. As visitas de estudo institucionais 476

Bibliografia Geral de Direito Constitucional 477
Índice Geral 509